近代印人傳

修訂版

馬國權——著
茅子良——訂

上海書畫出版社

近代印人傳

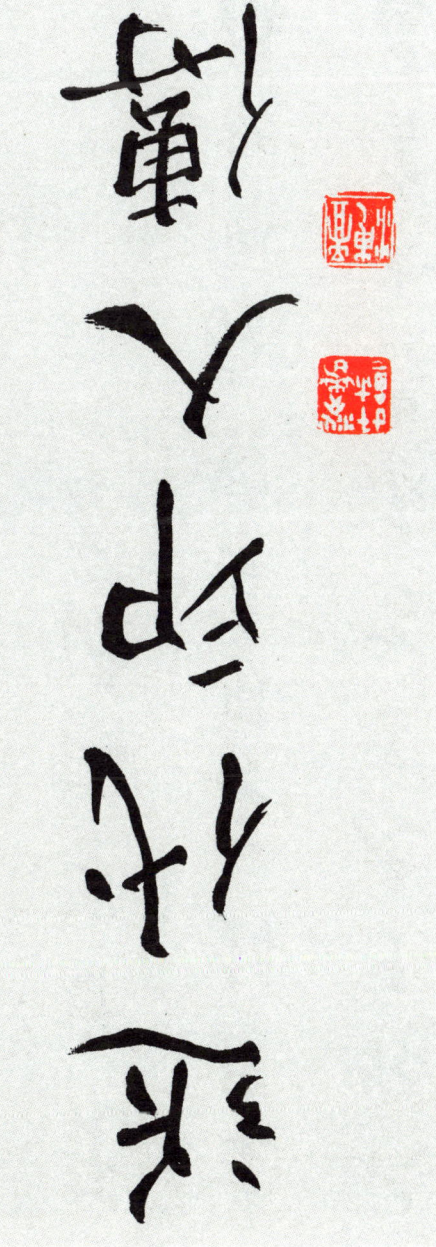

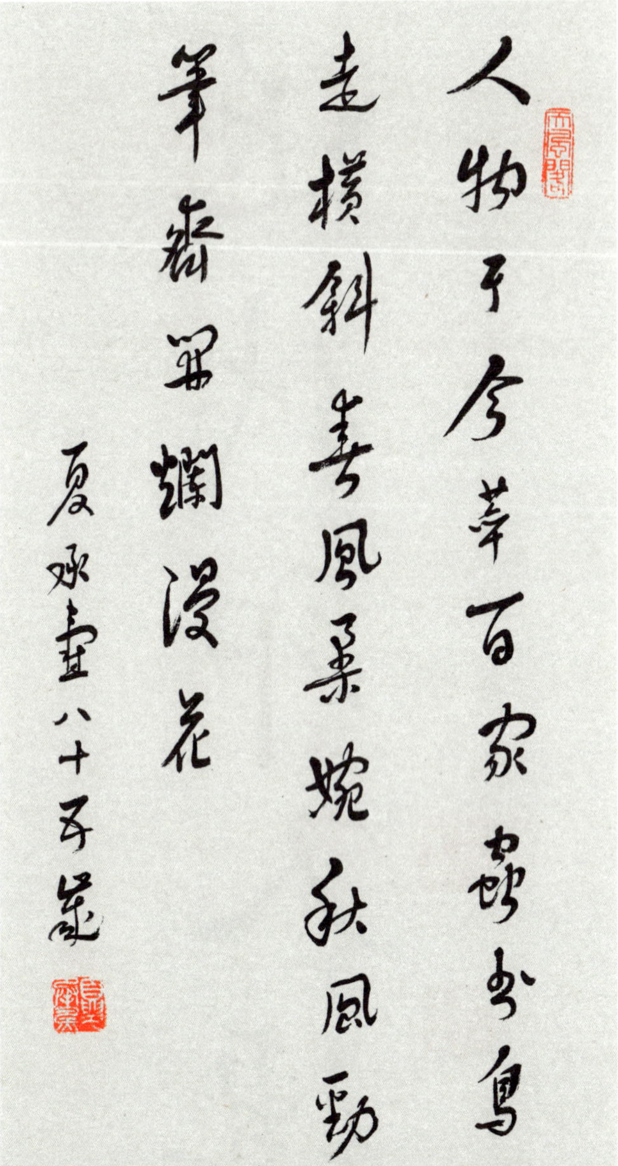
人物古今萃百家虫鱼鸟画
走横斜春风柔娇秋风劲铁
笔奇写烂漫花
夏承焘八十

作者簡介

馬國權（一九三一·十·二十六——二〇〇二·四·二十七），字達堂。祖籍廣東南海，生於廣州。中山大學古文字學副博士研究生畢業，師從容庚先生。歷主中山大學、暨南大學教席。一九七九年移職香港《大公報》撰述員，兼香港中文大學考古藝術研究中心研究員。曾任中國古文字研究會理事、中國書法家協會學術委員會委員、暨南大學及廣州美術學院客座教授、西泠印社理事等。榮休後僑居多倫多，任加拿大中國書法協會副會長。一九九六年獲加拿大頒授傑出成就獎。年底返港，次年一月任香港中文大學文物館研究員。一九九九年再任香港中文大學藝術系兼任講師，講授《書法》科目。後爲香港康樂及文化事務署藝術顧問和博物館名譽顧問、學海書樓董事。一生多次受邀至日本、韓國、新加坡等地講學、辦展，論著頗豐，主要有《書譜譯注》、《書法源流絶句》、《智永草書千字文草法解説》、《隸書千字文隸法解説》、《元刻草訣百韻歌箋注》、《補訂急就章偏旁歌譯注》、《廣東印人傳》、《近代印人傳》、《馬國權篆刻集》、《馬國權印學論集》、《章草字典》等，部分著作被譯成日、英、韓、葡文，惠澤全球。

序

沙孟海

文藝一直是向前發展的。在封建社會，儘管一味崇古，就有不少豪傑之士善於運用舊形式開創新風格。表現在印學方面，更其顯著。明代蘇宣《印略自序》說：『……游雲間則有顧氏，檇李則有項氏，出秦漢以下八代印學縱觀之，而知世不相沿，人自爲政。如詩，非不法魏晉也，而非復魏晉；書，非不法鍾王也，而非復鍾王。始於摹擬，終於變化。變者逾變，化者逾化，而所謂摹擬者逾工巧焉。』的確，各個時代的詩歌、書翰、印章，皆有各個時代的風貌。而一個時代之中，各個人又有各個人的風貌。其間有一意摹古，作品無個性，黄庭堅所譏爲『隨人學人終後人』者，雖然也有傳習繼承之功，終究不是文藝的最上乘。印學，元以前尚未成立這一學科。自元至今七百年，千變萬化，流派紛如，各時期皆有傑出人才。由於世代久遠，積累了前後輩不少的好經驗，所見文物不論傳世品發掘品足以提供參考的資料也越來越豐富。清代經小學家有『前修未密，後出轉精』一句名言，按之印學，何莫不如此？紹興馬蠲叟博通古學，他曾説：『自近世周秦古璽間出，益以齊魯封泥、殷墟甲骨，而後知文何爲俗工，皖浙爲小家，未足以盡其變也。』此語出於老前輩之口，非常難得。我們綜觀近代印學諸名家，主要數安吉吴缶廬、黟縣黄牧甫，給社會影響最大。黄的年紀少於吴六歲，但黄卒於辛亥前二年，吴的成熟期亦在辛亥前二三十年，辛亥後主持藝壇尚十六年。辛亥以後作者，受吴氏影響的，有義寧陳師曾、湘潭齊白石、鶴山易大厂；受黄氏影響的，有華陽喬大壯；此外别立營壘的尚有鄞縣趙叔孺、杭縣王福庵……這些名家，無一不由學古人出身，而其結果皆能擺脱窠臼，自闢町畦，各具風貌，與古爲新，大大開拓了印學的境界。論各人的造詣，不僅足以驂靳古人，甚至還超軼古人。以上説法，怕不是我個人的見解吧？馬達堂社兄近有《近代印人傳》之作，陸續在香港《大公報·藝林》副刊發表，時有寄閲。這是極有意義的著作。自從周亮工首出記人以來，汪啓淑、馮承輝、葉銘等皆有繼作。當時印刷困難，又尚無攝影製版之術，所以只是有説無迹。汪氏雖有《飛鴻堂印譜》相輔而行，但不是以人爲綱，不能與傳記完全配合。達堂此作，各人傳後皆分繫印迹，盡可能插入遺像。讀其書，識其人，同時觀賞其手迹，亦一快也。

一九八四年五月序於浙江醫院

弁言

鄭逸梅

篆刻之爲制，非小道也。肇始殷商，而盛於秦漢，此後踔厲風發，連緜相屬，有遵矩守矱，不稍苟率者；有瑰詭縱蕩，窮態盡變者；有純任自然，如天籟之適意者；有異軍特起，拔戟别成一隊者。綜之，造境蓄韻，各饒氣脉，非邃於古文、諳於篆法，莫由登峰而造極也。而諸家印譜，競樹型式，凡千百種，淵泫溟澄，令人難測其涯涘，然則篆刻之爲制，不能以小道薄之。審矣！

夫印人累代衍奕，總總林林，或印格别創，承先啓後，或述其心得，爲學津梁，必也繫之以傳，庶得一一彰著，則周櫟園之《印人傳》，寔爲先河。汪訒庵繼之，爲《續印人傳》。魏稼孫欲再續而未果，至仁和葉葉舟，周摭遍采，都千餘人彙爲《廣印人傳》十有六卷，一時稱爲盛業。顧葉之傳也，僅至同光之間，同光後，人才輩出，更僕難數，秦彦沖欲繼其遺志，有所補充訂正，規猷甚大，奈未及竣事，稿遭毀佚，無以鈎沉拾墜矣。蓋從事於此，匪涉獵深、聞見多，又復工於翰藻者，不能爲也。

而我友馬君國權，却奮然排衆而肩任之，雖建章宫千門萬户，歷歷升其堂、入其室，並探其奥窔竇窌，而了然於心目中。君粤人也，先就自明迄今鄉邦已故之治印者，撰《廣東印人傳》，剞劂有年矣。而賈其餘勇，復以辛亥革命後在世者爲斷，更寖及全國，汲汲遑遑，孳孳矻矻，撰成《近代印人傳》。較諸葉作，具有兩大特點：一、詳述其史事，采及其印論與印蜕，並及他人之評騭，圖文兼顧，對之有如親其謦欬者；二、君與傳主熟稔者，約佔十之三四，即素不相識，一傳既成，輒就詢其後人及門生故舊，務求其詳實。是偉舉，亦巨觀也。

君不僅擅治印，且恂恂爲學者，自髫齔時，見家庋《匋齋藏印》與古譜而竺嗜之；年十六，從馮康侯習篆書刻印；翌歲，又從秦咢生習詩詞及鄦説。溯源而致力於古文字及金石學，讀書卒業上庠，擢爲古文字學副博士研究生，事容希白爲師。既而爲科學考察，遍游隴晋幽燕齊魯，歷訪殷周秦漢之文物與遺迹；得間請益於當代名印人，若王福厂、齊白石、傅抱石、沙孟海、馬公愚、羅福頤諸老，得窺其所藏之璽印名譜。洎乎掌教高等學府，秉鐸之餘，鍥而不舍其所好，纂輯印史、印論及印譜多種行世，如《廣東印學書籍知見録》、《廣東古印集存》、《達堂篆刻論集》等，已足沾溉藝林，垂諸永久矣。而此《近代印人傳》之裒作，戢孴群籍，研慮覃思，遠非箋疏之流，窺豹觀鳳，只及一斑片羽，即以震炫世俗所得，驂靳並駕也。

余識君於海壖高氏之小雲在堂，一見似宿交，旋而君返粤東，魚雁通辭，由疏而密，邇來郵籤稠疊，余也伏處蓬廬，咫聞荒陋，而君謙抑爲懷，以多問寡，以能問於不能，殷殷具往哲之餘徽。推此言之，則多與能者，君之咨諏謷納，必有倍蓰於余者，宜其博綜弘肆、循繹贍詳，觸手琳瑯，盈眸瑰寶也。承不棄，委以序言，固辭不獲，廼浮文緣飾，貢其弇拙，聊以塞責，序云何哉！

一九七七年歲次丁巳春日，識於紙帳銅瓶室，時年八十有三

近代印壇鳥瞰（代序）

本書所説的近代印壇，指的是從辛亥革命後的一九一二年，至九十年代初的約八十多年間的印壇，即包括民國和新中國的大約前四十許年的兩個歷史時期。印人傳是寫個人的，所謂印壇鳥瞰，是想稍加歸納，作一個概略的回顧。

藝術都有其承傳性和連續性。近代印壇的形成和發展，當然與晚清印壇有密切關係。自元人吾丘衍在《三十五舉》提倡師法秦漢，明清印人皆奉爲圭臬，至晚清也没有例外。盛行清代近二百年的浙派，末流雖已成强弩之末，但亦有有志者，爲振興印學而努力。對近代印壇有較大影響的，還有趙之謙、吴昌碩、黄士陵等三位大師，都是澤被後學的傑出先驅，給後繼者帶來許多啓迪。

鳥瞰近代印壇，主要是簡括考察印藝流派和印學研究兩個方面。

一

印人對印藝的研求，主要來自師承，也有轉益多師，形成師承的交叉重疊；私淑同樣可以成才，且有泛濫諸家而一爐共冶者；亦有印風前後更迭，判若兩人者。類此比比皆是。因此，要把印人歸到某一流派去，殊非易事。那些師承明確，謹守不二的，劃分比較好辦；但旗幟不明，或變動不居的，就難於歸屬了。

一、璽印派

古璽（璽亦作鈢、鉥、鉨、鑈、𡊄、坏、壐。下同）漢印，是篆刻之本。明清印人常説『師法秦漢』，那是舊時誤把春秋戰國的古璽稱爲秦璽，而秦又爲時不長，直到清代後期，有識之士才予糾正，所以，準確的叫法，該作『師法古璽漢印』。古璽漢印傳世數以萬計，其中不乏藝術形式及文字體態挪移、增減等多方面的典範。這是篆刻藝術取之不竭、用之無窮的淵藪。清代著名學者陳澧在其《摹印述》中曾説：璽印『爲物雖小，而可與鼎彝碑版同珍』。這是很恰切的。一度流行的皖派、浙派，皆從漢印派生而出。從這豐碩的文化遺産中，只要找出一二特點加以發揮，便足名家，自樹一幟。有些識者，並不屑在明清流派名家作品中討生活，要師其所師，自闖路子。這當中，像王石經、羅振玉、童大年、馬衡、羅福頤、簡經綸、丁佛言、馬公愚、秦咢生、朱復戡、楊仲子、董作賓、余任天等，都是此中高手。

師法璽印，有極工緻者，王石經、羅福頤兩先生即屬佳例。王石經曾在萬印樓主人陳介祺家任西席，獲遍覽所藏珍品，其印專師漢鑄印中之規整者，功力深至，妙得準繩；亦喜擷取周金漢石文字入印，莊穆自然。福頤先生爲羅振玉子，淵源家學，十七歲便有《待時軒仿古印草》問世，精摹古璽漢印文字殆遍，他刀下的朱文小璽秀挺，漢白文鑄印渾厚端嚴，幾與古人之作難分軒輊，他絶不輕涉明清印派些許習氣，其專詣若此。而喜作寫意一路、不事修飾的，當推簡經綸，所治印皆跌宕參差，亂頭粗服，韻趣天成。折衷工意者，有馬衡、秦咢生諸老。楊仲子、朱復戡工擬古璽，馬公愚、余任天則長於漢鑄鑿印。諸家各有專擅，並領風騷。

二、浙派

浙派晚出於皖派，兩派其實都以漢印爲典則，只是藝術觀點有所不同。皖派主厚拙静穆，浙派先驅丁敬早期也取法過皖派，後改以樸老遒勁爲尚，並用細碎切刀刃石，才自成體貌。繼之而起者，有黄易、蔣仁、奚岡、陳豫鍾、陳鴻壽、趙之琛、錢松等，世稱『西泠八家』。到了浙派末流，摹襲陳鴻壽、趙之琛兩家成風，千人一面，便漸次衰落。二十世紀初，一批年輕而志切興革的浙派篆刻家，以丁仁、王福庵、吴隱、葉銘爲首，並連同唐源鄴等，抱着『保存金石，研究印學』的宏願，籌組『西泠印社』，不分派別，廣泛聯絡同好，整理和刊行印學資料，一九一三年敦請吴昌碩爲社長，帶領同儕前進。除上舉各位外，還有高時顯、高時敷等兄弟，及稍後的韓登安、葉潞淵、吴樸。他們的特點是：在鑽研浙派的同時，並以十分積極的態度向古代璽印和鄧石如、趙之謙等大家學習。

近代浙派的名家，年輩較高、印藝較出色的，當推鍾以敬。他兼擅曼生、次閑之法，而巧於蘊蓄，又參用鄧石如法作貼邊朱文，邊款則得秋堂之妙，温雅多才，堪稱浙派印家中的後勁。西泠印社的四位創辦人：丁仁爲明清名印鑑藏家，精於印學，固諳浙派印藝，但鮮奏刀；吴隱、葉銘並習曼生法，刀法喜縱恣，吴隱後得缶翁的指授，多以古籀入印，突破浙派的樊籬，風格爲之一變；王福庵習浙派而不樂生辣突兀，喜以工穩淳樸爲宗，博綜皖派，旁及讓之、撝叔，及明人朱文，精雅絶倫。四人之中，印藝自以福庵爲甲觀。唐醉石爲長沙人，年輕時居杭州，與丁、王、吴、葉四先生同好，其擬曼生，大刀闊斧，穩健蒼莽，有以復興浙派印藝而譽之者。福老弟子韓登安及吴樸皆後起，吴樸生於二十年代初，該是浙派的殿軍了。

三、吴派

以吴昌碩（一八四四——一九二七）爲宗師的吴派，是近代印派中的一個大派。吴氏早年先後學過浙派、徐三庚、錢松、吴熙載諸家，後來獲觀古代璽印、封泥、磚瓦等金石文字，廣搜博采，擷其精蘊，然後熔冶一爐。特别是他對石鼓文的酷嗜與深有體會，便將其婉轉雄健的意態，參合於篆印文字之中，所謂『印從書出』，生面獨開，促成了藝術新貌的創立；又以錢松的切中帶削的刀法，與吴熙載的衝刀結合使用，更加强了刀法的變化；從四十多歲開始，改用『鈍刀硬入』之法，縱挺横張、古拙奇肆的獨特風姿愈形突出了。他在《刻印長古》一詩中，有『膺古之病不可藥』、『自我作古空群雄』、『今人但侈摹古昔，古昔以上誰所宗？』詩文書畫有真意，貴能深造求其通』等語，俱見他可貴的創新精神。他的印藝，不但影響中國印壇，而且及於東鄰日本、韓國。從學弟子很多，除兒子吴涵、吴邁外，主要有徐新周、趙雲壑、趙石、陳衡恪、陳半丁、李苦李、樓邨、錢瘦鐵、王个簃、諸樂三、沙孟海、周梅谷等，私淑者則有朱其石、鄒夢禪等。

昌碩先生步入民國時，年已六十有八，一直主持風雅到八十四歲離開人世。弟子中最得其神貌的，要數王个簃和諸樂三。徐新周綫條比較方匀堅實，不若缶翁的渾厚恣肆。趙雲壑特重筆意，他在邊跋中説：『余不規規於秦若漢，而取篆隸之法行之，不自知其爲揮灑爲雕鏤也。』錢瘦鐵晚年喜參入《天發神讖碑》筆勢，是以跌宕縱横有勝於前。趙石變昌碩先生之圓轉渾樸爲圓折廉厲，這是他創作上個性的表現。鄧散木説：『學吴而不爲吴氏所囿，其惟趙氏一人，豈特青水藍冰已哉。』並將趙石另樹爲『趙派』或『虞山派』。鄧氏推重其師，此屬美德，但是否已至『青水藍冰』、非要另立一派不可了呢？恐怕還是見仁見智而已。關於陳衡恪，齊白石曾認爲：陳氏朱文之拙，能肖缶翁之神；但他在一九一九年即四十四歲以後已變師法。白石没有舉例。我們在《染倉室印存》中所見的『安居長年』、『循吏世家』等印，似已參用黄士陵陟直的衝刀，及平整光潔的篆勢，運斤成風，另具新意。沙孟海之學缶翁，基本不襲其貌，僅師其古樸厚重的神韻，選取金石文字以供創作，堪稱善學的楷模。

鄧散木把他的老師趙石仍存缶翁圓潤的綫條，着力轉化爲方勁雄强，加以裝飾排比，如要説另樹流派的話，趙石未能達至的，經過鄧散木刻意的發揮，條件可説大備了。

四、黟山派

黟山派，指的是師承黃士陵的流派。黃氏安徽黟縣人，別號黟山人，故名。他先後寓居廣州十六年，第二次是應廣東巡撫吴大澂之邀來粤，除任職廣雅書局校書堂外，並助吴大澂編拓《十六金符齋印譜》。目驗古印既多，凡未經銹蝕者，筆畫皆光潔銛鋭，在創作上受到啓發，他並挹取銅器銘文之稍放逸者移入印中，以陡直的衝刀成之，由是一新耳目。他的學生李尹桑曾説：『悲盦（趙之謙）之學在貞石，黟山（黃士陵）之學在吉金。悲盦之功在秦漢以下，黟山之功在三代以上。』黃氏的古璽，文字確得諸兩周金文，而漢印則每從漢金文變化而出。李尹桑的話，前段是説對了；後段話究其實際，則黃氏對秦漢以下的金文也兼而取之，並非全在三代以上。黃士陵的印，在平實中寓險峻，綫條挺健爽利，看膩了浙派鋸牙燕尾的，一看頓覺精神爲之振奮。這是他的成功之處。他生於一八四九年，比吴昌碩小五歲，一九〇八年卒，四年之後才發生辛亥革命。親傳其藝的，除李尹桑外，還有他兒子黃少牧；易孺雖曾問藝於他，但非門弟子。私淑他的人很多，有鄧爾雅、鍾剛中、喬大壯、馮康侯、余仲嘉、張祥凝、孫龍父、羅叔子等，各有不同的成就。

李尹桑固精黟山之法，但成就最爲人們稱賞的，應屬擬古璽之作，在《李尹桑印存》中，風格多樣，大有冰水青藍之妙。黃少牧雖得家傳，惜意偏干禄，疏於研求，僅得皮相。易孺早年之作，法乳牧甫，中歲浸淫古陶文字，跌宕奇崛，别饒情致。鄧爾雅、喬大壯兩公皆清剛俊逸，並爲時賢所譽；喬氏尤擅多字璽，穿插變化，備極匠心。馮師康侯曾得牧甫從初刻、修改至定稿的蜕本，由是悟其要竅，形神兼得。鍾剛中生平最佩牧甫，布篆以黟山爲師，刀亦薄小，然以紛披姿態出之，得不似之似。

五、趙派

趙之謙（一八二九——一八八四）是篆刻史上一員驍將，他看到鄧石如采用碑額等篆書入印，深有啓發，便廣取鏡銘、權詔、錢幣銘文，及難於入印的《天發神讖碑》、《三公山碑》等碑字融會印中，異態新姿，意境高妙，開啓了『印外求印』的坦途，可惜因踏足仕途，四十多歲便擱刀不刻。弟子錢式、朱志復，未足以傳其藝。趙時棡（一八七四——一九四五）雖出私淑，但道藝精深，能遥接風神，進而上窺漢鑄印，平正中寓奇崛，秀雅中寓厚拙，且擅古璽，旁及元明人朱文，所作曠逸醇古，淵雅閎正，開整飭一派。在當時滬上印壇，與吴昌碩並稱一時瑜亮。門弟子五十餘人，以印著名者有陳巨來、方介堪、葉潞淵、趙鶴琴、張魯盦諸位，另有再傳弟子徐無聞。私淑趙之謙而馳譽北國的，還有壽璽及其弟子金禹民等。

叔孺先生教導學生十分强調學習古人的精髓，不拘拘於摹仿老師的面目，説學他如像了他，便不能勝過他了。可説教導得法。陳巨來是趙氏早期弟子，他遵從師訓，以嚴格的工穩典雅、平和秀潤的要求，精究漢鑄印和圓朱文，兩者都達到了典雅審美的高境界，整飭而不刻板，醇厚而見流動。介堪先生在師承乃師的同時，特别致力漢玉印的研究，玉料難得，製作精巧，而且質地堅緻，筆法刀法不會因年代久遠而受損，他沉潛於此，遂得悟漢印的妙諦；鳥蟲書印是漢印中的另一奇葩，經他的發皇，沉寂近二千年而大盛於當世。葉潞翁初習浙派，由於趙氏的啓導，並工古璽、漢鑄印及元明朱文，然不襲同門之趣，於整飭中喜以蒼古樸茂之態出之，妙於併筆，刀趣盎然；晚年作璽，尤得神采。

壽璽有室名『蜨蕪齋』，蜨指趙之謙的『二金蜨堂』，蕪指吴昌碩的『飯青蕪室』，蓋有兼師兩家之意。然其布篆和用刀皆秀逸光潔，實得於趙而罕有吴風。他久居北京，以篆刻任教各藝術院校，桃李甚衆，是傳播趙派的另一員大將。

六、齊派

湘潭齊白石(一八六四——一九五七),年少家貧,當過雕花木匠。三十歲才習篆刻,初摹丁敬、黄易;門徑既得,繼學趙之謙的《二金蜨堂印譜》,對刀法的横直奔馳,一見傾佩;臨寫《三公山碑》及《天發神讖碑》後,篆法丕變;又從秦詔版、權量文字中得縱横馳騁、妙於聚散穿插之竅。經過三十年的反復探求,到花甲之年,開展『衰年變法』,才奠定個性特强的藝術面目,綫條大疏大密,行刀有『大道縱横,放膽行去』之説;他用單刀側持衝刻,故白文横畫皆向上剥落,直竪皆向左剥落,而朱文則反是;凌厲迅猛,痛快淋漓,自然形成的併筆殘連,給人以蒼茫古奥之感。時在二十年代初葉,這是民國時期湧現的一代大師。齊老在《題某生印存》一詩中寫道:『做摹蝕削可愁人,與世相違我輩能。快劍斷蛟成死物,昆刀截玉露泥痕。』可視作他印藝的宣言書。他門下弟子甚多,主要有賀培新、周鐵衡、姚石倩、蕭友于、劉淑度、羅祥止等。

白石弟子用刀最恢閎雄放的,莫過於賀培新,但他布篆不喜作欹側之勢,是以姿致獨出。蕭友于喜欹側作勢,然用刀之雄放則不如賀氏。劉淑度用刀爽利而無兒女態,已屬難能。羅祥止追隨齊翁較早,白石文字屢及其名,可惜綫條傷於纖弱,還不及周鐵衡、姚石倩的酣暢。要真正掌握齊派『縱横歪倒貴天真』(齊白石句)的藝術特色,當非易易。

上述介紹的所謂六派,只是一個粗略的歸類,未必妥帖。個别篆刻家,如馬一浮、吴子復兩老,所作固得古趣,全從其書而出,不蹈襲任何家派,所謂自鳴天籟,似不便歸於前述六派中任何一派。也有少數印家,印路極廣,十八般武藝,樣樣皆精,如王大炘、馮康侯諸老,璽印之外,任何流派風格,皆可隨手鎸出,且置之所擬某流派譜中，不獨難辨，直是佳選，且本身也有自己的風致。這類高手不多，令人嘆服。

印藝的出新，地下金石文字的新發現是一項觸發創作靈感的重要因素。自甲骨的出土，才有簡經綸、董作賓、楊仲子等率先入印的範例。而漢簡及敦煌寫經的發現，於印作的反應似較少鮮，三十多年前，知堂老人曾寄示魏建功爲他所鐫的『苦茶庵知堂記』一印，意參章草，用筆變圓爲方，巧於聚散，極具匠心，似屬難得的例子。六十年代初，韓登安先生刻《毛主席詩詞刻石》之《菩薩蠻・大柏地》一印，即以出土不久的戰國楚竹簡文字體勢成之，生面獨開，頗得《楚王酓忎盤銘》及《楚王酓簠銘》之妙。至以六朝碑刻文字入印，鄧爾雅、張樾丞等印家佳製如林，這裏就從略了。

二

在印學史上，近代應該説是成就比較突出的一個歷史時期。這與古賢所説的『爲學如積薪，後來居上』正相符合。

一、印譜編集

據羅福頤《增訂印譜考》著録，自宋《宣和印譜》至一九四九年，前後約七百九十年，公私所輯古印譜共有二百五十一種（減去日本人所編六種，實爲二百四十五種），其中一九一二年至一九四八年短短的三十七年，就有七十九種。這個時期編拓的古印譜，較之乾嘉以來任何一個時期，都要豐富而多樣。

這當中，已故印人羅振玉即編有《罄室所藏璽印續集》、《齊魯封泥集存》、《赫連泉館古印續存》、《隋唐以來官印集存》、《凝清室古官印存》、《凝清室所藏周秦璽印》、《貞松堂唐宋以來官印集存》、《西夏官印集存》、《貞松堂所見古璽印集》、《後四原堂古印零拾》，黄賓虹有《濱虹草堂藏古璽印》初、二集，吴隱有《遯盦秦漢古銅印譜》、《簠籀簃古璽選》，王光烈有《吉則廬古璽印存》一、二、三集，王獻唐有《兩漢印帚》，羅福頤有《待時軒印存》，高時敷有《樂只室古璽印存》，商承祚有《契齋古印存》等。當然，我們不能遺忘收藏家陳漢第所輯的《伏廬藏印》，陳寶琛的《澂秋館印存》，周進的《魏石經室古璽印影》、《季木藏印》，及古董商黄濬《尊古齋印存》等，皆斐然可觀。七十年代，羅福頤先生更主編了《古璽彙編》、《秦漢南北朝官印徵存》、《故宫博物院藏古璽印選》，尤爲皇皇巨構。

明清名家印譜的編拓，最爲人稱道的莫過於《丁丑劫餘印存》，由丁仁、高時敷、葛昌楹、俞人萃四家出其所藏彙輯，收二百七十三印家，凡一千九百餘印，合四函二十大册。其後，高時敷、丁仁、葛昌楹、張魯盦也各就所藏，分别編拓了不少名印人的專譜。

二、印學著作

（一）印史考證

羅福頤先生對古璽印的研究，可説畢其一生奉獻於此，特别是晚年所著《古璽印概論》、《近百年來對古璽印研究之發展》兩書的綜合探索，已爲古印史初步鑿破鴻濛。元人吾丘衍有三代無印之説，迄清同治十二年（一八七三），陳介祺始謂『朱文銅印似六國文字，玉印似六國書法近兩周者』。光緒七年（一八八一），王懿榮序《齊魯古印攈》，指出古璽有『司徒』、『司馬』、『司工』，皆見《周官》。到一九一五年，羅振玉發現古璽有『得志』、『敬事』等成語璽。其後，福頤先生結合載籍，考出大批武官及其他行政官吏的官璽，對古璽的認識由是突進了一大步；還推究出『日庚都萃車馬』爲烙馬印。至於秦漢至南北朝官印，往時以爲皆出古人佩用，及長沙馬王堆西漢利倉墓『長沙丞相』、『軑侯之印』兩印出土，審其製作草率，顯屬明器無疑。按當時規定，官吏遷死，印綬必須歸還。而傳世大量官印，除中下級軍將戰死沙場，與印並殁者似皆爲實用品外，其餘出於塚墓者，大抵爲殮葬專用之物；官職後附以姓名的，亦非生人佩用之品。羅老從文字、印鈕、制度等多角度進行古璽印時代考證，創獲特多。他還從官印、封泥，補正官制、史志的缺失，大有助於古史的研究。

沙孟海先生的《印學史》，上編爲印章舊制，主要談印章起源、用途及各種品式；下編是印學體系，自宋米芾至近代印家流派藝術。這是一部極其精要的印章藝術史。比較而言，上編對古璽印的考索，未如羅氏的詳盡，謂『疢疾除永康休萬壽寧』印『可能是漢代最高統治階級的專用佩印』，似不若羅氏所云『不過是漢人殉葬印』妥適。下編沙老推倒文彭爲『篆刻之祖』的舊説，根據米芾在褚摹《蘭亭》上跋後連鈐的七顆用印，與他的篆書韻致相同，及《書史》、《畫史》所論治印、用印觀點吻合，考定米芾爲第一輩印家，第二輩是趙孟頫與吾丘衍，第三輩是元末王冕，明代中晚期的文彭、何震爲第四輩。從而將篆刻的年代提早了五百年。這是一大重要發現。沙老《新安印派簡史》與葉潞淵先生的《略論浙派的篆刻藝術》兩文（俱見西泠印社所編《印學論叢》），所論皖派、浙派均甚細密，可與《印學史》有關部分共參。

對明清印人行誼及作品的考證，柴子英先生的二十篇《讀〈廣印人傳〉札記》，及有關周亮工《印人傳》版本問題，何震、鄧石如史迹遺印的綜述，文彭、陳曼生印作的辨僞等文，皆足爲治印史者所留意。

（二）印藝研究

甲、論文類

一　《个簃印恉》　王个簃著。一九二四年著成。綫裝單行本。凡十三章，篇目爲：溯源、窮變、辨體、立基、成局、運刀、別才、刻邊、題款、神韻、病忌、印譜、附録。全文約九千字。

二 《刻印源流》 傅抱石著。一九二六年初稿，一九四〇年三月廿一日發表於重慶版《時事新報》副刊《學燈》。略於先秦，而詳於文、何及皖、浙兩派。文長五千餘字。

三 《印學概述》 沙孟海著。一九二八年，沙老曾有《印學概論》刊於《東方雜志》，享譽一時。一九六二年乃將舊稿加以校訂，易名曰《印學概述》以備同好觀覽。承以複寫本見贈。分上、下兩篇：上篇爲創制時期，分璽、漢晋官私印、九疊文、詞句印、圖書賞鑒印、齋館别號印、花押印、圓朱；下篇爲游藝時期，分文何、皖派、浙派、鄧派、趙之謙、吴俊卿、細朱文。凡七千四百餘字。

四 《古印概論》 黄質（賓虹）著。一九三〇年刊於《東方雜志》，分文字蜕變之大因、名稱施用之實證、形質製作之代異、譜系傳世之提要、考證經史之闕誤、篆刻名家之法古等六部分。全文七千二百字。

五 《古今篆刻漫談》 王光烈著。一九三三年著，一九三五年單行本。凡二十二節，於古璽印時代及特點的考辨，有相當的識力。全文一萬一千字。

六 《槐堂摹印淺説》 陳衡恪述，王道遠録。道遠爲陳氏弟子，據師論述整理而成。計分審字、定體、布局、印制、刻法、周秦印璽、漢印、泥封、碑碣、金文、陶文、磚瓦文、鄧派、後浙派、前徽派十五則，共五千四百字。其後有齊白石己卯（一九三九年）跋語。一九六二年臺灣有單行本。

七 《中國篆刻史述略》 傅抱石著。作於一九四〇年九月，計分：緒論；一、篆刻的萌芽時期；二、篆刻的古典時期；三、篆刻的沈滯時期；四、篆刻的昌盛時期。一九七九年十二月經人整理後，始在香港《美術家》雜志第十一、十二期發表。

八　《談刻印》　馬衡著。一九四四年刊於《説文月刊》四卷合刊本。首先辨明金石家不等同刻印家，但認爲金石家可不必爲刻印家，而刻印家則必出於金石家，以刻印如不諳熟文字源流、金石意趣，斷難有精好之作，並分名稱、形制、鈕式、文字與章法、材質與刻鑄、陰陽文之別、施用之方法等七方面加以論述，深入淺出，爲治印入門要訣。

九　《然犀室印學心印》　來楚生著。文章在來氏逝世後五年始披露於《書法》雜志總第十一、十二期。分印面、邊闌、疏密、綫條、淺深、章法、刀法、逼邊、款識、選刀、品式、擇石、停匀等十三則，皆甘苦有得之談。共二千五百字。

一〇　《關於印人黄牧父》　傅抱石著。一九四〇年十月廿八日、十一月四日刊於重慶版《時事新報》副刊《學燈》，後輯入《傅抱石美術文集》。約七千五百字。

一一　《白石老人的篆刻藝術》　傅抱石著。一九六一年二月一日撰，發表於三月廿九日《人民日報》，爲《齊白石作品集·印譜》序言，後輯入《傅抱石美術文集》。文長八千字。

一二　《散木印藝》　單曉天與張用博合著。一九八四年撰寫，上海書畫出版社一九九二年印行。凡四萬字。

一三　《來楚生篆刻藝術》　單曉天與張用博合著。一九八四年撰寫，上海書畫出版社一九八七年印行。凡八萬字。

乙、講義類

一　《篆刻學講義》　壽璽（石工）著。一九二七年《湖社月刊》發表，一九三三年北京銘泉閣有增訂本。計分：宗主、旁通、名式、派别、棄取、選材、著墨、章法、運刀、款識、潤色、印人等十二章。凡一萬二千字。壽氏治印功力至深，又長期從事教學，所談皆扼要中肯。

二 《治印談叢》 潘天壽著。係應國立藝專篆刻課而作的講稿，一九四五年寫成。計分：源流、别派、名稱、選材、分類、體制、參譜、明篆、布置、着墨、運刀、具款、濡硃、工具、餘論等十五部分。凡三萬四千餘字。解説簡要而明晰。已收入《潘天壽美術文集》。

三 《金石篆刻研究》 李健著。一九四三年十月上海聯合出版公司刊行。李氏在上海美專講授篆刻課，聞以此爲講稿，亦名《金石篆刻研討篇》。一九六四年香港商務印書館有刊本。計分三篇，凡二十四章一百八十餘頁，於篆刻之釋名、與金石學關係，及印章制度、刀法、經營位置、邊款、印材、印人傳及篆刻書目等皆爲詳列。

四 《篆刻學》 鄧散木著。三十年代，鄧氏在上海舉辦厠簡樓金石篆刻講座，曾印有講義，此書即據以修改補充而成。上編有述篆、述印、别派、款識計四章七節；下編有篆法、章法、刀法、雜識、參考計五章二十八節，於章法論述特詳，配以大量圖版。約七萬字。一九七九年五月人民美術出版社刊行。

丙、札記類

一 《雕蟲小言》 容庚著。一九二〇年以容容齋署名發表於《小説月報》十卷三、四號。共四十三則，約九千五百字。

二 《虹廬筆賸》 黄質（賓虹）著。一九三五、一九三六年發表於《學術世界》第一卷第一期至第二卷第四期。主要談古印名譜、各家藏印、印史掌故等。凡五十七則，三萬四千餘字。

三　《五鐙精舍印話》　王獻唐著。一九三五至一九三七年間寫成，一九八四年齊魯書社刊行。凡一百七十九篇。王氏精究古印，所談皆古印形制、印文考釋、刻製、印史、印譜、鑑賞等方面。共二十四萬餘字。

四　《楓谷語印》　郭楓谷（組南）著。一九四四年九、十月至一九四五年一月刊於《學海月刊》。凡四十則。郭氏爲福建人，對印石、刻鈕、製印泥等多有涉及，亦他書所罕見。共一萬一千餘字。

五　《頤蘐樓印話》　陳子奮著。具體撰寫時間不詳，約在四十年代後期。傳鈔本。一百一十則，一萬七千餘字。

六　《安持精舍印話》　陳巨來著。首次發表於一九五六年《趙叔孺先生逝世十一週年紀念特刊》。共二十則，二千五百字。後輯入一九八二年上海人民美術出版社刊行的《安持精舍印冣》、一九八七年西泠印社刊行的《印學論叢》兩書。

七　《沙邨印話》　沙孟海著。始作於一九四七年，至一九六四年删定，一九八四年發表於香港《書譜》第十卷第二至第六期。得一百一十四則，治藝心得與老輩印人交往之樂，皆形諸筆端，其中不乏民國印壇史料。約一萬五千字。後輯入上海書畫出版社《沙孟海論書文集》。

（三）印人傳略

爲印人立傳，始於清初周亮工所寫的《印人傳》，僅得六十三人，實爲未竟之作。乾隆間，汪啓淑繼踵，成《續印人傳》，凡收一百二十八人。

清末，葉銘有志賡續，經過十多年的廣徵博采，纂成《再續印人小傳》，連補遺在内，得六百零一人，文字一般比較短小，簡者僅十餘字，故以『小傳』名之。另附印人姓氏一百三十八人。其後，葉銘又在此書基礎上大事增補，於一九一六年出版《廣印人傳》，共十六卷（第十六卷爲日本印人，得六十三位），中國印人連補遺共計一千七百四十三人。人數確大大增加了，但編撰比較粗率，舛誤重出屢見。我曾加點核，竟有一百九十多人僅記姓名，別無任何記録。

早年曾受葉銘委托增校《廣印人傳》的秦康祥，一九六二年約同柴子英、韓登安兩位合力纂輯《印人彙傳》，柴氏長於明清印人史迹考訂，韓氏則主近世印友之亡故者，分工合作，每傳一般三四十字，多者達百許字，經過四年搜輯編撰，共得約三千人，網羅甚廣。正在整理期間，『文革』忽至，稿件盡付灰劫。

至以一縣爲單位而編撰的印人傳，容庚先生在一九二一年曾有《東莞印人傳》之作，得十九人，起自明人鄧雲霄、袁登道，而迄於其弟容肇新，小傳出於石印，而印迹均以原鈐，甚爲難得。

（四）工具書纂輯

甲、字書

璽印字書的編集，不獨便於篆印用字的挑選，而且有助於印字的匯輯和研究。

羅福頤先生經過八年摹輯，一九三〇年出版了《古璽文字徵》十四卷、附録一卷，《漢印文字徵》十四卷、附録一卷。悉從四十種古印譜中考釋摹録而出，每字之下，皆録全印印文及印譜簡稱。特别是古璽文字，向無專書，實爲創舉。經過四十八年之後，由於古璽印大量出土，一九七八年，羅先生再接再厲，有《漢印文字徵》增訂本問世，較諸舊版内容增加三分一强，收字二千六百四十六字，重文七千四百三十三字，合共一萬零七十九字。後復奔走南北，所見益多，一九八二年，又出版了《漢印文字徵補遺》，新增單字三百一十字，連重文一千三百六十八字，由其子隨祖摹補。至原來的《古璽文字徵》，經歷五十一個春秋並廣事增訂，一九八一年易名爲《古璽文編》

出版，收字二千七百七十三字，其中正編一千四百三十二字，合文三十一字，附録一千三百一十字，而且各字由摹寫改爲照原鈐本影印，益增真確。

孟昭鴻氏也有兩字書出版，一是一九三三年面世的《漢印文字類纂》（亦名《印字類纂》），另一是一九三四年印行的《漢印分韻三集》。

《璽印文綜》爲方介堪先生早年所摹集，盧溝橋事變，自北平倉皇南歸，丢失第十四卷，後經變亂，書稿復有殘損。到方老年八十，才由弟子整理續補，歷九年而後成，這時方老已病危無法審校。全書收單字三千九百七十五字，連重文共二萬一千八百餘字，一九八九年由上海書店印行，收字之富確遠勝他書。惟每字下並欠附録相關印文，不便查考，而釋字仍有少數可商。

對古璽印文字的考釋，黄質有《濱虹草堂璽印釋文》，創見不鮮，遺稿經吴樸選用二百餘方，已於一九五八年印行。近年復由浙江省博物館重加整理，更名《黄賓虹古璽印釋文選》，一九九五年由上海書畫出版社影印行世。

至輯録明清流派名家印篆爲字書，則有韓登安先生的《明清印篆選録》。所采印家始於文彭，迄於王福庵，凡十二卷，積稿盈尺，致力於此前後達四十年。『文革』十年，稿遭掠去，發還已失部分，未知有人能補其所缺否？

附談一未刊書稿。後世文字，已數倍於《説文》，爲篆作印，對後起之字，每感束手。一九一六年，王福庵先生特撰成《作篆通假》以助解惑。其於原篆本無之字，多以同聲系之字通假。如『菰』字爲篆所無，即取『苽』字代之；又如『蘆』字，同聲系字不可得，遂借音讀相近之『鄂』爲之，此所謂異聲系之通假。六書中的『假借』，便是如此。韓登安爲之續補近半，兩者合共二千七百餘字。王著原稿藏西泠印社，韓補則存其家。

乙、年表

印學之有年表，始於一九八四年柴子英編撰的《印學年表》，所録起自宋皇祐三年（一〇五一），而迄於成稿之歲，前後歷九百三十三年。所述雖未稱詳備，但蓽路藍縷，彌足珍視。

丙、印譜目

印譜目録也是研究印學不可或缺的工具。葉銘的《葉氏印譜存目》首開其端，載一九二〇年吴隱《遯盦印學叢書》第十六卷。

羅福頤先生專著録古璽印譜，一九三一年成《印譜考》四卷。一九六三年，益以三十多年所見，補成《增訂印譜考》五卷。當時我嘗見稿本，著録共達二百五十一種。

以上所談，只是就本書提及的已故印人業績簡要作一綜述。至於迄今仍活躍印壇的賢達們的貢獻，當非此小文所宜涉及。限於見聞，所談必多遺漏，敬希讀者多加賜教。

一九九五年十二月南海馬國權時客多倫多之彤葉寄廬

目録

一　王石經

王石經（一八三三——一九一八），字君都，號西泉。山東濰縣人。年二十，以武生入泮，深究《易筋經》，終身不懈，故年登耄耋，猶體力充沛。文人而中武秀才，非其所願，故終生恥及之。書學顔魯公，復上溯八分篆籀。曾至北京國子監觀『石鼓』，又偕何昆玉等登琅玡臺手拓秦刻石，有『游太學觀周鼓登琅玡拓秦碑』一印紀其事，以得奉手同邑金石學家陳介祺，親承指授，獲觀其所藏萬印樓藏印七千餘事，及其他金石書籍、拓本，學養因之日深。四十餘歲，嘗輯璽印、封泥等成《集古印雋》四册，陳介祺爲題其上云：『王西泉四弟，余歸里來文事友也。能刻印，見余所藏三代、秦、漢璽印而益進；能作篆、隸，見余所藏秦泰山二十九字、漢二楊碑、郭有道碑真本而益篤；能嗜古文字，見余所藏吉金而能讀，且善氈墨。能鑒別，見余所藏宋元以來書畫而更精審。朝夕過余討論，已二十餘年矣，識見日上，藏弆日富，時人已多推之，殆右丞所謂「天機清妙」者歟？』可見淵源所自，及其積累之富與搜摭之勤。

於治印之法，介祺嘗與論之，曰：『凡作印：篆居其六、七，刻居其三、四。篆佳而刻無力，則篆之神不出。刻有力而篆不佳，則野矣。穆倩之篆猶未免野人不識字之憾，松雪、三橋以下，篆亦未能至古，而秀則近於弱矣。』石經心追手摹，故其作品跬步不失古人面目，佳者往往置諸古譜中而莫辨，並世名流，許爲一時無兩，爭相求其治印。

曾見自輯刻印七十鈕爲《西泉印存》，有光緒十四年（一八八八）宋書升序，略云：『余嗜慕篆書，學之無所進，得交吾鄉王西泉先生，先生擅此有年矣。其致力之精、取法之善，唯以周宣石鼓，及秦泰山、琅玡刻石舊拓本，心摹力追，外此如李陽冰、釋夢英等遺筆，亦不屑寓目，故爲書莊而不佻，其堅也如石嵌壁，其樸也如金在鑛，其雄勁而委婉，如鷹隼摩空，而螣蛇之出穴也。以餘力爲人摹印，莫不歎絶。歲丙戌春入京師，吴縣潘伯寅尚書見此自輯印册，亟推爲天下第一，蓋先生與陳壽卿學士游，學士藏秦漢官私章璽近萬鈕，曾商訂萬印樓印譜，繆篆體勢，按類分究，洞悉規範，而又以作書之意，萃精力以取之。其運刀也，或捎之而使陰，或䂊之而使陽，當其游刃於虚，目中但見有篆，不見有石也。莊生所謂庖丁解牛，恢恢有餘地者，殆亦得其懸解而馴致，以進於道歟！前修安丘張卯君、膠州高西園，皆工摹印，流傳之譜，顧體傷卑俗，皆以未能法古，故昔陳老蓮觀漢武氏祠石刻像，而畫法精進，所作名宦士女圖，雍穆端肅，令見者意遠。今先生之摹印何以異是！先生與人交，温厚和平，久而彌篤，非獨文學藝事之不阿於俗，其詣亦猶見先進流風也。』因其能植基於篆，以書入印，故所作遠異凡俗，後又增訂爲《甄古齋印譜》（一九二三年商務印書館有影印本），一時盛昱、匡源、張士保、潘祖蔭、王懿榮、吴大澂、吴重熹等皆爲題識，陳介祺題詩云：『王君通隸法，名字采中郎（字曰君都）。好古天機妙（阮文達公謂「非天機清妙，不能好三代文字」），多材雅事詳。印摹鐙照漢，帖橅搨追唐。何日編鐘鼎，同登叔重堂。』可謂推崇備至。

平情而論，石經之印，功力可謂精到矣，然端整有餘，流麗不足，稍欠生動之致，或其禀賦有以限之耶？

（一九八一年十一月一日）

海濱病史　寶康瓠室　論語春秋在此罍　千化范室　三祝吾廬　仲銘　簠齋藏古　曹鴻勛印

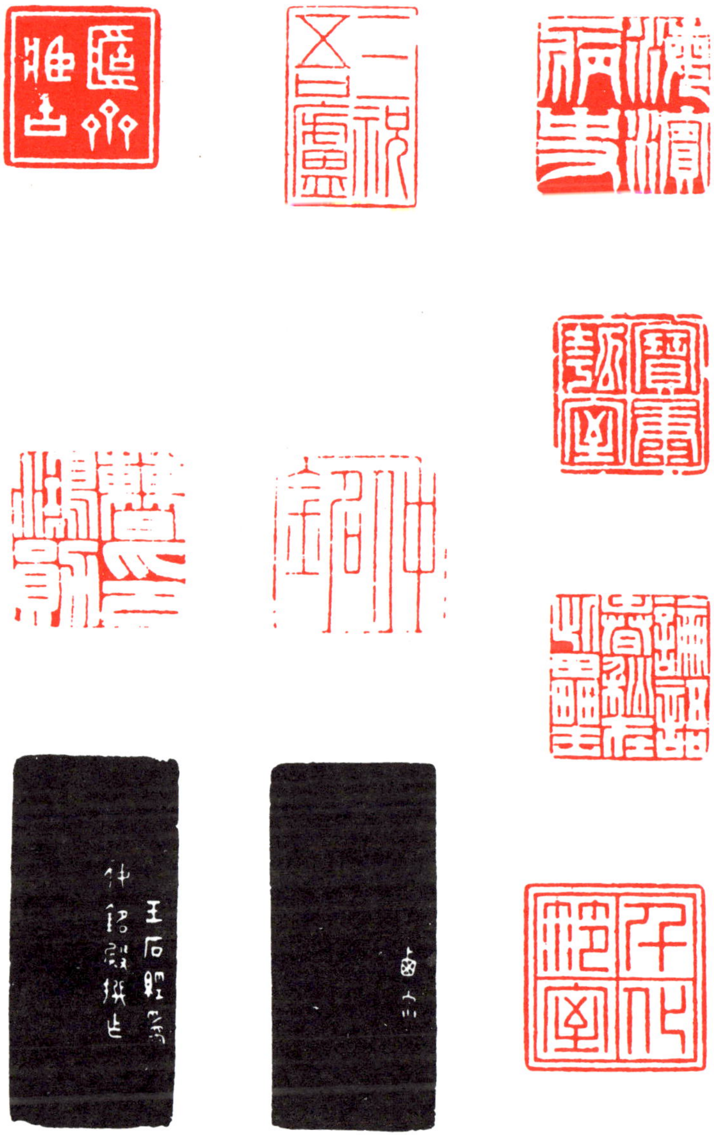

二　吴昌碩

吴昌碩（一八四四・九・十二——一九二七・十一・二十九），原名俊，又名俊卿，字倉石，後改字昌碩，以字行；别署缶廬、老缶、缶道人、破荷、苦鐵，晚號大聾等。所居曰倉石齋、齊雲館、蕪園、篆雲軒、削觚廬、破荷亭、石人子室。浙江安吉人。

其先世皆積學有科名。先生幼穎異，經史而外，於文字之學多所用心，喜鎸印，束於程課，未能恣意研求。年十七，遭逢戰亂，逃難中與家人散失，隻身流浪三載，靠采野糧療饑，或充零工爲活，困厄備嘗，及還家，衆口之家僅餘老父耳。翌年，學官催赴縣試，得補秀才。先生性耽藝術，於八股之文殊無志趣，自是遂絶意科場。家居勤習詩文，研索書刻，欲補離亂所缺。年廿六，赴杭州謁俞曲園先生，乞列門墻。年廿九，至蘇州詣楊峴藐翁，求爲弟子，藐翁極重先生，許以兄弟相稱，婉謝拜門之請。又遍訪潘祖蔭、吴雲等著名學者請益。卅六歲問畫法於任伯年。數年間，學藝大進。年卅七，應吴雲之邀客其家兩罍軒，吴中收藏家至夥，以是金石書畫名迹多所寓目。越兩年，以友好之助，納粟出爲佐貳，以贍家給，小吏所入雖微，然事簡可不廢研藝，故權爲之。累晋至候補知縣、直隸州知州銜。甲午（一八九四）之役，應邀參吴大澂幕，出師榆關，不避艱危，惜清廷昏聵，戰事敗績，未能展其所志。年五十六，出爲安東縣令，不堪上官逼迫，强令鞭撻百姓，僅一月即乞去，曾刻『棄官先彭澤令五十日』一印見懷，並附邊跋云：『官田種秫不足求，歸來三徑松菊秋，吾早有語謝督郵。』從此鬻藝自給，後移家上海，以迄謝世。

先生廿餘歲即攻各體書法。楷書學鍾繇，隸主《張遷》，行或借徑王鐸，篆則初以晚清名家楊沂孫爲法，後得明拓《石鼓文》，遂專究於是，復以行草筆法參之，字形展長，結構往往左低而右高，用筆遒勁，氣息深厚，開篆一派面目。畫宗徐青藤、陳道復，參以沈周、石濤、八大諸家，得力處在以篆筆入畫，蒼茫古厚，構思布局，迥異恒蹊，而題字用印之妙，三者交相輝映，堪推獨步。作畫以梅、竹、松、菊、荷、蘭、水仙、牡丹、紫藤及瓜果爲多，偶亦涉筆山水、佛像。年近三十鋭意篆刻，初訪浙派，於鄧石如、趙之謙、徐三庚皆曾致力，尤得於吴讓翁之運刀如筆，與錢叔蓋切中帶削之刀法，後獲見周秦兩漢封泥暨磚甓文字，融會變化，而以《石鼓》之筆入之，清剛高古，自成體貌。用圓桿鈍刀驅馳石骨，益顯渾樸。其印看似不經意，而虚實呼應，某處借邊，某畫併連或殘缺，皆從整體考慮，細心經營，非率意者可比。葛昌楹序先生《缶廬印集・三集》有云：『今昌碩吴先生以書畫名海内，而其篆刻，更能空依傍而特立，破門户之結習，絜長去蔽，自爲風尚，蓋當代一人而已。先生印學導源漢京，凡周秦古璽、石鼓、銅盤，洎夫泥封、瓦甓、鏡匋、碑碣，與古金石之有文字資考證者，莫不精研其指趣，融會其神理。故其所詣，直可轢趙（之謙）揜吴（讓之），邁丁（敬）超黄（易），睥睨文（彭）何（震），匹孋吾（衍）趙（孟頫），由是躋兩漢而跂姬嬴，俾垂絶之學得以復續，又不僅爲當代一人已也。』評析至當。

先生自題《削觚廬印存》有四絶句：『裹飯尋碑苦不才，紅崖碧落莽青苔。鐵書直許秦丞相，陳鄧藩籬擺脱來。』『銅斑玉血摩抄去，外獎當前誓不聞。風雨吾廬成獨破，了無人到一書裙。』『岐陽鼓破琅玡裂，治石多能識字難。瓦甓幸饒秦漢意，乾坤道在一般桓。』『鑿窺匋器鑄泥封，老子精神本似龍。隻手儻扶金石刻，茫茫人海且藏鋒。』不獨可以窺見先生印學主張與處世之道，抑亦略知其詩之曠遠高逸。

近世藝壇，如先生之兼精詩書畫印，享盛名於海内外者，殆無第二人。一九一三年，西泠印社正式成立，被舉爲社長，嘗撰書一聯曰：『印詎無源？讀書坐風雨晦明，數布衣曾開浙派；社何敢長？識字僅鼎彝瓴甓，一耕夫來自田間。』具見謙淡之情。一九二一年，東瀛人士更范金鑄像，貽置孤山，用表尊仰。先生平居和易，治藝至勤，迄老不稍懈；樂於提挈後輩。從游者不下數十人，若陳師曾、趙古泥、徐星州、李苦李、蕭蜕闇、錢瘦鐵、王个簃、沙孟海、諸樂三及河井荃廬等，並各有成就。子三：長曰育，早殤；次曰涵、三曰邁，皆能傳家學。歿後五年，葬於杭縣塘棲超山之宋梅亭畔，遵遺命也。

（一九八三年十月二十三日）

恕堂　安吴朱硯濤收藏金石書畫章　西泠印社中人　吴俊卿　無須（鬚）老人

歸安施爲章　泰山殘石樓　字元暤號卞群　鳴珂私印　谿南老人　伊立勳印

三　徐新周

徐新周(一八五二——一九二五)，字星舟，别署星州、星洲、星周，以星州最常用。所居曰陶製廬、耦花盦。江蘇吴縣人。

其幼而嗜古，尤究心金石，見吴昌碩所作印，私心傾佩，得缶翁俞允，遂南面執弟子禮。年比缶翁少九歲。所作印謹守師法，不逾規矩，驟視頗肖乃師，邊款亦然，甚得缶翁法乳。然細察印字，綫條似較方匀堅實，不若缶翁之渾厚恣肆，然亦風神自具。偶作圓朱文印，蓋應求者之請耳。與廣東印人鄧爾雅有交誼，嘗爲其製印數十方。嶺南畫派大師高劍父、高奇峰兄弟所用印，多出所製。在上海懸例鬻印，取值不昂，求者踵接。日本人士游滬者，莫不挾其數印以歸，是以其印在東瀛流傳不鮮。缶翁晚年，以忙於書畫應酬，又限於目力，四方求印者，多委得意弟子及其子臧龕代庖，星州捉刀尤夥。凡代刀之印，昌碩多先篆稿，最後略作修飾，並親加邊款，亦有連邊款悉由星州代勞者，如《苦鐵印選》中之『高聾公留真迹與人間垂千古』一鈕即如是。

一九一八年，星州輯生平得意之作一百六十鈕爲《耦花盦印存》四册，缶翁親爲撰序，文云：『余嗜印學垂五十年，此中三昧，審之獨詳。書畫之暇，間作《缶廬印存》，一生所作，僅存百餘方，匠心構思，累黍萬頃。千載下之人，而欲孕育千載上之意味，時流露於方寸鐵中，則雖四五文字，宛然若斷碑墜簡，陳列几席，古趣盎如，不亦難乎！星周與余有同嗜焉，壹志印學，無所旁涉，爲刻《耦花盦印存》，越十年而成。請益於余，展讀再四，精粹如秦璽，古拙如漢碣，兼以彝器封泥，靡不采精擷華，運智抱拙，星周之心力俱瘁矣，星周之造詣亦深矣。夫刻印本不難，而難於字體之純一，配置之疏密，朱白之分布，方圓之互異。更有甚者，信手捉刀，魯魚亥豕，散見零星，輒謂繆篆，如斯若可，無庸研究。而陋塞之士，遂據以爲根柢，則此貽禍於印學者，實非淺鮮。星周通六書之旨，是以印學具有淵源，余雖與之談藝，蓋欣吾道之不孤也。余曷敢爲之序。』讀此不獨可知印雖方寸天地，然殊不易工，此中甘苦，缶翁陳之詳至；而缶翁之謙抑與樂於提携後學，尤令人仰羡無已。星周印作，其後復有人輯爲《徐星州印存》初至五集，每集二册，合共十册，較《耦花盦印存》尤爲賅備。

曾見姚鍾葆爲星州所作畫像，蓄鬑美髯，閒坐江頭，蓋星州於辛亥革命前一年五十八歲時寫照也。有四公題句其上，謹録如下，以爲了解星州之一助。蒲華題云：『金石圖書有所思，千秋俯仰感鬚眉。憑君莫問生平事，逸趣横生唤老兒。』缶翁詩曰：『美髯成獨步，美意得延年。語笑艱難狀，鴻濛刻畫天。氣盈滄海外，坐合古梅邊。客有談時事，先生醉欲眠。』潘飛聲詩云：『吴門徐處士，城内不愁兵。碑版眼功德，布衣心太平。開尊蟚蟹熟，劃石蚪蝌驚。閒向江頭坐，看雲知世情。』張祖翼題云：『澹於榮利，隱於朝市。不求聞達，不妄取與。擅金石刻畫之能，而渺天地於一黍，是之謂名士胸懷，高人杖履。』

（一九八二年六月十三日）

爾雅窈窕夫婦　番禺高崙　潭上質印　高侖長壽　涵容是處人第一瀟（法）　達人大觀兮物無不可　寥（夢）

宬金泥石屑　神無不暢

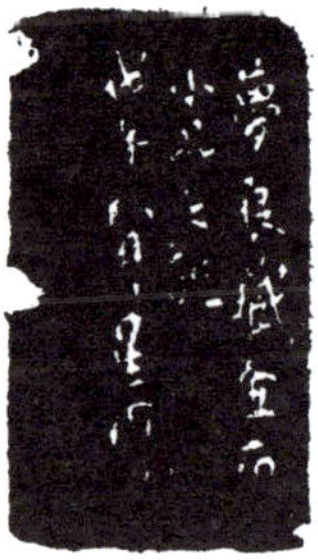

四　鄭文焯

鄭文焯（一八五六·八·二十八——一九一八·四·七），字俊臣，號小坡，又號叔問，晚年別署大鶴山人、鶴、鶴公、鶴翁、鶴道人。遼寧鐵嶺人。隸正黃旗漢軍籍，而托爲鄭康成裔，自稱高密鄭氏。

其父瑛棨，官至河南巡撫，兼署河南山東河道總督，公餘涉筆詩書畫，有鄭虔三絶之譽。先生兄弟十人，一門鼎盛，裘馬麗都，惟彼一人服儒冠，好文翰。幼染家學，喜爲詩文繪事，七歲見壁間畫軸，即知臨摹。年十四，以指作畫，凡花鳥、山水、人物，着手立就。年二十，應順天鄉試中式舉人，後會試屢不售，遂絶意科舉，曾一官內閣中書。嗣愛蘇州山水幽勝，客居三十餘年。時撫吴使者，莫不延爲上客，凡有興革，多諮詢而後行。陳伯平中丞在蘇創存古學堂，按月校藝，聘先生爲都講大師，以定甲乙，碩彥多來奉手請益。辛亥革命後，先生以淵明自比。清史館聘爲纂修，北京大學聘爲金石學教授，皆婉辭不就。鬻畫行醫，常往來於蘇滬之間，人稱『詩醫』。善詼諧，甘老食貧，固其素也。先生博學多才，凡訓詁、考據、辭章之學，以及音吕、醫經、氣緯諸秘籍，與夫金石書畫鑑賞，無一不精。曾學琴於江夏李復翁，討論古音，乃大悟『四上競氣』之指，於《樂紀》多所發明，故其爲詞，聲出金石，極命風謡，感興微言，深美閎約。冒廣生謂其所著《瘦碧》、《冷紅》諸詞，規橅石帚，即製一題、下一字，皆經意爲之。清代詞家雖多，若精究音律，深明管弦聲數之異同，上以考古燕樂之譜者，凌次仲外，一人而已。著書甚富，自寫定書目凡三十九種，生前已刊者，有《大鶴山房全集》凡九種：《揚雄説故》一卷、《高麗永樂好大王碑釋文纂考》一卷、《醫故》二卷、《詞原校律》二卷、《泠紅詞》四卷、《樵風樂府》九卷、《比竹餘音》四卷、《苕雅餘集》一卷、《絶妙好詞校釋》一卷。年六十三卒，葬於鄧尉之原。另詩詞若干卷，蓋逝世後其婿戴正誠據遺篋所存以校刊者。其婿復爲編《大鶴山人年譜》。

先生於印，少即游心漢制，近人唯趙撝叔一人風致近同。雖不常作，然嗜之至老不倦。缶翁與之同寓吴中，閒談亦往往及此。『鐵尊者』一印，乃先生六十一歲時所刻，附邊跋云：『憶昔壺園隣柳巷，過門呼酒相從。蒼寒雲壑滿奇胸。高懷長伴鶴，妙手本雕龍。　而今偕隱淞濱老，故廬都付秋蓬。書師槜散兩心同。不逢青眼客，還對黑頭翁。調寄《臨江仙》。斵此以博缶翁道兄拊掌一笑。』可見兩人交誼之深。

先生論印，每有勝義，如云：『漢興有繆篆，爲刻印之獨體。蓋謂意存心手之間，綢繆經營，别構一格，形與勢合，追琢成章。神妙縈於方寸，然後砉然迎刃而解，一代文製，資以印信，豈曰「雕蟲小技」哉！近世目爲文房一翫，弗考其制度精義之所在，朝學奏刀，暮已以印人自命；或規規許書，以爲漢篆之遺，合是靡所取則，不知洨長爲正當時書體之異撰，於刻印義例不能强合也。今南北博古家所珍皮漢人公私印記，其結撰之精微、章法之奇妙，洵有不可思議者。』又曰：『治印之難，合天資、學力、精神、興會，又須博之以篆文、馴之以腕力，然後觸鋒廉斷，隨勢曲赴，盡其一臂之敏，兼有衆技之長。《鄭文公下碑》，以石好而呈能；鍾子京絶技，既工書而善刻，斯道不綦難歟？』復曰：『陶南邨云：古人刻印於密白處偶用疏法，所以見印泥之色妙也，漢印往往於此得流露其精神，然着迹不得，故白文視朱文難工。』諸説並見《王冰鐵印存序言》及題記。

（一九八四年七月一日）

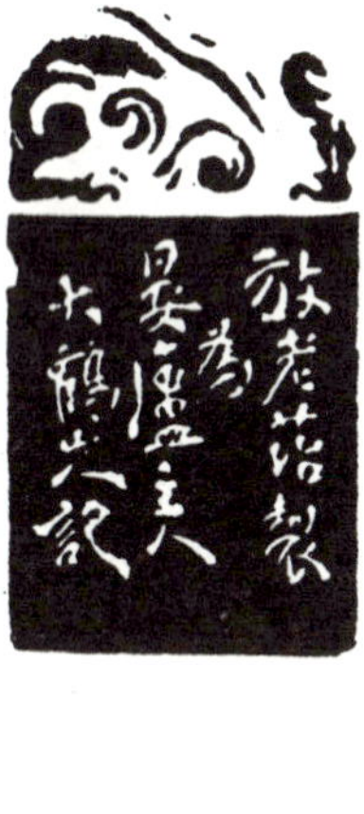

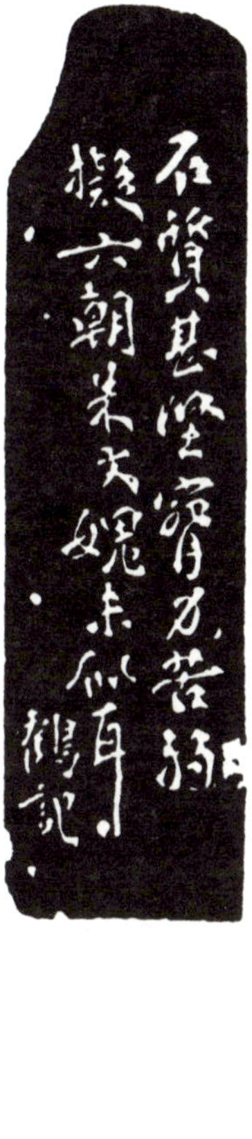

祖芬摹古　老竺　銕（鐵）尊者　葛氏繩盦

五　齊白石

齊白石（一八六四・一・一——一九五七・九・十六），原名純芝，字渭清，後易名璜，字瀕生，號白石，以號行。別署木人、木居士、杏子塢老民、星塘老屋後人、湘上老農、寄萍、老萍、寄萍堂主人、借山吟館主者、借山翁、三百石印富翁等。湖南湘潭人。

少家貧，入蒙館未及一年，即輟學放牛、種菜。以體弱不宜種田，十四歲學木工。越二年改作雕花木工，前後歷十一載。工餘，喜摹《芥子園畫譜》，因略知繪畫蹊徑。二十六歲拜文人胡自倬爲師，得受畫法詩文，自此遂棄木工，靠『描容』（畫肖像）爲活。由是刻苦誦習詩書，於畫則臨摹與寫生並重，藝事孟晉。年三十九，應夏午詒之邀北游陝西，得臬臺樊增祥揄揚；再游京津，經滬鄂返湘。此後七年間，曾五出五歸，遍歷五岳及廬山、蜀山、陽朔、長江、黄河、珠江、洞庭湖，歸作《借山圖》五十幅，爲生平山水傑構。以軍閥混戰，盜賊爲患，家鄉無法寧居，兩次避地北京，自一九一九年起，乃定居北京焉，時年五十六歲。畫風趨向大寫意，獨創紅花墨葉兩色花卉，或加工筆草蟲配之，或作魚蝦之屬，風格清新。陳師曾極推重之，携往日本展覽，深受歡迎，畫名著於遐邇。書法出入李邕、金農，篆則會通《三公山碑》、秦詔版而自成體貌。而印與詩，亦獨樹一幟。一九二七年，國立藝術專門學校校長林風眠聘授國畫，翌年改稱學院，晋教授。以就學未足一載之自學者而成教授，中外罕覯。北平淪陷，杜門不出，謝絶學院之聘，雖嚴冬無火，亦拒收學院之贈煤，決與敵僞劃清界限，民族氣節昭然。新中國成立後，中央美術學院聘其爲名譽教授。一九五一年被聘爲中央文史研究館館員。一九五三年又獲授『中國人民傑出的藝術家』榮譽獎狀，並推爲中國美術家協會主席。稍後，前東德禮延爲藝術科學院通訊院士，世界和平理事會復頒授一九五五年度國際和平獎金，備受殊榮。白石老人在一九三七年舊曆廿年七十五歲時，因信相命家言，改稱七十七歲以趨吉避凶，故雖云享年九十七，實九十五耳。著作除《齊白石作品集》二集，能見其書畫印之代表作，尚有《白石吟草》及題跋、札記等文稿。

白石之治印也，嘗自言：『余之刻印，始於二十歲以前。最初自刻名字印，友人黎松庵借以丁、黄印譜原拓本，得其門徑。後數年，得《二金蝶堂印譜》，方知老實爲正，疏密自然，乃一變。再後喜《天發神讖碑》，刀法一變。再後喜《三公山碑》，篆法一變。最後喜秦權縱横平直，一任自然，又一大變。』其四變軌迹，言之甚明。然學印之最早年歲，《白石老人自述》謂始於年卅四。以廿七歲方得從師習文藝推之，則《自述》所叙，當較確當。白石之印，縱横排奡，氣魄過人，除前述淵源外，諒亦得漢族將軍印、少數民族頭領之所謂『蠻夷印』所啓迪，章法注意虚實之强烈對比，用刀潑辣，不加修飾，任其欹斜剥落，以增奇趣。白石曾云：『刻印其篆法别有天趣勝人者，唯秦漢人。秦漢人有過人處，全在不蠢，膽敢獨造，故能超出千古。余刻印不拘前人繩墨，而時俗以爲無所本。余嘗哀時人之蠢：不思秦漢人，人子也；吾儕亦人子也；不思吾儕有獨到處，如令昔人見之，亦必欽佩。』復有詩曰：『做摹蝕削可愁人，與世相違我輩能。快劍斷蛟成死物，昆刀截玉露泥痕。』俱見旨趣。

印人楊仲子，白石至友也，嘗評其印云：『齊白石力量有餘，若再加書卷味，則爲完全無缺之人，然爲之繼，亦非易事。……故刻印者，能盡石之長，彰石之美，不强其性，不塞其能，方可謂之高手。白石時有之，他人不多見也。白石刻印，其刀直下，長可寸許，深可半米，石不堅硬，立時崩裂，風馳電掣，頃刻而成。石不轉，刀自右連切而極於左，亦刻印之奇觀也。』識者或謂知言，或不滿於『書卷味』一語，似有貶意。白石曾告其門人于非闇，自謂諸藝以刻印爲第一，蓋能不落古人窠臼，其自得處正與楊氏所言之不足處同。

噫，化文字古奥而爲平易，絶去摹削，一以剛健痛快爲宗，使千百人見而效之，蔚成一代流派，固堪稱巨擘矣！

（一九八三年十月九日）

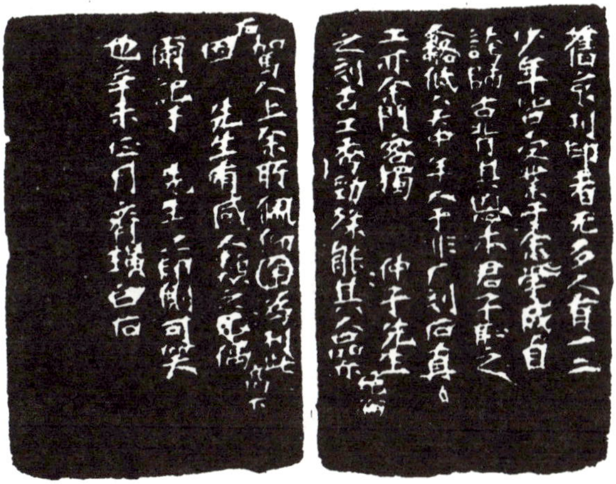

少小愛文詞　白石　八硯樓　見賢思齊

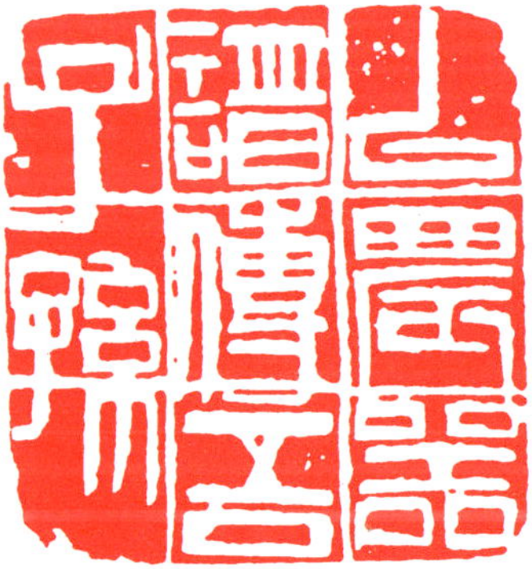

三百石印富翁　詩宁畫刻四無成　甑屋　大匠之門　尋常百姓人家　以農器譜傳吾子孫

六　黄賓虹

黄賓虹（一八六五・一・二十七——一九五五・三・二十五），原名質，字樸存、樸人等，一字予向；因故鄉安徽歙縣潭渡村有濱虹亭，故顔所居曰濱虹草堂，中年更字賓虹，且以此行，署號甚多。誕生於浙江金華鐵嶺頭。

其受父親及啓蒙師影響，自幼喜作畫刻印。十三歲中童子試。十六歲就讀金華麗正書院。青年時嘗在揚州鹽運使署任録事，深感官場黑暗，乃絶意仕途。甲午戰後，痛國家危亡，一度贊成變法。後任教新安中學堂，以鼓吹種族革命爲人告密而出走。自一九〇九年起，居滬近三十年，先後任《政藝通報》、《國粹學報》、《國學叢書》、《神州日報》、《時報》等編輯，又任商務印書館美術部主任、神州國光社編輯主任等職，並兼任昌明藝專、新華藝專、上海美專等校教授。一九三七年移居北京，不久盧溝橋事起，雖生活困厄，敵僞臨門相邀，亦不爲所動，杜門著述，往往出賣舊藏書畫以濟急。一九四八年應國立藝術專科學校之聘，遷居杭州。晚年欣逢明時，曾有詩云：『和合乾坤春不老，平分晝夜日初長。寫將渾厚華滋意，民物欣欣見阜康。』所作山水畫及古籀行草，世所共譽，兹不多贅。

其治印始自髫齡，家中藏有《飛鴻堂印譜》及丁敬、鄧石如等印譜，然嚴父以其年稚，只與粗看，隨即放回箱中。一次乘父外出月餘，遂自取鄧譜仿其十餘印，父歸得見，初尚有疑，及見奏刀，始驚已得矩矱，時年方十一耳。自是浸淫於斯，歷有年所。後由浙派而轉趨徽派，尤於巴慰祖之法有契，並上溯先秦兩漢。中年嗜畫，篆刻遂疏，非至交不能得一印，而搜集古璽印撰著古印文字證猶不遺餘力。以精研古籀及金石碑版，綫條沉雄遒勁，妙於疏密變化，風格與徽派爲近，而自具面目，非一般篆刻家所可比擬。沈禹鐘《印人雜詠》詠之云：『江夏無雙老畫師，年踰九十筆猶持。操刀不囿新安閾，默向羹墻見籀斯。』所論至爲公允。

其於印學貢獻約有三端。一曰搜集古璽印，編拓印譜。積數十年藏弆，曾先後出版《濱虹草堂藏古璽印》初、二、三集，及《集古璽印存》、《竹北移古印存》，又成《匋璽文字合證》，皆有裨於印學及考古學之研究。二曰考證璽印文字。遺著有《賓虹草堂璽印釋文》一書，王福庵爲撰序云：『先生嘗謂以古璽印與卜辭、金文、古陶、木簡相印證，更明籀篆嬗變之迹，經籍迻寫之源，觸類旁通，時多弋獲，著有釋文若干卷藏於家。自來釋璽印皆數見而無專書，賓虹實爲始創。』其貢獻可知矣。三曰撰著論印文字。此有《古印概論》（見《東方雜志》二七卷二期）、《周秦印談》（見《中和月刊》一卷十一期）、《濱虹羼抹·叙摹印》（見《國粹學報》卅、卅三、卅八、卅九期）等。即斷章零句，亦時見精藴，如云：『自有青田、壽山、昌化諸印石出，文人奏刀漸流孱弱；或者宗尚漢印自信太過，其弊也泐蝕以爲古，重鎚以爲厚，偭規裂矩以爲奇，描摹雕飾以爲巧，相沿日久，遂成習氣。』致李尹桑函云：『僕於西泠，差喜龍泓，餘子圭角太甚，似傷和雅。皖派折心石如，白文爲佳。若吾鄉垢道人、巴予藉二公，非特開西泠之祖師，而上闚古璽之閫奧，能於陳簠齋、王廉生諸子數百年之前具此慧眼，在鄙人堅持斯論，未免有齊人稱仲之誚也。近賢如趙悲庵，亦極推崇。巴氏真能不囿於畛域者矣！』

賓公逝世後，家人遵其遺願將全部遺物遺作捐贈浙江省博物館收藏，其中即有古代璽印八百餘事，金石學遺著多種，賓公自刻而未署款之石章多方。

（一九八二年二月二十一日）

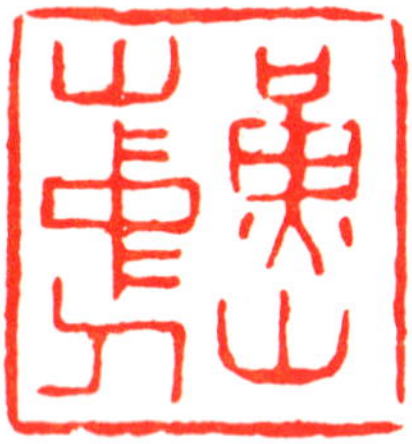

黃質賓虹　黃山山中人　黃賓虹　冰上鴻飛館　虹廬　黃賓虹印

七　羅振玉

羅振玉（一八六六·八·八——一九四〇·六·十九），字叔藴，又字叔言，號雪堂，晚年别署貞松老人。籍浙江上虞，以先世宦游江蘇，生於淮安。

少嗜讀書，年十九，著《讀碑小箋》、《存拙齋札疏》，俞曲園采札疏入《茶香室筆記》中。曲園乃經學大師，遂有疑雪堂爲老宿者。翌年成《金石萃編校字記》、《寰宇訪碑録校議》。廿一歲，撰《毛詩草木鳥獸蟲魚疏新校正》。隨館山陽劉氏、丹徒劉氏數載，課餘益奮發撰述。中日甲午戰後，國瘠民貧，嗣思農爲邦本，遂有學農之志，乃邀集同志在滬創學農社，合辦《農學報》，聘人譯農書及出版雜志。戊戌又創東文學社，招生入學。王國維即是時學子。光緒年三十五，應張之洞邀，任湖北農務局總理兼農務學堂監督。癸卯移兩粤教育顧問。翌年改江蘇教育顧問。光緒三十二年，官學部諮議。宣統元年兼京師大學堂農科監督。越年充學部考試提調官。辛亥革命，避居日本七年半。旅居多暇，以著述爲事，成《流沙墜簡》、《殷墟書契前編》、《殷墟書契考釋》、《歷代符牌圖録》、《殷文存》、《鳴沙石室佚書》、《鳴沙石室佚書續編》、《夢郼草堂吉金圖》、《恒農專録》、《六朝墓志菁英》等數十種。民國八年返國，仍勤事著書。復致力於内閣大庫檔案之搶救與保存整理。若《貞松堂集古遺文》、《三代吉金文存》、《漢熹平石經殘字集録》、《高昌磚録》、《雪堂所藏古器物圖録》等，皆晚年精力所聚。其於殷墟甲骨文字之考索、金石刻辭之流布、古器物學之研究、熹平石經殘字與漢晋木簡之整理、敦煌石室佚書及高昌文物之探討，皆有功學林，世所共覩。然思想留戀清代王朝，一意擁立遜帝溥儀，且勾結日本軍閥，謀劃復辟；僞滿成立，又擔任參議府參議及監察院長僞職。其爲國人詬病，固理所當然。而以一分爲二觀點論之，其於學術亦有不容抹煞者。一九五六年張舜徽教授有《考古學者羅振玉對整理文化遺産的貢獻》一文，言之綦詳。前年其文孫羅繼祖教授以甘孺筆名撰《永豐鄉人行年録（羅振玉年譜）》，由江蘇人民出版社出版，史料更爲贍富。

雪堂年十五即耽印藝，苦無師承，嘗以百錢從持竿售舊物者得漢人私印一，愛其深厚古穆，佩之衣帶間，由是癖印日甚。顧力不能致，三十以後，奔走四方，一有機緣，便廣購璽印譜録，用供研究。而於古璽印之收藏亦不下千數百萬，是時歸化及關隴晋豫所出，大半入其篋衍，只以生計所累，隨得隨以易家給耳。先後編拓印譜有《磬室所藏璽印》、《磬室所藏璽印續集》、《赫連泉館古印存》、《赫連泉館古印續存》、《隋唐以來官印集存》（附補遺、附録各一卷）、《凝清室古官印存》、《凝清室所藏周秦璽印》、《貞松堂唐宋以來官印集存》、《西夏官印集存》等九種，若隋唐以來官印及西夏官印，前人多未及留意者。

雪堂早以印名，唯規模古璽漢印而自出機杼，不屑步趨明清以來流派，古趣盎然，遠去時俗。嘗訂有刻印潤例，晚歲忙於著述，遂屏不復作。其印學之深，具見前譜各序及《夢庵藏印序》、《望古齋印存序》、《澂秋館印存序》，所舉肖形印之與漢畫像互證，傳舍印之可補官志之闕，『梃縣左執姦』印之正《漢志》『挺縣』之誤，璽文『𦥑』爲『觸』字古構宜補字書之遺，皆有裨小學、地理、官氏諸學。至所著《璽印姓氏徵》，得姓千餘，不見姓氏書者逾五百，訂正前人遺失者指不勝僂，以古璽印而大有發明於姓氏之學，尤爲難得之貢獻。

（一九八二年五月三十日）

陸庵監（鑑）藏　陸庵所得　叔言集古　殷禮在斯堂　墨緣　二萬石齋

八　鍾以敬

鍾以敬（一八六六——一九一六），字讓先，號裔申，亦作裔聲，别署越生、煙蘿、似鷗、窳堪、窳龕、家（寂）龕。齋名今覺盦。浙江錢唐（今杭州）人。

少嗜金石，窮究《説文》，工於篆法，喜作《天發神讖碑》體，蒼勁有致。印宗浙派，擅擬趙次閑、陳秋堂兩家，形神兼得，精整雋拔，清末民初，同道推爲是派巨擘，王福庵、丁輔之、吴石潛、高時敷等皆極佩之，求其鐫印不鮮。其擬徐三庚法，亦深有會心。曾見所刻『竹素園』一印，印固勁拔峭麗，其邊跋云：『篆刻一道，當以效法秦漢爲上，元明人非不佳，去渾穆蒼勁遠矣。吾杭自龍泓丁先生之後，得刻銅遺意者，唯秋景菴主人，其篆法刀法，皆有所本。余作殊乏師承，東摹西仿，固無足觀。己丑秋九，挹宰我兄以佳石索刊，余亦忘其頑劣，漫爲奏刀，尚乞有道匡我之謬，則幸甚。煙蘿弟敬敬讵（記）於今覺盦。』所論亦佳，時年僅二十有四耳，足見早慧。

又善小字款識，堪與陳秋堂比肩，嘗應福庵先生之請刻『庶有達者理而董之』一印，三側邊款刻《説文·後序》語，凡二百八十餘字，銀鈎鐵畫，精緻絶倫。刻竹亦精雅，摹金文者尤勝。並工詩文辭，以峭潔稱。西泠印社落成時，同人請其撰書一聯於山川雨露圖書室，云：『築數椽在柏堂竹閣之西，講藝論交，豈僅湖山供眺覽；樹一幟於文坫詞壇而外，抗心希古，更欣風雨共摩抄。』聯字並美。丁仁《詠西泠印社同人詩》（集《論印絶句》）有關窳堪一首曰：「宗派流傳幾變更（楊復吉），鷗波亭子一燈明（沈心）。官私大小多羅列（蔣元龍），玉筯朱文篆最精（馮念祖）。』推許備至。

窳堪先世業商，家本富饒，後以聲色之嗜，揮霍殆盡，竟至衣食幾不給，乃寄居僧舍。褚德彝、湯勉齋遂勸其鬻印以補家給，允之，今傳世作品較多者以此。著有《篆刻約言》，自輯印集有《印儲》一卷、《窳龕留痕》十二卷。其論篆刻嘗云：『近時名流輒侈言高古，詡詡然自矜所學，不曰橅三代古璽，即曰仿兩漢泥封，斑駁缺蝕，索隱行怪是從，不能學西子娥眉秀勁，而作東施之捧心效顰也，余無取焉。』一九三五年，張魯盦復輯其遺印爲《鍾矞申印存》四册，由王福庵序之，略云：『余與鍾君訂交，年未弱冠，見君性情孤介，當時達官貴人聞其名，欲延攬之不可得，故落落寡合，雖貧甚，能自適其適，謂獨行之士，不是過焉。工詩文辭，峭潔如其人，其刻印以趙次閑、鄧完白爲宗，工力淵邃，吾浙八家之後，君其繼起者也。』

（一九九五年九月二十九日）

伏盧　陳漢印　山陰州山吴氏竹松堂藏　鋭侯曾觀　明州周宗鎬字衡夫印　蕉緑館主孫老剸之印　邵慶辰印

九　吴隱

吴隱（一八六七・七・二十五——一九二二・五・十九），原名金培，字石泉，後更字石潛，號潛泉，別署遯盦。室號竹松堂、簣籀簃、金篆齋等。浙江紹興人。

其農曆六月生也，年少家貧，十餘歲即到杭州一碑版鋪習鐫刻，工餘之暇，與葉銘同游於戴用柏之門，學古文，習許書，又博購金石拓本以自臨習，久之，學藝遂進於道。廿餘歲時曾有詩云：『敢將歲月等閒過，斷碣殘碑一室羅。金石能爲臣刻畫，隨他刀筆漢蕭何。』蓋以自況也。光緒三十年（一九〇四），丁輔之、王福庵、葉銘等於西湖孤山創辦西泠印社，以爲印學研究之所，石潛參與籌措，拓地經營，不辭勞瘁。越九年，軒閣庭園，已具規模，所蓄印譜及金石圖籍，亦蔚然可觀，於是修啓立約，招邀同道入社，時癸丑（一九一三）重陽節也。吴昌碩先生被推爲首任社長。昌碩先生向樂掖後輩，見石潛及其夫人孫錦（織雲）合製之印泥而善之，遂勖其創辦一專製印泥之企業，以適應建社後篆刻藝術發展之需要。同年，石潛在滬上自設一社，仍名西泠印社，銷售所製純華印泥，一九一二年昌碩先生親篆招牌，指導改進配方，選定色澤，一九一六年命名所産第一個品種爲『美麗硃砂印泥』。以製作精細，配料嚴格，質地細膩濃厚，色澤沉著而鮮明，冬不凝凍，夏不透油，印於紙上有立體感，取名『潛泉印泥』；一經面世，便譽滿印壇。後復增製『特製珍品硃砂印泥』、『精製上品硃磦印泥』優級産品，於是潛泉印泥之名，益不脛而走。收入既佳，乃以餘資搜集古代璽印、古今印譜，及陶、磚、古錢等金石墨本，編輯圖籍，從事出版。昌碩先生以所作書畫篆刻委之印行，以示信任。石潛先後編成《遯庵金石》、《遯盦集古印存》、《遯盦古陶存》、《遯盦古磚存》、《簠簫篆古璽選》等數十種，風行一時；而集古今名人楹帖三百餘家縮刻於石，名曰《古今楹聯彙刻》，尤爲巨製。所創木刻仿宋活槧，排印書籍，亦一時稱善，所輯《遯盦印學叢書》、《遯盦金石叢書》，即以是種刊本行世，沾溉藝林，可謂大矣。石潛以是而成小康，故對印社之建設，頗具熱忱。在印社之西，築堂數楹，名曰『遯盦』，以祀吴氏先德，張祖翼爲題聯云：『既遯世而無悶，發潛德之幽光。』後因山泉鑿石抔土，導爲一渠，瀦而爲池，題曰『潛泉』；又築『味印亭』於遯盦之前。皆獻之於社，亦欲借湖山新迹以傳名也。在山川雨露圖書室前，舊有石泉所書一聯：『冶銅刓石，撥蠟銷金，解得漢人成印處；揉艾研砂，封泥署紙，流傳譜録任君參。』存否今已不詳。

石泉病歿於壬戌四月。生前治印初宗浙派，自得昌碩先生授以鈍刀中鋒之法，印風丕變，並廣涉古籀及陶璽封泥，參錯爲用，蒼粹渾厚，較前爲勝，中國印學社曾有《吴潛泉印譜》之輯。昌碩先生有《題遯盦畫像》二絶句云：『湖水縈紆天蔚藍，禪通文字石同參。卅年印學窺奇特，敢與龍泓（引者：即丁敬。西泠印社有丁敬塑像，與石潛像相去不遠，故云）對座談。』『印社閒居我不孤，肴陳彝鼎酌商觚。他年再涉西泠道，忍去尋詩倚酒爐。』字裏行間，俱見對石潛之稱許與兩人之交誼。丁輔之有集《論印絶句》以詠石潛，詩曰：『絶技刀藏埒數公（沈心），阿誰雙眼辨真龍（丁敬）。風流更有吴公子（陳鱣），鈿閣尤傳鐵筆工（楊復吉）。』真天衣無縫矣。子三：長子殤；仲幼潛、次振平，均能傳其藝。

（一九八三年八月二十八日）

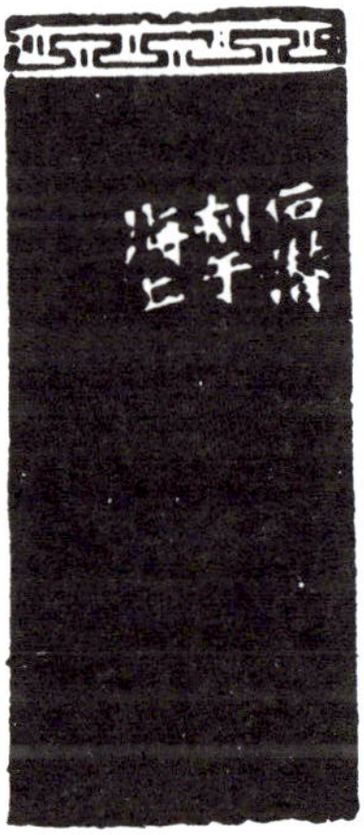

怕你不雕蟲篆刻　壽祺　大學士章　鄂州徐氏　夫容（芙蓉）盦　吴隱石潛丙辰五十更號潛泉

一〇 葉銘

葉銘（一八六七・十二——一九四八・八・二十三），譜名爲銘，字盤新，又字品三，號葉舟。所居曰松石廬、鐵華盦。原籍新州，而世居杭州，遂占浙江仁和籍。

少善篆隸，十餘歲即工鐵筆，初宗西泠諸家，後溯周秦兩漢，於古璽、漢鐵印、鑿印、玉印及宋元朱文印，皆功力深邃，有手摹《周秦璽印譜》。而《列仙印翫》乃爲其母六十壽祝嘏者，遍刻傳説中諸仙人名，以不同體式鎸石，蔚然可觀，丁立誠爲題詩云：『以鐵作筆石作紙，壽同金石歌樂只。婆娑燕喜頌高堂，奉觴上壽不知紀。仙之人兮多于麻，童顔駐景醉流霞。以心印心樂無極，長春堂北開萲花。』又纂散刻爲《鐵華盦印集》。一九三二年，吴幼潛輯《現代篆刻第一集》，收葉舟刻印十二方。刻碑亦臻絶詣。摹拓彝器款識，尤得僧六舟及李錦鴻秘傳。復精金石考據之學。清光緒三十年（一九〇四），與丁仁、吴隱、王禔等於西湖孤山之陽、數峰閣之側，闢地若干弓，仿昔人解社之例，創立西泠印社，擘畫經營，以有今日。今裏湖路口石坊，葉舟有聯云：『印傳東漢今猶昔，社結西泠久且長。』仰賢亭亦有葉舟聯：『濤聲聽東浙，印學話西泠。』所以瓣香丁敬身者，亭額並其所書。又鑑亭有聯亦彼所撰，聯云：『樂金吉石以爲鑑，蒼官青士伴斯亭。』可見當年經始之鴻爪。

曾手纂《西泠印社小志》，臨桂況夔笙作序，不獨用傳史乘，且爲湖山增勝也。歿後始得其活字排印散頁四十三紙，未作最後銓次，當非完書，殆佚稿耳！一九六三年爲祝印社六十周年大慶，付諸油印，以廣流傳，所輯資料，有爲《西泠印社志稿》所未備者。

葉舟所著，以《廣印人傳》最爲馳名。按印人史事之撰述，始自清初周亮工。周氏集印爲譜，即以各印人事迹題識其上。亮工身後，其子在浚，鈔録成書，分爲三卷，從文彭到李穎，連同不知姓名者一人，共六十三人，刊以行世，題曰『印人傳』。雖原屬題跋，然所述皆印人史迹，此爲印人立傳之始。乾隆間，汪啓淑輯《飛鴻堂印譜》竟，又仿亮工之作，以時賢精手可企頡古人者，一一爲之撰傳，成《續印人傳》八卷，都凡一百二十八人。葉舟以兩書之後，歷百餘年未有賡續者，乃竭多年精力，搜輯史傳，旁采志乘，以及私家記載，上起元明，下迄近代，成《再續印人小傳》，得五百五十一人，補遺五十人，於一九一〇年夏間付梓。同年冬，葉舟在《再續印人小傳》基礎上，再鈎稽周、汪兩書，廣事補輯，人衆而史略，成《廣印人傳》十六卷、補遺一卷，共得一千八百八十六人（其中第十六卷爲日本印人六十三人），由西泠印社印行。吴隱稱其『僂指六百年來嫥門名家，浸以大備，網羅之富，編集之工，茂矣孅矣，蔑以加矣！』以言網羅，其人數確遠勝周、汪，而史事之翔實、文辭之典雅，則葉舟所作爲不及矣。補遺部分多出諸參閲者之提供，往往有名無傳，或僅緣得以附入，未必確長治印，此恐爲葉舟所未詳者。另有《金石家傳略》、《葉氏印譜存目》、《歙縣金石志》等，亦已梓行。

一九一二年丁仁集《論印絶句》以詠葉舟：『《卅五舉》中能冥搜（陳萊孝），縱横錯落動銀鈎（周春）。徐官周愿成書在（丁敬），釋韻無如葉景修（倪印元）。』一二句稱其工鐵筆，三四句謂其著述宏富也。徐官著有《印史》，周愿著有《印説》；葉景修著《漢唐篆刻圖書韻釋》，又與葉舟同宗，故云。

（一九八三年八月十四日）

補羅伽室私淑弟子　陶安公　雲印　壽同金石　雲孫　觀自在齋　持默老人　壺公　三讓家風　石藏杭州

一一　黎承禮

黎承禮（一八六八——一九二九），字薇蓀，號鯨庵，別署鼂衣。湖南湘潭茶園鋪皋山村人。父培敬，官至貴州巡撫。薇蓀以光緒二十年甲午（一八九四）翰林分派四川崇寧縣令，光緒二十六年（一九〇〇）辭官歸里。宣統二年（一九一〇）任湖南高等學堂（今湖南大學前身）監督。此爲湖南全省之最高學府，設於岳麓書院舊址。薇蓀於岳麓山下建一別墅，名曰聽葉庵，暇日則邀王湘綺、俞廉三、譚延闓兄弟、張仲颺、王仲言、胡仙甫、胡石庵等名士爲文酒之會，齊白石亦與焉，游山吟詠，極一時之盛。辛亥革命後不復出，以臨池、治印，及撰作詩文爲樂。民國初年，南北軍閥混戰，其湘潭舊居正當譚、衡驛路之衝，時遭擾掠，一九一七年遂舉家遷居長沙南城青山祠，書齋位樓上，推窗則嶽麓悠然在目，號曰『嶽雲一角之樓』，並親爲鎸印，鈐於唱和詩箋之上，所詠『倚樓聽笛看山俱』，蓋紀實也。作詩逾千首，文凡數百篇，多駢體，由其弟承福（字壽丞，字鐵庵、鰈庵，亦工鐵筆）輯爲《補讀書簃詩文稿》八册。

薇蓀書宗米芾，並擅草隸。治印師法丁敬、黃易，後亦挹取趙之謙之姿致，復上追秦漢，旁及《三公山碑》、《天發神讖碑》等，熔冶一爐，字畫匀整，刀法秀雅。所作行楷印跋，亦別有風致。曾刻自用印百餘方，應他人之請而刻者數百方，爲譚澤闓所治『天隨閣讀碑記』一印，附以跋云：『宣統辛亥夏，吴補松老人罷官還京，往送其行，在長沙館瓶齋，曾共讀藏碑。瓶翁貽我《曹景完》墨刻，「乾」字未通本也。因刊是章，有觸舊事，輒記數語，距讀碑時倏經三夏矣！』所刻曾集拓爲印譜多册，分送友好外，兄弟子侄幾人手一册，久歷滄桑，今已不易得見矣。刻印之外，並擅刻印鈕、筆筒、臂擱、硯池，及詩箋版等。臨終前夕，猶神智清明，在病榻上撰自挽聯云：『生也有涯，六十二年非夭折；死兮何憾，九原孤嶠隔滄溟。』翌日遂謝世。其兄桂塢、弟鐵庵、子澤泰，俱以治印名於時。

薇蓀雖出身簪纓之家，而爲人寬厚，略無世俗澆漓之習，蓋兼有讀書人與藝術家之氣質者。齊白石小薇蓀七歲，年輕時家貧嗜學，學印初賴黎松安之啓蒙，繼得薇蓀之提供學習資料，邀居其家，多方啓迪。薇蓀官四川時，猶以白石爲念，遠寄丁、黄印拓以供取法。《白石老人自述》多及之。《書法》雙月刊一九八二年第五期刊有白石爲譚延闓兄弟所刻『茶陵譚氏賜書樓世藏圖籍金石文字印』巨製，繫以長跋：『庚子前，黎鐵安代譚無畏兄弟索篆刻於余十有餘印。丁拔貢者以爲刀法太爛，譚子遂磨去之。是時余正摹龍泓、秋庵，與丁同宗匠，未知孰是非也。黎鯨公亦師丁、黄，刀法秀雅，余始師之，終未能到，然鯨公未嘗見誹薄。蓋知余之純任自然，不敢妄作高古。今人知鯨公者亦稀，正以不假漢人窠臼耳！庚戌冬，余應汪無咎約來長沙，譚子皆能刊印，入趙撝叔之室矣！復喜余篆刻，爲刊此石以酬知己。王湘綺近用印亦余舊刊。余舊句云：「姓名人識鬢成絲，今日更傷老眼昏。」旺不復能工刻已！』白石早年之師事薇蓀，並敬服其印藝，於此可知其概。薇蓀之熱情提挈，與丁拔貢之無理壓制，形成尖鋭對比。《書法》同一期刊有白石所刻『虎公所作八分』，與薇蓀所作『瓶齋三十以後文字記』，風貌極近，只白石用刀較肆耳。白石詩作，答贈或道及薇蓀者不鮮，兹選其一，以見兩人交誼：『舊侶如雲未易逢，卜居獨近祝融鍾。麓山無復尋碑會（庚戌冬，黎鯨公招游麓山，同游者汪無咎及林世燾、譚延闓、譚瓶翁，邀余渡河同賞趙撝叔印譜），岩洞何勞移樹傭（洞在白石之上，余曾植芙蓉於洞口。家既遷，有友人勸其隨分小本於寄萍堂前，花不盛開，須擇地移返）。身後友師金蛺蝶（撝叔印譜余始未心賞，摹之方知撝叔之聰明，雖西泠六家不如譜中二金蝶堂印，殊以老實爲正，遂以私淑自許），眼前病婢玉芙蓉。老天却遺憐愁寂，時有秋風響碧松。』

（一九八七年十一月十六日）

瓶齋三十以後文字記　神動天隨　天隨閣讀碑記　觀瓶居鑑藏金石書畫記　曾藏茶陵譚氏天隨閣中　天隨

一二　丁二仲

丁二仲（一八六八——一九三五），原名尚庾，亦作上庾，藝作均署二仲，遂以此行。祖籍浙江紹興。其父爲小吏於河北通州，幼隨任所。稍長嗜書畫文藝，通州距北京密邇，乃往求師，以家境非裕，尋且靠畫鼻煙壺爲業。余友鄧仲安醫生以藏鼻煙壺名著香島，藏有丁二仲料質内畫壺一，一側畫人物，一側繪山水，署款曰『歲在光緒甲午（一八九四）仿伯虎畫法於都門客次』（載《可安居藏中國鼻煙壺》），用知丁氏二十六歲已鬻藝京華矣。

庚子（一九〇〇）之歲，八國聯軍大舉侵我中華，二仲之父奉命參與抗擊敵軍，於鏖戰中以身殉國。父既殁，經此一役，而北京亦百業蕭條，遂侍母南下金陵，寄居舅氏家，另謀出路。時紙捲煙已漸盛行，鼻煙不爲時尚所喜，二仲乃以畫壺之藝轉而畫扇，爲謀生計，特致力書法，使扇面之一畫一書能兩相輝映。余嘗見其所作便面數品，花卉、山水皆備，類皆爲宗一路；書則篆隸居多，喜臨兩周彝銘，波磔昭然，筆意近於李梅庵，以梅庵在清季曾在南京任兩江優級師範學堂監督，兼江寧提學使，書名影響較大故也。後復習刻扇骨，俾廣營生。

二仲既曾習篆，又諳雕鏤之技，刻竹檀扇骨尚需順其紋理，而鎸花乳石爲印，則不必拘此，故又展其藝於治印，竟能於書畫及刻製扇骨之外，異軍突起，以篆刻名噪一時。人譽之者，以爲奔放奇崛，蒼勁渾穆，異態新姿，前所罕覯。一九四四年郭楓谷在其《楓谷語印》一文中則以『偶涉狂肆，鮮有可取』爲評。五十年代初，鄧散木先生曾撰《齊白石與丁二仲》一文，自謂一生最佩服之印人有四，除吴缶翁、趙古泥外，乃齊、丁二家，並云二家皆取法自然，無落古人窠臼，亦不曾師承過一前輩，故其所作，無一點人爲迹象。且指丁氏於廢銅爛鐵中悟得天然之凹凸縱横苔銹剥蝕形象，以之移入刻印之中，乃成自己家數。鄧散老此説，余以爲未確。試觀附刊之『金石書畫巢』、『種桃僊館』兩印，切刀斬截，圭角分明，的是浙派後學。然學而能變，時亦衝刀披削，以不衫不履之宛轉體勢出之。至其用刀，究如鄧公所云『從空白處埋刀衝刺』，抑若一般印家習慣之『就着篆好印文邊沿下刀』，因無緣親睹，則不敢妄下斷語矣。要之，二仲能大膽破碎而雄渾自然，固有其藝術特色者在；唯以獨樹風格言，當遜白石山翁。丁氏出身民間藝人，於六書之學未嘗深究，故對篆籀之屈伸變化，難免有近俗之處，此不能爲賢者諱也。

陸維釗教授昔年曾語吾友林君云：民國九年（一九二〇）彼入南京高等師範攻讀時，丁氏受學校之聘，課餘爲諸生指導琴藝；學生中有慕其印，亦叩以篆刻者。二仲之於藝，可謂博矣。晚歲嗜酒，不幸於繪製《歲寒圖》時突患腦溢血，遽爾辭世。殁後，朱喬嶽、朱華嶽昆仲廣搜遺印，爲刊《蕢園藏印》八卷行世。

（一九九五年十月十三日）

恬憺爲上　長留天墜（地）間　萍園私印　金石書畫巢　富貴泥土　江南楊瀚　歷史博物館藏

一三　王大炘

王大炘（一八六九——一九二五），字冠山，因治斯、冰之學，故號冰鐵，以别號爲世人所習稱，一署巏山民；所居曰南齊石室、食苦齋、冰鐵戡。江蘇吴縣人。

少居蘇州蕭家巷，二十餘歲始移家上海。術精岐黄，以懸壺爲業。於金石之學有癖嗜，曾著《匋齋吉金考釋》五卷、《金石文字綜》一百五卷、《繆篆分韻補》五卷、《印話》二卷，及《石鼓文叢釋》等書，而《金石文字綜》尤爲巨製，然謙抑不付手民，歷經世變，稿本已無可蹤迹矣。性孝謹，篤友誼。晚年誤好神仙丹藥之術，恒如凝如呆，竟以病痼死，年五十餘耳。孫揆均（寒厓）贈詩有云：『海上浮沉三十秋，琅邪冰鐵擅彫鎪。忽聞肘後奇方出，爲有囊中藥裹收。丹竈道人新活計，烏衣公子舊風流。何當萬笏同鐫印，屹屹篁齋第二樓。』於此可見其生活一斑。其連襟餘姚戚飯牛著《書畫小紀》，亦述及其行誼。冰鐵於印所資極廣，寓吴中時，吴缶翁亦旅次其間，故得請益之便。自古璽、漢印、封泥、鐘鼎、鏡銘、磚瓦、漢魏石刻文字，及文三橋、何雪漁、丁敬身、黄小松、鄧石如、趙撝叔、吴讓之、吴聖俞，及並世吴缶翁等諸家印法，靡不遍究，游刃恢恢，上下古今，神妙縈於方寸，尤於讓之、缶翁二家有深契，所作置於二家譜中，幾至無法辨認。所刻『瘦碧』兩字，缶翁見之，竟誤以爲己刻者。擅爲急就，往往燈下閒談，興至即對客奏刀，印成立授其人，所製無不精妙。一時名士，若廉南湖、吴芝瑛、陶湘、沈翔雲、陳漢第、傅增湘、袁寒雲、繆荃孫、張一麐等，皆紛紛求其治石。章鈺曰：『昔鉛山蔣心餘先生題隨園老人詩集有曰：「古今只此數枝筆，怪哉公以一手持。」私嘗偉之，以爲隨園天分高絶，人事又足以副之，差可當是語，餘則未易概言。兹讀冠山同學《食苦齋印存》，乃歎篆刻之學流别甚夥，僂數不能終，冠山獨兼師博采，不沾沾一先生之説，任仿何派，靡不精能老到，突過前人，信乎天人並到，如藏園所謂古今數枝筆，怪哉一手持者，不啻爲冠山詠也。』鄭文焯素精印學，稱其刻印『如風雲列陣，奇正相生，綜丁黄諸家能事之長，握秦漢兩朝刻符之枋。』於冰鐵所作數十印，一一爲之題識贊歎，如『樵風』一印云：『此仿吉金文，其細如髮，而氣韻敻絶，匪率爾操刀者所能勝任愉快也。』又『瘦虎』一印曰：『作書畫以有士氣爲貴，作字亦不得著一點甜俗氣。手熟固足學力，有時熟則易流於市工惡趣；手生固由氣餒，有時以生而逾見其篆刻古意。此可神會，不可求迹象也。如此「瘦虎」一印，正妙在不即不離而瘦能通神。』其推許如此。

冰鐵論印，每於邊跋中見其精詣，『賢者而後樂此』跋云：『漢人鑿印，剥落如斷紋，縱横如蠹蝕，得自然之妙。近有人有意造作，强爲古拙，如稚子學老人語，失其謦欬之真矣。』於『園日涉以成趣』印則跋曰：『息心静氣，乃能渾厚。趙無悶云：惟揚州吴熙再（載）一人而已。冰鐵心折是言。』又在『武進陶湘』一印跋之云：『時下印人踰規越矩，不求結構之穩、氣韻之雅，謬以粗獷爲蒼勁，其實失諸野矣。賢如吴缶老，猶未能免此。予媿無以糾正之，第求蒼勁於渾古，以期真意足、奇變生，於願足矣。』冰鐵所刻，庶足以當之。於一九一二年輯自刻印成《土冰鐵印存》五册，亦名《冰鐵戡印印》出版。冰鐵殁後，文明書局主人俞復輯其遺作，成《冰鐵戡印印》五册，風行一時，數年間即再版。聞另著有《説璽》一書，惜未梓行。沈禹鐘《印人雜詠》有詩詠冰鐵，云：

『藝似禪家最上乘，駸駸篆法逼斯冰。江南二鐵當時論，大鶴遺文信有徵。』二鐵謂吴昌碩苦鐵、王大炘冰鐵並稱，大鶴即鄭文焯也。

（一九八四年十月二十一日）

好古敏求　家九曲水　物常聚於所好　南湖鑑藏　洞口掃花人　底（砥）厲廉隅　敬訓堂

一四　黎松安

黎松安（一八七〇——一九五二），原名培鑾，又名德恂，號曰松安，别署松广、頌安、松盦。湖南湘潭之長塘人。父葆堂，爲光緒十四年戊子科舉人，嗜藏書，曾編印《古文雅正》等書行世。松安少承家學，曾爲秀才，及長不喜舉子業，以吟詠及書法篆刻自娱，一度設館授徒。著有《楹聯大觀》、《黎松庵書帖》。其家長塘在羅山之麓、杉溪之後，溪水從白竹坳來，風景殊勝，松安組羅山詩社於其家，除邀其本家薇蓀、雨民參加外，復請齊白石、王仲言、羅真言、陳茯根、譚子荃、胡立三、黄伯魁、胡石庵、吴剛存、醒吾昆仲等與焉，作詩應課，相互切磋，對促進當地文藝活動，卓有建樹。

光緒甲午（一八九四），松安新喪父，延齊白石爲其父繪遺像，嘗小住其家。時松安年廿五，白石三十一歲，松安不薄貧寒，對早年失學、求學心切之白石，不論吟哦、治印，皆熱情誘掖，故齊翁直至晚年仍深深感紉，贈松安詩有云：『君與我論交，情比潭水深。未聞管與鮑，交得到兒孫。』據《白石老人自述》載，同年之某日，白石在一富家畫像，有自長沙來者，云精篆刻，白石持石往求，數日之後，白石往詢，該人未看其印即謂印石未平，須退回磨平再説；又越數日，白石復往，該人仍謂再送之石未平。白石不堪倨傲，遂取回自行試刻。松安告以初步技法，並贈丁敬、黄易印蜕照片予之，供其臨習。白石《憶羅山往事》詩云：『誰云春夢了無痕，印見丁（丁敬）黄

（黄易）始入門（余初學刊印無所師，松安贈以丁黄真本照片）。今日羡君羸一著，兒爲博士父詩人（松安刊印與余同學，其天資有勝於余，一旦忽曰：刊印易傷目，吾不爲也，看書作詩，以樂餘年）。』『石譚舊事等心孩，磨石書堂水亦災（余學刊印，刊後復磨，磨後又刊，客室成泥，欲就乾，移於東，復移於西，移於八方，通室必成池底）。風雨一天拖兩屐，傘扶飛到赤泥（地名）來（松安聞余得數石印，冒風雨而來，欲與平分）。』兩人共研印藝情景於兹可見也。

白石秉性耿直，不輕許一人，另有《贈德恂》詩云：『文章司馬夢横行，妙筆奇才世已驚。高士停車稱弟子，美人聯袂拜先生。琳琅香閣詩千首，絲竹東山半耳傾。海内輸君還一着，四鄰雞鳳有詩聲。』仰佩之情，溢於言表。又一九〇九年致松安函中，有『以友兼師事公』之語，在白石摯友中，捨陳師曾外，似當推松安矣。

松安篆刻，中歲以前謹守丁、黄遺法，蒼勁渾樸，堪稱師法浙派之佳者。曾見『陳克卿』兩印、『克卿手拓金石之印』、『金石癖』等，均屬此類。諒受白石濡染，其後去浙派漸遠，與齊翁晚年風格有不似之似，章法妙於聚散，用刀欹斜剥落，别具意趣。『培鑾長壽』、『賓均齋長物』、『黎氏松厂』、『陳文敏之章』等印皆類此。『陳文敏之章』有邊跋云：『松盦製于湘，癸酉秋日也。』癸酉爲一九三三年，時松安六十四歲，則其對刀遠石，當在其後也。讀《白石印存》，曾見『不知有漢』一印，附邊跋曰：『余之刊印不能工，但脱離漢人窠臼而已。同侣多不稱許，獨松厂老人賞謂曰：西施善顰，未聞東施見妬。』興革同心，豈易得哉！

松安夫人黄賡，擅書藝，諳填詞。子八人皆才俊，時人目爲『湘潭黎氏八駿』：錦熙教授居長，著名語言學家，曾任北京師範大學中文系主任；次曰錦暉，歌舞劇家；三曰錦曜，礦業學家；四曰錦紓，德國哲學博士，曾任湖南省教育局長、人民教育出版社副總編輯；五曰錦炯，工程專家，曾任鐵道部專業設計院總工程師；六曰錦明，作家，作品爲魯迅所稱許； 七曰錦光，音樂家； 八曰錦揚，美國耶魯大學卒業後，一直居美從事文學創作，爲中美文化交流多所貢獻。 松安老人晚年以佳兒迎養北京，遂終老焉。

（一九八一年十二月十三日）

黎氏松厂 培鑾長壽 金石癖 陳克卿 寶均齋長物

一五　褚德彝

褚德彝（一八七一——一九四二・七・二），原名德儀，以避宣統帝溥儀之諱，更用今名；鼎革後，已慣用新名，遂不復其原名矣。字守隅。以書工《禮器碑》，號曰禮堂；別署有松窗、漢威、里堂、籀遺、去病、公禮、甓齋、松窗逸人、舟枕山民、東沙彌侍者。所居曰食古堂、葯券廎、君子長生館、竹尊高、千籀稟、鄭樓、籀窟、紅厓碑室。浙江餘杭人。成憲姪。

幼孤，隨祖父讀書，年十七成諸生，越四年舉於鄉。善書，楷行皆宗褚遂良，又擅漢隸，均秀勁淵雅。揮灑矜慎，稍不愜意，必爲重寫，即平素便札草稿，下筆亦一字不苟。工畫，寫梅具寒香冷艷。嗜古博物，張祖翼素以收藏珍貴碑版名於時，一九一七年病卒，所藏十九歸禮堂。精於金石考證之學，端方禮延幕中，端氏《陶齋吉金録》、《陶齋藏石記》諸書，其鑑別排比，大率出其手。清代金石學者王昶著《金石萃編》百六十卷，以精博稱；其有字不可識者，多以方框代之。禮堂博聞强記，輒就方框多所填補，馬公愚與禮堂同居滬西襄陽路頤德坊，一見爲之咋舌驚佩贊歎，其淵湛如此。著作有《金石學續録》、《竹人録續》、《壬寅消夏記》、《武梁祠畫像補考》、《龍門山古驗方校證》、《松窗金石文跋尾》、《香篆樓脞録》、《角茶軒金石談》、《弄玉叢話》、《松窗書畫編年録》、《散氏盤文集釋》、《雲峰山鄭氏摩厓考》、《審定故宮金石書畫日記》、《石師録》、《續古玉圖考》、《元破臨安所得書畫目校證》、《漢刻甄微》、《學隸淺説》等近二十種，皆爲有價值之著述，惜多未及刊布。與黄牧甫、吴昌碩、趙叔孺、王福庵等交契至深。辛亥革命後定居滬濱，四方求書及諸藏家出所藏求爲題識者，絡繹於門。收藏家若張石銘、奚萼銜等，購藏書畫及金石碑版，均以禮堂一言爲是。古董商及書畫掮客欲加賄賂，乞以兜售之物定爲珍品，然遭嚴拒。

精篆刻，取徑浙宗，而廣涉古璽漢印，沉著遒勁，筆力挺秀，時露天倪，邊款尤短峭入古，精美如古之碑版。其印非知交不能得，人故無由知之，亦不欲人知也。一九四三年，秦彦沖檢其遺笈，得自刻印數十鈕，與其子保衡商議輯譜，後邀張魯盦合作，向友人再假得若干鈕，合成百鈕，爲《松窗遺印》兩册行世，精印僅四十部，藝苑珍若球璧。沈禹鐘《印人雜詠》有詩詠及德彝，詩云：『文物千年考訂真，漢廷老吏是前身。雕蟲却費雕龍手，款識精微亦絶倫。』並有注曰：『褚德彝……精金石碑版之學，篆刻亦稱一家，邊款尤華樸相生，冠絶當世。』

自日陷上海，民生凋敝，所得潤資不能周給，境頗艱困。而操守甚嚴，有以求其墨寶以獻媚敵僞者，雖與多金，亦以年邁手震不能作書相却。自此所有寫件即與敵僞無涉，深恐厚此薄彼，以招尤怨，亦復婉謝。由是饔飧不繼，告貸無門。不得已，只能割愛珍藏，以維生計。嘗云：『吾之食古堂，昔以自況食古不化，今則賴鬻古物以充食耳。』心境不舒，體遂日羸，貧病交迫，直至於死。禮堂既捐館，家人亟欲以居室頂替與人，即禮堂心愛之品，亦以廉值讓諸收買舊貨者，珍若《金石萃編》填補本，亦論斤出售以去。越日馬公愚聞訊，已求索無從矣。亂世學人，境况往往類此，悲夫！

（一九八二年十一月二十二日）

竹尊高　鴻文　德彝之鉢　德彝　舟枕山民　南薲　雪盦收藏書畫名蹟印

一六　童大年

童大年（一八七三·四·十一——一九五三·十二·十九），原名暠，字幼來，號心龕、昧退道人，別署印童、醒龕、心安、惺堪、性涵、恂諳、省莽，多以諧聲出之。所居曰安居、依古廬、緑雲山房、雷峰片石草廬。爲葉庚第五子，以父字松君，又號金鼇十二峰松下第五童子。江蘇崇明（今屬上海市）人。

幼承家學，及三見晏、四見升熏陶，八齡即習篆刻，既而研讀許書，深通六義，年十九，取所見金石文字及璽印之佳者，一一爲之雙勾，以作參考，並輯之爲《依古編》，故弱冠作篆，已悉中法度。年二十七，挾藝與武進黄山壽先生游宦津門，同任哈達瑞方伯及文劭儒觀察蓮幕。庚子（一九〇〇）之歲，有直督某請達瑞爲介，欲招心龕襄理政務，心龕以直督乃禍國之輩，不肯折腰事之，遂謂念母心切，匆遽偕山壽一同南歸，備歷艱險，既過清江，舟中懇山壽爲繪《鼇峰歸隱圖》見志，並自題一絶云：『倉卒且離鼙鼓聲，親衰敢不惜餘生。從今歸作鼇峰隱，不願諸侯問姓名。』其後寄職實業界，以贍家給，然精力所聚，仍在書畫篆刻。五十以後，名播大江南北，始以鬻藝營生。先生於印，可謂竭畢生之精力。自總角習刻，早歲曾手橅古璽漢印百餘鈕，毫釐畢肖，印藝蓋植基於此。後習石如，又取徑浙派，用恣其態，曾心折於趙仲穆之雄奇古拙，頗擬之。前輩潘主蘭先生嘗見心龕手自剪貼《二金蜨堂印譜》，遍爲題識，具見服膺之忱。今其自刻印中，亦有『結習未盡』一方，跋謂效撝叔之深刻法者。

中年以後，鋭意購藏古物，舉凡鼎彝泉鏡陶石磚瓦，靡不羅致，欲於三代秦漢古文奇字中自創面目，對先秦陶璽文字、秦漢瓦當文字，用功特多，故其印渾厚樸茂，金石氣韻盎然。於古璽及漢鑿印尤有入處。爲西泠印社中堅分子之一。生平刻印極多，散藏各地，已梓行者，有《依古廬篆痕》、《童子雕瑑》及《現代篆刻第八集》（童大年專集）。僅在友好流傳，未及正式出版者，有《瓦當印譜》、《無雙印譜》、《橅古印譜》、《古人名印存》、《肖形圖象印存》等。書法以大篆及八分爲世所重，篆尤高古，若百鍊鋼化爲繞指柔者，能把鐘鼎、陶、璽諸種文字神采，一爐共治。三四十年代所出書刊，往往見其署耑。今西泠印社尚有其所書『彝鼎圖書自典重，金石刻畫臣能爲』及『石交幾輩共晨夕，山色兩湖無古今』兩聯鎸諸貞珉間。余嘗得其篆聯，含蓄沉厚，深佩功力。又善作没骨花卉及焦墨山水。往時曾購得桃花小軸，活香生色，風致頗近吴讓翁。先生治藝至勤，數十年間揮毫奏刀，從未間斷，故作品面貌時有新致。性爽朗，嗜酒，『一·二八』之役，滬西居户皆紛紛擷取細軟趨避租界，先生自康定路寓所獨携大罎醇酒以隨，其好飲如此。後流寓杭州，有富人周某欲得先生篆刻，以未嘗識面，乃托黄藹農先生代求之，並附一書，略謂治藝者往往故延時日，自高身價，最爲可鄙，兹特豐潤，俾得提早交件云云。藹老請便人由滬帶杭，怱促間並周之書札亦附入。先生閲後頗不懌，既刻成，仍由來人帶滬，遂在周札上批注若干語，深斥周之無禮，且謂此次交件之速，並非對方云云而然也，因便人行期在即，故急急奏刀，望台從擱置之，愈久愈好，用以懲之。藹老將是札藏之篋衍，作爲笑柄。先生一門風雅：父葉庚，善畫墨梅，曾摹《益智圖》入印；兄晏，字叔平，爲任薰入室弟子，書畫並宗惲壽平，亦善雙勾花卉，嘗橅刻何震《七十二候印譜》行世。

（一九八三年十一月六日）

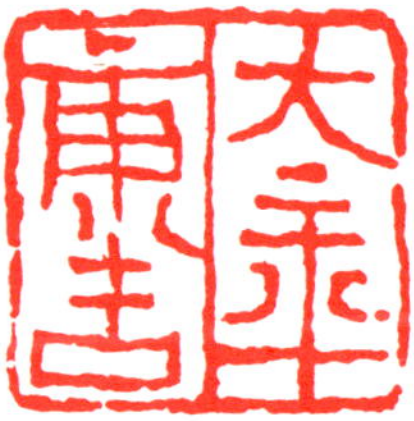

心安是藥更無方　大年　昧退道人　童大年印　長生不老　石鼓研齋　書徵圖記　大年康吉　二陣

一七 趙叔孺

趙叔孺(一八七四·三·十二——一九四五·四·二十八),初名潤祥,以誕於其父鎮江府任所,鎮江古稱潤州,因而得名。後名櫚,字獻忱,後易名時櫚,號紉萇,字叔孺,以字行。家中藏有東漢延熹(桓帝年號)、魏景耀(按:係蜀漢後主年號,並非魏)二弩機,故顔所居曰二弩精舍,晚年自號二弩老人。浙江鄞縣人。

父佑宸,官至大理寺正卿。叔孺少慧,善屬對,父方食『刀魚』,即以命對,應聲曰『槍蟹』,時僅數齡耳。年十歲,能對客揮毫,一日家宴賓客,皆一時彦碩,座中閩縣林穎叔方伯聞其善畫馬,授以紙筆,神駿頃刻而就,藝驚四座,方伯見而悦之,越數日即遣媒議婚,遂以女妻之。十一歲,隨父入都,受業於李枚士明經之門。年十七,赴郡縣試,受知於南海潘嶧琴學使。翌年補縣學生員。年廿五,納貲以同知引見,分發閩垣,一住凡十四載。岳氏乃閩中巨家,富收藏,乃得在爲官之暇,優游究心金石書畫之學。歷署福州平潭海防同知、興化府糧捕通判、泉州福州二府海防華洋同知等職。辛亥革命後,始移家上海,以鬻書畫篆刻諸藝自給,慕名從學者凡六十餘人。

先生書擅四體,行楷出入趙松雪,作魏碑體則擬趙撝叔,俱得神韻;篆書能爲石鼓、陽冰、石如諸體貌,並皆佳妙。畫則以馬及花鳥爲多,人物較少,所畫八駿,有『一馬黄金十笏』之稱。篆刻尤精謹有高致,初取徑趙撝叔,然不自局囿,復上追古璽、漢印,及元人朱文,淵穆喬皇,氣韻超逸,上虞羅振玉、餘杭褚德彝極推許之。沈禹鐘《印人雜詠》所謂『悲盦家法得心傳，壁壘能争缶老賢』，真能在缶翁印派雄視印壇之際，别樹一幟，令從游者景然從風。沙孟海曩在《東方雜志》撰《印學概論》云：『鄞縣趙時棡，主張平正，不苟同時俗好尚，取之静潤隱俊之筆，以匡矯時流之昌披，意至隆也。趙氏所摹擬，周秦漢晉外，特善圓朱文，刻畫之精，可謂前無古人，韻致瀟灑，自闢蹊徑。』陳巨來《安持精舍印話》云：『邇來印人能臻化境者，當推安吉吴昌碩丈及先師鄞縣趙時棡先生，可謂一時瑜、亮。然崇昌老者，每不喜叔孺先生之工穩；尊叔孺先生者，輒病昌老之破碎。吴、趙之争，迄今未已。余意觀兩公所作，當先究其源：昌老之印，乃由讓之上溯漢將軍印，朱文常參匋文，故所作多爲雄厚一路；叔孺先生則自撝叔上窺漢鑄印，朱文則參以周秦小璽，旁及幣文、鏡銘，故其成就開整飭一派。取法既異，豈能强同？第兩公法度精嚴，卓然自振，不屑屑隨人脚後則一也。』沙、陳兩先生皆叔孺先生入室弟子，所論最具真知。

其篆刻集有《二弩精舍印譜》，刊於一九四一年，載印三百方，餘杭褚德彝撰序，爲畢生精粹所在。西泠印社所輯《現代篆刻第二集》乃叔孺先生專集，收印一百二十方，亦佳作如林。

先生纂輯名家印集，二十三歲時曾成《二弩精舍藏印》，三十六歲又集明清名家印爲《二弩精舍印賞》八卷，均已出版。至古印字書之編纂，則有《漢印分韻補》六卷，及《古印文字韻林》六卷，聞僅成稿本，未及整理梓行。其《二弩精舍文存》，多爲印譜序跋之屬，如《何雪漁印存叙》云：『文士刻印，始於宋元，其質率用犀象角木之屬。逮明王元章以花乳石爲印，篆刻之學始漸昌明。迨文氏父子、何雪漁、蘇爾宣、梁千秋輩出，所作各具正軌，開風氣於嘉靖、隆慶間。張夷令以諸家篆刻，製爲《學山堂印譜》，乃集大成。其間以文三橋、何雪漁爲最著名。文氏自運巧思，專工圓潤，以合時尚；何雪漁則追蹤秦漢，確守古法，工整平實，絲毫不苟，似與文氏之法相背馳。其後宗之者，有沈千秋、吴午叔、吴孟貞、羅伯倫、劉衛卿、梁千秋、沈子雲、胡曰常、譚君常、楊長倩、汪不易、邵潛夫、程孟長父子諸人，所謂黄山派是也……」可見精研印史之一斑。一九五六年，其從姪趙鶴琴爲紀念先生逝世十一周年所印《趙叔孺先生遺墨》，彙輯先生史事及書畫篆刻影本甚爲賅備。褚德彝《金石學續録》、葉銘《廣印人傳》、一九四七年《美術年鑑》，均載其傳略。

（一九八二年三月二十一日）

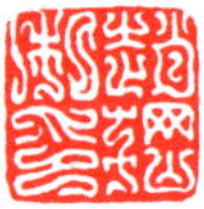

古鄞周氏雪龕收藏舊拓善本　四明周氏寶藏三代器　趙棡印信　趙時棡印　破帖齋　趙棡私印　趙時棡印

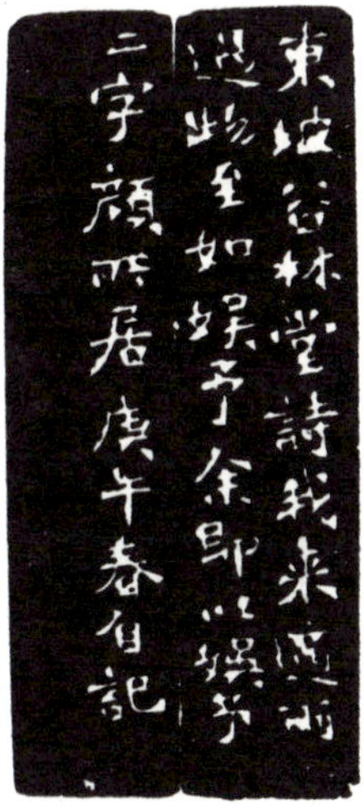

張秉三　秉三　五百圖書之室　南林張氏餘煇（輝）齋藏　毘陵湯滌定之　寒金齋　特健藥　娱予室

一八 易孺

易孺（一八七四·四·二十八——一九四一·十二·二十六），初名廷熹，字馥；後得漢印『臣憙之印』，遂改名爲熹，字季復，又更字孺，號大厂、魏齋、韋齋、待公、屯老、念公、念翁、外齋、腫翁、大、人一、大公、自大、阿大、隋、隋公、慼公、慼侯、洲邨、屯、屯公、守愚衲子、依柳詞人、南華老人、大岸、岸、岸公、守愚、鄦齋、孝穀、孺公、花鄰詞客、前休後已庵土，皆其別署；因信奉佛教净土宗，並茹素多年，故亦號大厂居士。所居曰絶景樓、玦亭、雙玉環室、豇豆紅館、人一廬、宜雅齋、悲智庵、守愚齋、檀欒室、冷夢盦、依柳詞舍、妙法蓮華經浮圖磚宧、前休後已庵等。廣東鶴山人。

清末以鄉試案首入學，肄業廣雅書院，從朱一新、張延秋、廖廷相游，治考據之學。曾求學於上海震旦書院；後又東渡日本習師範，是以通法文及日文。學成回國，以江蘇提學陳伯陶之邀，襄助江寧學務，並任南京方言學堂監學。民國初年，嘗掌唐紹儀記室，居燕京有年。一度任職印鑄局，與唐醉石、王福庵等爲同僚。既倦游，乃作客春申江畔，藉文字書畫篆刻以自給，亦所以寄興。書法取徑趙撝叔，捨其婀娜，而益之以豪縱，楷行與篆隸均如此。畫則花卉、山水並善，逸筆草草，純寫胸中塊壘。尤以篆刻名重當代，少曾親炙黄牧甫，嘗擬其法，後吸取漢印及封泥意趣，斬釘截鐵，枯老古拙，天趣自然，不假修飾，風格爲之一變。一九一七年旋里小住，李尹桑勸其深究古璽，試之，海內交游不異尹桑之工，而轉驚大厂之忽有所撰，若有宿蓄者，其厚樸與跌宕奇逸，直與齊魯所出戰國陶文同趣，鄧散木、馮康侯諸先生皆許爲近世治璽巨擘，信爲知言。所作沈雄奇肆，世罕儔匹，論者謂造詣足與吴缶翁、齊白石比肩。一九二一年，大厂居北京，嘗與當地金石學者及印人四十餘人組成『冰社』，以作開展學術研究之所，參加者有羅振玉、丁佛言、姚茫父、柯紹忞、馬衡、陳寶琛、壽石工、陳漢第、徐森玉、陳半丁、馮恕等。易大厂任社長，周康元副之，孫壯、柯昌泗任秘書，周必聚會，各携新得金石文物至，考釋文字，鑑別年代，以收切磋之益；嗜印者更廣作交流，北方篆刻之學，一時蔚成風氣，論者謂可與南方西泠印社媲美。曾活躍數年，後以社員星散，老成凋謝，繼起無人，遂告消歇。已刊印譜有《玦亭璽印集》、《魏齋璽印存稿》、《魏齋印集》、《鄦齋印稿》、《孺齋自刻印存》及梁效鈞輯《古谿書屋印集》、屈向邦輯《誦清芬室藏印》、陳蒙盦輯《證常印藏》。與李尹桑合作者，有《秦齋魏齋璽印合稿》。沈禹鐘《印人雜詠》有詩詠之：『嶺表才名早著聞，樽前捉鐵酒微醺。中原此局應無讓，壇坫東南一席分。』大厂喜酒酣奏刀，頃刻數石，故次句及之。大厂好友吕貞白有言：『……識大厂者，輒譽大厂治印之佳，是未足知大厂也。吾嘗語：大厂窮不足爲大厂病，治印不足以盡大厂，知吾大厂者，當欽其奇鬱之氣與真摯之情耳。』所作書畫篆刻，非其人不與，雖致豐潤，亦拒之門外，坐是長貧；名日高，而貧日甚。有葉國樑者，求大厂作名印，大厂以古璽形式爲之，字作桒國梁，葉氏以葉無草頭，國少一邊，樑缺木旁，甚不滿，大厂告以大篆該如此，葉氏仍不愜意，大厂乃磨去所刻，退潤資而遣之。後葉氏以叩有識者，遂悔己之不學，再求大厂作印，不之允。類此不一而足。性嗜酒，每當酒酣耳熱，其真摯奇鬱，往往發之文藝，或吟詠舒懷，或操豪染翰。伉儷感情素篤，夫人慮其每飲輒醉，醉則疾病侵尋，恒懇切相勸，客來招飲，非夫人首肯不敢出，間得出，則每酣醉，及歸，友人送至家門，聞夫人聲，雖極醉亦醒矣。

晚年，以古典文學講學暨南大學及國立音專兩校。詩詞造詣並深，尤自詡於詞，其《早梅芳·依清真生朝上無念慧訓》云：『紗縠輕，幮幃好。淚積和愁到。憶花閒緒，信筆新詩付斜照。巷遠塵夢遠，炭薄篝香小。算年多病癖，床畔屢驚曉。

笑何從，顧又了。久不思遙道。書堆福地，壽擁荒城謝人表。婹懷凝往感，冷侶延奇抱。便隨時，正須詩味杳。』又其《遷寓津門，中秋夕對月，用霜紅龕甲申避地韻，賦寄秋齋京師，即呈晦聞學長》一詩云：『月下全家酒在尊，露糜清吹隔重垣。閒時澹蕩能爲夜，孤景依微莫與諼。盡忍思深餘望影，稍安地僻謾防門。天涯見慰猶今夕，顧子相期託弟昆。』詩亦不減於詞也。其訓詁、聲韻、詞曲之學皆精湛淹博，已刊著作有《大厂詞稿》、《雙清池館集》、《孺齋丁戊集》、《大厂集宋詞帖》、《韋齋曲譜》、《楊花新聲》、《識字字典》等。

日陷上海，大厂曾絕食以表抗議。在鐵蹄之下，此固不能予敵人以重創，特所以張民族之大義耳。自是景況日厄，心境日劣，卒貧病憂戚以死。時正多難之秋，友好僅能略選遺稿若干，輯《大厂居士遺墨選刊》以爲紀念。遺作尚有《荀詁》、《魏齋漢碑跋》、《聲韻新解》、《華嚴蠡測》、《宋詞集聯》、《和玉田詞》等未梓。

（一九八三年一月二十三日，後作增補）

易烕　依柳詞居　癸亥　丙寅　陳仲子　梁氏效洛　大岸居士　孺之鉢　屯老守愚

漢雙環室　華西閣　大厂居士孺　无盡藏　延福鄉人鉥　字曰沛霖　甜徹中邊

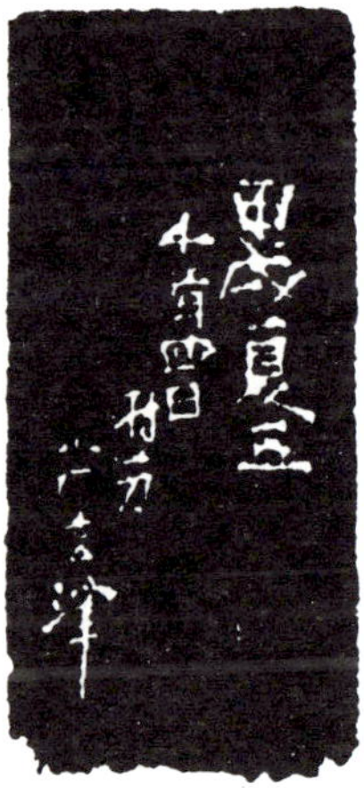

一九　趙古泥

趙古泥（一八七四・八——一九三三・五・八），初名鴻，又名古愚，改名石，字石農，號古泥，以號行。又號泥道人。江蘇常熟人。

家素清貧，幼失慈母，父設小藥肆於慈烏村。古泥自小在鄰村小藥鋪當學徒，三年無所成，憤極而奔姑蘇寒山寺，欲削髮爲僧，未爲所納，不得已乃返回其父藥肆工作。業餘奮發習書練刻，奉手於缶廬弟子李鍾（字虞章），得其指引，遂窺門徑。年二十，客沈石友家，爲其治印刻硯，得觀沈氏所藏，學藝日進。吴昌碩與沈石友爲莫逆交，時過沈寓，見古泥英年劬學而善之，曰：『當讓此子出一頭地。』收録門下，乃授以治印要訣。

古泥既師吴氏，又潛心古代封泥，攝其神髓，以樸茂奔放爲尚，章法迂迴宛轉，用刀剛勁有力，面目自具。嘗言：『摹印之法，求諸金石文字及篆法則易得，徒講刀法則難成。』又云：『一切技藝，胸中皆不可無書，有書而後可。』鄧散木曾論其與缶翁印藝之别曰：『缶廬治印側重刀筆，故其章法往往有支離突兀者。趙（石）於章法别有會心，一印入手，必先篆樣别紙，務求精當，少有未安，輒置案頭反復布置，不惜積時累日，數易楮葉，必使安詳豫逸，方爲奏刀，故其所作平正者無一不揖讓雍容，運巧者無一不神奇變幻。然其初年之於缶廬固亦步亦趨，未敢少越規範也。吴主圓轉，趙主廉厲，迨缶廬既老，大江南北已吴、趙各樹一幟，學吴而不爲吴氏所囿，其惟趙氏一人，豈特青冰藍水已哉！』以圓轉、廉厲爲缶翁、古泥兩家特色，此言良是；然謂缶翁章法往往支離突兀，不免阿私之説耳。古泥治印四十餘年，所作數以萬計，有自鈐《拜缶廬印存》四十卷，至諸家輯譜，有沈氏師米齋《趙古泥先生印集》、龐氏蘭台軒《泥道人印存》、陳氏所輯《趙古泥印存》、王哲言《槐蔭層暉廬藏印選》，流布甚廣。師法其藝者，遍江南各地，號曰『趙派』或『虞山派』，弟子之擅名者，有鄧散木等。其女趙林，篆刻得家傳，極遒健爽利，女印人中僅見也。古泥篆刻而外，兼善書法吟詠。其書深得顔魯公法，骨力洞達，神似翁同龢，翁以相國高名，求書接踵，不暇給即倩古泥代之，人莫能辨。詩亦可誦，其《摹印》一首云：『鐵印封泥器字篇，文何丁鄧未精研。湖州老缶人中傑，獨闢鴻濛篆學天。』《刻石有感》云：『摩挲昌化青田石，刻畫秦朱漢白文。輸與梁間雙燕子，自來自去掠清芬。』有《泥道人詩草》二卷傳世。古泥貌奇古，頗類傳説中八仙之漢鍾離，健於談論，而胸懷坦蕩，極重言諾，人以是益推重之。沈禹鐘《印人雜詠》有詩詠之云：『道人筆力挽江河，得力封泥獵碣多。到死不遺來世債，有涯都付鐵消磨。』並注曰：『古泥才氣横溢……時人求其刻者接踵於户，晚年作印，常汲汲顧景，必盡其意乃止，語人曰，余不欲欠來世債也。』

（一九八一年十月十八日）

勁草盧主　聽松菴行者　老學盦金石記　師米齋藏六朝墓志　寶櫝廔（樓）　花好月圓人壽

虞山沈煦孫字成伯號帥米鑑藏金石印

煙郚

二〇　趙雲壑

趙雲壑（一八七四·十二·十六——一九五五·一·四），原名龍，改名起，字子雲，號鐵漢、壑山樵子、雲壑子、壑道人，别號雲壑軒主，晚號壑叟、秃翁、半秃老人、秃尊者、泉梅老人。江蘇吴縣人。居蘇州時，名所居曰畊心草堂、十泉十梅之居（居十全街，街有十口井，其宅中花園有紅緑梅十株，故名）；寓居上海時，齋名雲起樓、還讀樓。另有春暉草堂、思寒齋、無休庵。

少時家境清貧，父玉峰以撑船爲業。母張氏，家本習儒，故幼受母氏影響，喜讀書，或操筆塗抹書畫。初從蘇州施藥局精善花鳥之醫生蔣先農學畫，後又從秦子卿、李農如、任立凡諸畫師習繪事。年三十得詩人顧茶邨之介，拜吴昌碩爲師，時缶翁年已周甲矣。

自受教於缶翁，畫、書、印俱孟晋，能得缶翁之神而不徒襲其貌，擷其精萃而出新意爲之。復涉獵青藤、石濤、石谿、八大山人之法，博采兼收，是以畫益豪邁，聲譽亦日隆。一九一〇年上海書畫金石組織『海上題襟館』成立，被推爲常任理事。一九二〇年生生美術公司輯《時人名畫》叢刊，一、二集爲《吴昌碩趙子雲合册》，缶翁、褚德彝、顧麟士、何汝穆等並題詞稱許雲壑所作。越二年，雲壑書畫專集《雲壑子餘墨》由朵雲軒印行。缶翁題署，曾熙題詞云：『子雲先生，缶叟弟子，其爲書畫，置之缶叟固不能辨。至其寫山水，爲篆爲草，爲花爲石，則又於缶叟離景以攝神。長史之書，再傳魯公；石田山水，衡山並轡。爲子雲先生賀，並爲缶叟賀也。』顧麟士略謂：『所寫山水、花果，風行一時，名聞海外。其畫從篆隸法中得來，既富師資，又高見地，宜其名貴也。』所論甚是。

數十年來，先生晨起必臨池，除取法缶翁外，楷書復學顏柳，行書學米芾、王鐸，草學懷素、枝山，隸學《張遷》，而參以鄭簠，篆學《石鼓》，兼及泰山、琅玡二刻石，均蒼勁沉鬱，饒有古趣。

印出缶翁，能自變化，不規規於形似，結字時以《三公山碑》體勢入之，隨手雕鐫，不假修飾，而古樸渾厚，人莫能及。輯有《壑山樵人印存》，然傳拓不多，世所罕覯。其得意弟子黃昌中先生一九四〇年曾得印存四册，爲五十一歲至六十歲所作，凡八十六方。一九八〇年，上海書畫出版社所出《現代篆刻選輯（二）》，趙氏刻印三十餘方，即由此選出。雲壑自序云：『余少好作書畫，尤喜作篆隸，及長而治印。印之爲事，追秦也，摹漢也，亦曰「與古爲徒」云爾。余不規規於秦若漢，而取篆隸之法行之，不自知其揮灑爲雕鏤也。夫秦漢之印，余玩習之矣，蒼莽、渾古、爽直、灑脱，疏密相間，氣勢兼到，無一毫做作氣，誠哉弗可及。已後之治印者，承奉以爲師，捨是非肆則俗。而余乃不此之圖，非薄秦漢也。以一意追秦而終不是秦，一意摹漢而終不是漢，孰若行以篆隸之法，隨體詰屈，即朱文亦以肥潤出之，不爲瘦勁；間有邊署，並與弄翰不殊，蓋適成爲余之印也。雖然，印誠余之印矣，而所謂蒼莽、渾古、爽直、灑脱，無一毫做作氣者，仍與之息息相通，罔或敢背道而馳焉。則謂之非秦非漢也可，謂之亦秦亦漢也無不可，余固無容心也。』讀此，可知先生治藝之道，貴在取神，重在得法，而不斤斤於形貌，故能淹博今古，自成體勢。篆刻如此，書畫又何獨不然！持此以驗先生所作諸藝，悉能理論與實踐相一致，良足佩仰。東瀛人士以『缶廬第一』譽之。

晚年還居蘇州，揮毫之暇，時與蕭退闇等友好優游園下，或聽評彈，以樂天年。子漁邨、女元貞，並能畫。弟子甚多，若鄭曼陀、謝之光、黃昌中等，皆其著者。

（一九八三年四月二十四日）

一日千里 人書俱老 壑公无咎 藏之名山 破荷弟子 壑山長者 畏俗

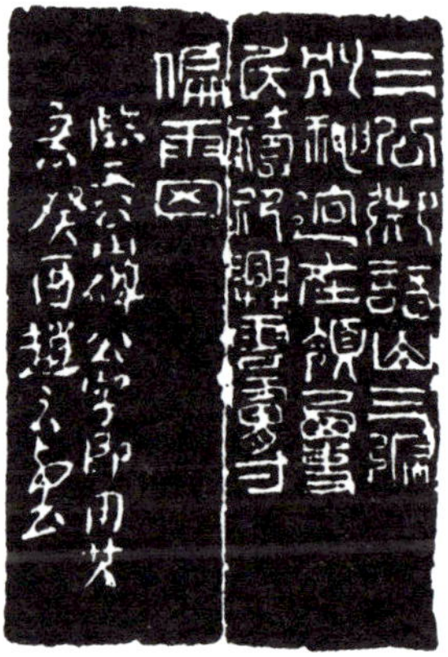

二一　陳衡恪

陳衡恪（一八七六・三・十二——一九二三・九・十七），字師曾，曾名鞆庵、衡，號朽、朽者、朽道人。曾得安陽出土志石，故顔其室曰安陽石室；又得唐碑，亦取齋名曰唐石簃。另有室號曰槐堂、喆頌亭、在山亭、五石堂、染倉室、菊梅雙影盦等。祖籍江西義寧。祖父寶箴公爲湖南巡撫，父三立（散原）先生隨之家長沙，故師曾亦誕於是，時農曆二月初七日也。

少善詩文，得於家學。七歲已能作擘窠書。喜涉丹青，曾隨老畫家尹和白學畫。年廿六，赴滬就讀法國教會學校。翌年携弟寅恪東渡日本，入高等師範學校博物專修科攻讀，所學博涉醫學、物理、地質、生物，課餘作畫勤而不苟。一九〇九年畢業，前後居日八載。三十五歲歸國任教於江蘇南通師範學校，是時已與吴昌碩有書畫金石交，授課之餘，即作畫治印不輟。繪畫於山水學沈石田、道濟、髡殘、藍瑛，不使一筆入『四王』，生辣爽健，勾多而皴少；花卉師陳白陽、徐渭、李復堂及缶翁，挺拔俊逸；偶作人物，有羅聘遺意。一九一三年任湖南第一師範學校教員，不久北上京華，應教育部之聘爲編審，主圖書事。乃移家北京，賃屋西城，勤苦自處，庭中有老槐，連榮文頤，闢一室命曰槐堂，亦以自號，讀書研藝其中，時集諸文友相與切磋，若姚華、蕭謙中、王雲、余紹宋、金拱北、魯迅、林宰平、齊白石等，皆是時交好。一九一六年師曾先生有《作畫遺林宰平》詩，其序有云：『作畫時，辛平爲予牽紙，驟然落筆，大爲驚愕，既成乃知爲石也，座客旁觀，亦頗稱快。』共聚交流，其樂何極！曾作《北京風俗圖》册，論者許爲民國初年北京社會生活真實而有趣之寫照。是時先後兼任女子高等師範及北京女子師範學校教員，越年兼北京高等師範學堂手工圖畫專修科國畫教員。一九一八年改任北京美術學校及美術專門學校國畫教授，廣栽桃李。一九二二年應日本畫家荒木十畝、渡邊晨畝之約，與金拱北赴日本舉行畫展，且携齊白石畫作推介於彼邦，齊畫之頓增聲價自此始。畫學著作有《中國文人畫之研究》、《清代山水畫之派别》、《清代花卉畫之派别》等行世，而詩則有《槐堂詩鈔》。

其治印初由黄易、奚岡、趙之謙等入手，後轉喜缶翁印風而師之，得吴氏鈍刀入石之妙，出奇造意，不因避甜熟而陷獷野，神理自媚，往往於拙中見巧。姚華論其印云：『師曾印學導源於吴缶翁，泛濫於漢銅，旁求於鼎彝，縱横於磚瓦匋文，蓋近代印人之最博者。又不張門户，不自矜秘。』齊白石曰：『吾友師曾，篆刻之道師缶廬，惟朱文之拙能肖其神，自謂學缶廬稍得之，故以染倉銘其室。學無二心，知者於篆中可能見之矣。予獨知師曾在戊午（一九一八）、己未（一九一九）之間漸遠缶廬。周大烈亦語予曰：觀師曾畫用印，戊午以前師缶廬作，以後之刀法篆勢漸遠缶廬，蒼勁超雅，遠勝漢之鑄鐵，亦非前代之削做。』李健述其用刀曰：『故人陳師曾，則執刀幾於握拳，鋒則向鼻，運斤成風，砉然響然，下刀如蠶食葉，行所無事，其味醰然。』沈禹鐘《印人雜詠》有詩詠之：『名父文章一代宗，清芬踵武有遺風。才高不薄雕蟲技，細處功夫與道通。』其學問深、取材博，發而運諸鐵筆，故能高妙邁群也。

一九二三年夏自北京省繼母俞夫人於金陵，母遽殁，不久師曾亦以痢疾卒，時農曆八月初七日也，年僅四十八歲，深爲藝壇所痛惜。越一年葬於杭州西湖牌坊山。其父散原先生有《長男衡恪狀》，嘗云：『衡恪迂拙守儉素，不解慕聲利。往往徒步張蓋，穿風雪趨吏舍治事。刻苦自勵，謹身而矯俗，其諸弟皆莫及也。』吳缶翁於其藝亦頗致贊許：『師曾老弟，以極雄麗之筆，郁爲古拙塊壘之趣，詩與書畫下筆純如。』逝世後之翌年，友人姚華、門人張恬集其遺印成《染倉室印存》八卷。弟子王友石録其平時論印之説十七則，曰審字、定體、布局、印制、刻法、周秦印璽、漢印、泥封、碑碣、金文、陶文、磚瓦文、鄧派、後浙派、前徽派等，凡四千餘字，爲《槐堂摹印淺説》，齊白石爲之序。遺著另有《陳師曾先生遺墨》、《陳師曾先生遺詩》、《不朽録》等。

（一九八一年十月四日，後作增補）

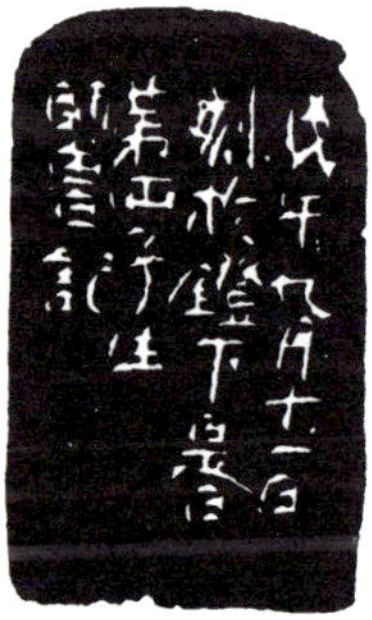

無娛爲歡　伯綱　會稽周氏　新會梁啓超印　老復丁　近陶居　壺中天

朽道人　朽道人　寧支離毋安排　抱景特立　朽者　陶周閣　夕紅廔（樓）　義寧陳衡恪之印章

二三 陳半丁

陳半丁（一八七六·五·十四——一九七〇·一·二十九），原名年，字静山，農曆四月誕生時爲孿生，二居其一，故號曰半丁，曾刻『陳半丁丙子雙生千秋』一印志念，辛亥革命後即以號行；別號山陰道上人、鑑湖釣徒、蓬萊山民、竹環、竹環齋主人、不須翁、半癡、半翁、半叟、山陰半叟、半丁老、半野老、老復丁、稽山半老、藐世頭陀等。齋名有抱一軒、一根草堂、二樹學堂、五畝之園、竹環齋、敬滌堂、莫自鳴館等。浙江紹興柯巖西澤村人。

累世爲醫，而清貧如洗。六歲喪母，由外婆撫養。十歲外婆亦去世，遂歸家紡綫織帶以補家給。年十四歲，以生活所迫，離家傭工於蘭溪。十六歲在錢莊當學徒，始有機會接觸筆墨。然性喜書畫，苦無良師指導。十九歲至上海，由友人之介識名畫家任伯年，得獲指授，後又請益於吴昌碩，雖未正式拜師，然缶翁熱情授以繪畫、篆刻要領，追隨左右近十載，所得獨多。與吴穀祥、吴石仙、高邕之、王一亭、蒲華等名家，亦時有往還請益。年近三十至北京，遂定居焉。一九一三年嘗在蒙藏院任職，旋辭去。亦曾在北京大學圖書館工作。藝術造詣日深，而名益顯，遂以鬻畫賣印及授徒爲活。與蕭謙中、陳師曾、齊白石等均交好。而與蕭謙中合作畫特多，人稱『蕭陳合作』，盛行一時。齊白石《壬戌（一九二二）雜記》云：『半丁居燕京八年，缶老、師曾外，知者無多人，蓋畫極高耳。余知其名，聞於師曾。一日於書畫助振會得觀其畫，喜之，少頃，見其人，則如舊識。是夜余往談，甚洽。

出康對山山水與觀。且自言閱前朝諸巨家之山水，以恒河沙數之筆墨，僅得匠家板刻而已。後之好事者，論王石谷筆下有金剛杵，殊可笑倒吾儕。此卷不同若輩，故購藏之，老萍可爲題記否？余以爲半丁知言，遂書於卷末。』讀此可知半丁爲人與識力矣。中年以後，被聘爲國立北平藝術專門學校、京華美術專門學校講師、教授，殷勤以美術教育爲事。其畫以花卉及山水著名，亦偶寫人物、翎毛、走獸，所作上取青藤、白陽之淋漓痛快，下得缶翁之磅礴渾厚，故能於寫實中含變化，平易中見技巧。山水體近石濤，風致渾古。

半丁書工四體，行書深得米元章韻趣，頗負時譽。治印遵缶翁鈍刀之法，然篆法、章法略異，渾厚高邁，一洗時人浮媚險怪之習，曾見所刻『徐荷』一印印跋云：『自來刻印，未有不從秦漢，不然，學無根源。』又在『倬厂八十後所作』印邊跋中云：『漢印重白文，方圓粗細並用，缶老後知者鮮矣。』印旨如此，而所作亦隨之。壽石工《雜憶當代印人》詩，其一首爲合詠半丁、白石者，詩云：『敬滌堂中六博新，借山館外絶囂塵。鈍刀利刃餘清事，蝸扁虬圓齊與陳。』陳齊並稱，推崇可見。新中國成立後，被舉爲中國畫研究會副會長、中央文史研究館館員、北京中國畫院副院長，雖年登耄耋，仍體健身輕，揮毫作畫無倦容，創作熱情甚高。某次畫展，因對一畫家作品之意見與康生相左，迨十年浩劫，康乃借機使人抄其家，並進行一系列批判、游鬥、毆打，即淪陷時期所刻『不使孽錢』、『老年清苦』、『彊其骨』等閒章亦成『反黨』之罪證。衰年不堪殘虐，病亦無門求診，遂含冤以卒，年九十五。

（一九八二年一月十日）

陳半丁丙子雙生十秋所作

家在選錢亭畔

一筆鈘消

也學山陰洗硯池

山陰陳年

實事求其是

倬厂八十後

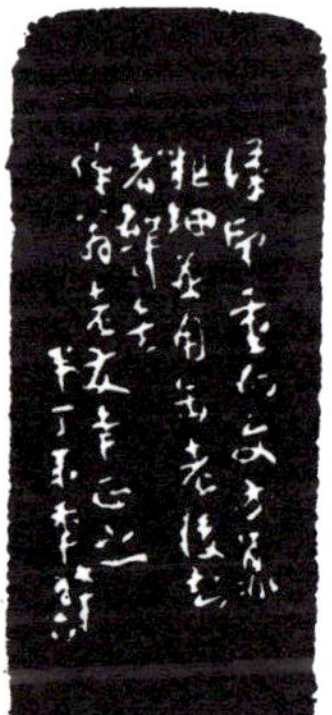

二三　吴涵

吴涵（一八七六・十・二十四——一九二七・七・七），字子茹，號臧龕，别署藏戡，因誕於湖州，故有湖兒、壺兒、阿壺等乳名。浙江安吉人。爲吴昌碩先生次子。

幼而穎悟，淵源家學，頗嗜文藝。八歲，昌碩先生延王竹君爲家庭教師，課其詩書。後又遵父命向虞山名詩人沈石友習詩，詩品甚高，題《畫竹石》一詩云：『石迸竹生香，蒼翠陰可捫。凌雲終有志，且自護籬根。』可見其概。年廿八游宦江西，前後凡九載。先在新淦縣總辦膏捐局任職，嘗見缶翁是時家書，力戒官場陋習，並云：『做官總以矢公矢慎，勤儉爲本，邪僻之友遠之，公正直諒之友近之，庶幾乎近矣。』訓勉有加。後累官至萬安縣令。趙之謙先後曾在江西鄱陽、奉新、南城三縣作宰，臧龕於舊檔案中得之謙朱筆判文，愛不釋手，遂取而藏之。後轉贈於其弟東邁。東邁逝世，乃子長鄴即以獻諸浙江省博物館。民國以後，臧龕亦先後服官山西太原、黑龍江之哈爾濱，昌碩先生以年老催之再三，歷十年始倦還。一九二二年返滬，任名畫家兼富商王一亭秘書。一亭畫受缶翁濡染，晨起必作畫二三小時始往公司視事，揮灑迅疾，日必十餘紙。臧龕固諳於此道者，每代草擬題句，以俟一亭論定。一九二七年夏，偶感小疾，遽爾逝世，時年僅五十二耳。家人恐缶翁悲痛，遂謊告有事赴日云。

臧龕鯉庭傳業，通古籀六書，善詩古文辭，復精鑑别古器物；擅漢隸，甚得《張遷碑》神髓，氣骨開張，遒勁横肆；能繪事，粗枝大葉，隨筆點染，别具奇趣；而篆刻則以得於乃翁及漢印、封泥、古陶等爲多，分朱布白，神采奕然，有《古田家印存》傳世，爲西泠印社早期社員。其書畫篆刻諸藝，羣以跨灶目之。缶翁晚歲應請索過忙，時亦遣之捉刀。沙孟海先生《沙邨印話》云：臧龕『印法多用缶老中年以前體，余每以此辨識大小吳真僞。世言蕭祭酒書，晚節所變乃右軍年少時法，子茹印亦若是。子茹前缶老半歲卒，家人恐傷老人心，秘弗以告，陽稱東游日本。直至老人歿，終未知子茹先已物化也。』王師个簃與臧龕交甚篤，得聞其耗，曾賦詩哭之：『去秋玉盦逝，相對淚汍瀾。今君又徂謝，慘慘摧心肝。吁君古君子，心性彌貞堅。時或一疏放，快論尊酒邊。家風擅鐵筆，錐鑿印私官。三絶俱清妙，馳譽寧無端。盤桓意多愜，切磋味似蘭。西泠别旬日，聞病心難安。忽報鯉也死，飾説聊從漫。師老漫不覺，魂魄知辛酸。莫更懷知己，慘慘對琴看。』

臧龕遺刻，傳世不甚多，日本同道極珍其作。曾見『鬱勃縱横如古隸』、『千里之路不可扶以繩』兩大印，其旁有『此二印涵兒手刻』數字，乃缶翁手筆，至可寶貴。

（一九八一年九月二十日，後作增補）

鬱勃縱横如古隸　千里之路不可扶以繩

樾陰草廬　吴邁之印　涵中　梓園

二四　杜兆霖

杜兆霖（一八七六——一九三三），字澤卿，號蜕龕，别署蜕廬。所居曰無煩惱室。浙江紹興之東關鎮（今改屬上虞市）人。出身破落書香之家，年十二即習篆刻，擅篆隸，尤精究《西嶽華山廟碑》。弱冠即蜚聲越州印壇。性高潔，不染時俗。壯歲以書法篆刻鬻藝杭州，曾與同里花鳥畫家沈遠（華山）在上海舉辦金石書畫聯展。其印初受浙派影響，嗣吴缶翁印格風靡江南，蜕龕印風亦隨之一變，蓋鬻藝得追時尚也。五十二歲更號退堪，嘗刻印志念，並附邊跋云：『困龍在鬥，倦鳥思巢，更號退堪，聊以自嘲。』鬻藝生涯，境况可知。稍後即回故里，由是生活日艱，貧病交迫，卒時年僅五十八耳。

蜕龕印名之爲世人所重，應與魯迅先生曾爲其所作《蜕龕印存》撰序有關。該序云：『印蓋始於周秦，入漢彌盛，所以封物以爲驗，故其文止於官守名氏。後世憙事，益多其制，向壁刊勒，古法蕩然。元吾丘子行力主漢法，世稍稍景附，乃復見爾雅之風，至於今不絶。夫秦書八體，五曰摹印，施於印璽，漢氏因之。今秦璽希有，而漢印時見一二。審其文字，大都方正句曲，綢繆湊會，又能體字畫之意，有自然之妙；視盤旋圓轉，以曲綫取勝者，相去益遠。又古之印章，執政所持，作信萬國，故鑄鑿之事，必有世守之法度，可爲後來準的；鐵書之宗漢銅，固非徒以泥古故也。歲丙辰（一九一六）三月，張梓生示《蜕龕印存》一卷，云是山陰杜君澤卿之所作也。用心出手，並追溯制，神與古會，蓋粹然藝術之正宗。嘗聞藝術由來，在於致用，草昧之世，大樸不雕，以給事爲足；已而漸見藻飾，然猶神情渾穆，函無盡之意，後世日有遷流，仍不能出其封域。故歐土言圖繪雕刻者，必溯希臘，凡玉物之浮雕，土缶之彩繪，不以沉埋掩其輝光，以校後之名世著作，且隱然爲之先導。飾文字爲觀美，雖華夏所獨，而其理極通於繪事；是知以漢法刻印，允爲不易之程，夫豈湜高心，以爲眇論哉。予於杜君未相見，唯讀其書，竊熹抱守遺闕，不以世論失其故常，有同志者，因序之云。」魯迅雖以文學名家，然於印學亦有卓見，如謂印章「始於周秦」，又云其用乃「執政所持，作信萬國」，並謂「鐵書之宗漢銅，固非徒以泥古故也」，論至精闢。

蛻龕與魯迅並不相稔，而能得其撰序，實出偶然。蛻龕有姐嫁於紹興陳家，魯迅三弟建人曾在陳家任英語教席，故與作人、建人兄弟有識面之緣。蛻龕原求序於作人。文中「張梓生示《蛻龕印存》一卷」云云，殆張梓生與杜、周皆交好而爲之先容。作人既擬稿，初得三百七十餘字，以不諳印學源流，遂寄北京請長兄爲之改定。魯迅素嗜篆刻，欣然大加潤色，增至四百七十餘字，改動固不止百餘字也，並於改寫稿署名「會稽周樹」以歸。僉見兩人日記，時魯迅三十六歲，蛻龕正四十。後作人以「啓明」筆名發表於紹興《叒社叢刊》一九一七年第四期「文藝欄」內。《魯迅全集》編輯委員會以此文有魯迅自署周樹字樣，故刊用時於《蛻龕印存序》下加（代）字以別之。魯迅僅有論印之作也。

《蛻龕印存》原稿有四册本、六册本兩種，皆以印蛻黏於册中，並有吳昌碩題贉。蛻龕困於財力，從未版行。杜氏既殁，家人無以給晨夕，原稿已先後變賣於外鄉同好，歷經世變，存佚莫卜。其印迹可見者，唯上海書畫出版社所刊《現代篆刻選輯（一）》，有十七印，及《新民晚報》一九八六年四月九日刊張香還一文附「馬淵之印」、《書法報》一九八七年十月廿一日沈定庵一文所附之五印而已。聞六十年代初杜家尚存遺刻十餘方，迨『除四舊』風暴起，亦已擲諸華家橋河中矣。

（一九九六年三月二十九日）

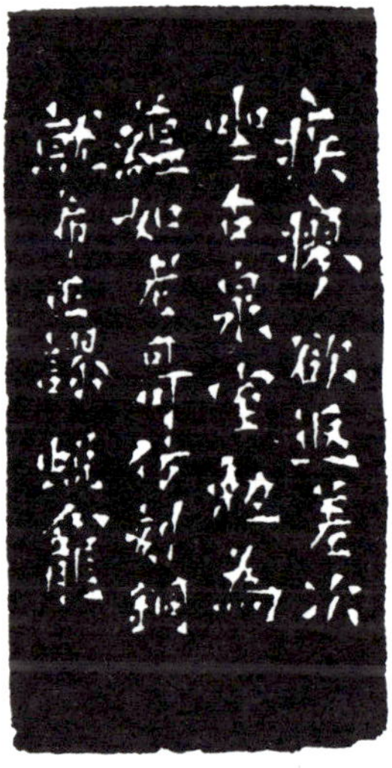

澤卿長壽　鶴語　杜澤卿印　無煩惱室　退堪　小農　平遠山如蘊藉人

二五　李苦李

李苦李（一八七七・七・三十一——一九二九・七・二十八），原名禎，父諱鏡湖，因以篠（筱）湖爲字，又字曉芙、曉夫，號苦李，以號行。原籍浙江山陰（今屬紹興）。其父客居江西南昌西園，先生遂誕於贛。趙撝叔晚年游宦南昌，其父乃得奉手爲弟子，從之學畫治印。先生因嚴父影響，幼即酷嗜書畫篆刻，亦以趙派爲宗。年十三，有喪父之痛。家貧寒，端午以無力奉脩金於塾師，竟遭斥退。塾師固鏡湖先生舊交，且素蒙恩惠者。先生深感世俗澆漓，悲憤之餘，益奮志自學。一扇肆欲得畫工爲點染，先生殷勤應之，得酬奉母，且欲時親筆硯也。贛中有富藏書者，輒懇求借閱。積以數年，藝學並進。一九〇四年二十八歲時，應詩人諸貞壯先生之邀，移居江蘇南通，任職於翰墨林書局。翰墨林主要經營書畫買賣、書畫裝裱生意，先生任職會計，後爲經理，實不管店務，恒與南通名流交往，若陳師曾、陳峙西、徐亦軒、曹君覺、葛竹溪、張峽亭及朝鮮人金澤榮等，皆翰墨林座上常客。由是於書畫篆刻鑽研益勤，功力益深，聲名播於大江南北。

其作畫也，多取意徐青藤、揚州八家及趙撝叔之間，四十後得師吴昌碩老人，風格爲之一變。徐亦軒嘗論其繪事，謂『尤擅畫松，虬枝蒼榦，壯屈曲若騰攫，間以怪石，嶄然崚嶒，與君高曠之性相副，雜繪花卉蟲鳥之屬，應物象形，染墨敷彩，媚萼嘉果，雨潤而露鮮。潛鱗翔羽，罔弗合乎天機。偶爲山水，創志構境，水光雲影，悉粲呈紙上，令人意遠。』知友所評，當可據信。其書楷學鍾王，行書師顏平原；篆刻取徑《嶧山碑》，曾臨百數十通，且口以楊沂孫篆書《説文解字叙》爲課，積存寫本至數十册。缶翁四十以前，亦嘗私淑濠叟先生者。

丁巳（一九一七）夏口，先生初入缶翁之門，曾以篆刻作品呈教，缶翁一細閲，爲題數語於後：『統觀諸作，具見苦心。白文佳處，已能達到；朱文宜加努力。封泥蜕本，當時時玩之，必有進步。刻印只求平實，不必纖巧，巧則去古雅遠矣。吾知苦李胸中必謂然也。』得名師精心指授，造詣日高，皆一以樸茂渾厚、古雅沉雄爲尚。平居謙謹，人有一技之長，必稱譽不置；於後輩亦樂爲誘掖。與陳師曾交至密，師曾在南通師範學校任教時，常至翰墨林相晤，論藝談心，互相師法，親若手足。師曾中年夭逝，先生痛失良友，曾刻『木頭老子』一印，附邊跋云：『甲子（一九二四）長至日，讀故友陳師曾印集，鼓興刻數石。師曾即世所稱朽道人，治印後余十五年，其所成就，幾與缶翁方駕，而余有望塵莫及之歎，刻此志媿。』情摯懷虚，讀之使人佩仰。一九二五年所刻『李禎私印』白文印，附邊款云：『十年前師曾所篆，乙丑正月苦李刻，距師曾之殤已二年矣。刻成自玩，不禁泫然。乙丑穀日，苦李記。』王个簃先生年輕時曾問藝於先生，頗蒙指引，《王个簃隨想録》第二十一頁至三十一頁言之甚詳。年五十三，病卒於上海西園寺側寓齋。此與先生生於南昌西園，業於南通翰墨林西園，別署『西園客』，己巳暮春刻『西園病客』，均有緣於『西園』，實屬奇事。

所作書畫篆刻原迹，流散各方，唯篆刻留有蜕本，可資考索。先生殁後，个簃先生與沙孟海先生商於其子李其通，女李愉、李怡，子婿黄稚松，謀刊印集，由王、沙、黄三位會同編選，翁原協助鈐拓，適抗戰爆發，被迫中輟。

一九六五年又重議輯印，自用印擬用原刻鈐拓，餘以鋅版複製，个簃先生已撰就前言，正欲拓墨鈐朱，動亂遽至，原石多遭毁佚，惜哉！女李愉，字巽儀，能畫，復擅刺綉，爲刺綉大師沈壽女士之入室弟子。婿黄稚松，並能書畫，亦傳缶翁一派。

（一九八三年七月三日）

六枳亭長　修竹亭　李禎書畫　宗元長壽　魚千里　印起廔（樓）　不因人熱　李禎之印　李　西園病客

二六　經亨頤

經亨頤（一八七七——一九三八・九・十五），字子淵，號石禪，別署頤、頤者、頤淵、石淵、長松主人、午湖邨人等。室名有長松房、大松堂。浙江上虞人。

生於丁丑五月，苦牛也（見其自刻白文印『牛夢六十年』款文句）。少隨伯父經元善習電政。光緒二十五年（一八九九），元善以上海電報局總辦領銜紳商人士，公電清廷，表示保護光緒聖躬，推行新法，廢立大阿哥，西太后聞之大怒，即諭拿辦。先生列名其末，同被通緝。得李提摩太之助，隨伯父潛逃澳門。葡萄牙當局爲取媚清廷，竟逮下獄。一九〇〇年獲釋，先生乃東渡扶桑，專攻教育。僑日八載，卒業於東京高等師範學校物理科。歸國後任浙江省立兩級師範學堂教務長，秘密參與革命活動。辛亥革命後，改任校長。因學制改易，學校旋更名爲浙江省立第一師範學校，仍主校務。一九一九年兼浙江省教育會會長。一九二〇年，省中保守勢力不滿第一師範師生積極響應『五四』運動、提倡新文化，遂借一師學生有《非孝》一文之作，通過省長齊耀珊及教育廳長夏敬觀，藉辭罷免先生校長之職，兼除劉大白、陳望道、夏丏尊、李次九等進步教員，輿情洶湧，學生群起反抗，由是掀起轟動一時之『留經運動』。一九二一年，先生赴京任國立高等師範學校總務長，逾年返浙。上虞有富紳陳春瀾，先生與之稔，動員捐貲興學，於白馬湖濱創立春暉學校及春暉圖書館，事無大小，先生均躬與之，造就貧苦子弟，革除封建陋習，建樹良多。一九二五年，又膺命兼任省立第四中學校長，不久即辭去。先生從事教育近二十年，素重人格教育，親主『修養』一課，諄諄以作社會有貢獻之公民爲訓。一九二七年被推爲中央訓練部常務委員及浙江省政府委員。一九二八年及一九三一年，兩度被舉爲國民政府委員。平居勇於任事，不計得失，不愛權位，亦不治生産。關注普及教育，嘗建議凡兒童必須入學，讀書不用付錢，率由國庫鹽税付之，名曰『國本教育』。在舊政權下，此理想又豈易行之耶！

先生能書，甚得《爨寶子碑》神趣，而喜以閒逸之筆出之，有《大松堂集爨聯》；兼工篆隸。篆刻嗜自髫齡，其《六十述懷》詩有『趨庭至樂事，金石盡付與』句，自注云：『余自幼癖好金石，以棉花浸館師朱硯爲泥，握刀不得法，左手食指痛紮，母問恒飾。父亦能刻，早知之，十五歲之除夕，以刀二柄、石十餘方、印泥一盒、書數册，呼頤至其前曰：「汝拿去罷。」平生最得意事，無逾於此。』壯歲以後，印藝益進。多用漢篆之筆而略參隸意爲之，看似平實，然取意高邁，别見妙造，樸茂處酷似《太室》、《開母》、《國山》諸刻，時用鈍刀，深具古致，非時流所能望其項背者。爲西泠印社社員。

中歲始習畫，曾於民國十五年於白馬湖邊刻『五十學畫』朱文印記之。以繪松、竹、梅、菊爲多，寥寥數筆，疏落雅淡，狷介之性，恒流露於楮墨之間。酒酣，大筆淋漓，隨意揮灑，氣勢尤磅礴。一九二八年秋，與陳樹人、何香凝等友好嘗組『寒之友』社於上海，研藝論文，互相砥礪。先生之女普椿，與香凝老人之子廖承志，爲兒女親。著有《頤淵印集》、《頤淵書畫集》、《頤淵詩集》，先生六十壽時，門生故舊彙刊成《頤淵篆刻詩書畫集》三册以祝嘏。抗戰軍興，被困居滬上租界，憂憤疾作，病逝於廣慈醫院，得年六十有二。後遵遺願，歸葬白馬湖畔。郁達夫有《題經子淵畫松圖》絶句，云：『早從《非孝》識經公，衆議紛紛撼學宫。論定蓋棺離亂日，寒松終不負初衷。』末句所言，足表先生高風亮節矣。

（一九八三年七月十七日）

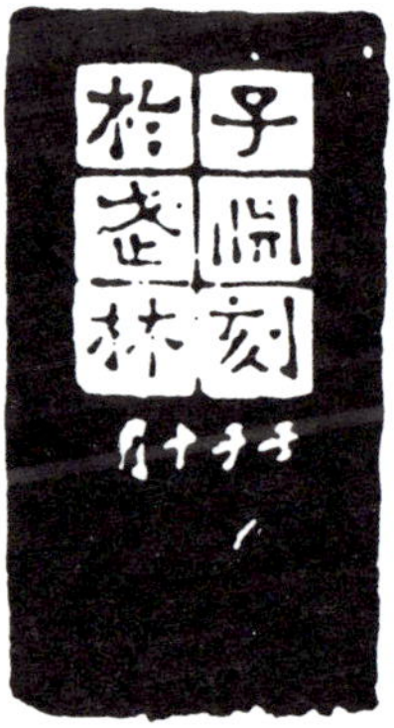

晚節清風　寒之友　亨頤　黃山之友　頤淵晚學　子淵　大松堂

二七 金城

金城(一八七八・九——一九二六・九・六),一名紹城,字鞏伯,一字拱北,號北樓、藕廬、藕湖,别署藕,室名墨橼閣。浙江吴興南潯人。

少嗜丹青,一日,有客訪乃祖竹庭,談笑間忽失畫箑,詰之,在鞏伯所,正據案勾勒。吴興故多收藏家,竹庭亦庋藏著稱。鞏伯晨夕觀橅,上溯唐宋,下接王惲,心摹手追,每忘寢食,風韻結構,遂逼古人。兼工篆隸治印,旁及詩古文辭。弱冠游滬,一時名宿若陶心雲、江建霞等,皆深重之,引爲忘年交。

光緒二十八年(一九〇二)負笈歐洲,攻讀於英國鏗司大學,習法律,課餘之暇,不廢繪事。遇假日,輒流連於美術院、博物館。光緒三十一年(一九〇五)學成歸國,任上海會審公廨襄讞委員。會審公廨者,中外商民訴訟機關也。時有黎王氏者,夫黎某爲中國駐奥外交官,夫死遂挈家返粤,携婢道經上海,巡捕房指爲拐匪,遽令下獄,鞏伯以事關國體,據理力争,英人副領事恃横不之顧,滬上市民咸抱不平,聯合罷市抵制,時北京外國使臣恐事件擴大,謀於英國,乃遣此副領事離境,案卒得直,衆憤始平。後移官京曹,任大理院刑庭推事,退食之餘,尤篤意藝事,學術益進,聲譽日隆。收藏之家,咸請鑑别以定真贋甲乙。宣統二年(一九一〇),奉派赴美充第八次萬國刑律監獄改良會中國代表,事畢,赴歐洲考察各國刑獄,前後年餘,成《十五國審判監獄調查記》、《各國監獄制度譯略》、《十八國游歷日記》等書。凡經諸國，莫不兼及考察其美術。歸國適逢辛亥革命，薦補内務部僉事，旋被選爲衆議院議員，歷任國務院秘書、蒙藏院參事。在内務部時，議設古物陳列所，爲當局采納，自監修工程，分門陳列，編譯中外文詳細目録，俾使國内外人士參觀，皆熱心從事。我國博物館事業之開創，與有力焉。曾籌設中華博物院，擬集國家珍貴文物於一堂，作更豐富、更科學之展陳，卒因政局多故，不克觀成。一九二〇年，主辦中國畫學研究會，以『中國畫學因潮流趨新，轉又漸晦，爲提倡風雅，保存國粹』爲宗旨，以繼承與發揚傳統技法爲己任，四方請業者麕至，每登壇講論，别宗派，授筆法，輒移晷刻而毫無倦容，學者蔚然宗之，風氣爲之一變。日本畫家聞聲來訪，擬議舉辦中日繪畫聯展，每隔一年舉行一次，業經四屆，一九二六年輪值在日本展出，邀約京滬同道聯袂赴之，大受彼邦人士歡迎，歸途罹疾，遽歿滬濱。門人二百餘人與其長子潛庵改會名、結『湖社』，搜集遺作，刊成《藕廬詩草》、《北樓論畫》諸書志念。

其治印也，始自少時，初宗西泠八家，居北京後，廣師古代璽印，印資益廣，陳師曾評金城刻印云：『縱横各家，無所不可，奇哉奇哉！』推許備至。後以求畫者踵接，治印遂鮮。一九一四年，鞏伯成《拓印圖卷》並題記詠詩云：『于生海亭相從有年，凡余手治諸印，及印旁題識，一經摹拓，朱墨燦然，固印人傳中别子也。適有延安之役，客中清寂，作此圖貽之，嘉其好事，媵以四詩：「丁蔣奚黄浙派開，印林今日慨波頹。别裁僞體皈初祖，片片于生手拓來。」「紅泥鮮椰墨華滋，蟬翼螺紋事事宜。鐙底更將僮約補，檢書攤畫界烏絲。」「湖山清遠説家鄉，烏帽黄塵願木償。印上齋堂曾有例，戲摹小影據梧床。」「潭中雁影雪中鴻，墨汁因緣許爾同。寫入横看翻一喟，年來我亦厭雕蟲。」』此雖未盡爲己言説，然亦可窺大概矣。爲此卷題句者尚有吴昌綬、羅惇㬊、章鈺、樊增祥、江庸、金兆蕃、王福庵等二十餘家，原詩俱載《湖社月刊》。

（一九八三年二月六日）

釋龕三十後作　孟學齋收藏之章　銕（鐵）橋　閩縣陳寶琛字伯潛號弢盦印　世續長壽　博軒

二八　丁佛言

丁佛言(一八七八·十二·二十一——一九三一·一·十九),原名世嶧,初字桐生、息齋、芙緣,繼芙緣改字佛言,四十後始以字行,號邁鈍。所居曰松游盦,因亦别署松游、松游盦主、還倉室主。山東黄縣人。

幼聰敏嗜學,弱冠入邑庠,旋補廪生。一九〇四年東渡日本,入東京法政大學,在學時與楊哲子、蔣觀雲並以才學及長於活動而齊名學府。畢業歸國,適德人侵佔山東五礦區,佛言倡立保礦會與之抗争。一九一一年,被選爲省諮議局議員。民國元年,當選爲臨時政府國會議員。翌年,選爲第一屆國會參議院議員,以建白卓著,善爲議論,被推爲全院審查委員長,復當選憲法起草委員會委員長。袁世凱稱帝,佛言以山東代表預江寧會議,力主反對。黎元洪任總統,委爲秘書長,與金永炎、哈漢章、黎澍,俱叱咤風雲,有『四大金剛』之目。在一九一七年黎元洪與段祺瑞『府院之争』中,曾扮演重要角色。一九一九年南北議和,被任爲北方代表之一。一九二三年,曹錕以五千銀元一票賄選總統,佛言不甘詭隨;又着令書僞制天壇憲法,佛言予嚴拒,曹錕盛怒,逮下獄,去死僅一間耳,仍不書,頗得時譽。自此遂絶意政途,潛居著述。曾先後擔任民國大學文字學教授,主北京《亞西亞報》,上海《國民日報》、《民籲報》編輯,及《中華雜志》總編輯。

素精小學,又久居北京,常涉足廠肆,交游復廣,是以所得龜甲、彝鼎、泉璽、陶玉之屬拓片不下七八千種,探微抉秘，時冠同儕，遂瘁數年之力，增益吳大澂《說文古籀補》未收之文爲《說文古籀補補》，風行一時。據王獻唐先生《黄縣丁佛言先生遺著目録》所載，尚有《續字說》三册、《還倉述林》十三册、《還倉述異》四册、《文始》一册（章炳麟亦有《文始》一書，書名偶同耳）、《古璽初釋》三册、《古陶初釋》一册、《說文部首啓明》四册等稿藏於家。

楷師魏晉，工大小篆及隸書，尤以大篆名於時，凝厚如鑄，喜擬《盂鼎》，以其圓中有方，挺勁絶倫，恒語人曰：作此需用濃墨、硬毫、粗紙，方能顯其雄强本色。嘗致書其友李一山，於吳大澂之篆似有微詞。平情而論，吳之功力實勝於丁，惜稍板刻；丁則於用筆變化，似略活潑於吳，兩家以此微有不同耳。函中又提及《張遷碑》，頗有新穎見解，文云：『近寫《張遷》數通，碑文實在惡劣，字體亦頗近晉魏人書……惟筆法入以方筆，出以鋪毫，驕横不可一世，寫「二爨」者，從此入手，則得其門矣。』《張遷》固有數名碑，以『惡劣』評騭，未必切合，然『入以方筆，出以鋪毫』兩語，真有探驪得珠之妙。篆刻精嚴淵雅，聞奏刀如操管，有《松游盦印譜》傳世。一九二三年回魯，賴鬻書鬻印以謀衣食，卒貧病以死，年僅五十三耳。身後無子，嫠婦抱守遺書，日與饑餓苦争而不敢散佚。然歷經世變，存否已不可問。丁氏之墓，已列爲山東省級文物保護單位，供人憑弔。

（一九八三年三月十三日，後作增補）

東海鄙人　佛言篆字　松游盦　無論魏晉　㴞　松游居士　陶齋東萊金石

二九　高時顯

高時顯（一八七八——一九五二），字欣木，號野侯，又號可庵。浙江杭縣人。爲高時豐弟，時敬、時衮、時敷（絡園）之兄，兄弟數人，並以書畫名重一時，一門風雅。

清光緒二十九年癸卯（一九〇三）舉人，曾官内閣中書。辛亥革命後，於一九一二年參加中華書局籌創工作，任常務董事兼美術部主任。一九一七年，中華書局在經營上一度艱辛異常，野侯出資出力，與諸同仁携手合作，得以渡過難關。輯校《四部備要》、影印《古今圖書集成》等重要典籍，均主持其事。中華書局所影印之書畫名迹，皆出其審閲鑑定。工詩文，詩宗杜少陵，得雄渾奔放之致。擅書畫篆刻，書以八分爲時所譽；畫梅尤稱獨步，紅梅緑蕚，妍雅絶倫，曾以『畫到梅花不讓人』一語自負其藝。蒐藏前人所畫梅花五百餘軸，俱一時上選，因顔其居曰『五百本畫梅精舍』。諸品中以王元章所作梅花長卷最爲珍貴，故又名其齋爲『梅王閣』，而自署别號曰『梅王閣主』。復有《集杜詠梅》之輯。

篆刻上追秦漢，下逮宋元，於西泠印派致力較多，尤於陳豫鍾有深契，秀雅可愛，不愧佳手。其印非至交不能得，故流傳甚稀。野侯於明清印派流變特點，深具卓見，嘗見爲張魯盦所藏《吴讓之印存》跋尾云：『篆印以渾穆流麗爲上，刻印以古茂圓轉爲工，浙歟？徽歟？胥是道歟？龍泓承雪漁支離之極，致力秦漢，以古雅出之。完白承穆倩破碎之極，致力斯冰，以雄渾出之。各有所因，各有所創，初無所用其軒輊也。撝叔謂巧入、拙入，似矣，而未能索其源而觀其通也。浙宗至次閑而蔽生矣，徽宗至讓之而蔽亦生矣；然次閑、讓之，亦各有所持，卓然名家，而未可漫致訾議焉。讓之刻印，使刀如筆，轉折處、接續處，善用鋒穎，靡見其工，運筆作篆，圓勁有氣，誠得完白之致。而完白之雄渾，固望塵莫及矣。蓋完白使刀運筆，正求中鋒，而讓之均以偏勝，末流之蔽，遂爲荒傖，勢所必至也。吾固謂讓之名家而已，非若完白之可躋大家之列也。撝叔能知徽浙之蔽，而工力深至，幾幾不欲平視讓之，吾謂讓之當效永叔之於東坡可也。而讓之固以偏勝，且欲凌視撝叔。噫！虚懷求道之不易也。』

對丁龍泓、鄧完白、吴讓之、趙撝叔四家之印藝特色，真能洞察精竅，頗見印學之造微。

爲西泠印社早期社員。兼長中醫學，人所罕知，杭州有患水脹者，病危殆，延爲診療投藥，旋即霍然而愈。野侯逝世後，其六弟絡園輯其遺刻爲《方寸鐵齋印存》，從弟仁偶撰序，韓登安書石，正鈐拓開始，十年動亂忽至，事遂中輟，印石隨亦星散矣。

（一九八三年三月十三日）

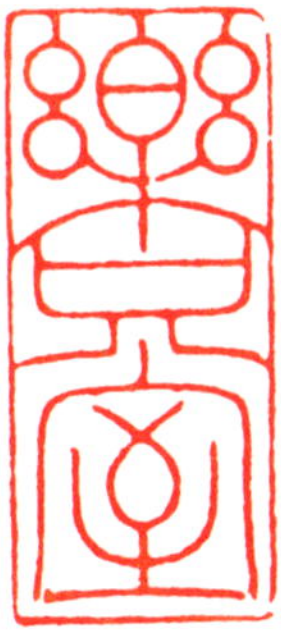

高野侯印　時敷繹求印信　常星星室考藏金石書畫之印　後梅邨人　野侯詩畫　高稚子　樂只室

三〇　丁輔之

丁輔之（一八七九・八・十四——一九四九・八・六），原名仁友，又名仁，字子修，一字輔之，以字行。後得趙之謙所製「鶴廬」一印，遂號曰鶴廬。晚年別署䈥叟。浙江杭縣人。先生於聚珍仿宋版活字之創製，及對西泠印社之設立發展，皆卓有貢獻。

晚清杭州有丁申、丁丙字松生，以富藏書馳名遐邇，家有藏書樓四，曰「八千卷樓」、「小八千卷樓」、「後八千卷樓」、「善本書室」，著有《善本書室藏書志》等書，即先生之祖父與叔祖也。先生少承家學，於書版之美惡，精鑑獨具隻眼，居常憾木刻古書費工費時，而普通鉛字既欠美觀，影印又難清晰，遂與其弟善之共同研究，並移居滬濱，以便生産實踐，歷時五載，始製成方形歐體仿宋聚珍活體鉛字，及長體夾注字模兩式，乃於一九二〇年創設聚珍仿宋印書局，予以推行。翌年，中華書局見而稱善，遂舉版歸之，聘先生爲聚珍仿宋部主任。總經理陸費伯鴻愛其字體精雅，可與明清翻宋仿元諸精槧媲美，乃與同人商議輯印《四部備要》，由高野侯主之，先生出任監造。越三年，《四部備要》第一集面世，頗獲海内外好評。後又以之印聚珍仿宋版《二十四史》，士林同頌。中華書局影印《古今圖書集成》，先生亦參與其事。對文化之傳播，厥功甚偉。

一九三〇年還里，專志宏揚印學，先生於此道可謂自少至老，未嘗少懈者。其祖丁申嗜丁敬刻印，得七十二方，遂名其齋曰『錢塘七十二丁庵』。其父立誠，更增收黄小松、奚鐵生、蔣山堂、陳秋堂、陳曼生、趙次閑、錢叔蓋等七家篆刻。魏錫曾爲趙之謙、沈均初之金石友，素精印學，則先生之外祖父也。先生繼丁、魏兩家餘緒，年十六，與葉銘同在裏西湖一荒山築室讀書，已立志致力此道。一九〇四年，與葉銘、王福庵、吴石潛等四人，聯名發起組織印社，揭『保存金石，研究印學』之旨，廣邀同好，共研印藝，『人因印集，社以地名』，遂定名爲『西泠印社』；經十年經營拓建，一九一三年正式成立，公推吴昌碩先生爲社長。然印社具體之規劃，多出先生籌策，雖一石一木，必盡善而後已。斥資建鶴廬，以充衆用。得白堤錦帶橋舊石欄，亦貢諸印社，移架閑泉文泉之間。於九曜山之陰獲石似人形，命工造丁敬像，置於三老石室旁。後又捐資造鄧石如像。而仰賢亭壁間之二十八印人畫像、四照閣壁間之丁敬詩刻，及題襟館壁間之丁敬《硯林詩墨》刻石，皆經先生多方蒐輯，商請高手摹勒而成。至《三老碑》之募贖，竭力尤巨。今題襟館後石坊聯：『石藏東漢名三老，社結西泠紀廿年。』石圓卓銘：『龍泓印學開南宗，一燈相續傳無窮。二篆八分校異同，和神如坐春風中。』皆先生所撰。

家藏西泠八家刻印，至先生增至五百餘方。即丁敬所作已逾百方，故刻『百石齋丁』印紀之。樵拓無虚日，編有《西泠八家印選》、《杭郡印輯》、《秦漢丁氏印緒》。一九三七年，又與俞人萃、葛昌楹、高時敷，各出藏印，輯成《丁丑劫餘印存》二十卷。以精研浙派，雖不常刃石，然用刀勁健，布局安詳，深具功力。擅詩文，有《觀水游山集》、《鶴廬詩詞稿》、《鶴廬題畫集》。一九二九年成《全韻畫梅詩》，以平仄各韻，分五絶、七絶遍詠畫梅，後附畫梅月令詩，頗有因難見巧之意。涉筆蔬果，亦雅艷動人，曾有《丁鶴廬果品册》印行。篤嗜甲骨文，其書聯題詩，多集此成之，有《商卜文集聯（附詩）》、《商卜文分韻集成》若干卷。

（一九八三年十二月四日）

大俊私印　簡園珍藏　止安　宗成之鉢　劍膽琴心　輔之白事　鶴廬　福德長壽

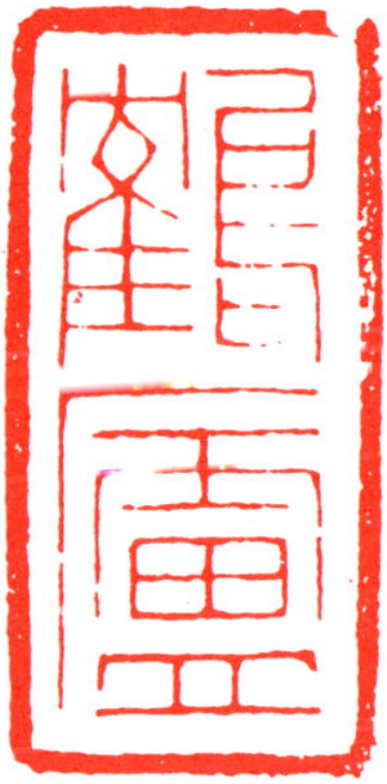

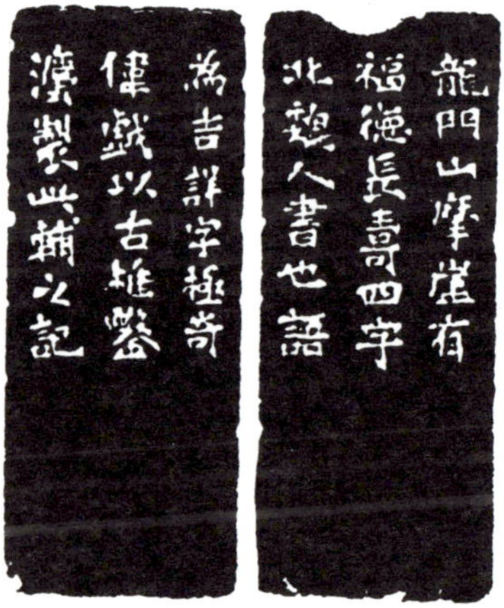

三一　黄少牧

黄少牧（一八七九——一九五三），名廷榮，一名石，以字行，小名多聞，號問經，又號黄山。所居曰問梅花館，取宦況問梅花，其瘦可想之意。安徽黟縣人。爲近代篆刻大師黄士陵牧甫先生長子。

牧甫先生年輕時避兵江西南昌，受傭於南昌東湖之濱百花洲波月軒照相館爲店員，少牧之母汪氏爲牧甫原配，黟縣三都人，誕少牧未久即病故。牧甫以其幼年喪母，鍾愛有加，督課詩書，牧甫自留印賸中之『江夏黄童』、『多聞字課』，即爲少牧所刻也。少牧能讀父書，通金石文字及書畫篆刻。牧甫於一九〇二年應端方之邀到武昌協助纂輯《陶齋吉金録》及《續録》，少牧即隨同擔任繪圖之職，繪拓彝器全形，分陰陽向背，譽者謂藝逼六舟金石僧。一九一四至一九一七年，曾居北京數載，與當地名士袁寒雲、袁勵準、徐森玉、壽石工、何秋江、羅復堪等，皆有往還，是時治印較勤。一九一八至一九二五年間，先後出任江西南城、永豐、南康等縣令。南城縣於少牧作宰之前三十年，趙撝叔曾膺是職，李茗柯謂文采風流，後先輝映，特刻印志賀。傅抱石先生在《關於印人黄牧父》一文中，曾談及『新建縣前』往訪少牧時求閲牧甫印蜕及其正以小篆爲人書箋之情況。三十年代中期供職於南京僑務委員會。一九三五年輯印其父手鈐所存印稿爲《黟山人黄牧甫先生印存》上下集四册，由西泠印社印行。世之傾慕牧甫印藝者，幸得此巨帙以爲楷模焉。晚年居鄉，聞以歷充縣吏，政治上處境甚困，且瞽目。加之牧甫逝世後，繼母、庶母所出三弟兩妹五人名下應得遺産一千九百兩白銀，均以尚未成年由其代管，不數年而揮霍殆盡，繼母、庶母雖着簽借據，但始終未還分文，故親屬多深慍之。

少牧作印，一守父法，形神略具，而挺勁遜之，蓋功力有深淺，與牧甫先生之膏肓藝術、鍥而不捨者，自不可同日而語。《黟山人黄牧甫先生印存》後附少牧刻印六十八方，可見其概。沈禹鍾《印人雜詠》詠之云：『爲政風流藝不疏，弓裘繼志未云孤。世人競愛黟山派，轉惜何（雪漁）程（穆倩）守一隅。』壽璽《雜憶當代印人》亦有一詩詠之：『漏失從君刊改處，肯肩樸學述而翁。英光寶晋差能似，早飲香名意氣雄。』以米友仁之繼美米芾，比擬少牧之承傳牧甫，不免推許過情矣。

（一九八六年六月二十一日）

楊兆泰

黟山老農

游心藝圃之妙

何秋江寫金石文字記

敹安

少牧又號黄山

黄質

三二一　黄葆戉

黄葆戉（一八八〇・六・十二——一九六八・七・十五），字藹農，幼時體弱多病，自謂『墮地到成丁，一生出九死』，遂戲以『破鉢』爲號，又號鄰谷，别署青山農。齋名有破盋（盋同鉢）龕，以庶出，亦取名蔗香館，蓋蔗中有庶字也，另有曖廬、檢禁齋、永春堂等。福建長樂青山人。

其父霽亭公，清季仕閩浙督右參將，誥封武顯將軍。八歲喪父，賴母撫養。早年讀書全閩師範學堂，對書畫篆刻已有篤嗜，及上海法政學堂畢業，一度游幕四方。辛亥革命後，回故里從事教育，任福建省立第一圖書館館長，福建甲種商業學校教員、監學等。二十年代赴滬，繼黄賓虹、吴待秋後任商務印書館美術部主任二十餘載，主持歷代及近世書畫名作出版工作，對弘揚傳統藝術，厥功至偉。其間復兼任上海美專國畫系主任、上海大學書畫教授，廣栽桃李。周甲以後，鬻藝自給。新中國成立，年已古稀矣，上海文史研究館聘爲首批館員，用表敬老崇文之意。

藹老於藝，以書法最擅名。篆法恬淡雍容，一九二五年，吴缶翁與西泠印社同人以巨金贖回《漢三老諱字忌日碑》，建石室於社中，永久保存，其門聯：『詰傳炎漢一片石，永共明湖萬斯年。』蓋出藹老手筆。隸書尤爲世重，自言得法於《戚伯著碑》，復取同里先賢伊秉綬隸法攝其神理，用筆勁健秀挺，結體寬博雄渾，獨出冠時。商務印書館往時所出書籍，題署即多出先生。所書《青山農篆書百家姓》、《青山農分書千字文》，一再印行，私淑者頗衆。

先生篆刻初從皖浙兩派入手，後上追秦漢，並博采三代吉金、封泥、磚瓦等文字，不染時俗，章法深穩，用刀俊爽，筆趣盎然。所鎸『將軍季子』一印邊跋曾曰：『余曾見十六金符齋、匋齋、澂秋館所藏拓漢印甚夥，間有一二刓缺者，良由世遠入水上銹剥蝕，不可爲法。今人争尚仿漢，將字畫邊闌故意殘缺，以爲得爛銅法。不知古刻妙者，在意到而筆不到，剥落如斷紋，縱横如蠹蝕，皆有自然古趣。若徒竊其刓缺剥蝕，臆爲古拙，則篆法、刀法蕩然，未足與言漢印也。』所論深得印學三昧，作此印時，年僅三十九耳。吴缶翁對藹老所作，曾題『雄渾古穆中能得自然之氣，真大手筆也』以表讚賞。鄭午昌更有古風頌之：『石大不逾指，摩挲劇瓊瑶。秦璽漢私印，字字蟠螭蛟。姓名托以傳，後有千載遥。誰謂壯夫耻，篆刻如蟲雕。吾友破鉢龕，舊學斯籒劭。游神與古會，萬慮一以拋。衆蟬嘒高樹，當午騰炎歊。而君東窗坐，砉然爲奏刀。蒸汗渥於沐，縱指興更豪。妙造卅五舉，南面無以驕。嗟君性矯潔，好爵棄之逃。一字酬百金，亦復過耳飈。胡乃於鯫生，有如漆投膠。贈我謂我好，何以投木桃。一語塵君聽，諒不加訾謷。鄙性本硜硜，願言訂石交。』藹老有《曖廬摹印集》行世。

余一九五九年游滬，承張魯盦先生陪同，曾謁藹老於新閘路慈孝邨。銀髯飄拂，仿佛神仙中人，一見塵襟盡滌。四壁列置書畫圖籍，綴以文玩盆景之屬；中設碧紗橱，用供偃息。寒暄過後，余即以舊作《伊墨卿先生年表》呈教，幸蒙不棄，且引爲同調，除予勖勉外，並俯允爲拙作題曋，見貺墨寶，忝叨雅愛，永鎸不忘。一九六二年余再有滬行，趨府拜望適外出，遂留字致候，不意藹老後竟親蒞客館回訪，確令余感愧不已也。嘗聞諸滬上老輩云，先生爲人耿介謙抑，事母至孝，壹志於藝事，曾有詩云：『自分生無騰達志，世傳代有讀書癡。』又自撰聯曰：

『腰中雖無蘇子印，膝中幸有老萊衣。』高風可以概見矣。

上海科學教育電影製片廠以先生名重書壇，儀表絶佳，於六十年代中葉曾敦請參加書法教學電影拍攝。時先生八十五歲，擔任片中之老祖父，不但諄諄訓誨孫兒注意習書，且親爲示範執筆揮毫之法，不厭求詳，寓嚴肅教學於洋溢温情之中。全國播映，衆皆稱善。藹老喜而成詩兩首，其一云：『白盡髭鬚紅兩頰，衰齡望九衆爲奇。播音攝影頻邀約，慚愧人諛好表儀。』亦一時佳話也。

（一九九六年三月一日）

閩黄葆戉章　青山農　蔗香館　疏林中子　銕（鐵）石軒　老農長樂青山下　將軍季子

三三　王福庵

王福庵（一八八〇・七・十七——一九六〇・三・二），原名壽祺，後更名禔，字維季，號福庵，以號行。別署鋤石農、微幾、屈瓠、印傭、石奴、羅刹江民；性素寡言，早有持默之號，七十以後自號持默老人。所居曰麋研齋、春住樓。浙江仁和（杭州）人。

父同伯，精究金石，有《石鼓文集聯》、《吕廬印存》、《武林叢話》等書傳世。福庵先生幼承家學，於文字訓詁、詩文，皆富修養。十餘歲即以工書法篆刻聞於時。年二十五，與葉銘、丁仁、吴隱等創設西泠印社於西湖孤山，共相擘劃，以底於成。早歲以其精擅之算術及測繪技術服務於鐵路。一九一五年曾漫游湘楚鄂渚。後應邀赴北京任印鑄局篆刻課課長、技正，共事者有唐醉石、馮康侯諸公，皆並世俊彦，時全國官印，悉由印鑄局篆鑄。又兼故宫博物院古物陳列所鑑定委員，《金薤留珍》之輯，與有力焉。一九二九年春爲南京國民政府印鑄局技正，與唐醉石上篆『中華民國之璽』等印。一九三〇年南歸，定居上海，鬻藝自給，於四明邨置屋一所，日夕鑽研是間，所詣益進。好蓄青出舊石，所藏極富，自稱印傭。得未刻之石，暇則奏刀以自存。海内外求印者門限爲穿，生平刻印，數以萬計。

其印初宗浙派，後又益以皖派之長，復上究周秦兩漢古印，自成體貌，整飭之中，兼具蒼老渾厚之致。偶擬明人印格，亦時有會心。尤精於細朱文多字印，同道罕與匹敵者。於近代印人中，允稱翹楚。沈禹鐘《印人雜詠》有詩詠之：『法度精嚴老福庵，古文奇字最能諳。並時吳趙能相下，鼎足會分天下三。』並注云：『王福庵，名禔，杭州人。印法端謹，尤精熟六體，叩之隨筆舉示，不假思索。與吳昌碩、趙叔孺同時各名一家。』詞人姚景之曾有《百字令》一首題其印稿：『窮年矻矻，守高曾，直欲贏劉凌越。心事千秋惟我在，此席伊誰能奪？鑿白刓朱，周規折矩，脱手鋒鋩發。勒銘才調，鏡涯催老華髮。堪歎力盡雕龍，一編矜重，抵摇籤瓊牒。料得斯文天未喪，真宰潛通臣頡。兵象同論，硅符合契，異代淵源接。清風據几，沖襟長葆貞潔。』蓋道其絶藝也。

四十六歲時，因手撥電風扇開關觸電傷腦，曾卧病兩年，瘉後每伏案稍久，即感頭暈目眩。此後，刻印必仰卧於藤榻之上，右手執刀，左手握石以外，小指上懸以小鏡，兩手擎空操作，邊刻邊以小鏡照示，習以爲常，作邊款亦復如此。胸間石屑遍陳，不之顧也。因印面向下，刀鋒取勢較難，於筆力不無影響。喜吸烟，凡刻印寫字，唇間必含一烟斗，烟之熄滅與否在所不計，以爲如此可助文思，否則便感若有所失。書工數體，金文、小篆，均匀整而勁健。晚年從漢洗文字悟得天趣，參以繆篆排疊之法以作篆隸，樸厚古拙，尤獨出冠時。隸楷亦自出機杼，别樹一幟。平居和易，樂於扶掖後輩。不獨悉心傳藝，即對生活上困難者，亦竭力相助。弟子中若韓登安、頓立夫、吳樸堂等，皆深受其霑惠。余一九五九年夏游滬，以張魯盦之介而得蒙款接，福老知余曾從學康侯先生，乃執康翁曩時所畫青緑山水紙扇相見，意至殷渥。後並贈余『師承魏塚傳心得，功自蘭亭换骨來』篆聯，及《頌鼎》臨本。是時手已顫甚，惟晨起短暫時間可作書，若摹《頌鼎》，非數日不能畢。拜領之餘，余感愧交並者再。福老晚年，被聘爲浙江省文史研究館館員及上海中國畫院畫師，並任中國金石篆刻研究社主任委員。以攝護腺腫脹開刀未能瘉合，尋復轉化爲肺炎，不治逝世。

著有《説文部屬檢異》一卷、《麋研齋作篆通假》十卷。藏印曾編成《福庵藏印》十六卷，自刻印有《羅刹江民印稿》八卷、《麋研齋印存》二十卷（有一九三六年輯本、一九三八年續輯本、宣和印社一九四三年重輯本）。三四十年代，福老爲友好所集古印及名家印譜撰序至多，不下數十篇，文字雙美，生輝譜録，時有精湛見解，彙輯成編，亦一印學佳著。福老逝世前一年，已將畢生刻印精品三百餘方獻諸上海博物館。逝世後，其夫人遵照遺志，將家藏三百餘印，及書畫碑版四百餘種捐贈西泠印社，以裨後學，意至善也。

（一九八二年八月八日）

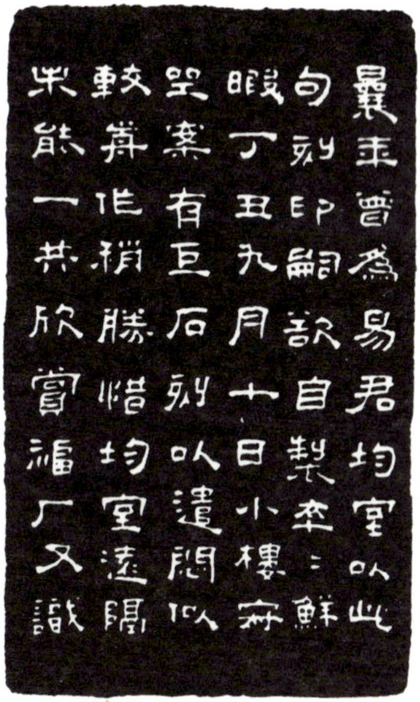

弋釣書部　琅邪（玡）　平生心事白漚（鷗）知　男兒生不成名身已老　願得黃金三百萬交盡美人名士更

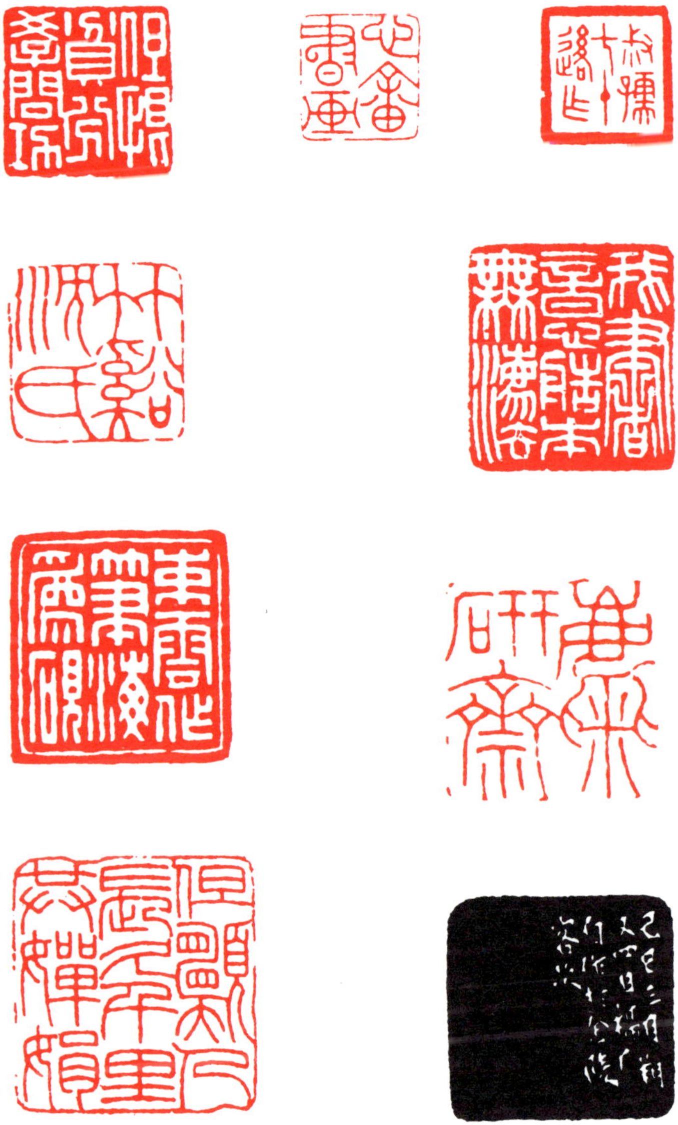

硯

但願人長久千里共嬋娟

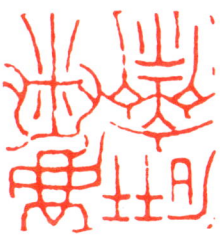

三四　弘一法師

弘一法師（一八八〇・十・二十三——一九四二・十・十三），俗姓李，幼名成蹊，學名文濤；初名廣侯，一名息，字叔同，以字行，又作叔桐、舒統，自號李廬主人；留日時改名岸，别署息霜、惜霜、瘦桐、息翁、壙廬老人、晚晴老人等凡二百餘，不備録。祖籍浙江平湖，而誕於天津。父世珍字筱樓，爲名進士，年六十八而得法師，生母王氏係父第三側室，才二十許耳。

少受詞章於趙之禮，習篆隸北碑篆刻於唐静巖，十餘歲即熟讀《説文解字》、《史漢精華録》、《左傳》等書，所爲詩文及書法篆刻，老輩見之，無不贊譽。年十九，以老大中華非變法無以自存，贊同康梁主張。奉母避禍上海，繼續文藝研習。廿一歲，所作《李廬印譜》及《李廬詩鐘》問世。一九〇四年，法師鑑於列强一再侵略，憂國傷時，曾有詩云：『濁世半生人漸老，中原一髮日西斜。只今多少興亡感，不獨隋堤有暮鴉。』『冰蠶絲盡心先死，故國天寒夢不春。眼界大千皆淚海，爲誰惆悵爲誰顰。』一九〇五年三月，母氏病故，哀哭改名李哀，以示歡樂生涯結束。秋天南洋公學經濟科畢業後赴日本，次年九月私費考取東京美術專門學校學西洋畫，更名李岸。於西洋音樂及話劇，致力並勤，在日本曾組『春柳社』，上演西洋名劇《茶花女遺事》，親自扮演茶花女一角，名噪一時。西洋音樂及話劇之傳於我國，法師實爲先驅。電影《早春二月》有《送别》一曲，即法師早年所作。一九一一年學成歸國，任教於直隸高等天津工業學堂。次年改任上海城東女學教師，並參加南社，今《南社叢刻》中，尚能多見其詩作。時陳英士創辦《太平洋報》，法師應邀主副刊《太平洋文藝》及畫報筆政，内容豐富而活潑，風行海内。又與柳亞子同創『文美會』，主編《文美雜志》。後應浙江兩級師範學校經亨頤校長之聘，赴杭州在校圖畫手工科任教圖畫音樂。一九一二年校改名，留任浙江省立第一師範學校教員，同事中若夏丏尊、馬叙倫、姜丹書、錢均夫等，皆一時俊彦。豐子愷、潘天壽、劉質平、李鴻梁等，蓋弟子中之佼佼者。一九一五年又應江謙之聘，兼任南京高等師範學校教席，此即中央大學、南京大學之前身，兩地火車往返，爲藝術教育而備極辛勞。一九一六年末假期，去杭州虎跑寺試驗斷食，歷時十餘日，取名李嬰，與馬一浮居士過從甚密。後拜了悟法師始作在家弟子，恒以居士身份習静虎跑寺。一九一八年七月，夏丏尊認爲穿出家人衣裳然不出家並無什麽意義，遂落髮出家。馬一浮貽以《靈峰毗尼事義集要》並《寶華傳戒正範》，於披覽後因發心學戒。九十月受具戒於靈隱寺，得賜法名『演音』，號曰『弘一』。日本籍姬人雖多方泣勸，法師唯合十誦佛號絶之，終不答一語。自此發心扶律，秉志佛業，終年粗飯破衲，甘之若素，行脚四方，不以爲苦。舊友經亨頤等醵資營静室『晚晴山房』於上虞白馬湖畔，然爲弘播法音，廣結善緣，在二十四年之沙門生涯中，大部分時間多駐錫泉州、厦門，講經之外，悉心研究南山戒疏，編寫律學著作，整理古版藏經，爲一代律宗大師。在抗戰期間，有求書者恒書『念佛不忘救國，救國不忘念佛』楹聯應之，用心良苦。一九三七年秋，柳亞子寄法師以詩，中有『閉關謝塵網，我意嫌消極。願持鐵禪杖，打殺賣國賊』等語。時戰雲已緊，頗有勸法師内避者，法師志決護法，不肯他往，顏其居曰『殉教堂』，並題五絶一首：『亭亭菊一枝，高標矗晚節。云何色殷紅？殉教應流血。』亮節高風，令人肅然起敬。圓寂前曾致書夏丏尊云：『丏尊居士文席：朽人已於九月初四日遷化。曾賦二偈，附録於後：「君子之交，其淡如水。執象而求，咫尺千里。」「問余何適，廓爾亡言。華枝春滿，天心月圓。」謹達不宣。音啓。前所記月日係依農曆，又白。』並書致劉質平。其月日蓋卒後由侍疾僧妙蓮所填寫者。又書『悲欣交集』四字付妙蓮，爲最後絶筆。火化後，骨灰仍歸葬杭州虎跑寺，墓碑則爲入室弟子豐子愷所書也。泉州開元寺西側尊勝院，今有弘一法師紀念館，展陳其生平事迹、著作及書畫篆刻作品。

法師之書，早年力摹篆字，喜臨《宣王獵碣》石鼓文，嗣擬《張猛龍碑》，後轉習《龍門造像》，尤得力於《孫秋生》、《楊大眼》、《始平公》三品，沉雄峭拔，氣勢過人。出家之後，書風爲之一變，鋒芒盡斂，反樸歸真，化篆隸爲楷書，瘦而實腴，疏而不散，曾自謂：『朽人之字，所示者：平淡、恬静、沖逸之致也。』葉聖陶先生則以温良君子、和顔悦色狀之，並皆恰合。

法師治印，始於十三齡，係觀摩父之管賬徐耀廷奏刀自賞，受其影響；十七歲乃得轉師唐静巖，弱冠已卓然可觀。嘗見其早年所作『平沙落雁』等『瀟湘八景』印，遍擬明清印格，俱得其情致；『文濤長壽』、『李息』兩鈕，直逼漢鑄，尤蒼厚可喜。一九一四年在浙一師範任教，爲倡導篆刻，與人發起成立『樂石社』，被舉爲主任，風靡校園。吴昌碩特以賞識，乃加入西泠印社爲社員，廣交高手，研索益勤。落髮前夕，將生平用印移儲西泠印社，鑿壁藏之，葉銘爲題『印藏』兩字，並記其事於壁端。十餘年前，印社恐石霉毁，已取出珍藏。

法師晚年曾致友人書云：『朽人所寫之字，應作一張圖案觀之則可矣。不惟寫字，刻印亦然。仁者若能於圖案研究明了，所刻之印必大有進步。因印文之章法布置，能十分合宜也。』又云：『刀尾扁尖而平齊若椎狀者，爲朽人自意所創。椎形之刀僅能刻白文，如以鐵筆寫字也。扁尖形之刀可刻朱文，終不免雕琢之痕，不若以椎形刀刻白文，能得自然之天趣也。此爲朽人之創論，未審有當否耶？』若『大慈』、『大心凡夫』、『弘裔』等印，皆白文，綫條甚瘦，而柔韌恢恢，一若其書，當即以自創之刀所刻者。

篆刻集除《李廬印譜》外，尚有《樂石集》、《醾紈閣印譜》。沈禹鐘《印人雜詠》有詩詠之云：『飄然出世一僧枯，留予朋曹印與書。脱盡人間烟火氣，不嫌文字相難除。』

（一九八三年十一月二十日，後作增補）

平沙落雁　靜觀　南無阿彌陀佛　文濤長壽　弘一年六十以後所作　演音　弘一　佛像印　大慈

三五　費龍丁

費龍丁（一八八〇——一九三七），字劍石，號雲樓子、長岸行人。後獲秦宮瓦當所製硯，中有『維天降靈，延元萬年，天下康寧』十二字，稱十二字硯，極寶愛，因易單名曰費硯。又號佛耶居士，蓋佛及耶穌無不兼信也。江蘇松江（今屬上海市）人。兼擅詩、書畫、篆刻，爲早期南社社員、西泠印社社員。鄭逸梅《南社叢談》有傳，並附《西湖詠純花》詩：『二月蒓羹四月花，金簪鐵葉滿湖涯。秋來更憶鱸魚膾，風味江鄉我獨誇。』松江爲其故鄉，産四腮鱸，故有『獨誇』之語。夫人李華書亦工吟哦，同隸南社，其兄李平書爲平泉山房主人，以庋藏書畫名於時，伉儷匪獨恒同賞其珍祕，而唱酬染翰，固不讓趙管專美於前也。沈瘦東《瓶粟齋詩話》云：『龍丁有潔癖，襟懷灑然，工金古文，篆刻丹青，尤自矜重。……性情遲緩，交件動輒經年，不爲求者所喜。』世有『畫隱龍丁』之目，雅人高致，又安可急限時日也哉！

龍丁於印，曾問藝於吴昌碩。余藏有一九一八年歲次戊午，昌碩先生爲龍丁《甓廬印策》題七絶兩首之墨迹印本：『心醉摩厓手剔苔，臣能刻畫古英才。依稀劍術縱横出，何處蝯公教舞來。』『皇皇吴趙恥同風，周璽秦權漢鏄鐘。感事詩成頻寄我，似談印學演藏鋒。』頗加稱許，惜印迹部分已散佚，無由互證。近承劉江教授自杭惠寄龍丁印蜕兩方，一爲『尚齋』，有庚午（一九三〇年）款，時年五十有一；另一爲『善慶』，僅署『龍丁製』三字，風致未盡似吴缶翁。鄧散木《篆刻學》曾謂：『傳吴氏（昌碩）學者：王賢字个簃，江蘇海門人；費硯字龍丁，别署佛耶居士，松江人。各能略得一二。』余所見龍丁印僅此，於鄧氏之説，遽難置評。龍丁與金仲白相友善，朱孔陽嘗搜羅兩人遺作，拓爲《白丁印譜》，惜未寓目。據柴子英云，彼亦曾有粘輯《西泠印社社員印存》之作，中有龍丁印蜕數方，已失諸十年動亂，欲見無從。沈禹鐘《印人雜詠》中有詠費氏一首：『長房仙去白雲高，峰泖當年伴奏刀。里巷幽居名不掩，至今人憶印中豪。』

倭寇之亂，龍丁避居松江丘家灣，附近遭敵機轟炸，受驚致死。另一説云，費氏爲避敵機來襲，偃舟躲於橋下，橋中彈毁，遂遭壓殞生。畫家王念慈素與龍丁文厚，得聞噩耗，爲之輟筆者經年。生平文玩、詩稿之屬，殁後漸次散出，襟霞閣主人以重值在市上購得其十二字硯留作紀念，新中國成立後，聞已貢諸公庫矣。

（一九九六年四月十九日）

附注：馮超然之孫馮天虬撰文云：費龍丁號佛耶居士，非信佛亦非信耶穌之意。因費氏獨生子小名阿佛，極寵愛，費氏以期其努力精通佛之教義而做人，而自擬稱阿佛的爹（上海話『爹』發『爺』聲）即佛爺，又覺於佛祖不敬，遂改『爺』爲『耶』字，即爲佛耶居士。

善慶　尚齋

三六　徐石雪

徐石雪（一八八一·一·五——一九五七·三·二十五），名宗浩，字養吾，號石雪，後以此行。祖籍江蘇武進，久居北京通州。

七歲喪父，八歲喪母，賴祖母撫養成人。家貧力學，曾習賈，而卓然自拔於儕俗，意氣清曠，雖任繁劇，不廢文藝，於書畫篆刻、吟詠鑑藏，以至裝潢字畫碑帖等，無不精詣。曾以巨金購得署名文石室（同）、蘇雪堂（軾）二大幅墨竹，上有宋元明人題跋甚夥，清人張井嘗以各家題跋刻成《澄鑑堂法帖》兩册，徐氏以爲既經刻帖，當爲真迹，因喜而自號爲石雪、石雪居士，並顔所居曰石雪齋。實此二畫，乃清初人所臨仿也。所謂『不經一塹，不長一智』，收藏家購藏一時失察，不足爲奇，徐氏藏弆，確有其精品在也。擅書法，得趙孟頫遺矩，遒健暢達，一洗世俗柔媚之習。初入中國畫學研究會爲會員，以書法精妙，聘爲評議，講授習書要訣。曾學畫於老畫家王振聲劭農，花卉、翎毛、山水皆超逸有致，神似華新羅。尤精畫竹，初師鄭板橋法，後學夏仲昭，上及元人顧定之，踢枝掃葉，時以書法出之，豐神瀟灑，妙絶一時。有《論竹絶句》數十首，能道古人之秘；又著有《墨竹論述輯要》，已梓行；另《畫竹人傳》十二卷。

篆刻初宗浙派，功力至深，繼而博涉元明諸家，上追周秦兩漢，所作皆淵雅而有法度，義州李放評其印，謂

『蒼勁秀雅，足令讓之失妍，撝叔斂美』。有《遂園印稿》四卷。所著《南游絶句六十首》，其一云：『龍泓遺法素欽宗，早歲雕蟲亦擬丁。一見缶廬成閣筆，不堪虚厠印林中。』語極謙抑，並附有自注：『西泠印社兼寄丁輔之。余刻印喜丁鈍丁、李猸庄。《補印人傳》前有印譜存目，尚録及余。』吴興畫家俞語霜嘗爲繪《桐蔭抱膝圖》，其自題云：『熱不因人甘屈蠖，世無知我好盟鷗。十年憂患真堪笑，贏得蕭蕭兩鬢秋。』可見其心境，時年四十有五耳。中年有《石雪齋詩文稿》之輯。越八年，有鼓盆之戚，自是處境益蕭索，而詩畫愈清雋，惟印不多作矣。

先師容希白先生與徐氏稔，一九四四年，徐氏曾以所藏明人劉珏《安老亭圖卷》假觀，上有張靈、朱存理、都穆諸文士題詠，一夕睡門索歸，次日以詩致歉：『論畫評書意獨親，十年同浣洛京塵。足音空谷跫然喜，君亦平生愛竹人。』『癖畫成癡亦可憐，亂離供養只雲烟。荷君相諒防微意，免損衰翁一夕眠。』原來徐氏曾以趙孟頫書《淮陽書院記》求題於頌齋，爲盜胠篋去，故特慎之云。容師極鮮爲詩，亦次韻戲答：『水竹雲山筆偶親，廿年焚硯走京塵。評量金石甘殘抱，愧尚傳稱作畫人。』『南望胡塵刼可憐，故園書畫半成烟。如何君復癡於我，借出劉圖竟損眠。』藏家對其所藏，每珍若頭目，於兹可見。晚年被聘爲中央文史研究館館員。歿後，家人謹遵遺囑，將其所藏元明以來書畫精品悉數獻諸公家，文物部門爲彰其行，於故宫神武門城樓舉辦所獻書畫展覽，並頒獎狀獎金嘉之。

（一九九四年七月十五日）

歸雲精舍　劭農詩畫　石雪齋秘笈印　自在堂　宗浩長壽　石雪居士

三七 樓邨

樓邨（一八八一・三・十五——一九五〇），小名保源，取名邨，又名卓立，一名虚、太虚，字肖嵩；亦字新吾、辛壺，自號玄根居士、麻木居士、玄璞居士、縉雲老叟、玄道人，别署玄朴居士、白雲亭長、壺翁。齋號玄根廎、無始齋。浙江縉雲人。

少嗜詩文書畫篆刻，雅喜習静，長游杭州，愛西湖之勝，遂家於此。爲西泠印社早期社員，亦南社社員。擅山水畫，非但寫意，兼可寫實，烟霞滿紙，韻致高妙。曾任上海美術專門學校教授及中國藝專學校校長。工篆隸，西泠印社仰賢亭有長聯，乃丁立中撰，而由辛壺所書者，聯云：『誦印人傳記，如龍泓之雄渾、鶴田之淵懿、完白之清奇，自子行鐵筆後各具豐裁，固不囿兩浙專家，集同好討論一堂，洵能紹秦漢先型、斯冰遺法；考西湖志乘，若君復作水亭、嗣臯作書樓、東坡作石室，於樂天竹閣側别開幽勝，更卜築數椽精舍，繼往哲重聯八社，允足助林泉逸興、唐宋風流。』可見雪泥鴻爪。

辛壺治印，自先秦兩漢古璽印，至明清諸流派，靡不究心，因與吴缶翁友善，印風受其影響較深。樓氏後人藏有辛壺印蜕一紙，上有缶翁批語，『樓樓邨印』缶翁贊曰『絶妙』，『縉雲樓邨長壽』謂『好』，其他建議『加厚』、『再加蒼莽』者。辛壺遵囑一一修改，遂成佳作，如『樓邨之印』及兩『辛壺』印是也。缶翁有《西泠印社醉後書贈樓郫》詩云：『奇書飽讀鐵能窺，蜾扁精神古籀碑。活水源頭尋得到，派分浙皖又胡爲！』

辛壺逝世後，其哲嗣浩之輯其遺刻爲《樓辛壺先生印存》，倩陸維釗先生審定並作跋尾，跋云：『往歲余客松江，獲交於費丈龍丁，丈爲言縉雲樓辛壺先生之於藝，若書畫若金石，皆足稱入古人之室，而得其用心之所在，非時流之所可幾及，余心儀之。其後余又交王丈芝齡，丈爲言先生之爲人，不獨精於藝，抑且篤於親故，與人交，清而和易，介而不亢，恂恂有古君子之風。余於是益重先生，而又知費、王二丈固不輕於許人者，亦決不以私誼阿其所好者也。當是時，海上之以書畫金石售於時者，類皆鶩徵逐、通聲氣，以廣交游而弋盛名，若先生者，固可謂游於藝而進於道者也。歲月不居，前塵如夢，及余來杭，晤哲嗣浩之，知先生已歸道山，所遺手迹，存者寥寥。唯印稿略備，浩之復益以西泠印社諸同好之所藏，囑余選定。余唯於篆刻之學，無所鑽研，第覺先生所作，自秦漢古璽，以迄近代諸家，莫不擷其精而遺其粗，呼吸古今，不以一隅自囿，方之先生並世諸君，確無有出其右者，余以知曩者費、王二丈之言，信不虚也。選録既竟，爰爲之記其原委如此。』讀此不獨可見辛壺之爲印，抑亦可知其爲人也。丁仁集《論印絶句》詠西泠印社同人，有一首詠辛壺者：『畫苑書林過眼烟（查岐昌），烟雲潑墨落銀箋（馮念祖）。愛奇競道翻新樣（周春），留取金鍼《學古編》（沈心）。』

辛壺亦擅詩，兹録其與西泠印社有關之兩首於後，以見一斑。《題孤山四照閣》：『滿閣湖光照，披襟聽鳥啼。眼中三竺近，窗外六橋低。山俯清波繞，檐臨古木齊。巍然雙塔影，回眺日斜西。』《詠山川雨露圖書室》：『平山起精舍，客到憶隱居。室静琴樽古，窗明木葉疏。霞光凝過雨，月色照攤書。庭下攢修竹，清幽畫不如。』頗饒唐人氣韻。

（一九八四年一月一日）

樓邨之印　印泥之皇　但恨金石南天貧　縉雲樓邨長壽　脫有形似　樓邨之印　辛壺

三八 馬衡

馬衡（一八八一·六·二十——一九五五·三·二十六），字叔平，號無咎，所居曰凡將齋，又名䚢廬。浙江鄞縣人。

其兄裕藻，攻文字；叔平先生精金石，善鑑賞；有弟鑑（字季明）、廉（字隅卿），並長文學。兄弟四人俱講學南北各大學，一門俊彦，時人稱曰『四馬』。叔平先生一九二二年任北京大學教授兼研究所國學門考古學研究室主任兼導師，講授金石學。時漢魏石經適大量出土，深所致力，有《漢熹平石經論語堯四篇殘字跋》、《集拓新出漢魏石經殘字目》及其二編，《從實驗上竊見漢石經之一斑》等著作。又嘗從事『新嘉量』研究，有《新嘉量考釋》一文，並據此器以作《隋書律曆志十五等尺》。叔平先生素重實踐，不殫辛勞，走出書齋，進行考察，自一九二三年以來，先後至新鄭、孟津調查銅器出土地、洛陽圪壋調查漢魏石經出土地，並參加貔子窩、燕下都之發掘。其後半生，已從金石學之探討，跨進考古學之研究矣。聞一九二四年溥儀離宮時，不肖之徒乘機夾帶瑰寶以去，時叔平先生參加接管工作，及時發覺，始免散佚。一九二五年故宫博物院成立，任古物館副館長，一九三三年任故宫博物院代理院長，次年任院長，對文物之搜集、展覽，出版圖録，貢獻良多。全面抗戰期間，主持文物内遷，免使先人珍物淪於敵手，籌劃裝運，備極勞勩。其有功文物類此。平素樂於誘掖後學，容庚師作研究生時，叔平先生任指導教授，頗多勗勉，容師至今猶樂道之。以是關係，余三十年前曾將治印鈐本呈正，即荷用吴清卿『變化神明在方寸』句作篆題贈，亦賜予鼓勵。晚歲年老多病，一九五二年辭去院長職，改任北京文物整理委員會主任委員，病中猶研討漢魏石經不輟，惜未及竣事，即遽爾逝世，實學術界之一大損失。著作除前述外，尚有《中國金石學概要》、《石鼓爲秦刻石考》、《中國之銅器時代》、《戈戟之時代》、《記漢居延筆》等。現已匯編爲《凡將齋金石叢稿》八卷及附録，一九七七年由中華書局出版。

叔平先生以精究金石六書，長於篆法，故餘事治印，整飭淵雅，直追周秦兩漢，深於法度，繼吴昌碩後被推爲西泠印社社長。一九四四年嘗爲《説文月刊》第四卷撰《談刻印》一文，文長九千餘字；先從古代璽印之名稱、形制、鈕式、文字與章法、材質與刻鑄、陰陽文之别、施用之方法等七方面詳加介紹，以明發展之迹，繼舉治印宜予臨寫之金石拓本、參考之書，與古璽印譜，俾便研習。文中於書法與刀法關係有所申述，曾云：『近數十年來，刻印家往往只講刀法。能知用刀，即自以爲盡刻印之能事。不知印之所以爲印，重在印文。一印之中，少或二三字，多或十餘字，字體之抉擇，行款之分配，章法之布置，在未寫出以前，先得成竹於胸中，然後落墨奏刀，乃不失爲理想中之印。』『蓋刀法者，所以傳其所書之文，使其神采不失。』『若徒逞刀法，不講書法，其不自知者，非陋即妄。知而故作狡獪者，是爲欺人也。』對刀法與篆法之輕重，文中論之云：『刀法爲一種技術，今謂之手藝。習之數月，可臻嫻熟。研究篆體，學習篆書，則關於學術，古謂之小學，今謂之文字學，窮年累月，不能盡其奥藏，其難易豈可以同日語哉？』又曰：『刻印家欲知印之源流沿革，形式、文字之變遷，應先研究古印，自屬當然之事。即以文字源流而言，不但古印應研究，即一切金石文字，也在研究之列。故金石家不必爲刻印家，而刻印家必出於金石家，此所以刻印家往往被稱爲金石家也。』類此諸論，皆示人以正軌，與時俗之談印藝者有霄壤之判。對《説文》所無之字，叔平先生不主張濫用假借，以爲『《説文》未收之字，見於漢印者正復不少。蓋「摹印」「繆篆」，本自爲體，其體在篆隸之間。隸書所有之字，皆可入印』。對人名印，主張『皆應名從主人，依隸楷所從偏旁，而以繆篆之體寫之。但以之寫作小篆或古文，終嫌未安』。治印者遵此篆之，不妄不拘矣。

叔平先生生前曾有《凡將齋印存》、《鍴廬印稿》之輯；殁後，其子太龍又收集零存。後者多抗戰時入蜀之作。一九一二年，丁仁《詠西泠印社同人詩》（集《論印絶句》）中有一首詠及叔平先生，詩云：『畫品書評一舫多（倪印元），封泥署紙盡摩挲（沈心）。珍藏誰似西園癖（楊復吉），賴有當年馬伏波（陳鱣）。』叔平先生富收藏，故句多及之。馬伏波即東漢之馬援，頗知印，曾有正郡國印章之議，以之此擬，可謂吻合無間矣。其子太龍，亦擅篆刻。

（一九八二年十二月五日）

凡將齋藏碑　願生安養　不登大疋（雅）之堂　歸依三寶　右任七十以後作　无咎

三九　周梅谷

周梅谷（一八八一·十一·十七——一九五一·十一·六），原名容，一作梅閣，别號百匋室主。江蘇蘇州人。

能書善畫，博覽金石，在蘇州護龍街嘉餘坊口設壽石齋，以鬻印刻碑爲業者數十年。四十以後，始獲從吴昌碩問業，因與同門趙古泥交最相得，治印布局刀法，特與古泥爲近。所刻牙印，尤名重一時。擅仿古印，某歲在冷攤中得舊牙章，以宋人篆法，戲刻『東坡居士』四字，會有日本之行，時東瀛人士適有紀念東坡誕辰之舉，梅谷以此印示之，主其事者如獲至寶，即以巨值購藏，並影印於紀念集中云。

生平刻印極多，印稿不自珍惜，至晚歲始有《古吴周梅谷周甲後留存》等譜傳世。至刻碑也，蘇州素以刻碑著名，又與南京較近，在二十年代前後，南京紫金山一帶修建陵園大墓特多，若中山陵等巨碑，皆蘇州所承製。凡重要石刻，同道均歛手推梅谷任之。文字書法之外，亦精刻人物及其他繪畫，至一九四五年始以年邁體衰而擱刀。

其絶藝捨此而外，又以仿古銅器超越時流，只以仿製不宜公開披露，故知者極鮮矣。考商周銅器之仿作，宋人導其先河，至近世而愈見精湛，北京、西安、濰縣、蘇州，皆具高手。而梅谷則蘇州之白眉也。商周銅器之仿製至不易易，非諳熟銅器之樣式、花紋、銘辭體例、書體風格及年代特徵，無法擬定木笵之體式，此器物學之事也。至以木板刻製紋樣、銘辭，捏造泥坯，以印有花紋、銘辭之蠟片貼於坯上，再用泥漿水敷好泥型，加熱去蠟，熔銅澆鑄，修整毛坯銅器，此工藝學之事也。若以酸醋、冰酸醋、硇砂、鹽酸等化學藥物作腐蝕反應，加工紅緑等色銹斑，仿作久埋地下之天然化合變質，此又化學之事也。諸事中一藝稍遜，破綻遂生，即不能與古無間，故一古銅仿作之成，非有多方面學養工藝無以致之。梅谷精於雕刻，長於圖像，深通金石，初仿鑄宣德爐，甚能肖似，繼事修補古彝鼎。嗣蘇州故家吴大澂、吴雲、潘祖蔭所藏銅器漸次散出，目驗既多，心犀自啓，乃與黄桂倫、陶英甫、李漢亭、蔣寶善等通力合作，各獻所長，大量仿製鼎、甗、卣、觥、盨、盤、犧尊等各種古器，造型優美，古雅可愛。又仿作春秋時期之金銀嵌銅器、戰國之鎏金獸件，尤爲精緻。即善鑑古者，亦難判其真贋。曾先後東游七次售其所製。盧芹齋、吴啓周經營之『盧吴公司』，争相羅致所作，遠銷歐美。談現代古銅仿製工藝，梅谷自一九二〇至一九三一年間有關故實，有必要爲之述介，以備古銅研究者之參稽。

一九五九年及一九六二年，余曾兩次隨同容希白師到各地考察商周銅器，於蘇州之仿古銅器製作，亦嘗細爲了解。今工廠所用銘辭、花紋木笵，猶多見梅谷遺刻，而仿鑄仍沿其遺法，然氣韻已不逮梅谷矣。梅谷雖以治印馳譽藝壇，然仿製古銅之藝及其刻碑之作，又何遜焉？

（一九八四年五月六日）

周容之印　梅谷　周東　見齊居士　東邨之印　周梅谷印

四〇　王希哲

王希哲（一八八八——一九五三），原名光烈，又名承烈，字晋陽，又字天放，號古遼東人、昔則廬主，别署哲公、無咎、忍庵。所居曰昔則廬、希哲廬、味哲盦、千石印室。遼寧瀋陽人。

早年畢業於京師大學堂師範館，例授舉人銜。卒業後，復歸瀋陽擔任教職。後主《東三省公報》（日刊）文藝版筆政，曾刻『十五年講師十年記者』一印以自況，恒用『石隱』筆名，著文談論金石篆刻，提倡印學。精詩文，工四體書法。正書在蘇東坡、翁松禪之間，與劉石庵風格相近；篆書稍擬吴缶翁，而平正不爲奇肆之姿，有『東北三才子』之目。日寇既佔瀋陽，原《東三省公報》被歸併於僞《大同報》，仍任編務，及後始獲機緣隱退於家，專事藝術。一九四八年全國解放前夕，盡携所藏璽印等文物移居北京，生計無依，藏品遂多以易米。平素患深度近視，以讀書治印耗目力過度，晚年眼水乾枯，療治罔效，卒致雙目失明，鎮日坐於收音機旁，聆聽廣播以消永日，直至病逝。

遼東印學，遠遜江南，不唯資料苦缺，即切磋亦乏同好。希哲十餘歲即嗜印藝，初擬西泠八家，尤喜陳曼生、趙之琛用刀之斧鑿，後漸棄去；又於趙之謙、吴讓之及吴昌碩三家深致傾慕，嘗鎸『私淑一趙服膺二吴』一章以志所好。遼陽鞍山偶出古幣一鏹，皆列國之方首尖足布，至爲難得，竭力羅致，獲文曰『王氏』、『長子』、『晋陽』之與姓氏、行序、别號相合者以歸，諸布多文同而離合變化絶不相類，於篆刻之章法安排，啓發頗大。由是進一步廣爲搜羅有裨於篆刻藝術之甲骨、刀布、鏡銘、瓦當，尤注意購藏古璽及秦漢以來古印，晨夕摩挲，體會益夥。又以遠居關外，見聞孤陋，遂與四方同好交流所見所藏，以冀多所進益，若鎮江方藥雨、蘇碩人，杭州程雲岑，廣東蔡哲夫，及上海之黄藹農、葉荭漁、童大年先生等，皆神交好友。壽石工一度游幕遼瀋，與希哲論交，『九・一八』事變後，甚以其安危爲念，有詩詠之：『閑話遼東希哲廬，文章雕鏤最推渠。十年不見低回甚，渴望兵間一紙書。』希哲於時亦寄詩其門人王益知海上：『離索難忘金石交，音書不斷鯉迢迢。年來避地雙棲穩，石印爲鎸海燕巢。』『地北天南繫我思，淞江眠食可相宜？敝廬璽印增欣賞，賴有搜羅王益知。』益知先生語人，詩之着眼處在一『穩』字，蓋劇羨可以安居滬上，從容治藝，而彼則身陷嚴城，無地可避，唯一可以略減愁苦者，乃把玩舊得璽印耳。

余曾得《希哲廬印存》凡四册，一九一五年輯，裒集十餘歲至三十餘歲所爲印，面貌雖多，而未稱精審，其自題詩云：『不嗤篆刻雕蟲技，風雨研精二十年。瓦甓金泥斯道在，文何以外得真傳。』『莫向人間問巧媸，亂頭粗服自饒姿。心摹手奏沾沾喜，覆瓿名山兩不知。』『雪漁已渺龍泓去，皖浙方圜自主持。獨向微茫尋古拙，追摹秦漢有餘師。』『派别藩籬擺脱來，千秋一夕此胚胎。竟編朱墨琳琅甚，留與他年作罵材。』晚歲所作，别闢町畦，而不拘一格，最饒古趣。所藏古璽印逾兩千方，先後編成《昔則廬小璽選》、《古璽精華》、《古銅印譜一集》、《古銅印譜二集》等譜。又有《夫椒山民印譜》、《續古泉文集聯》之作。

印學著作有二：一爲一九一八年所撰之《印學今義》，分宗主、旁通、名式、派别、棄取、選材、著墨、配置、運刀、功力、宏博、款識、補助、潤色等十四篇予以論述，條分縷析，遠勝前人之説；一爲一九三五年所撰之《古今篆刻漫談》，乃補前著之未及者，勝義尤多。其中，《治印篆刻二者並重説》云：『治印家，又名之爲篆刻家，即因治印須篆刻兩者並重。能篆而不能刻，能刻而不能篆，均於篆刻名義不副。前此之有宋元派印家，多不精於篆書，故刻來有拼凑之弊，甚至板重無異於匠人。浙派刀法頗好，其篆法增減，每有不合於六書者，即在於平常不精習篆書所致。一般江湖者流，不諳此義，至以不篆而刻，示其奇異，以致支離怪誕，貽笑方家。鄧完白精於篆，故其所爲印，有筆有墨。吳讓之、趙悲庵亦然。吳缶廬以石鼓文入印，其見長之處，在於長於篆法，其刻用鈍刀淺入，工夫較其作篆爲淺，故古拙有餘，而精能不足也。即以吾人製印之經驗言之，亦以篆刻並重爲是。欲治一石，先書寫以求其篆法章法，反寫之石，然後奏刀，於奏刀時，即其不合意者，隨刻隨改正之，然後其印始臻完善。倘不於刻時加以改正，僅就所篆得之筆墨，一絲不錯，則反板滯而無生氣。可知作篆、奏刀兩項，工夫均須作到。彼不篆而妄行奏刀，固覺粗野。若只就篆得如何，而不能於奏刀加以改正，非江湖，即匠氣，均不得語於刻印之列者也。』非探驪得珠，何能有此精詣耶！

（一九八四年六月十七日）

半畝莊到處陽春　瀋陽王氏　蓮居士清課　文溯閣四庫全書校印館　自愛安閒忘寂寞天將强健報清貧　蜨

蕉齋

四一 李健

李健（一八八二·二·十八——一九五六·十二·二十四），又名承健，字子健，後字仲乾，號鶴然居士，別署鶴道人、老鶴。名所居曰鶴廬，或作碻廬、塙廬，又曰時惕廬。江西臨川人。爲清道人李瑞清猶子，亦其得意弟子也。

幼習書法，十二歲學治印，兼事繪畫。李瑞清任南京兩江優級師範監督，提倡藝術教育，特設圖畫手工科。李健遵其叔命供讀圖畫手工科。畢業後曾官内閣中書。解組後即從事教育。歷任湖南長沙師範學堂和上海各大學及上海美術專科學校教席。一度游南洋羣島，任檳榔嶼師範學校校長。生平好學不倦，數十年如一日鑽研藝事。於魏碑、行草、篆隸，靡不精究其奧，所作頗肖似清道人，惟氣魄稍弱耳。深通書畫筆法匯通之理，偶以書法作畫，亦甚饒佳趣，花卉、人物、山水亦然。曾云：『作畫而不通篆籀，則無以作勾勒；不通隸分，則無以作點宕；不通草，則無以作雲水，且不知皴擦諸法；不通鐘鼎布白，則不解經營位置之理。』又云：『作畫而不通書道，則其畫無筆；作書而不通畫理，則其書無韻。』信爲知言。曾熙極稱之，謂『其畫直以書法爲之』，並推爲『今之書學教育家』。著有《中國書法史》、《書法通論》（亦名《書通》）。

其治印全從金石碑版而來，刀法剛韌不拔，運刀如筆，有筆有墨。不爲某一流派所拘限。嘗言：『治璽印者，當游心三代，涵泳秦漢，乃得佳耳。』恒謂人曰：『今人不會寫篆字，容易談印，白文小印尚可描補，稍大即不能至，朱文更出醜矣。按篆刻者而不能寫篆，此至滑稽之事也。作印文而至於描，烏可哉？烏可哉？』又云：『余嘗見有自命爲篆刻家者，每治一印，斤斤於某種刀法，捨篆以求刀，削足以適履，而猶自矜，以合乎法，實則天趣既亡，徒呈俗惡，此真刻舟求劍者也。』對流派之師法，亦嘗論曰：『趙（之謙）、吳（昌碩）二家之印，余所服膺。……惟自來書畫家既開宗派，則亦步亦趨，實繁有徒，如是學趙者有趙之習，學吳者有吳之習，習成而弊生矣。即趙之隱秀之處，而習成纖巧焉；吳之蒼莽處，而習成粗獷焉。此爲不善學者言之也。善學者決不如是。羲、獻父子不相襲，然獻之不能謂非王派也；南宫父子不相襲，而大小米齊名；推之率更、蘭臺，一宗内史，一宗太傅，而宗風益闡，此所謂善學者也。善夫！侯官張幼珊氏之言曰：「印之有派，如文之有派，創者無心，師者有意，於是名立派傳，賢者變之而益工，末流放蕩乃見劣。」斯誠會心之語也。』語語珠璣，發人深省。

一九三二年，曾輯所刻印爲《時惕廬印景》。晚年奏刀，多取兩周彝銘文字，尤饒古趣。印學著作有《金石篆刻研討篇》（即商務印書館刊行未署名之《金石篆刻研究》），分三篇，二十四章，條分縷析，力陳治印必須博通金石學之理，津梁後學。沈禹鐘《印人雜詠》詠仲乾一首云：『籍甚人傳小阮名，道人（指李瑞清）緒論早親承。一門北魏摹書體，金石還看刻畫能。』此僅着筆其淵源所自，尚未道及其個人創獲也。爲人謙和純摯，藹然長者。上海中國畫院籌辦之際，即聘爲畫師，未幾即謝世。

（一九八二年九月十九日）

澂懷觀道　李健之印　生歡喜心　鶴然居士　乾陀寫經　頌魯

四二　楊天驥

楊天驥（一八八二・七・二——一九五八），字千里，號藺廬、駿公，筆名天馬、東方、聞道。江蘇吴江人。少時曾隨其父居鎮江任所，後歸里就讀。十餘歲即以才識超卓選爲秀才，年二十一擢壬寅科優貢。在鄉時設帳授徒，若葉楚傖、柳亞子等皆其弟子，年歲均與之相若。後赴滬濱，入南洋公學深造，師事唐文治、何梅生、張元濟，專攻國學。餘事研習書法，又從吴昌碩請益印藝。光緒三十年（一九〇四）任上海澄衷學堂國文教師，喜傳播新思想，爲諸生推介嚴復所譯之《天演論》，學生胡洪騂受其思想影響，遂易名「胡適」，後胡適撰《四十自述》，猶樂道之，有云：「澄衷的教員之中，我受楊千里（天驥）先生的影響最大。」光緒三十三年（一九〇七），于右任創辦《神州日報》，邀楊氏參與編撰。教學之餘，歷主《民呼》、《民吁》、《民立》諸報筆政，所撰時論，對鼓吹革命，影響甚大。三十歲前，以教育爲事，歷任上海龍門師範學校、中國公學、復旦公學及務本女學堂教席，常州府立師範傳習所校長、法律學校校長。民國二年（一九一三）始轉職政界，初任湖南湘岸權運局稽核官。翌年赴北京，任財政部主事、僉事上行走。時袁世凱盤據是間，其爪牙陸建章知楊氏爲老同盟會會員，親於民黨，欲加戕害，幸得袁寒雲多方維護，始免於難。後轉教育部視學、編審處編撰員，及外交部、司法部參事、秘書等職。民國六年當選國會議員，響應孫中山先生號召，與王寵惠、王正廷等南下廣州。民國九年復北上，任國務院秘書。翌年以諮議名義赴美，參加太平洋會議。民國十二年一度奔走南北，爲雙方政治力量聯絡磋商，然無所成。後得曾孟樸推介，先後獲任無錫、吳江兩縣縣長。北伐成功，嘗任交通部秘書。民國二十年，以于右任之邀，任監察院秘書、代秘書長，及監察委員。浮沉宦海廿餘年，頗有倦游之意，自民國二十五年後，脱離政界，鬻書鬻印，以詩文撰述爲樂。抗戰時避難香江。太平洋戰起，出走桂林，再輾轉入蜀。抗戰勝利，還居上海，仍耽文藝之嗜。新中國成立後，聘爲上海市文物保管委員會特約顧問，以精鑑文物，多所建樹。後因腦溢血謝世。

楊氏從政多年，然不改文士之習，喜爲詩，高伯雨先生曾示數首，如《車過寒家潭》：『十萬櫻花夢已闌，兩三燈火夜逾寒。傷心豈獨玄都觀，只恐劉郎不忍看。』《小捷》：『豈期離亂壓衰年，毁室存身空自憐。欲去還留江山客，已秋還暑海南人。昨聞小捷神爲王，但得言歸夢也顛。唯有暗蟲不解事，十分絮聒到愁邊。』皆抗戰時所作，頗有憂國傷時之忠。

書法俊逸，深於埋法，于右任編纂《標準草書》，嘗邀參與其事。治印始於少時，初宗漢印，既得吳讓之、趙撝叔兩家印譜，又取其姿致，變化揖讓，體貌益廣。平素勤研篆隸，博涉金石文字，後獲領教於吳昌碩，篆法刀法益加雄肆，陳師曾曾以詩三首作爲《題繭廬摹印圖》之詠。年未三十，已名重江南，四方求其印者踵接，有《繭廬治印存稿》傳世。承高伯雨先生以所藏《鑄夢廬藏印》四册見示，内有十印爲楊氏刻贈壽石工者，琢白填朱，並皆佳妙，蓋應内行之請，不敢率爾操觚也。

（一九八六年六月十四日）

歡喜　婕蕪齋　枯桐　壽鉢之印　金谷蘭亭同寥（夢）　火傳四明

四三　李尹桑

李尹桑(一八八二·十二·十五——一九四三·十二·三十),原名茗柯,以字行,别署榠柯、桑、壺父、秦齋。及得一大銀璽,爲之狂喜,不啻龔定庵之得『婕仔妾娋』印,因更號璽齋。室號有宣靈館、宣靈殘瓦之室、長生安樂之室、雙清閣等。

原籍江蘇吴縣(今蘇州),幼隨父遷粤居廣州,遂隸籍廣東番禺。時黟縣黄士陵(牧甫)先生應廣東巡撫吴大澂之聘,主廣雅書局校書堂事,公餘之暇,恒以書畫篆刻與世相接。尹桑之父雅好文翰,富收藏,與牧甫交好,乃以四子雪濤、六子若日、七子茗柯同師牧甫。兄弟中以尹桑學藝最勤,且善思考,於牧甫之書、之畫、之印,及文字訓詁之學,靡不窮其原委,牧甫極稱許之。牧甫北歸,尹桑仍鑽研印藝不輟。後譚延闓(祖安)南來,又以詩文及《易》學請益,並隨之游幕東南各省,其能兼擅諸方言,即是之故。所見益多,收藏日富。中年歸粤,潛心金石,日以摩挲古璽印、瓦當、泉貨、造像、金石拓本爲樂。曾得東漢墨書磚一方,凡十餘字,雄肆渾厚,至爲難得。爲《寰宇訪碑録》著録之歙縣程氏舊藏宣靈殘瓦入藏其家,因顔所居曰『宣靈館』;廣州東山南越古塚被挖,古物散諸市肆,尹桑以重值得其二鏡,又號『南越雙鏡齋』;後得梁大同十年陳寶齊造像,復易其齋名爲『大同石佛龕』。

古璽之藝,失傳近二千年,至牧甫始發其秘,尹桑更光而大之。易均室《鐵書過眼録》云:『璽齋親炙黄牧父，盡得其運刀之奥，近更專攻三代古璽，搜羅亦富，嘗自負其章法篆法均消息於璽文。』所言良是。近代印壇以專精古璽而馳譽者，尹桑實爲翹楚。其白文璽多典重厚樸，時有匋文之趣；朱文小璽則奇峭峻拔，或借古泉文字以取勢。所作巨則五六厘米，小則一厘米而孕五六字，愈小愈見神妙，方圓離合，悉本兩周古文，而能巧爲變化，光潔秀雅，不以剥落爲事，置之古譜中，匪獨難辨，直是上選。擬漢人鑄鑿，亦得其高致。或用牧甫法，脱手即成，銛鋭秀挺一如師作。

其印跋時有精湛之論，嘗云：『漢人以繆篆摹印，務求縝密；三代古璽則疏落參錯而愈謹嚴，時代使然，非强爲軒輊也。』（『少安紀』印跋）又云：『從古幣文以追古璽，所謂異流同源也。』（『雙清閣』印跋）『桑璽』邊跋曰：『陶齋所藏「事璽」，古璽之椎鑿者，樸茂奇肆，漢將軍印所濫觴也。』『陳坤培字厚裁』印跋云：『古匋器每多璽文，雄渾高古，可與金文相埒，而意趣自别，此璽頗類之。』『易忠录（錄）』邊跋曰：『古金文精者無不光潔可愛，其剥泐乃入土年久使然耳。』又云：『法漢以渾穆簡静爲上，徒貌爲高古者，可笑可笑。』（『步昌私印』印跋）『陳坤培』印跋曰：『小印不難於工細，而難於渾厚，此刻庶幾得之。』類此皆可見修養之深。黄賓虹、趙時棡、余紹宋等諸公皆慕名千里函請刻石，賓公致書云：『開創嶺南宗派，成爲巨家，足下將無容過讓也。』與易孺交至篤，曾將所作合輯爲《秦齋魏齋璽印合稿》。又與鄧爾雅等同組濠上印學社於廣州，定期雅集，出版印譜，力持風雅。

生前已有《大同石佛龕印稿》、《異鈎室璽印集存》之輯。門人馮霜青亦有《李璽齋先生印存》之編集。其七子清華博士近彙輯所得印蜕四百七十方爲《李尹桑印存》精印行世，尹桑畢生得意之作俱在其中矣。江南印人吴仲坰爲尹桑高弟，以『師李齋』顔其室，可見宗仰之誠。子步昌，亦通印藝。

（一九八二年二月七日）

逸仙　畸齋所爲　高侖之鉢　李尹桑印　叔孺　辛未　張紀日利（四靈印）　南唐王孫　嘉樂園

大同石佛之堪（龕） 李尹桑 魏齋 隋齋 均室 余紹宋 少安紀 漚波小樹 張少連 滄浪小隱

四四　馬一浮

馬一浮（一八八三・四・二——一九六七・六・二），幼名福田，後更名浮，字一浮，以字行；又字一佛，號湛翁。所居曰蠲戲齋，晚年常自署蠲叟、蠲戲老人。浙江會稽（今紹興）人。生長蜀中。

早歲游歷美德日諸國，通習數國語文。回國後，發憤杜門，立志研究國學。如字一浮，取義於《楞嚴經》：『如湛巨海，流一浮漚，起滅無從。』蠲戲，則取《法華經》『蠲除戲論』之義。遁隱杭州西湖，先行數十年。博涉羣書，與俗少周旋。先生治學，所重義理、考據，兼綜漢宋之長，於西方各流派哲學皆有深究，不徒矜尚辭華。抗日戰起，浙江大學校長竺可楨爲先生特設講座，並移運其藏書，轉贛入桂。是時社會人士創立復性書院於四川樂山，聘先生主講。著述甚富，主要有《復性書院講録》、《蠲戲齋詩集》等，皆在蜀中梓行。新中國成立前，曾用英文本研讀馬克思、恩格斯著作。建國後，受聘爲浙江省文史研究館館長，又被選爲全國政協委員。

擅書法，沉厚遒勁，略帶章草筆意，韻致極高，不輕爲人染翰。余曩客杭州，曾瞻風采，美鬚髯，翛然塵外，至深傾慕，後得朱師轍先生之助，曾求得書法一紙珍之重之。先生與謝無量最相好，無量亦名沉，兩人取名一浮一沉，殆亦有聯互之意。無量以詩學書法名世，所著《無量詩草》，頗有贈先生之作，其《寄一浮杭州》一律云：『曙陰高柳綺棲苴，遠道春天望日車。久許下牀師季智，遥應載酒憶侯芭。東峰夜夢吞丹篆，北海窮歸隔絳紗。湖上漫傳長笛賦，江南空發小園花。』『龍漢新披薜荔裳，休過迹室感柔桑。小山春盡誰招隱，西狩書成自閉房。竹箭玄猿啼大越，叢蘭白驥弔三湘。年年江海相思意，并入東風長緑芳。』詩雖隱晦，然亦可見兩人交誼。有蔣國榜者，號蘇盦，南京人，輯有《金陵叢書》，曾師事李瑞清，亦先生弟子，素慕先生饒有古學者風，得西湖花港觀魚之小萬柳堂，易名『蔣莊』，特闢一室迎居其間，傭人侍奉，且日必親赴請安，雖大暑亦穿長衣，以示敬意。其受人尊仰如此。

先生治學之暇，留心鐵筆，自用印近百方，皆出手製，典雅静穆，頗得漢人心法。於印獨佩丁敬身，而深排齊白石。逝世後，後學曾就遺篋所存，鈐成譜帙，沙孟海先生跋之云：『學人治印，昉自襄陽，八百年來，斯風寖盛。夫文事多門，各有職志。書翰圖繪，即迹思人，因人論世。藝成而下，動關德教；篆刻抑末，而理意悉同。往昔儁流，率多旁及，試觕論之：趙子昂、王元章、文壽承、程穆倩、黄仲則、趙撝叔，皆文苑之選也；桂冬卉、程易疇、鄭子尹，儒林之儔也；吾子行、丁敬身、黄大易、張文魚，則金石之彦也。若乃一代閎博，文質相宣，講貫餘閒，託興鐵書，晚得紹興馬先生，其藝海之珠光乎！先生爲印，樸茂高雅，純用漢法，罔涉元明一筆。有所瑑畫，取給自用，亦不爲人奏刀。簡頭牘尾，爛然朱沫，古意新姿，韻味無窮。文若侍談之頃，嘗以抑製譜録爲請，先生頷之，人事卒卒，未果措手。丁未之歲，遽捐館舍，手迹飄散，莫可尋詰。何君鍾嘉，近從先生弟子王準伯尹遺篋，檢得先生手鍥印蜕九十餘品，裒爲一帙，覽之忻然。先生著述，蜀中録版者數種，世多有之。兹戔戔者，非先生所矜，而承學欽珍，無殊球璧。昔周元亮撰《印人傳》，首列文信國遺章，物因人重，自古以然。老成顔色，在墻在羹。敢題卷耑，留諗來者。』讀此不獨可諳先生印藝之特色，抑亦得知學人治印之習尚矣。

湛翁曾爲印人馬萬里題所作印拓長卷，文有云：『吾於華嚴悟刻印之道。華嚴宗有要語二：曰行布不礙圓融，圓融不礙行布。刻印之道盡此矣。自近世周秦古璽間出，益以齊魯封泥、殷墟甲骨，而後知文、何爲俗工，浙、皖爲小家，未足以盡其變也。印人之高者，皆棄纖巧而趨樸茂，愈拙愈美，愈古愈新，斯其術益精。凡藝事之勝劣，每因時俗爲升降，今俗益敝，人之所爲益卑，獨治印者能超然入古，一洗凡陋，斯能遠其俗而全其好者也。』以篆刻藝術而言，『行布』應指分朱布白，此乃作者之主觀意圖；『圓融』蓋即篆刻藝術之本身規律。若妄事求變，有失矩矱，是爲『行布有礙圓融』；如作者能掌握藝術規律，並盡其變化之能事，即臻『圓融不礙行布』妙境矣。

（一九八三年七月三十一日，後作增補）

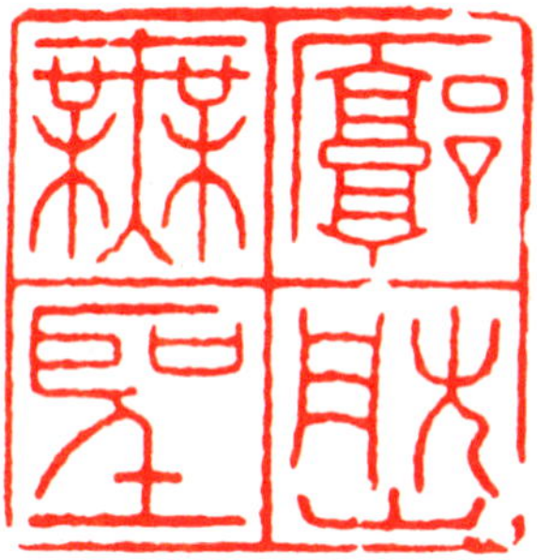

會稽馬浮之印　碩果堂　復性書院　水邊林下養疏慵　廓然無聖　濠上草堂

四五　陸和九

陸和九（一八八三・八・七——一九五八・一・十三），本名開鈞，以字行，別署墨盦。湖北沔陽人。蒙古族。青年時就學武昌講武學堂，畢業於清吏部學治館。能文而兼工書畫，其書宗趙撝叔，頗肖似，作寫意花卉尤得悲盦遺意。歷任湖北襄陽第三師範國文教員、武昌大學漢文科科長；中歲遷居北京，任中國大學國學系講師等教職，講授金石學、古器物學、文字學及書法、篆刻等課程，博學勤求，收藏碑刻磚瓦拓本甚富。著作之已行世者，有《漢武氏石室畫像題字補考》二卷、附録二卷（一九二六年寫刻本）、《中國金石學》正續編（一九二九年中國大學排印本、輔仁大學排印本）兩種。有稿本而未刊行者，有《石刻名彙》、《中國文字學》、《中國古器物學》、《金石文例》四卷、《漢以後金文録》五卷、《珠璜碎稿》六卷、《北周造像考》三卷、《歷代造像存徵録》四卷、《孝堂山畫像考》一卷、《順陵殘碑考》一卷、《宋遼金元碑目》六卷。晚年被聘爲中央文史研究館館員，仍兀兀窮年，鑽研不輟。

和九書畫篆刻，蓋承家學。治印至和九已七傳，以深諳金石文字之學，又善變化，故能不泥於古，不染於俗，竹印尤樸茂有高致，酷似周秦兩漢人鑄印。一九三六年婁東班書閣嘗序其《墨盦竹印選》云：『揚州八怪，怪於印者有二人：一曰鄭板橋，一曰高南阜。鄭肆其意於規矩之中，高博其趣於規矩之外，衡以古法多缺失。開鈞吾友陸君墨盦，幼負不羈才，壯不克行其所學，及其老也，遂不得已托藝術以自食其力，詩怪書怪畫怪，治印尤怪，蓋兼有鄭、高二怪之能，而無其失，又獨立於八怪之後，而自出其新意趣，並能不悖於古之法，吾知其必不獨以印人傳也。故於其印選之成也，而樂爲之序。』今觀其所作『古復州陸和九字墨盦』、『開鈞』、『楚人』三竹印，氣格確高出板橋、南阜之上，然所刻石印『一樹梅花一放翁』，則似遜於竹印矣。《傅大卣手拓印章集存》之『季遲』、『原名以仁』兩石印亦然。余於一九七六、一九七七年間曾用抑齋筆名，在《澳門日報·印壇軼聞》專欄一文述及陸氏竹印，今加增補成此，亦印苑奇葩也。

（一九九六年七月二十六日，後作增補）

古復州陸和九字墨盦　開鈞　楚人　一樹梅花一放翁

四五　陸和九

四六　張樾丞

張樾丞（一八八三・十一・二十一——一九六一・一・十五），原名福蔭，字樾丞，以字行，又作越丞。河北省新河縣南小寨村人。

家少貧寒，年十四即失學，自鄉間步行至北京謀生，入東琉璃廠一刻字店益元齋爲學徒，每日除侍奉主人及諸般勞務外，稍有暇晷，即刻苦讀書習字，鑽研印藝。一日，顧客以店内印作質劣不取，主人命樾丞趕製以應，得稱許，由是滿師，專以刻字爲事，時十八歲。民國初年，嚴幾道、陳師曾、姚華、金北樓、胡璧城、張伯英、鍾剛中、袁寒雲、楊千里等諸名公皆居京師，恒留連於琉璃廠文玩之場，樾丞虚心請益，勵志研求，且師事於陳師曾，得窺六書三倉之源流、秦漢篆籀之遷變，故筆法章法能守古人矩度，無佻巧詭異之習，技藝日進。尋在琉璃廠各南紙店懸潤，鬻藝所得，家境漸豐。年四十，在西琉璃廠自設圖章墨盒店，是時適獲一漢代銅鼓，極珍之，遂以銅鼓之諧音名曰『同古堂』云。京師爲文人淵藪，書畫名家不可勝數，當時所用文具，如鎮尺、墨盒，多爲銅製。凡講究之品，皆刻名家書畫之屬。樾丞擅爲名家作品雕鏤，各體法書，山水花鳥，僉與原作不爽毫髮，所作梁啓超、姚華合作書畫銅屏十二幅拓本，今尚存中國歷史博物館。又精自製印泥，爲藝林推重。以兼營書畫文玩關係，復諳於鑑古之術。能書，以鐵綫篆最負時名。偶作北碑之體，亦古樸可觀。

其印自先秦兩漢入手，兼采吴昌碩、黄牧甫、王福庵諸家體貌，布白嚴謹，不尚狂野，平生刻印以十萬計。嘗曰：『自來摹印大家，咸由書出，書法之美溢爲篆刻，變化無方，蒼渾無際。吾幼倚此衣食，未窺本原，老乃悔之無及矣。所自信者，不敢牛鬼蛇神眩俗欺世耳。』語至謙抑懇切。一九三五年曾輯《十一居印譜》影印行世，馬彝德、傅增湘、倫哲如、涂鳳、章鈺、侯疑始、陸和九等皆撰序或題詩美之。章鈺詩云：『不弄官印弄私印，賤子嗜好已成疢。賞心詩句痛心詞，亦出堅頑請游刃。滄粼（戴遷）昌碩（吴俊卿）高（時顯欣木）金（紹城北樓）王（大炘冰鐵），累累篋中完不璺。赤石不奪年復年，老來名姓愁人問。樾丞一見即惠我，小者分計大過寸。其中兩作尤超絶（一爲『看足柳昏花暝』六字，一爲『忘憂佳玩』四字，均朱文），六家驂與西泠靳。海王邨西同古堂，市隱有年霜上鬢。以鐵爲筆見能事，力追古始排凡近。遥遥竹房留一鐙，姑以藝傳吾不恨。但恨生不漢與唐，雲臺烟閣鐫豪俊。我嘗披尋《印人傳》，吴越閩皖誇彙進。南累百兮北鮮一，由誰擡舉由誰擯。君家乃隸古冀州，金石刻畫獨孟晋。請將北勝抵南强，寫入卷端當喤引。』以樾丞之精能，固足當之。新中國成立，聞中央人民政府之印，即出其手篆。一九五四年，同古堂併入刻字合作社，樾丞以專家備受尊崇，聘以授課，培養後輩。聞晚歲所作，不乏佳製，惜均於動亂中泯滅殆盡。弟壽丞，亦精刻印及刻銅，早卒。子少丞、幼丞，孫效丞，均傳其業，以治印世其家。

（一九八五年七月六日）

會稽周氏藏本　逃禪居　華山逸民　沈氏啓无　樹常私印　遠風疏性　鍾山陵户　俟堂石墨

四七　孟昭鴻

孟昭鴻（一八八三——一九四七・七），字方陸，中年更字方儒，别署放廬。齋名曰寧遠堂、静脩堂。山東諸城人。清季庠生。

其性敦謹，不妄交游，畢生致力文史及考古研究，邑故漢姑幕城，地多古遺址，可資考索者固指不勝屈。又極愛才，後進從先生游者，皆翕然宗之。

書耽漢隸，藏拓甚富，曾自刻印曰『諸城孟氏寧遠堂所藏漢碑百種之一』，以鈐所藏蜕本；喜法《張遷》而參以《華山》、《禮器》、《史晨》等碑筆意，謹嚴古厚，卓然名家。治印胎息秦漢，又博采高南阜、丁敬身、鄧頑伯、楊龍石、吴缶翁諸先賢意趣，用廣途轍，樸茂凝重，老健雄深，有《放廬印存》六卷傳世。另有《放廬藏印》，又曾集高南阜所治印百餘方成《南阜印譜》。

爲嘉惠後學，一九二五年撰集成《印字類纂》，亦名《漢印文字類纂》）四册，郭金範爲之序，略云：『孟生方陸，天資超逸，博學多能，而尤癖於鐫篆，自其少時即寢饋於斯，數十年樂之而不厭。而物聚所好，凡嗜古之士、居奇之賈，求賞鑑者争湊其門，於是見聞益廣，辨别益精。每歎集字諸書不賅不徧，因仿梅氏《字彙》，發凡起例，畫分部居，另爲《印字類纂》一書，剖析毫芒，抉擇疑似，去取精審，詮釋詳明。印非目睹，概從割愛，較之前人，增字萬餘，且留其有餘，以待隨時之賡續。然則是編之出，雖不敢謂遂集大成，要亦可稱後來居上，其必傳世行遠無疑也。』

越二年，一九二七年秋日，另成《漢印分韻三集》，勤劬若此，令人佩仰。自序云：『余幼耽篆刻，尤嗜漢印，諸家古銅印譜而外，集字之書，獨於《漢印分韻》奉爲矩矱。嘗思其書之成，百有餘年矣，漢印之後出日益增多，所集印字，不無遺珠之憾。於是廣爲搜輯，凡袁、謝二氏所未見及未收者，一依其例，手自勾摹，所得又復七千餘字，因用姚晏《再續三十五舉》之例，名曰《漢印分韻三集》。』兩書後均由上海西泠印社梓行。曾作《印字類纂續編》，已得千百字，遺稿雖在，殺青無日矣。

地不愛寶，邑中古物時出，先生嘗得古六國豆梗、畫像磚、紫泥封及漢印等不鮮，所輯古文奇字，多前人所未見，日寇犯境，惜已與藏書同付灰劫。諸城地近琅玡臺，琅玡秦碑，世傳久佚，一九二一年，先生聯同邑中同好竭力搜訪，由片斷而終成完璧，厥功至偉，先生已另石跋尾，用紀其事。此聲名顯赫之古碑，今已珍藏於北京中國歷史博物館。

遺著有《諸城辛亥獨立始末記》及《諸城丙辰獨立始末記》，紀辛亥革命史實；《諸城庚午圍城日記》，記軍閥相争雜史；《避難紀異》，誌日寇侵華慘况。另有《放廬吟草》二卷，蓋多性情之作。

四十年前，余已獲讀其《印字類纂》及《漢印分韻三集》兩書；二十年後，始得友人之介，與先生文孫慶泰君通音問，承述祖德，謹撮其要，走筆成此。

（一九九六年一月五日）

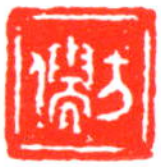

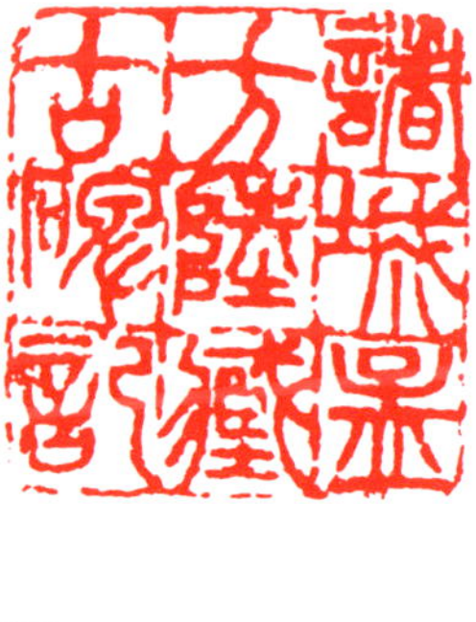

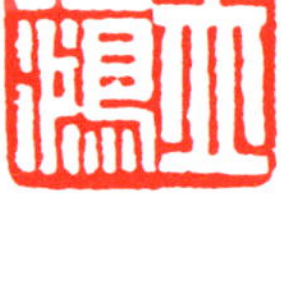

讀　小字七郎　諸城孟方陸藏古碑記

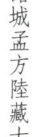

四八　鄧爾雅

鄧爾雅（一八八四・一・二十七——一九五四・一〇・六），原名溥，字季雨，又字萬歲、寵恩，爾雅（疋）其號，而以此行。别署緑綺臺主、風丁老人。室號緑綺園、鄧齋等。廣東東莞人。爲名儒鄧蓉鏡四子。

少承家學，究心文字訓詁，善書法，九齡即習篆刻。年二十二游學東瀛，專攻美術，兩載學成而歸，任教鄉梓。時其甥容庚、容肇新、容肇祖兄弟方年少，受其熏陶，頗有志於古文字學，先生爲之啓迪教導，容庚師日後之能蔚成金文研究一代宗師，實植基於此。一九一五年西游桂林，極羡山水之勝，賦詩數十首美之。無何以妻病還居故里。嘗應李根源將軍之邀爲蓮幕，一度居韶關，然非所好。時粤東政變頻仍，一九二二年挈家避地香港，以鬻藝賣文爲活。後得唐緑綺臺琴於可園後人，又得僧今釋《緑綺臺琴歌》卷，珍同瑰寶，於大埔築緑綺園儲之。著《緑綺臺記》，記琴史甚詳。一九三七年園爲颶風所毁，乃移家港島，遂終老焉。

先生富才情，詩文、書法、繪畫、篆刻皆擅名一代。爲詩似龔定庵，文章清麗，民國初年厠身南社，並總持廣東分社社務，詩章散見南社刊物及報刊。一九六〇年容庚師選其遺詩成《緑綺園詩集》，前有陳之達序，容師爲跋於尾。其楷書初學晚清粤人鄧承修，得其清勁絶俗；後又參以黄道周，秀挺峻拔，能自成家。篆擬鄧石如法，圓暢清挺，以勁健見長，雖行筆痛快，而嚴於法度，近世以小篆名家者，罕與其匹。繪畫乃先生所夙習，下筆超脱，所作多菊石墨梅之屬，然畫名爲書名印名所掩，只李健兒《廣東現代畫人傳》留其一傳而已。

其治印初宗其家完白山人，繼而專事私淑黄牧甫作漢印一路，能於平正中巧爲變化，挺勁雄肆，光潔妍美，並能挹取漢金文意趣，以展其態。擬璽則離合聚散，匠心獨運。雖未得黄氏親傳，而黟山法乳，實幸賴以發揚光大。晚年常以六朝碑字入印，貌似元人花押，然雄峻如龍門造像。作佛像印、四靈印，並皆佳妙。沈禹鐘於《印人雜詠》中詠之云：『早時金石號神童，長被黟山默化功。入印真書新創例，六朝造像字同工。』

爾雅精研印學，曾有《篆刻卮言》、《印媵》、《鄧齋印可》、《印學源流與廣東印人》等作刊諸報刊。嘗言：『必以小學爲根本者，先識字而寫、而配、而刀法，尤重在識。』又曰：『大抵印人皆小學、金石、書畫諸藝旁究兼治，從無只工篆刻不及其他者，特爲印名所掩耳。』爲人藹然可親，若張祥凝、劉玉林，皆曾得其指授。其《治印示兒輩》五言絶句六首云：『李斯同文書，伏波正印章。玄亭識奇字，知否白下羊。』注云：『白下羊，伏波事，見《漢書》。李斯統一六國文字，蓋秦爲周故都，故較順也。揚雄譏篆刻，壯夫不爲；而好識奇字，未免矛盾。』『作字如治印，治印如作字。腕下看以沈，書契原一事。』『譜録眼飽看，何止卅五舉！心手兩相忘，自然不踰矩。』『畫有筆墨色，印有筆墨刀。天一人無一，純繇眼福高。』注云：『天一人無一，趙撝叔語，謂天分學力也。』『上追甲金石，旁及陶瓦甎。三代同風氣，印人所以傳。』『大巧渾如拙，小學必先通。俗傖不識字，捉刀非英雄。』《治印偶成》云：『秦璽如名姝，漢印如良師。妙好文鳳鸞，莊嚴蟠螭夔。秦疏而漢密，半通銅陸離。牘墨拓款識，紫泥媲燕支。譜録狂采搜，旁及六朝碑。彡彰炳三代，刀幣參鼎彝。校讎倉籀許，專瓦亦靡遺。屈曲數殘劍，樸茂推封泥。既儲尚方鏡，亦弆殷虚龜。六書《卅五舉》，誨我極矩規。田黄夫容白，章押紛瑑追。金石鍥不舍，刻畫臣能爲。斯翁後千秋，直至小生時。吾家完白公，前輩私淑私。四體俱絶世，孰能測精微。同時有巴胡，神品遜高奇。近人吴與黄，鄧派此其枝。父執趙撝叔，古雅雜媚姿。取法貴乎上，七家寧足儀！有筆兼有墨，印學實在斯。大巧貌若拙，此意無人知。彼列不任厠，密爾自娱之。室人及子女，暇餘習旁窺。閨房以印傳，昔有鈿閣姬。雕蟲試小技，朗朗若列眉。治印如治國，如此倒好嬉。』諸論及詩，皆爲識者所賞。

聞以數十萬言之《中國文字源流》爲巨作，稿仍藏於家。子橘，能傳其印藝，惜先其父而逝。

（一九八二年七月二十五日）

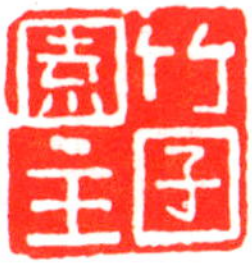

萬千之印　波羅蜜　波尊者　夙世謬詞客前身應畫師　甲戌　張爰　竹团園主　羅浮道人　梅在斯

四九 陳澹如

陳澹如(一八八四——一九五三),原名履熙,以字行,又字坦如,號福田、覺盦,晚稱復恬居士。浙江嘉興人。

先世業商,叔及從兄弟皆以學稱,私心傾羡,遂篤志習文,恒以文會友,研誦無虚日。及父卒,不得不繩其業,終以折損而罷。旋參近代民主革命家陶成章之光復軍爲書記,欲有所獻身,喜騎術擊劍。於時獲交章太炎,贈以許氏《説文》等書,由是究心文字之學。後陶氏爲歹徒所殺,遽失統領,改從沈玄廬籌組公民急進黨,無何,又被迫解散。會常熟周左季有貧民工廠之設,邀任稽察,怡然履職。周氏精金石版本之學,公餘論藝,輒得會心,深相交契,遂漸泛及於金石刻畫,其拏刀治印及刻竹,蓋始於是時也。其後又嘗任浙江省議會、嘉興講習所及商會文書。日寇侵浙,避地於錢塘,及寇敗走,已年逾六十矣,而終於上海法學院秘書之任。

先生工篆隸,所書鐵綫篆頗爲人所稱道,尤精小楷,雖細如蠅頭,而提按揖讓,無一懈筆。偶作花卉,亦有佳韻。數十年來,業雖屢易,然於文藝之嗜,可謂鍥而不舍,縱歷盡顛沛流離,亦不曾中輟,故其治印與刻竹,老而彌佳。治印初從吴聖俞、吴讓之兩家入手,後復直追周秦兩漢,涵泳商周彝銘、卜辭泉貨、漢晋磚瓦、封泥簡牘文字，陶鎔變化，終乃自成一格。嘗云：『人之體貌賦於天，雖億兆京垓以至不可數無有同。夫治學亦當如是。今乃棄其不相同，而求同於人，此大惑也！故我之治印，於古無秦漢，於近無皖浙，我行我素而已。』

余最初得見先生印作，始於西泠印社一九三二年所刊之《現代篆刻第一集》，白文樸茂挺勁，妙奪漢鑄印之風神；朱文整飭秀雅，其擬元人一路，尤淵懿靜穆，蓋緣媚於玉筯篆有以致之。善用切刀，光潔可愛，與西泠諸老之故作斑駁者不同。八十年代中，余以所輯《章草字典》稿呈正於王蘧常教授，蘧老欣然賜作長序（見《書譜》雙月刊一九八七年第三期），文末殿以『嘉興王蘧常瑗仲父』（白文）、『後右軍一千六百五十二年生』（朱文）兩巨印，神采焕然。昔趙撝叔曾言：『古印有筆尤有墨』，今竟能於並世印人作品見之，叩詢得知，乃其同鄉文友陳澹如先生所鐫。誠如澹如先生晚年所云『於古無秦漢，於近無皖浙，我行我素』之作，與西泠印社刊本別有一番境界。蘧老贈詩云：『如何躍馬穿林手（穿林古劍名），招得鐘彝萬古魂。』承蘧老鼎力相助，多次去函澹如先生公子德堪，先後獲惠寄《澹如刻竹》、《澹如印存》兩影印本；蘧老復以德堪先生之懇求而撰寫之《陳澹如先生傳》文稿見示。余之稍知澹如先生史事藝術，皆拜蘧老之賜也。

《澹如印存》原爲吴藕汀所藏，收印四十四方，皆附邊款，爲庚申（一九二〇）至辛未（一九三一）間所作。一九四五年夏，嘉興曾有《百家印選》刊行，中亦輯入先生篆印。《澹如刻竹》編集於一九三四年，王蘊章題贉，收有先生所刻竹扇骨二十九把墨拓本。吴昌碩、袁寒雲、褚德彝、王福庵等名家所書件數事，皆摹刻逼真，曲盡其妙。而自書者，除摹甲骨，彝銘，春秋戰國古錢幣，秦詔版，漢金文、木簡，磚瓦，封泥等外，亦以四體書唐宋以來詩詞，琳瑯滿目，妙絶古今，極爲世重。非飽習古籀，得其韻趣者，無由詣此。以鐫刻言，石之紋理就範較易，而竹之纖維駕馭尤難也。冊中題詞者凡十四家，王蘧老題句云：『鐫鑱勁節鏤孤根，漢瓦秦金認墨痕。耻與侏儒競升門，立錐始見布衣尊。』附小序：『澹如吾兄沈酣藝術，凡書畫金石之學無不能，予之畏友也。頃以所刻竹扇骨墨拓十餘事見示，歎爲精絶，敬題一詩，即祈兩政。』鄭之章賦詩曰：『鍥簡端資考古勤，藏胸成竹富多文。直今並世諸能手，論到源流合讓君。』亦知言也。

（一九九四年七月一日）

橘叟　延陵　嘉興王蘧常瑗仲父　後右軍一千六百五十二年生　雪涔　蕙玉手鈔

五〇　鍾剛中

鍾剛中（一八八五・五——一九六八・四・十三），字少葓、子年，號桴堂，晚號桴公，筆名柔翁，曾自刻印曰『榕湖客』。廣西南寧人。

少負才氣，以詩文見稱，光緒三十年甲辰（一九〇四）成進士，時年二十耳。自是即廢科舉，罕涉仕途，遂游心吟詠、書畫、篆刻等文藝。久居北京之教場胡同，晚年受聘爲中央文史研究館館員。史樹青先生曾以柔翁爲其同年好友陳賡虞先生所作一書一畫扇面照片見示，其書出顔魯公，體勢略近何道州，豪邁渾厚，而另有一派不羈之氣；其畫擅作闊筆花卉，運筆清剛，風致與揚州畫派爲近，所作梧桐秋月，款題『長夜漫漫何時旦。桴，庚申三月』。賡虞先生於畫右上方加題：『王摩詰嘗畫雪裏芭蕉，人謂其詩中有畫，畫中有詩。余於此畫亦云然也。』庚申爲一九二〇年，疑命意或與時局有關。

書畫之外，余尤喜其治印。柔翁於印除遠師秦漢外，名家獨推崇牧甫，然只略師其布篆之妙，絶不襲其綫條之光潔銛鋭，而變之以自然跌宕，寓美於樸。嘗蒙天津篆刻家張牧石先生函告，謂柔翁曾云：『當今天下印人只有一個半，其一爲廣東之鄧爾雅，吾爲其半，餘則無印人矣。』爾雅先生蓋學牧甫之雄者。可見其品味好尚，未可以狂傲視之也。

曩年金禹民先生曾以柔翁自存自署印蜕兩厚册見貺，一以隸題《桴堂印稿》，一以楷題《桴堂刻印》，精彩之作，觸目皆是，或擬璽，作漢印、漢磚，或近圓朱，然皆蹊徑獨闢，别具顯著之個人體貌。壽石工先生《雜憶當代印人，得十九絶句，又附録一首，蓋自況也》有關柔翁一首云：『頭白蟲魚懺昔狂，桴堂或者遜槐堂。心肝鏤盡渾無那，奇氣縱横意可降。』一九八二年，承啓功前輩函介，獲與柔翁晚年弟子王任先生請益，據王先生云：一次携槐堂陳師曾所作《染倉室印存》見柔翁，翁謂陳印甚佳，然亦有非佳者；有比吾勝，亦有遜於吾也。論至持平。王先生並云：翁治印頗强調刀法必須服從筆法，要求不僅有『刀味』，而首要有『筆味』；其用刀皆鋭，雖薄而略小，然縱横馳騁，刀痕陡直利落，猶以尖筆寫渾拙之綫條，非功力深厚無以致之也。如中國畫有『文人畫』，而篆刻亦有所謂『印人印』與『文人印』之别，則柔翁之作當爲十足之『文人印』矣。的是新穎而真切之論。

柔翁一生不喜交際，不樂揄揚，亦從未懸例鬻印，加之性情坦率，俗客來訪，每曰：『我倦欲睡君且去！』即在北京，知其印藝者亦甚鮮。張牧石先生曾云：『翁名不及壽公（石工），而藝實高於壽公也。』論者以爲知言，惜爲《中國美術家人名辭典》所失載。

柔翁能詩，時與同好唱酬。余舊得戊戌（一九五八）立冬柔翁撰書《恭和毛澤東主席〈送瘟神〉詩二首》横幅，字作行楷，詩云：『望門呻唤病夫多，莫謂秦醫奈爾何！辟瘧無煩稽蟹譜，送窮還與唱驪歌。劇憐符籙驅傖鬼，净洗瘡痍有愛河。四目熊皮兒戲耳，群魔一擲付頹波。』『魔君鬼伯盡蕭條，福壽何須只祝堯。蟾兔定應驚遠客，龜蛇真見護長橋。九天星日能旋轉，二豎膏肓早動摇。已具車船終一去，遲回莫待六丁燒。』此雖非應制之作，然在彼時亦不無規限，能如此活潑跳蕩，非箇中高手不易爲也。

近承史樹青先生及董琨兄在柔翁後人處得其生卒年月，並見翁逝世前兩月爲孫媳所書扇面，一録東坡詩，一書放翁句，聞書猶奕奕有神采，其絶筆歟！

（一九九四年五月十三日）

家在南鑾　慰蒼手鈔　鴻恩長壽　瘦陶　芹獻　手鈔千卷廔（樓）　桴堂己未以後書　乙酉印匄

五一　呂鳳子

呂鳳子（一八八五·六·十六——一九五九·十二·二十），原名濬，字伯鳳、鳳癡，别署江南鳳、曲阿鳳，又曰鳳先生、老鳳。江蘇丹陽人。

少聰慧勤奮，年十五，考取秀才。廢科舉後，入蘇州武備學堂肄業。後改就學於南京兩江優級師範學堂，時李瑞清先生任監督，提倡藝術教育至力，創設圖畫手工科，先生即於是科就讀。一九〇九年畢業後，歷任兩江附中、寧屬師範、江蘇省第五中學、武進女子師範、長沙第四師範、揚州第五師範學校教席。一九一七年北上任北京女子高等師範學校教授兼專科主任，越年『五四』運動起，因不滿當局迫害進步學生，憤而棄職南返。旋獲任上海美術專科學校教授兼教務主任。一九二二年秋改膺江蘇省第六中學校長，復兼正則女子職業學校高級繪畫科主任。一九二七年秋，應聘任中央大學藝術科教授，並兼大學研究院畫學研究員。一九三五年回故鄉丹陽任正則女子職業學校校長，此蓋先生早年所創辦者也。日陷丹陽，先生偕部分教師西遷四川，靠多次畫展籌款，在一九三八年於璧山縣創辦正則蜀校，分中學與女子職校兩部分，一年後增辦正則藝術專科學校。一九四〇年委爲國立藝術專科學校校長。四年後改任國立社會教育學院藝術系主任。抗戰勝利，衆皆籌備東歸，時正則蜀校建築工程尚有少數仍未竣工者，先生監修完畢，始全部慨贈地方辦學，其高風亮節若此。一九四六年夏東返丹陽，將正則女校擴展爲正則小學、正則中學、正則職校及正則藝專四校，自任藝專校長。新中國成立後，先後擔任蘇南文教學院藝術系教授、江蘇師範學院圖畫製圖系主任，並當選江蘇省國畫院籌委會主任委員。畢生致力藝術教育工作，循循善誘，誨人不倦，垂五十年，卒以肺癌不起。

先生雖以繪畫馳譽當世，然於書、於印、於詩，無不擅長。其畫以人物最著，仕女、佛像，人皆稱之；亦兼擅山水、花鳥。用筆構圖，皆簡雅真率。人物内容喜取宋詞，尤嗜稼軒之作，曾刻『一生愛寫稼軒詞』印鈐其上，借以抒其憂國憂民之情。山水取景不多，旨在突出主體，講究布勢，所作《廬山雲》，在世界博覽會中被評爲一等獎。抗戰目睹時艱，因有《逃難圖》、《流亡圖》、《如此人間》等名作。無論人物、山水、花鳥，所作均具强烈個性與特殊風格，輯有《鳳先生仕女册》、《華山速寫》、《吕鳳子畫集》。所著《中國畫法研究》，蓋一生創作、研究之經驗總結也。

書工漢隸，行草則篆草結合，奇崛高古，筆墨蒼厚，迥異恒蹊，雖受其師李瑞清影響，然面目自具。篆刻與其書風致相近，氣勢雄健，亂頭粗服，生動自然，用刀以漢鑿一路居多，間擬漢鑄，皆意在周秦兩漢間，不涉明清藩籬。詩則近體與古歌行並妙。不獨爲卓然藝術教育家，亦難得之全能藝術家也。五十年代末余游蘇州，於靈巖山下尋訪抗金名將韓世忠墓，無意間發現新築之先生墓地，雖與先生未嘗識面，然深佩其爲人，乃恭立墓前良久，作禮離去。

（一九八七年十一月二日）

鳳先生寫宋詞　鳳先生　老鳳　心象　廿七年入蜀以後　如此江山　老子寫神　天墜（地）一沙鷗

五二　楊仲子

楊仲子（一八八五——一九六二），原名祖錫，亦名揚子，以字行，號石冥山人、一粟翁、夢春樓主；所居曰海燕樓、渺一粟齋、匽石廬。江蘇南京人。早年讀書於江南格致書院，年十六，得庚子賠款留學法國，入士魯士大學攻讀化學工程，既卒業，獲接國內友人函告，謂國營化學工業既缺，私人亦乏資金辦業，難展所學。乃復往瑞士日内瓦音樂學院再習鋼琴、音樂理論、作曲及西洋文學，旋邂逅珍妮・安娜女士，相愛而諧連理之好。一九二〇年歸國，任北京大學、中法大學等校法文教授。後歷任北平女子文理學院音樂系主任、北平大學藝術學院院長，傳授西洋音樂之外，於建立音樂高等教育制度、倡導民族音樂等，皆建樹良多。若劉半農、劉天華等，皆是時至交。教學之餘，恒與書畫篆刻名家齊白石、陳師曾、姚茫父、徐悲鴻、張大千、王夢白、壽石工等雅集於中山公園水榭，論藝談心。書畫之外，尤醉心於篆刻，自二十年代起，四十年間，樂此不疲。盧溝橋事變發生，輾轉移徙重慶，居青木關，一九四二年主國立女子師範學院音樂系教務，後改任國立音樂學院院長。時國事蜩螗，棲止難定，夫人又大歸，心境更形悲愴，唯有一一訴諸金石，『哀故都之日遠』、『哀郢』、『別時容易見時難』、『多情自古傷離別』、『相見時難別亦難』等印，皆是時之製。其妹倩胡小石教授有詩云：『丈夫失志鑿山骨，火鳶跕跕風運斤。彌天四海説雕篆，丁鄧盡是畸零人。』『楊子落南窮賣琴，揭來石上吐心音。千城飛火嶕嶢在，摩刃寧論上堵琴。』境况可知也。及抗戰勝利，復員南京，執教於戲劇專科學校。新中國成立後，任南京市文物保管委員會主任委員，以迄逝世。

仲子先生一生所學凡數變：初欲以化學工業興邦，奈形格勢禁，所抱無以展布；乃改事音樂，爲近代音樂界前驅；金石書畫及文物之嗜，蓋居住北京時朋好之影響耳，然鑽研日深，後亦蔚成勝業。徐悲鴻曾云：『朋輩中負才藝最廣博者莫過仲子，仲子以化學工程師而專攻音樂，更及西洋文學、中國辭章，至于繪事金石乃其最晚出之緒，而精詣亦歷史上之第一流。』晚歲主金陵文物，貢獻卓然！

治印首重篆籀學養，而書法之屈伸變化固需得體，刀法稍次之。胡小石先生以治甲骨金文名家，又爲善書周金魏石著名之李瑞清入室弟子，郎舅關係至密，是以仲子先生亦頗能作李氏風格之金文與碑體。在三十年代初葉出版之《湖社月刊》及不鮮書刊，皆可見其書迹，古茂蒼雄，是學李瑞清遺法而能變之者。仲子先生嘗謂：『吾人若僅取法明清，似難脱前人窠臼，抗禮當代名流，拔趙立漢，應求之于殷契周金、秦權漢瓦、陶簡泉鏡之間。』其治印專攻古璽，實亦以所擅金文巧施於方寸之内，章法錯落有致，頗饒官璽韻趣，刀法拙中有巧，古勁厚樸。偶以甲骨文字入印，挺拔簡質，古趣盎然。郭沫若題其印集云：『殷契周金，秦權漢甓。懷古幽情，凝於一石。碧化萇弘，赫其有赤。聽之無聲，中有霹靂。』頗狀其妙。齊白石一九三一年正月爲其作白文『見賢思齊』一印繫以跋曰：『仲子先生之刻，古工秀勁，殊能絶倫，其人品亦駕人上，余所佩仰。』白石翁又於五月爲作朱文『不知有漢』一印，印側記云：『仲子先生刊印古勁秀雅，高出一時。』

仲子先生生平刻印，曾自輯爲《漂泊西南印集》、《哀哀集印存》及《懷沙集》，粟子廣采遺印一百七十餘方、名家題詞，及仲子先生所書甲骨金文輯爲《楊仲子金石遺稿》，可稱賅備矣。

（一九八二年六月二十七日，後作增補）

惜春　哀故都之日遠　相見時難別亦難　樂夫天命復奚疑　牛馬走　非浙派

素師同鄉　頌父同生日　多情自古傷離別　學然後知不足　大司樂鉢　漂泊西南

五三　侯疑始

侯疑始（一八八五——一九五一），名毅，字雪農。江蘇無錫人。後以其師、近代啓蒙思想家、《天演論》譯者侯官嚴復（幾道）喜法國哲學家笛卡兒『哲學自疑始』之名言，所贈號曰『疑始』，遂以此行。

幼孤，其姑丈王藎承甚矜憫之，宦游河北亦挈至署中，自行督課，並延鹽山賈佩青授以經史文學。庚子（一九〇〇）之亂，避地南歸，越兩載，大局稍定，始重返京華。弱冠留學日本，歸國後曾官海軍部秘書。詩文師事嚴復、樊雲門，一度主編《輿論報》之《瀚海》，其詩傳誦一時者，有『百歲爲歡能幾日，十年浪迹竟無家』、『滿城淒霧籠殘柳，匝地西風叫亂鴉』等句，著有《疑始詩詞》四卷。十餘年前陳聲聰先生著《兼于閣詩話》，亦編及其詩，頗予推許。嚴幾道晚歲因預袁世凱籌安會之事，疑始得聞始末，曾著《洪憲舊聞》，刊諸所編四開小報《瀚海》之中，爲其師辯誣，亦一時故實也。初，疑始趨謁嚴氏，嚴氏以其無師友爲之先容，拒而不見，嗣疑始投長文示憤，必求一見，嚴氏嘉其不同凡響，允與一叙，不意接談之後，甚相投契，乃納爲入室弟子。

疑始篆刻，師法古璽漢印，所詣至深，並參以磚瓦文字意趣，樸厚古逸，無纖毫塵俗之氣，深爲嚴氏賞識。嚴氏用印泰半出其手鐫，曾有《題侯疑始印存五絶句》贈之，詩云：『平生最愛蓮生語，作麽能消生有涯。閑户試爲無益事，小牕映日斲龜螭。（錢唐詞人項蓮生言：不爲無益之事，難遣有涯之生。其言最得美術三昧。）』『何年花乳被龍虬，更有鐙明出處州。今日田黃珍比玉，可能容易與雕鎪。（王元章始用花乳石刻印，處州鐙明石亦印材也。）』『金粟前身顧阿瑛，未央宮瓦刻朱盛。摩挲印刓懷真樂，有癖誰如吾子行。（厲氏云：顧阿瑛得未央宮瓦頭，朱伯盛爲刻「金粟道人」印。又吾子行有「竹素山房」、「我最懶懷真樂」、「飛丹霄」諸印，常加韋佩，日手摩弄，欲和其四角，令有古意。）』『漢印陰文感廢興，藝林規矩見斯冰。説文古籀勤搜補，未絶風流太僕能。（雲門張紳云：天下皆用漢印，屬兵象云云，乃强作解事語。吴窓齋在日，最工金石刻畫。）』『樸茂紆徐各有真，不分用志乃凝神。雕鐫誰似侯疑始，刀筆中無一點塵。』詩載《痡㽞堂詩集》。

吾師馮康侯先生早年任職北京印鑄局，以同好，亦時與侯氏往還，侯長馮師約廿載，曾得侯氏詩題印集云：『雕蟲雖小技，博學乃能精。今古幾高手，有當抗老丁。』署款曰『疑始叕』，時歲次乙丑（一九二五）也。中歲嘗任河北省政府秘書，寓居天津之三元庵。侯氏書學其師，秀挺風華，頗得神似。幾道先生殁後，時人重其譯介西方哲學之業績，詩文亦馳譽當世，故其墨迹亦可得善價。聞侯氏一度困於生計，得嚴府默許，曾仿嚴書以渡厄云。

曩嘗得王益老抄示疑始一九四九年重陽賞菊詩《己丑重九稊園社友約共就菊稷園爲延秋之會，以陶元亮己酉九月九日詩分韻得餘字》：『九日憑高事祓除，迴看鷗鷺泛沮洳。留真解識蛩依駏（會畢攝影紀念，諸人聚傍叢菊，腹背相倚，有謂不啻商駏負蛩），賭韻何妨獺祭魚。笑口容開曾有幾，壯心老去漸無餘。詩壇宿將廉頗在，一代威名信不虚（是日詩壇耆宿一時咸集，章行老以事未至，顧與會三十三人，殆多緣知約有行老而來）。』其夫人乃廉南湖之從侄女。胞妹侯碧漪爲大風堂弟子，工於翎毛花卉。侯氏以五十年代初病逝北京，享年六十七也。

（一九九五年十一月十七日）

天演學家陶江嚴氏　瘉野老人詩文字印　侯毅　嚴家餓隸　散花空中流徽自得　陳公哲印　十八硯齋

五四 壽璽

壽璽（一八八六·一·二十四——一九四九·十），字石工，亦作石公、碩功，號印匄，別署甚多，珏盦、穀盦、南方墨者、竹斐居士，均其習見者。性不喜吃魚，因榜其室曰不食魚齋。浙江山陰（今屬紹興）人。

家學淵源，少即長於詩文，又嗜金石碑版。沈禹鐘《印人雜詠》曾有詩云：『暇日尋碑踏月還，摩崖每上會稽山。石工自是工無敵，入手貞教石不頑。』蓋紀其少年已喜金石刻也。辛亥革命後，曾橐筆遼東，與王希哲金石論交，引爲同好。後移居北京，孫雄爲之推介文壇，而石工亦博學兼擅諸藝，燕都文人薈萃，觀摩其間，藝益孟晉，名亦鵲起。工倚聲，取徑夢窗，朱祖謀爲選定成《珏盦詞》二種行世，頗獲時譽。書法以奇峭著稱。又精於鑑藏古墨，著有《重玄瑣記》。偶亦作畫，然當以治印爲第一。

早年心儀趙之謙、吴昌碩，故取趙之二金蜨堂、吴之飯青蕪室之一字以名其居曰蜨蕪齋，可見淵源所自。中年以後又喜效黄牧甫法，所作多字朱文印，結構之疏密，以及用刀衝切之法，俱得力於此，惟挺拔略遜耳。晚歲上窺周秦，俯視漢魏，融會趙、吴、黄諸家意趣，一以精麗秀美爲尚。所作《雜憶當代印人》詩，最末一首乃夫子自道：『我書意造本無法，偶弄錐刀類我書。敢詡印林窮正變，衆流截斷亦區區。』以石工之博識多能，可窮印林正變，自非虚語。徐悲鴻論印，謂『方諸詩人藴藉，吾則愛石工』，確能得其要妙。石工懸例琉璃廠南紙店，每日治事歸必過焉，有件即於店内奏刀揮毫，從不帶回家中書刻，求者以其速且工，多樂求索，由是生涯頗盛。生平刻印逾萬，有《蝀蕪齋自製印逐年存稿》、《鑄夢廬逐年印稿》數十册。著有《鑄夢廬篆刻學》載於《鼎彝月刊》，《篆刻學講義》載於《湖社月刊》，後者曾印單行本。惟内容文字與王希哲《印學今義》多有相同者，不詳何故。

曾見石工一九二三年題印譜云：『秦漢而後，以迄明清，刻印之學，廢然弗講。文何圓滑，程鄧支離，面貌徒存，古意墜矣。敬身崛起，一洗頹靡之習，而繆篆誤人，未能津逮後學。二千年來，力追秦漢，不爲詖説所累，而能卓然自見者，攘翁、悲翁二人而已。稍後牧父、缶廬，各極其能事，延吴趙未墜之緒，而意微變。牧父往矣，缶廬八十老翁，頗疏刀契。康侯盛年劬學，擬牧父尤得真傳，……並世同輩，若陳師曾、陳半丁、楊千里、鍾桴堂，胥於印學深造有得；喬伯戢喜橅牧父，意在清勁一派；張雪楊最晚出，取徑於缶廬爲近，與康侯之逼肖牧父，殆若驂之靳焉。』可作印史述評讀也。

石工曾任北京大學、國立北平大學藝術學院等校篆刻導師多年，平素喜爲後輩啓迪，弟子中能傳其藝者，有齊燕銘、金禹民、温廷寬、戚叔玉、張牧石等。卒之前一日，赴天津大學講授詞學，乘列車返京，途中適内急，厠擁不能進，抵家解溲，以躭擱而點滴難通，加之注射防疫針反應甚劇，諸疾並發，遂不起。易簀時猶手握最後所得明製壽星墨也。夫人宋君方（一九〇〇——一九八七）善繪事，能治印。石工病逝，宋夫人乞徐悲鴻書墓碑，聞以珍藏梁山舟著書墨爲報云。

（一九八二年八月二十二日，後有增補）

金蓮花館　山陰壽鈢石工父日用大利　刻畫始信天有工　拙重大　園丁長年　通微之鈢　蘭風草堂

五五　唐醉石

唐醉石（一八八六・六・十四——一九六九・五・二十三），原名源鄴，字李侯，小字蒲傭，號醉龍、醉農、韭園，別署醉石山農。中年以後，所作皆署名醉石，遂以此行。湖南長沙人；或署籍善化，蓋舊縣名耳。

少失怙，年十八，隨外祖李輔耀宦游杭州，由是得與浙中文士相接，日游於翰墨之場，於金石鑑賞及漢隸，頗有會心，尤工篆刻，陸潤庠相國甚稱許之。係西泠印社早期社員，爲建社助力多焉。印社有『斯文奧』，題額即醉石隸筆也。二十年代末葉，任印鑄局印信科科長。時王福庵丈主篆刻課，馮康侯師任技士，皆印壇豪傑之士，凡重要官印，或出手擬，或經會審，始付鑄製。公餘之暇，恒與王、馮及京中碩彥，相與研討書畫篆刻藝術。後印鑄局移南京，復隨之南來。以鬻印所得，建樓儲所藏佳凍及古印，曾得龍鳳年款『管軍萬户府印』，乃元農民起義軍韓林兒官印也。日寇戰火迫南京，西遷渝州。時收藏家易均室亦在蜀，有《題長沙唐醉石坐上青田石》之作：『從湖巴賓硌確江，華風三接展眉龐。看雲可借游仙枕，羅石定明花乳釭。蟫篋依親原共命，鼅叢鑿畫且爲邦。相携仍拂前塵影，賸説樓臺各有幢。』蓋均室之『印起樓』乃鎸於印，可以附裝以西，而醉石之樓則建於石頭城，存亡未卜，兩人相遭大噱，故末句及之。事載沙孟海丈《沙邨印話》。某夕醉石忽夢故家老僕，亟東還，至温州而止。抗戰勝利後居滬濱，以鬻印爲活。一九五一年一月，應邀赴武漢任湖北省文物管理委員會主任、湖北省文史研究館副館長。桑榆晚景，其樂融融。浙派印藝自晚清已式微，近五六十年高手更鮮；醉石專攻陳曼生，大刀闊斧，穩健蒼莽，韓登安丈以爲鼎革後一人而已。於古璽漢印及元人朱文印，俱得其妙。與王福庵交誼至深，印風互有影響。葉氏一文曾謂：『王、唐俱爲西泠印社柱石，又嘗同服官印曹；王爲杭人，唐則以湘人而致力於浙派藝術之復興，其功凡不可没。王氏謹守法度有餘，於豪放似有未足；而唐則豪放有餘，於謹守法度亦未遜王氏。』所論大抵允當。

醉石刻印，早年擬浙派者曾輯爲《醉石山農印稿》。一九三二年西泠印社印行之《現代篆刻第六集》，乃《唐醉石印存》，體貌頗衆。晚年以《急就篇》入印，每印三字，品類尤富，佳構甚多，但僅成約八十石，嘗裝成屏條四幅懸於家，頗自愛賞，惜以年高，至殁仍未竣事。昔丁仁有《集論印絶句詠西泠印社同人詩》，詠醉石一首云：『六如居士最清狂（丁敬），撥蠟銷金記漢章（查岐昌）。倘續印人他日傳（鍾大源），素心名又噪錢唐（倪印元）。』

六十年代，於武漢倡導創立東湖印社，被推爲首任社長，後學多受教益。一九九〇年，湖北省文史研究館輯印《唐醉石治印選集》面世，收印五百八十餘方，風貌繁富，生平代表作，多萃於是。吴丈蜀以《浣溪沙》詞弁其首云：『嶽麓鍾靈果有成，武林結社創西泠，從教印苑播清聲。蒼莽瑰奇追蔣趙，飄蕭質樸近奚丁，刊行斯譜匯瑶瑛。』

（一九八一年十二月二十七日，後作增補）

春引秋宅遺意寫　源鄴　李侯　唐源鄴李侯印　唐醉石　延靜廨　旹（時）人繆説云工此　醉石　潤父珍

五六　高時敷

高時敷(一八八六——一九七六・十二・十八),字繹求,家有絡園,遂以爲號,別署弋虯。齋名有樂只室、石芝山房、二十三舉齋、二鐙精舍、兩漢鏡齋、長生草堂等。浙江杭州人。與兄時豐(字魚占,號存道)、時顯(字欣木,號野侯),俱以富收藏、精鑑賞,長於書畫篆刻而名重藝林,人稱『高氏三傑』,亦西泠印社耆宿也。時敷饒於資,其絡園闢於明聖湖頭,亭榭曲折,泉石映帶,較其兄時豐、時顯之高莊,別具幽致,書畫金石,庋藏綦富,尤以古璽印及明清諸印家精品著於時。在其盛時,曾繪絡園圖册,以誌鴻雪。

絡園於繪事篆刻皆精擅。畫工山水、松石、墨竹,涉筆秀逸,爲文人畫之上乘。晚年曾畫紋石圖十餘册,極爲鑑家所推許。偶亦戲爲人物畫。篆刻最爲世重,初宗浙派,嚴於法度,以家中藏印甚豐,晨夕摩挲,含英咀華,布白分朱,神與古會;且目力强甚,八十餘歲猶能作細小之行書邊款。詩人陳兼與讀其印集,曾有長詩題之:『絡園先生諸藝神,金石刻畫尤絶倫。聞名欲叩已化去,今見其作如見人。一石比爲一佳士,雅文貼妥與位置。衣襟成削容止閑,方寸中有小天地。藝之進道非須臾,讀書養氣當有餘。人人學古抱秦漢,誰於印外論功夫。兩浙自來稱印藪,西泠八子開山後。二弩雍穆缶廬奇,先生鼎立在左右。』一九三二年,吴幼潛編《現代篆刻第一集》時,即收有絡園印作十一方。一九八七年,上海書畫出版社所出《現代篆刻選輯(六)》,絡園所治印亦與錢匡、翟樹宜之作，同在一輯之中。

絡園曾以藏印輯成《二十三舉齋印擴》、《樂只室古璽印存》，而最矚目者，當推《丁丑劫餘印存》。一九三七年歲次丁丑，日軍侵我上海、杭州等地，兵燹之餘，文物蕩然。絡園劫後，速與名藏印家丁輔之、葛昌楹、俞人萃商議，就劫餘藏印，彙編成譜，俾留蜕本於後，毋使灰飛烟滅，即其定名亦用心良苦。四家存印合得明清印人二百七十有三，印作一千九百餘方，始於文、何，而迄於吴缶翁等近世大家之已作古者。一九三八年五月動工編拓，一九三九年六月竣事，歷十四月而後成，凡四帙二十册，洋洋大觀。以出鈐拓，僅成二十一部而已。此篆刻史上之空前巨製，而在國難中成此，主事者之高瞻遠矚，艱苦卓絶，至足令人佩仰也。

時移勢易，絡園晚境雖不如中歲，然樂天豁達，所居偪處小室，舊藏什九已歸公庫，宴如也。四壁猶張殘存書畫，盆花盎果，錯列其間。喜物色小石之具天然圖紋者賞玩，曰：此赤壁夜游也，此南北兩高峰也，此歐陽詢駐觀索靖碑也，藉此以自愉悦。年登耄耋，尚昧爽即起，讀書揮毫。後學或有請益，輒盡所知以告，是以座客常滿。臨卒前一年，猶蒐輯其長兄遺詩成《存道詩賸》，蠟印以廣流傳云。

（一九九六年三月八日）

石芝山房　繹求　唐俟　高壁　李雍之　梅王閣　獲無上齋　高豐印信

五七 湯安

湯安（一八八七——一九六七・六・四），字臨澤，别署鄰石、陵石、吅（音鄰）石。祖籍浙江嘉興，寄居上海。早年曾爲藥店學徒，因慕曹山彦、文後山、張子祥等書畫名家之雅韻，業餘曾肆力習此。好詩、古文辭，師從潘飛聲。精鑑字畫，擅複製古器物。曾師事胡匊鄰習篆刻，雖受浙派影響，然尚光潔，静穆可觀，尤喜明人圓朱文印格，心追手摹者有年，亦偶擬古璽。

一日，得明文徵明犀角印二，乃發異想，專以搜集破舊犀角杯爲事，蓋藥店出售之犀角，大率來自破舊之犀角杯也。彼曾在藥店任職，關係自多，得之較易，遂用以改製爲沈石田、祝枝山、唐伯虎、文三橋等印章，凡在珂羅版書畫册中得見者，無不如式仿製，而裂紋、缺蝕，尤爲逼真，古色斑斕，計八十方，真僞雜糅，悉以售諸平湖藏印家葛書徵（昌楹）。葛氏自詡古緣獨深，輯爲《宋元明犀象璽印留真》六册，嘗遍邀丁輔之、趙叔孺、褚德彝、高野侯等方家，至其滬寓新聞路家中鑑賞，諸家未詳所自，驚鴻一瞥，有佯爲稱羡者，亦有疑雲滿腹、未置可否者，時歲次乙丑（一九二五）事也。

臨澤見僞作得售，更廣事交游，紛以印作贈諸收藏家、畫家。一九三二年五月上海西泠印社潛泉印泥發行所出版之《現代篆刻第一集》，輯有其印作十二方，其中即有龐虚齋、張葱玉、狄平子、張大千諸家印，頗見用心；

其擬古璽奇崛有致，圖朱文亦雍容温雅，不失明人意趣。然其以假亂真、斂財欺世之伎倆，稍歷時日，終爲明眼人所識破，是以深爲[illegible]林所詬病。某歲，臨澤忽得奇疾，雖在盛暑，亦需蓋厚被禦寒，並用湯壺熨之，藉增温度，不能見風，見風則戰慄不止，如是者垂十載。一九六三年，病重入醫院療治，猝然氣絶身亡，乃移置太平間中。夜半，臨澤忽甦醒，大呼「我未死也，速放我回家」，居然無恙。至一九六七年始逝世。

鄭逸梅前輩素稔滬上藝壇耆宿，博聞强記，余曩游春申，曾爲述及此老舊事若此，亦印苑軼聞也。

生前曾任上海暨南大學中國美術史講席、故宫博物院書畫金石審定專門委員。著有《石鼓文句釋》、《中國文字組織法發微舉例》、《二泉山館雜綴》、《萬華閣刻印》等。

（一九九五年十二月八日，後作增補）

虛齋祕玩　陸戍　西郇清祕　東海郡圖書印　黃質私印　庶安　蕙玉心賞　敬州　張爰　肖壁龕主

五八　于非闇

于非闇（一八八八・三・二十二——一九五九・七・三），原名奎照。滿族。辛亥革命後改姓于名照，字非闇，以字行。閒人、仰樞，皆其別署。山東蓬萊人。

少長北京，曾任教員、記者，癖嗜詩文、戲劇、書法、篆刻、國畫，皆能會通。中歲以前，因八口家累，未遑專致於是，時向報館投稿，以博温飽，自談藝之文，以至小説，靡不撰作，若《非闇漫墨》、《都門釣魚記》等，皆是時之作也。齊白石《畫語題記雜抄》云：『爲門人于照扇上畫獨蝦：衰老耻知煤米價，兒時樂事可重誇。釣魚憐你曾編記，何若先生舊釣蝦。余小詩，嘗以棉花爲餌釣大蝦，蝦足鉗其餌，釣絲起，蝦隨釣絲出水，鉗猶不解，忘其登彼岸矣。』所云『釣魚憐你曾編記』，即指非闇所著《都門釣魚記》而言。

早期多畫意筆山水，與張大千合作畫甚多。一九三五年以後，專心研究工筆花鳥畫，以拯救兩宋傳統畫法爲己任，刻意臨摹之外，又曾問畫法於民間畫人及齊白石，雖極困厄，而窮當益堅。爲掌握物象特點，乃致力養花養鳥，著有《都門藝蘭記》、《都門豢鴿記》，後者且有英譯本問世。所繪工筆花鳥，雕青嵌緑，富麗絢彩；而白描蘭竹水仙，亦清逸絶倫。在近世畫史中，可與齊白石、黄賓虹、徐悲鴻諸公所作，同相輝映，惜所作不多耳。

其書法純師趙佶，通諸勾勒，運筆能寓勁健於柔媚之中，輕重滑澀，均耐人尋味。偶作小篆，亦勁利圓潤。

治印不趨乃師齊白石大刀闊斧途轍，而以西泠功臣自勵，然所資甚廣，所作時饒漢鑄印意趣，即古璽、圓朱文，亦深得其奥，非局守一派一家者所可比肩。曾於一九二七年北京《晨報》副刊發表《治印餘談》等文，其中有云：『是以爲合明清以來諸譜録，如秦漢印譜，特不過爲治印之標，而本端賴擬乎爲學以養之，其直接關於治印者曰小學、曰書法、曰金石碑版。通小學，諳書法，學之本以立，游心於碑版，以極其變。而畫之理與法，亦關於治印焉。能如是，取秦漢諸璽印，博觀而約取之，則所爲印，均爲吾之印，非摹甲仿乙之印也。夫而後文、何諸説，棄之可也。浙徽諸派，不觀可也。』探源追本，真足津渡後學。

壽石工《雜憶當代印人》，有一首乃詠非闇者，詩云：『石濤畫格瘦金書，金石淵源信不虛。別署無心疑益甫，多能天縱不關渠。』稱許備至。晚年，被聘爲北京中國畫院副院長、北京中國畫研究會副會長，聲名益盛。嘗以數十年深切體會著成《我怎樣畫工筆花鳥畫》、《中國畫顏色的研究》兩書。歿後，歸葬於北京郊區豐臺。

（一九八五年一月十三日）

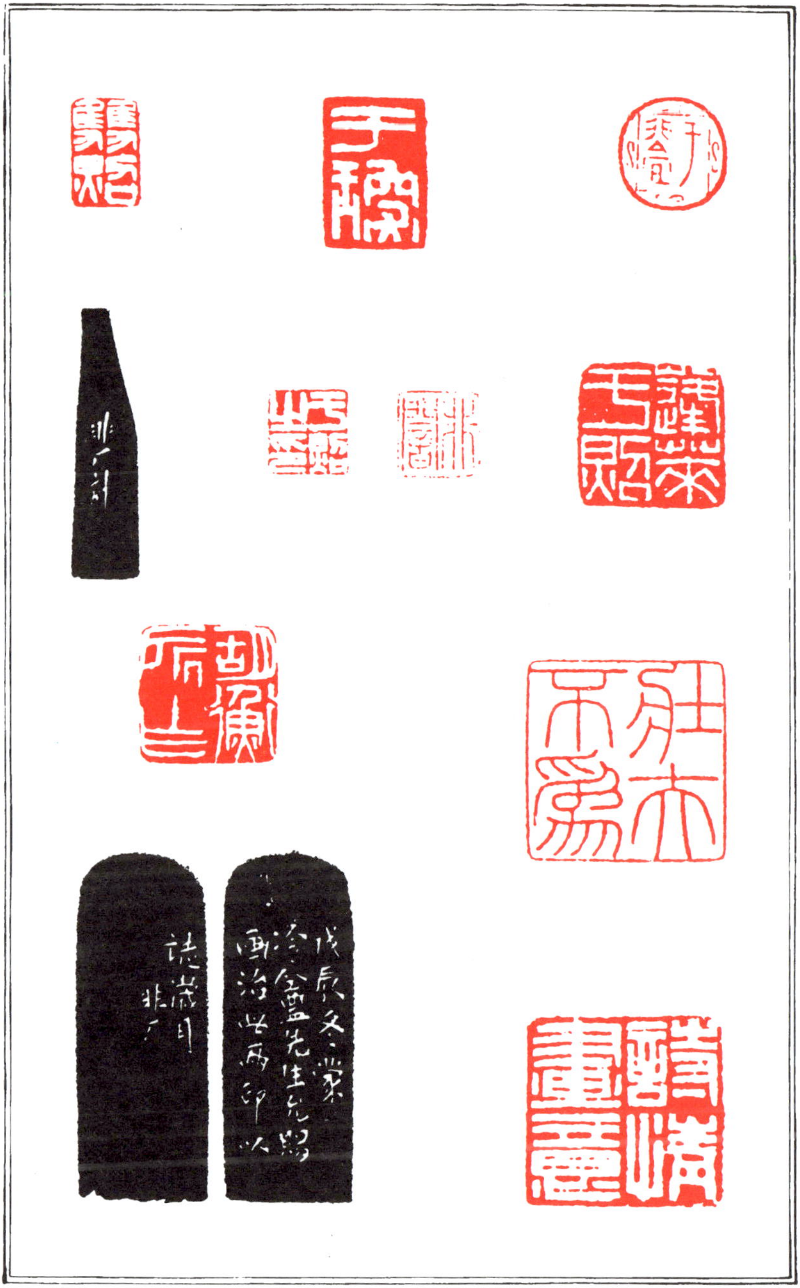

于非闇　蓬萊于照　壯夫不爲　詩情畫意　于琛　非闇　于照之印　雙照　胡衡所作

五九　簡經綸

簡經綸（一八八八·十二·一——一九五〇·三·三十一），字琴齋，藝事皆以字行，號曰琴石，別署千石、千石樓主、萬石樓主；齋名有千石樓、萬石樓、千石居、千石室、千萬石居。祖籍廣東番禺，而誕於越南。聞其父於辛亥革命與僑衆曾予鼎力資助云。

琴齋往在海外，於治泰西文字之餘，篤嗜漢學，已拏刀刃石遣興。及長回國，曾問經史於簡竹居，叩書藝於康有爲。任職僑務機構於上海，公餘之暇，頗攻究古籀文字及詩文書法。滬上名家，若易大厂、葉恭綽、吴湖帆、張大千、王秋湄、馬公愚、鄧散木等，皆時相往還，研討藝術。有印曰『海外歸來始讀書』者，蓋言始深究之也。嘗主南洋兄弟烟草公司宣傳事，以抗争外資英美烟草公司之欲獨霸中國市場，壓制民族工業發展。日寇侵華，一九三七年冬自滬違難南歸，於香港利園山設『袖海堂』，以爲授徒之所，或曰『琴齋書舍』，慕名學書者不鮮。一九四一年末，日佔香港，翌年移家澳門，賃居利爲旅酒店，仍以課徒爲事。戰後返港，居纜車徑一號，顔曰『在山樓』，葉遐庵爲之書。教學之餘，隔歲或舉辦展覽，力倡風雅，深爲同道所稱許。

琴翁天資睿敏，於書法篆刻辭章無所不擅，學古能變，巧奪其神，而不爲桎梏所限。其於書，甲骨、彝銘、漢魏碑刻簡牘皆遍習，時甲骨與簡牘初出，尤所究心，甲骨大字多以茅龍，便面小字則借助鈍嘴鋼筆蘸墨成之，峭勁遒峻，與刀刻之意相合。康有爲稱其篆分蒼深樸茂，深入漢人之室；篆法三頌，亦雄奇古厚，殊非溢美。余少時於冷攤得其所書各體字册十二開，細品用筆，以爲多出宿羊毫及麻筆揮寫，用取古拙，曩余撰《廣東印人傳》嘗論及之。後琴翁交好高伯雨先生撰文，復引余説，以爲知言。工具與藝術效果，關係不可不講求也。承李喬峰先生見告，琴翁課徒，主張楷書從鍾繇「三表」入手，不涉唐人，以其天然韻味已泯；又謂字之要訣，曰神韻、氣象、布白、意態及起伏疾徐。

其治印也，初喜漢鑿一路，章法謹嚴，衝刀馳騁，雜以殘連，《琴齋壬戌印存》所載，蓋卅五歲時之作。後書藝益進，從親炙易大厂中又得引發，印風至是丕變，更臻蒼奇古茂之境。擬古璽固絶工，而以甲骨文字入印，白文之作，布白錯落有致，運刀勁利老到，妙得卜辭之遺；即作朱文，其用刀之率真瘦硬，均不失殷人意趣，苟非深探其奧，安可得耶！元有楷字押印，然瑜瑕互見，琴翁擷魏晋碑刻佳書入之，恍若縮摩崖於方寸，小中見大，頓覺神采焕然。至其所謂印識，實取刀石以橅金石碑版文字，與一般印款未盡相同，與清人縮摹漢碑於硯背者略近，而稽之古來印人，迄未佑此途轍，亦别開生面也。閲《琴齋印留初集》、《千石樓印識》，皆可賞其佳製。

其爲畫也，年五十方爲之，會所籌展覽仍有數月，欲多一品類，乃以作書之法試寫之，初作枯松，後及竹石山水人物，張大千以『渴筆澹墨，有松圓穆倩兩家意』譽之。有己卯、丁亥《琴齋書畫印合集》兩輯。

自甲骨出土，集其文字爲楹帖及詩者，羅振玉實啓其先，繼踵者有章珏、高德馨、王季烈、丁輔之諸家，琴翁之《甲骨集古詩聯》較後出，得聯約一百五十，得詩三十有七，集句成章，和聲合律，俱見辭章工巧，而其摹寫之工，更允稱後來居上也。

琴翁晚年，忙於教學，時爲肝疾所擾，僅逾周甲，即溘然長逝，未能竟其所詣，藝苑惜之！遺命火化後，以灰揚諸鯉魚門外大海中。歿後之三十八年，即琴翁誕生之一百周年，其入室弟子王漢翹先生以所藏琴翁各體書作三十三件、篆刻三十一方、畫三幅，及王秋湄與琴翁論學書札、手卷等，一併捐香港藝術館，該館旋即刊行圖録，舉行展覽，以資紀念。其二子而廉，曩曾識之，亦能書，惟風致與父迥殊；女文舒習山水，今授畫於美國。

（一九九五年九月一日，後作增補）

張　大千　金石壽　濟　取舍不同　侖長壽

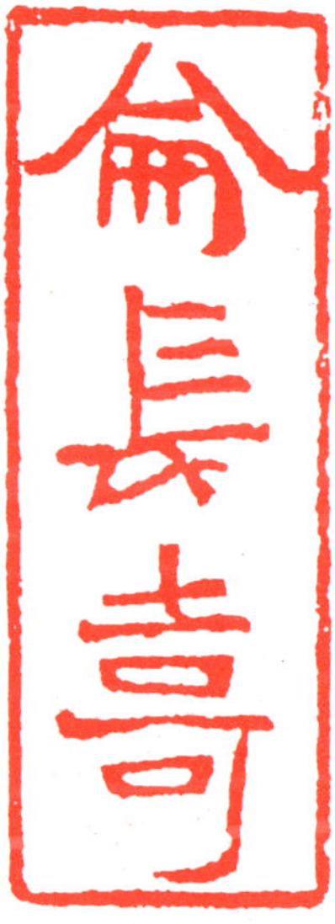

南洋伯　巨來鉥　爲一日計者亡（無）千載也　語香之室　大千　意到幽深　若水

六〇 賀 杭

賀杭(一八八九——一九七九),字自畏,號畏齋,别署弓淵,晚號悔翁。所居曰茶壽草堂、碧荷舊館、絢景盦、味炎涼館。廣東番禺人。少居廣州,弱冠即任職中國銀行,在北京培訓後,先後服務於瀋陽、哈爾濱、上海、厦門,後止於福州分行,有幹才,年三十已擢爲經理,畢生盡瘁於金融事業。少小離家老不歸,退休後仍樂與福州文友談詩論藝,遂終老是間矣。

畏齋公餘好讀書,又經歷廣,發爲吟哦,每多佳作,著有《素心蘭室詩稿》。復稔唐宋大家詩,擅爲集句,所成《味炎涼館借語集》,其集李義山句者,因義山有『憶事懷人兼得句』,即用爲題,得絶詩百十首;集陸放翁句,得詩二百廿四首;集元遺山句,得詩百首。均能借先賢雋語,暢己所懷,天衣無縫,至爲難得。餘事能書,亦精文物鑑賞。

二十餘年前,余於潘主蘭前輩處即聞賀翁以擅印名,然未獲拜觀其所作,直至近月方在其哲嗣嶧甫先生許得睹遺譜《絢景盦印蜕》。前有潘老序云:『兩漢官印,鑿者因急就,多不經意;鑄則官私印皆嚴整可法。代降元明,私印以石代銅,鑄廢而鑿行,遂産流派,各有千秋。逮夫近今,末流所趨,第見斧鑿痕,無復有漢鑿氣息矣。番禺賀自畏翁,晚始治印,莊嚴典重,風格出漢鑄,蒼勁處即時史數十年致力於斯者,莫能企及。蓋取法乎上,胸中又富有書卷，勝人一着，殆在是耳。有友郭楓谷客翁館中，楓谷固苦攻悲盦、牧甫者，翁却不因人所好而趍其所尚，遑言俯仰隨俗！翁於印篆，鈎稽尤邃密，近人《長征印譜》「毛兒蓋」一印，「兒」字取漢印「皃」字充之，翁弗以爲然，謂齊有皃辨，《元和姓纂》有皃氏，奚必以「皃」作「兒」？復以近刻《西泠四家印譜》丁敬身刻小葫蘆形「同書」一印，說是圖書不能已有梁同書印，遂并此亦作◎書；蔣山堂刻「磨兜堅室」四字印，翁謂「磨」從非，前人或忽於《說文》，說皆甚當。爰書翁平日所言者，以爲之叙。』賀翁印藝精到之由，可以概見。漢印之外，流派亦曾涉獵。

清初，印學家周亮工曾言：『治印必以年少，以其腕力、目力勝也。』賀翁在譜末跋文道：『昔嘗披覽篆學諸書、古今印譜，心竊慕之，以俗務糾纏，未能學也。己丑謝事閒居，復取前書讀之，略有會處，以爲刀法不外正側順逆衝切，因以己意運刀，應手成印，所謂十九種刀法者，故神其說而已……』己丑爲一九四九年，年已周甲，始拏刀刃石，可謂晚學，然其印嚴整淵雅，深得漢人遺法，即齠年已致力習印者，殆未能及，足見腕力、目力，特操作之助耳，其要端在諳於篆學，分朱布白之法蘊於胸中。年老始研治印藝者，賀翁實一成功佳範也。

（一九九七年八月二十九日）

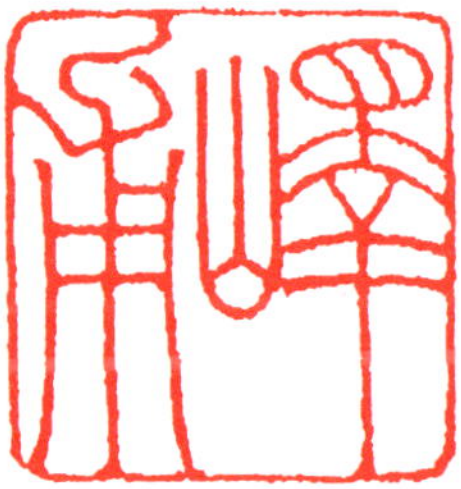

畫地作餅　此境此時此意　土牛遺老　嶧甫　孤芳自賞　讀書餘事　以无爲爲貴　畏齋己丑以後作

六一　郭楓谷

郭楓谷（一八九〇——一九五二），原名則豫，字組南，文藝之作皆署楓谷，遂以此行，晚年號曰楓屋。福建侯官人。爲郭曾炘（匏廬）之姪，則壽（舜卿）胞弟、則澐（嘯麓）從弟，世代書香，一門俊彦。

楓谷少以優異成績畢業福建高等學堂，初服務於中國銀行，以善書能詩、工於篆刻，早歲在北京爲陳寶琛、寶熙等碩學所激賞，延譽士林間，聲名籍甚。民國初年，嘗在北京政府任職。四十年代初，執教於南京中央大學中文系。日寇敗退，一度返回福州，主賀自畏家，里中書畫篆刻同好，若潘主蘭先生等，暇必詩酒言歡，相與論藝，曾謀爲社集，楓谷携印作至，縱談往往竟日。旋復移寓上海。剛解放，入華東革命大學研究班學習。既結業，分配在華東軍政委員會印鑄部門工作。時公章皆用宋體字，亦不講求印藝之章法、刀法，所長無以展布。未幾發現胃癌，越年乃卒。

其書各體皆工，尤精小行草，風致與李北海爲近；端楷出入小唐碑，備極遒麗；篆宗吴讓之，得其圓勻雅逸。篆刻取法鄧石如、趙之謙、黄牧甫諸家，而能融會變化；白文多出漢鑄，筆方意圓，饒有静穆氣象；朱文印章法茂密，用刀嫻雅，或剛健遒勁，或秀挺婉約，並臻妙境。邊款精到，跋語尤佳。嘗論用刀曰：『鋒無利鈍，字要發毛，忌光滑也。欲使字畫發毛，刀須直立，以鋒向我，就字畫逼之。偃刀不特無鋒，且能使筆筆流滑無味，與發毛相去甚遠。凡庸于作印，往往用刀摩盪往來於一畫之中，類磨礱然，治印而染此習，則萬劫不復矣。』見所著《楓谷語印》中。此作凡六千二百餘言，不乏精到見解，曾分載於抗戰時李釋堪所編《學海》期刊中。偶作山水、墨竹，皆楚楚有致。

楓谷周甲之慶，詩人陳兼與（聲聰）贈詩五首，其第四首云：『斯文有衰盛，多藝寧謀身。晚愈躭刻劃，彌覺石可親。左右摯黃趙，上下窺漢秦。使刀若使筆，下筆何其神。於焉小天地，光景能常新。舉隅三十五，言印妙無倫。此道今少衰，誰歟老斲輪。但恐奪詩力，徒使傳印人。』蓋惜其偏嗜於篆刻，而疏於吟詠也。

陳兼老曾著《兼于閣詩話》一書，內有談楓谷詩者，略云：『昔居京師時，文字之游，與郭楓谷（則豫）最爲密契。前後爲谷社，爲七人畫社，皆與君同之。君才藝以各體書爲第一，篆刻次之，詩亦一往清泠。其殘篇剩簡尚有留者，如《題松峰武吕柳攝影》云：「柔條暗裏長芳菲，短短韶華旋即非。淺暈生春依此水，微醺向晚正斜暉。行軒馬埒千鞭集，閣道蜻簾一篴飛。舊種漢南君莫問，只今樹盡不成圍。」《題醉葉樓秋禊圖四絕句》云：「意裏樓臺結構奇，落霞秋水費尋思。千金一紙難論價，賺得時流爲賦詩。」「樓前草木盡傷秋，獨有霜楓挽醉眸。解意有人能寫照，老夫名字畫中收。」「不醉佳人錦瑟旁，枉勞公子作重陽。披圖欲問明年會，可許先生也乞漿。」「人間萬事總虛空，過盡觀場短夢中。豈獨桃花生聖解，壁間霜葉十分紅。」』詩不備引。

其書其印其詩孰爲甲乙，不免見仁見智。曩年，余有幸獲交楓谷先生摯友潘主蘭、陳兼與兩老，並得聞其舊事，且惠印拓；又荷郭先生印弟子黃永年教授致函提供資料，因略加裁綴，命筆成此。

（一九九五年十月二十日）

荔水鄰居　賀抗長壽　寒起樓　个中真趣　兼與　客子光陰　別茶人

六二　周希丁

周希丁（一八九〇·十·十九——一九六一·十·四），原名家瑞，又名康元，以有志宏揚丁龍泓印藝，遂改今名，號曰墨庵。江西金谿人。

七歲從伯祖學治印，取徑丁敬、鄧石如。弱冠以後，旅食都門，以摹拓之術見譽，博物館及收藏家，争相羅致傳拓藏弆，曾手拓故宫寶藴樓、武英殿，及上虞羅氏、閩縣陳氏等藏器數千事，並及甲骨、玉器、陶器、錢幣、璽印、封泥、石經等金石文字，由是盡諳古人款識鑄鑿正變之迹，壹以通於治印。以覃研八體六書之學，又復遍摹周秦漢晋以來璽印，及明清篆刻高手之作，藴蓄既深，故一篆石奏刀，無不寖寖窺古。柯燕舲謂其所刻『得淵雅茂美之致，無偏宕之弊』；孫壯則以『氣韻大雅，絶少時習』，『不求古而自合於古』稱之。一九四三年，輯其三十餘年所刻印稿，選其尤者凡千餘方，成《石言館印存》影印行世。其傳拓銅器立體形象也，陳介祺《簠齋傳古别録》雖開其端，至希丁實始集人成。爲求透視準確，一九一五年參加畫法研究會專事深造。陳邦懷評云：『審其向背，辨其陰陽，以定其墨氣之淺深；觀其遠近，準其尺度，以符算理之吻合。君所拓者，器之立體也，非平面也，前此所未有也。』近世金石書中所用拓本，凡旁有『希丁手拓』、『金谿周康元所拓吉金文字印』、『康元傳古』印者，皆其手拓。至希丁繪事，以繪畫古銅器物爲見長。一九二一年，北京師範大學曾禮聘以講授炭畫云。往昔常流連於北京琉璃廠者，無不知有『冰社』其名。此蓋易大厂、丁佛言、卓君庸、寶熙、陳寶琛、柯燕舲、陶北溟、羅復堪、齊如山、梅蘭芳、金城、姚華、周希丁等四十一人於一九二一年爲研究金石文字而創設者也。在琉璃廠五十四號賃屋八間，凡周末及星期日均作雅集。社中費用，由同人筆潤中提取二成付之。推大厂爲社長，希丁副之，具體社務，希丁實任其勞。切磋宴叙，一時稱盛，前後共歷二十載。希丁晚年，仍以墨拓及文物鑑定之長，服務於首都博物館。著作除前述印存外，尚有《石言館印存續集》、《古器物傳拓術》，均待整理刊行。逝世後，史樹青曾撰《悼念周希丁先生》一文志念，見一九六二年三月號《文物》雜志。其弟子傅大卣，治印墨拓，皆能傳其精髓。

（一九八三年二月二十七日）

墨盦五十以後作　喬鼎主人　鐈盦手拓　康元手拓楚器　張伯龍藏鐘鼎文字　丙子希丁手拓

六三　談月色

談月色（一八九一·十二·十九——一九七六·八·五），原名古溶，又名溶溶，晏殊詩有『梨花院落溶溶月』句，又温飛卿有『惟向舊山留月色』，遂字月色，以字行，晚號珠江老人。因行十，又稱談十娘。齋名梨花院落、茶四妙亭、舊時月色樓、漢玉鴛鴦池館。廣東順德龍潭鄉人。

弱齡出家爲廣州檀度庵比丘尼，法名悟定，聰慧得師歡，除課佛典外，兼以書畫授之，尤耽畫梅。民國初年，廣州部分名士每喜涉足禪門，雅集揮毫，聊吟暢詠，而繼以齋宴，此一時習尚也。順德蔡守，字哲夫，一八七九年己卯八月十一日生，少有才名，年十七赴滬入震旦學校習法文，能詩，爲南社社員，復擅書畫篆刻，於金石碑版、骨董圖籍之屬無不精諳，可稱博古之士。暇時常與趙藩、李根源等輩作庵寺之游，月色見而慕其學，頻以文藝請益，因所嗜同，感情日洽，久之有結鴛盟想。哲夫固有妻，夫人張傾城亦能印，名載《廣印人傳》。月色爲覓得風雅同調之夫婿，毅然還俗，且甘屈爲副室，在七十餘年前，如此挑戰世俗，其勇氣可謂不小矣。作伐者爲畫家程大璋、詩人高天梅，聘禮聞乃珊瑚盒中盛以漢玉鴛鴦云。時哲夫年四十四，月色三十二歲。宿願既償，遂致力藝術，除續攻墨梅外，習瘦金書，哲夫又授以全形墨拓之技。治印雖婚後始爲之，然哲夫爲此中老手。著有《印林閒話》，啓蒙誘迪，加之家藏譜録及金石拓本不鮮，可資研索，轉瞬已登堂入室。蘇曼殊贈詩云『畫人印人一身兼，揮毫揮鐵俱清嚴』，似非過譽。亦事吟詠，厠身於南社。以哲夫之廣交游，又得衆多南社同仁之揄揚交譽，數載之間，聲譽雀起，有以宋趙明誠、李清照伉儷故實美之者。

哲夫家非富有，晚年尤困厄，雖所藏吉金樂石、圖書法帖，觸目皆是，客至可觀賞永日。然不事生計，家用間不給。據粵中老輩云，月色頗善持家，囊有餘錢時，每往糧油柴店賒物，旋即還款，以是取信，至真箇阮囊羞澀時，憑往時信用，仍可暫賒也。俱見苦心。一九三一年，謝英伯主廣州市立博物院及黃花考古美術研究院，分別聘月色爲發掘專員及研究員，並與哲夫共同主持東郊猫兒崗漢墓發掘工作，事載黃花考古美術研究院刊行之《考古學雜志》創刊號。越三年，夫婦又於白雲山小梅坳訪得明末歌者張二喬墓志及百花冢、妝樓等石刻，倩張金墨拓以存，並鎸印用紀其事。其熱心鄉土文物類此。一九三六年，哲夫應聘北上任南京博物院書畫鑑定研究員及國史館編修，其間曾舉辦夫婦書畫篆刻展覽，馳譽一時，求書畫篆刻者踵接。時一九三七年初，黃賓虹先生亦應聘在南京博物院鑑定字畫，良師密邇，月色請教無虛日。惜好景不長，翌年南京失守，日寇屠城，倉皇出走，避難於當塗白紵山，備歷艱險，越歲始回南京，賃廡鼓樓二條巷，榜曰『二條一廛』。哲老經此一役，心身疲敝，心臟時感不適，卒以一九四〇年十二月十四日下世。月色哭之慟，並爲編次詩詞之什曰《寒瓊遺稿》，醵資刊行，所發小啓有云：『先外子漂泊四方，坎坷一世；杜子美放歌巴蜀，傷亂爲多；屈大夫澤畔哀吟，憂時實甚。付諸剞劂，聊以闡幽，禍及棗梨，未嘗計慮。但子雲受生前覆瓿之譏，而簡齋有死後搜瘢之喜，固有非未亡人所敢雌黄也。』日既敗退，印鑄局重設南京，月色以專才獲聘用。一日赴局辦公，所藏蘇曼殊畫爲賊所竊，憤而繫之以詩：『憶昔戊寅春，難後返神京。二條卜一廛，風雨對寒檠。壽茶珍品列，所藏皆吾瓊。中有曼殊畫，世尤傳其名。孰意丁亥秋，君子胠我籯。其心良可鄙，其行甚賊兵。戊子春回住，人事苦相縈。慢藏固誨盜，君子胡自輕！』

月色晚年，以藝苑耆英受尊重，聘爲江蘇省文史館館員，敬老崇文，生活有托，並三次在江蘇省美術館舉辦個展。先後被選爲全國婦女代表大會代表、省政協委員、南京市人民代表等。

余與月色未嘗識面，以老輩之介，一九六三年曾就蔡哲老史事叩詢，蒙詳函示，並附及其本人經歷、印刻，謂其印存曰《茶丘印草》，並編有《茶丘契闊》、《中國梅花畫發展史》。動亂既作，音問遂絶。

在其五十餘年之篆刻生涯中，雖歷憂患流離，而猶鍥而不捨，至爲難得。沙孟老《沙邨印話》云：『月色故以畫梅著稱，余但知其能詩，未知其並能印。近來時獲讀所刻印，下筆有法度，蓋得哲老與賓虹之指授者。』治印能『下筆有法度』，殊不易也。初習印當先摹古，其時亦必有哲老篆稿或自篆而經哲老修改之作；一九三〇年有幸師從福庵先生，所擬漢白文印莊穆渾厚，而作細朱文印復秀逸雅静，其習見酬世之作，率多福老風致。後親炙黄賓翁，又於古璽得其入處；然獨具面目，實爲瘦金書入印。沈禹鐘《印人雜詠》詠月色一首云：『韻事紅閨似仲姬，僑蹤老向白門羈。瘦金字認談家印，比玉分書未足奇。』所見甚確。

（一九九四年六月三日）

黃賓虹　力争上游　甲戌九月廿七日喆（哲）夫月色訪得百花冢孟陽題字　小林智生　蜨蕪齋

六四　喬大壯

喬大壯（一八九二·二·十四——一九四八·七·三），本名曾劬，以字行，亦字壯殹；別署伯戢、勞庵、橋瘁、瘁翁、波外翁等。所居曰波外樓、戢翼齋、酒悲亭、永夕室。四川華陽人。

祖茂蘐，清末任學部左丞，戊戌政變失敗，六君子棄市，曾仗義收屍，頗有聲於時。大壯髫齡即受祖訓甚嚴，博習經史詩文。清季畢業於北京譯學館，精善法蘭西文。其書初學徐季海，後習虞世南《夫子廟堂碑》，復益以褚登善《倪寬贊》，秀逸婉暢，寓剛於柔，深爲同道所推重。尤長於詞學，唐圭璋先生譽爲「一代詞壇飛將」，抗戰時有《八聲甘州》云：「好江山笑我亂離來，依然未成歸。對巫雲千尺，吴船萬里，終古殘暉。三十年前鄉夢，人老事全非。除非寥天一，誰悟先機。客問魚鹽何處，付鷓鴣唤雨，朝暮霏霏。自東坡仙去，回首賦才稀。不堪看新亭風景，信轉蓬蹤迹與心違。蒼茫裏，忍神州淚，莫灑征衣。」感事傷時，極蒼涼沉鬱。所著有《波外樓詩》四卷、《波外樂章》四卷，皆已梓行。

性謹飭，與客言恒正襟危坐，論事不臧否人物。然不遇於時，曾先後供職土地局、經濟部、監察院，徒以文書筆札爲人見稱，所藴無以展布。是以居常鬱鬱，中歲喪偶，益酩酊遣日。酒酣則放歌縱議，一反平日所爲。後棄椽曹，改就中央大學之聘，講授中國古典文學。抗戰勝利隨校東歸。中文系發生教師解聘風潮，壯翁以去留爲解聘教師力争復職，無效。一九四七年夏往依許壽裳，任教臺灣大學。壽裳固壯翁譯學館時師也。未幾，壽裳以稱揚魯迅爲反動派所不容，慘遭暗殺。壯翁有詩輓之：『祭酒承南閣，移文踵北山。稀齡餘好學，九折尚生還。豈謂游蹤遠，終丁世路艱。抽刀真一瞑，讀史涕潺湲。』『四十三年事，明明過眼纔。蘭閣偶彈指，華省屢追陪。昨話旌招舊，今班紼唱哀。門生搔白首，且晚骨同灰。』壯翁後繼其師爲中國文學系主任，而心境益劣。迨暑假買舟南京，解聘風潮糾紛未了，流言傳至壯翁耳中，更增憤慨，隨即離寧赴滬，留詩高足蔣維崧云：『此行不是無期別，試向初平覓道真。』已決意辭世。預署家事畢，遍詣親故，酬酢自若，即赴蘇州，以其地靈巖寺有火葬，而壯翁亦學佛，遺書『速赴火葬』，更留七絕絕命詩曰：『白劉往往敵曹劉，鄴下江東各獻酬。爲此題詩真絕命，瀟瀟暮雨在蘇州。』遂以風舉身，自沉於梅村橋下，年僅五十七耳。聞壯翁三代皆自沉死，殊可異也。

壯翁治印始自一九一六年，及其歿已三十二載；四十以前多不留稿，自一九三八年入蜀後方事拓存，逝世後友人輯其遺刻五百六十四石成《喬大壯印蛻》二册，以玻璃版影印行世。

壯翁之印，以得於牧甫之銛銳挺拔爲多，亦博涉璽印、封泥，時有豪雄之致。徐悲鴻於一九三五年聘之爲中央大學藝術科教授，講授印藝。壯翁所撰《黄牧甫先生傳》嘗云：『近世印人轉益多師。固已，取材博則病於蕪，行氣質則傷於野。』頗切中其要。晚年厭爲貴官治印，聲言不再刻名章，其《自書印草後》云：『蟠扁虬圓詎足多，昆吾遠矣謝礱磨。欲劖破虜將軍印，生不逢時可奈何！』於兹可見其政治態度之一斑。壽石工曾云：『喬伯戢喜橅牧甫，意在清勁一派』，並詠以詩：『眉山詞緒子山文，後起真堪張一軍。更向黟山低首拜，清剛二字總輸君。』不獨論印，且兼及其詩文。沈禹鐘《印人雜詠》云：『游刃恢恢金石開，湘纍一水事同哀。樂章枉使存波外，按魄銷魂惜此才。』蓋痛其中年夭折也。

（一九八二年三月七日）

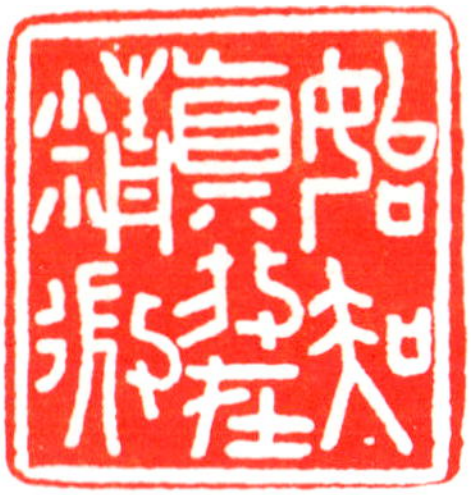

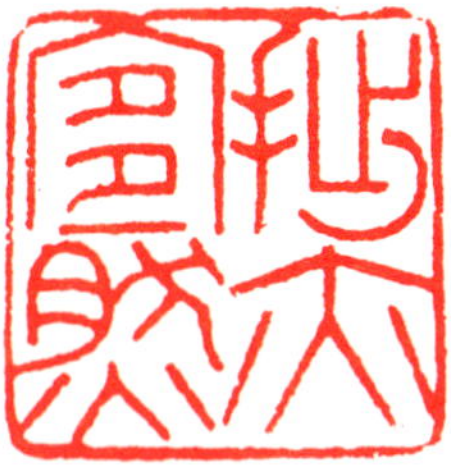

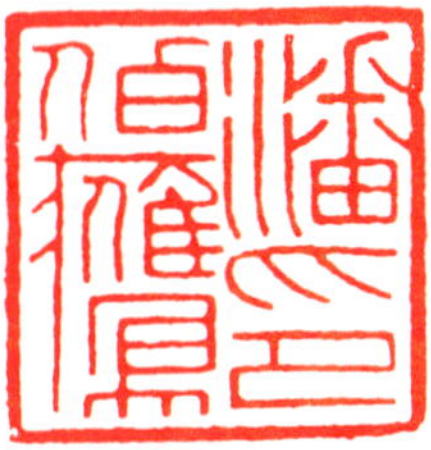

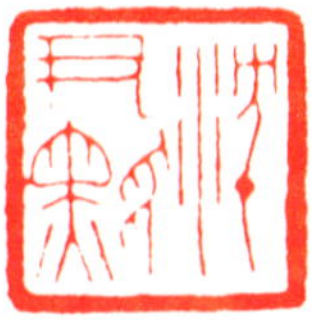

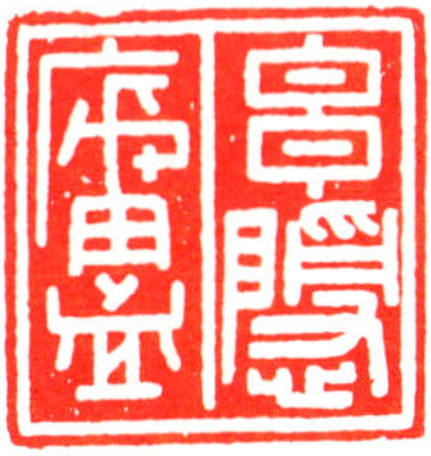

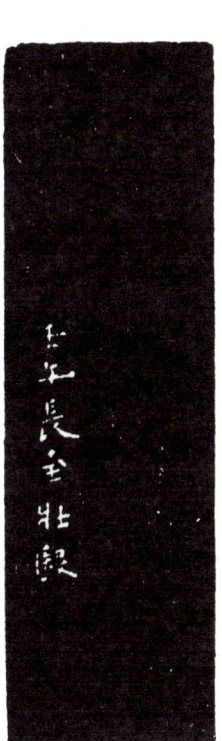

始知真放在精微　拙亦宜然　素薇山館　潘伯鷹印　沈尹默　玄隱廬

尚 行嚴辭翰 章士釗印 潘君

六四 喬大壯

六五　馬公愚

馬公愚(一八九四·一·五——一九六九·二·二十一),本名範,字公禺,後以禺字較僻,遂於禺下加心爲愚。鄭逸梅先生嘗戲之云:公真有心人也。以字行。晚號冷翁,别署畊石簃主。浙江永嘉人,寄籍上海。

其家自乾嘉以來,世代以藝事馳譽,冷翁曾鎸『書畫傳家二百年』以自詡。幼承家學,工詩文,擅書畫篆刻,有藝苑全才之目,與其兄孟容一時競爽。自一九一二年起,即任學府講席,桃李滿海内,外籍人士亦有慕名從游者。一九一二年創辦永嘉啓明女學,一九一四年設東甌美術會,一九三〇年一月與兄孟容等主辦中國文藝學院(五月改名中國藝術專科學校),復任存德、勤業兩中學董事長,抗戰勝利後爲上海美術會理事、中國畫會理事。孟容早卒,冷翁乃獨步海上。飄然美髯瀟灑如畫中人。與金石家褚德彝同居襄陽路頤德坊,頗得切磋之樂。書齋積楮累累,墨盎筆架,縱横於案頭,孜孜矻矻,迄無暇晷。客有登其樓者,冷翁莞爾曰:此余工場也,有濆芳躅矣。患失眠,置小型之鐘於枕畔,左右各一,聽之入睡,因自戲稱爲『二鐘居士』。

其書篆隸真草並有時名。篆得力於秦公簋、秦詔版;隸融會《張遷》、《史晨》二碑碣,雍容渾厚;真草初習搨叔,後取法鍾王,於《宣示表》、《黄庭經》並有深契,氣息醇古;草書喜擬爲章草。所作榜書、碑碣,遍大江南北。畫則多繪紫蟹黄花，亦間作山水，皆超逸簡淡，似不如書法之精熟矣。金石篆刻，功力尤深。早爲西泠印社社員。泠翁嘗言：『摹印之道，豈易言哉！必精研六書，飫覽古璽印及一切金石文字，融會貫通，識力兼臻，始足以語此。俗工僻晉無論，已號爲印人者，尠不囿於習染，管闚錐指，師宋元、師浙皖、師近人，胥沾沾自以爲入秦漢之室，其去秦漢不知幾何里也。夫摹印之難，在篆不在刻。古者璽印用金玉，篆與刻異手，篆者士人，刻則工匠。自花乳石興，士人始兼事篆刻，顧漢以前人皆習篆，其作印也，純出自然。後世書體既變，篆法茫昧，縱抗心希古，終難吻合，勢使然也。南越人傚燕趙語，安能及燕趙小兒耶？故元明諸家，全非秦漢面目。清人有志復古，以識見隘，未能深造。地不愛寶，近百年間，古器、璽印、封泥出土猥多，學者眼界一擴，于是悲盦、苦鐵，異軍突起，悲盦擬古以光潔勝，苦鐵以蒼老勝，皆度越前人，别開生面。』（《復戡印集序》）識見既深，形諸鐵筆，鬱勃有奇趣。

沈禹鐘《印人雜詠》詠之云：『退筆堆墻老未休，白眉才藝壓時流。秦時小璽參應遍，玉印還從漢法求。』以淵源周秦小璽及漢玉印爲説，可謂獨具隻眼。余謂泠翁深契秦詔版，雖擬漢玉印，而秦詔峻厲奇崛之意存焉；擬漢鑄白文印，亦渾厚古蒼。上海書畫出版社新出《現代篆刻選輯（三）》，收其印刻五十餘方，可見印風之一斑。黄符偵叟謂其印『無一筆一畫落入宋元皖浙之巢臼』，孫德謙於一九三〇年序其印譜有言：『公愚鉥自精，累累何富，通解牛之術，硎發若新，準集狐之方，成裘乃易。重以往在弱年，曾從鄦宗仲容徵君詒讓游，親稟師承，飫聞書法，幾黄門之李喜，能修舊文，如元亨之劉棻，應知奇字，則其嫻於石刻，洵足班班名家也。』均爲的論。

一九五六年，上海中國畫院聘爲畫師，又預中國金石篆刻研究社社務，即至高齡，猶親楮石，彌足敬佩。余曩游滬濱，承熱情招飲，餉以温州佳味，席間暢談書刻，時有雋語，瀕行並以所臨《石門頌》書軸相贈，盛意至感。聞著作甚豐，有《書法講話》、《書法史》、《公愚印譜》、《畊石簃雜著》、《畊石簃墨痕》等，除部分已梓行外，諸稿皆藏於家云。

（一九八二年十月三十一日）

蔡元培　同心幹　換了人間　斷橋殘雪　晏之敖　藕（麯）院荷風　越園　修辭立其誠　王静安　越園書記

六六　容　庚

容庚（一八九四・九・五——一九八三・三・六），原名肇庚，字希白，初號容齋，後改署頌齋。頌，古容字。所居曰甑習蔽閭室、五千卷金石書室。廣東東莞人。

祖若父皆博雅能文。早歲失怙，家遂中落。四舅鄧爾雅以書法篆刻聞於時，館於其家以授先生及其弟千秋、肇祖。從叔容祖椿爲居古泉高弟，擅隔山派花鳥。故先生少時即得舅叔之教，能書畫篆刻。中學畢業後，留母校東莞中學任教。課餘仍從舅氏深造印學及文字學。在古文字研習中，深感吴大澂《説文古籀補》資料未備，且出臨寫，字形與拓本有間，不足以適應日益專門化需求，因廣購金石書，擬分別類編殷、周、秦、漢文字。一九二二年北游京師，以《金文編》初稿求教於羅振玉天津寓齋，頗蒙朂許，經羅氏推介，破格取録爲北京大學研究所國學門研究生。一九二五年《金文編》寫定，羅氏爲梓行之。燕京大學延爲襄教授，主文字學課；旋升教授，並任《燕京學報》編輯委員會主任，復兼古物陳列所鑑定委員，得以摩挲故宫所藏銅器，先後成《寶藴樓彝器圖録》、《武英殿彝器圖録》。北京文物薈萃，先生不斷勤求，數年間成《秦漢金文録》、《頌齋吉金圖録》、《海外吉金圖録》、《金文續編》、《善齋彝器圖録》等書。後更以積年心得，於一九四一年成《商周彝器通考》，世之治學者，莫不奉爲經典。日陷北平，蟄居東莞會館，以繪事帖學養晦。一九四六年南歸，受聘於廣西大學，未及到職，即以嶺南大學之請還居廣州。一九五二年，改任中山大學教授。返粵後以接觸新出金石資料不多，及致力書畫、碑帖，先後成《頌齋書畫小記》、《歷代名畫著録目》、《叢帖目》，每種均百餘萬言。先生治學勤奮，自少至老，黎明即伏案讀書著述，十數小時不倦，十年動亂，身處逆境，亦不稍懈。刊行專著近三十種，論文數十篇，已輯爲《頌齋述林》。餘暇揮翰，特擅金文，蒼藹蘊藉，如對君子。被選爲中國古文字研究會理事、考古學會名譽理事、中國書法家協會理事。賦性質直，略無城府，絶不作違心之言。四凶强令『批孔』，先生憤然抗斥，雖備受摧殘，亦不改其初意。人有所需，輒無私相助。郭沫若羈旅東瀛時，治古文字苦無書籍，以『未知友』致函求假，慨然郵與，並對所著坦陳所見。對弟子之關愛，更無論矣。吾輩唯有時加策勵，力求無負師期。晚歲，盡獻所藏殷周青銅器九十餘件、書畫千餘種，藏書數萬册歸諸公庫，高風足式。

先生治印，始自髫齡，時舅氏方致力鄧石如，後私淑黄牧甫，先生所作亦隨之移易。北游後多見古璽印，治石即從流派好尚而直追前古，嚴整典雅，精致無匹。雖仿古璽，亦端工清麗，不作支離破碎。中歲忙於著作，鐫石遂疏。先生以治印爲其治文字學、金石學之起點，故數十年間不忘初步，得見佳譜佳印，必設法羅致，藏弆甚豐。所著《雕蟲小言》，一九二〇年以容容齋署名發表於《小説月報》十卷三、四號，此爲先生最早刊布之著作。一九二三年增訂，又刊於《社會日報》，凡四十三段，九千五百餘言。首述學篆之道，謂印人『未有不習篆書，不通《説文》，徒攻乎石而能以篆刻自矜者也』。又云：學篆『古文當以三代彝器款識爲宗，石鼓副之。小篆當以秦碑、權、詔版，新莽量布爲宗，李陽冰篆書副之。』並以爲：『名印朱文仿周秦小璽、漢封泥，白文仿漢印，此正軌也。間參以鐘鼎彝器、鏡幣、瓦甓之意，尤覺古茂可愛。』文中述學篆與治印之關係、治印之方法，及參考書籍甚詳，最後舉近代名家趙撝叔、黄牧甫、吴昌碩、鄧爾雅以殿其篇。《東莞印人傳》刊於一九二一年，與弟肇祖同輯，收自明至近代東莞印家十九人，小傳下以原名鈐印附焉。一九二七年，擬編集《蟲書印存》，於古譜中選取鳥蟲書印製版鈐拓，惜僅集二十八印而止。先生藏印及自刻印，皆未鈐譜流傳。

（一九八三年三月二十七日，後作增補）

容祖椿字仲生又字白盦

六七　趙鶴琴

趙鶴琴（一八九四——一九七一），字惺吾，晚號臧暉老人。所居曰鵝池軒、臧暉廬、陶真樓。浙江鄞縣人。爲趙叔孺先生從姪。

少嗜書法、篆刻、繪畫，均得乃叔悉心指授。並擅篆隸真草四體；畫則山水、人物、花卉皆能，以畫馬最爲人所見稱；尤以篆刻馳譽藝壇。與之同時問業者，有陳巨來、方介堪、葉潞淵、張魯盦，俱以治印名於時。惺吾不獨長於藝術，兼精中英文字，自壯年及中年，長期充任外交官王正廷蓮幕，襄辦文牘，故於藝事，實乃業餘之嗜耳。四十年代後期南來香港，任職南洋紗廠，專司棉花評選鑑定工作。以性之所好，稍有暇晷，仍耽藝事。一九五六年，趙叔孺先生逝世十一周年矣，惺吾與同門程祖麟，及書畫篆刻界先進張大千、馮康侯、李研山、趙少昂等聯名發起舉辦趙叔孺先生遺作展，出版紀念專輯，出力出錢，勞績卓著，其尊師重道之至意，人多稱之；而於香港書畫篆刻藝術之推動，亦有積極影響也。一九五九年，新亞書院增設四年制藝術系，需聘書法篆刻教師，惺吾素癖於是，遂棄南洋紗廠之豐厚待遇，改任教職，其爲藝術教育而犧牲之精神，至足佩仰。平素對學子諄諄善誘，傾其所知以告。又於家中爲中外之嗜此道者傳授書畫篆刻藝術。一九六〇年十一月，於香港聖約翰堂舉行師生藝術展覽會，除自作外，所有在港學生，不論在新亞書院攻讀，或私人從學者，均與焉，旨在培植後學，激勵來茲，用意甚善。一九六八年以年老退休於藝術系。翌年夏，復於所居創立書畫刻三藝學社，以爲從學者之高級研究組織。晚歲治藝至勤，晨起必臨池，寫碑帖一過；午前治印一鈕，午後寫畫稿數則；夜分讀書，日以爲常。秉性曠達，嘗自書楹帖懸於室，文曰『鶴寧不舞，琴自無弦』。其品格襟懷，於茲可見。

治印嚴守叔孺先生矩度，所作古璽、漢白文印、元人朱文印及邊款等，均極肖似，氣息渾厚，功力深湛，只樸茂淵雅稍遜叔孺先生一問耳。居港二十餘年，作印凡千餘方，輯成《臧暉廬印存》十卷，待刊。在新亞書院藝術系任教時，編有《現代篆刻學》講義三十餘章，嘗在李潤桓兄處見有不全本，曰概論、研究的程序、許氏説文的部首、四體書的演變、繆篆與小篆、篆刻的方法、刻法與刀法、篆印的結構和布局、姓名文字的排列和寫法、邊闌與界格的形式與刻法、印石的種類與鑑別、印章邊跋文的款式與寫法、刻跋的刀法與刀勁、篆刻的四品和六要、印石剖琢的工具和方法、刻字刀種類、鐘鼎彝器文字等，皆手自以蠟版刻寫，俱見任事之認真。

以精審而言，余寧取平昔之邊跋，如云：『治印本書法，而刀法其末耳。浙宗偏重斧鑿，已失天籟，令人更臧本性，濫肆斬斷是尚，故所作益見醜陋。』『漢印椎鑿法似偏而中，似奇而正。挺勁恣肆，不可仿佛。』『秦漢印寓刀法於筆墨，故自淵穆渾厚。後人急就，只逞鋒鋭，捨本逐末，遂病粗淺。』『篆刻功夫，只在書法。能書自能刻，初不必問刀法也。繪畫亦何獨不然。』『古人作書畫篆刻，無不樸厚。蓋半由功力，半由性情，更須平素修養耳。』『筆畫使轉有頓挫，始見風韻。』『印文邊旁重出，宜斟酌分布，變化篆法，使無滯累。』每則雖三言兩語，頗見印學之造微。

（一九八三年一月九日）

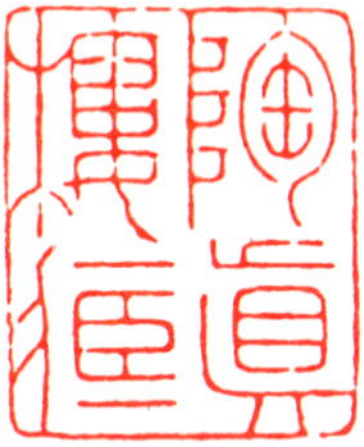

陶真樓藏　中一長壽　得失寸心知　惺吾困學　吾將此墜（地）巢雲松　臧息軒

六八　董作賓

董作賓（一八九五・三・二十——一九六三・十一・二十三），原名作仁，字彦堂，又作雁堂。河南南陽縣人。因仰慕其鄉先哲張平子衡，故顔所居曰『平廬』。

六歲入私塾接受傳統語文教育，前後凡十載，課餘則助其父經營小本生意。一九一八年至開封入河南育才館就讀。始知安陽出土甲骨文字。一九二三至一九二四年進北京大學研究所國學門爲研究生，除攻治甲骨文字外，兼及考古、方言、民俗、檔案等諸學。一九二八年中央研究院歷史語言研究所成立，任編輯員，主持殷墟第一次發掘工作。旋晋升研究員及代理所長等職。十年間，躬與安陽小屯、侯家莊等處考古發掘十餘次，其間亦嘗赴山東城子崖等地參與發掘工作。於現代考古發掘，貢獻孔多。因其每事親歷，又留心地下埋藏與出土坑位等情況，故其有關甲骨文研究專著，多刊諸發掘報告之中，主要有《新獲卜辭寫本》、《殷墟文字甲編》、《殷墟文字乙編》、《殷曆譜》等。而最爲學術界推崇者，乃一九三三年所撰《甲骨文斷代研究例》，系統提出甲骨文分期確定時代之標準有十，即：世系、稱謂、貞人、坑位、方國、人物、事類、文法、字形、書體等，並以此標準，分盤庚、小辛、小乙、武丁兩代四王爲第一期，祖庚、祖甲一代兩王爲第二期，廩辛、康丁一代兩王爲第三期，武乙、文丁兩代兩王爲第四期，帝乙、帝辛（紂王）兩代兩王爲第五期。此爲甲骨學上之一大創獲。郭沫若《十批判書》曾云：『繼王國維之後，在這一方面貢獻最多的，要算董作賓。』故言甲骨學，世有『四堂』之説，即：雪堂羅振玉、觀堂王國維、鼎堂郭沫若、彦堂董作賓是也。

一九二五至一九二七年，先後在福建協和大學、河南中州大學和廣州中山大學任講師、副教授和教授。一九四八年被選爲中央研究院院士。一九四七至一九四八年曾受聘爲美國芝加哥大學客座教授。一九四九年以後兼任臺灣大學教授。一九五五至一九五八年任香港大學、崇基書院、新亞書院和珠海書院研究員或教授。後卒於臺灣。

先生治學之餘，喜寄興於書法篆刻。所書甲骨文書法，巨幀小品、聯扇屏幅，無所不具。皆挺秀古雅，參伍錯綜，令人如讀殷商卜辭。然主張『舊瓶新酒』，『用古文字，作新篇章』，因甲骨文字數約四千許，可識者不過一千五百左右，以之書寫詩文，部分字須借用『初文』，有些字則宜利用『假借』，不應處處以學術原則，過多限制指摘，使書家不敢下筆。其所著《甲骨文書法》作如是寬鬆之説，蓋藝術創作不必字字皆出共識也。

先生之治甲骨，其發軔多少與少時喜爲習印，具篆學基礎有關。所作《平廬印存·自序》云：『余少也賤，家本寒素。對門周姓爲刻字匠，兄弟二人，余呼之曰周四爺、五爺者也。兒時習觀周氏兄弟刻劃，有時見其爲人治石章，每把翫不忍釋，苦力不能致，乃撿瓦片之厚而緻者磨之成小方印，輒以鐵錐子剜之，粗成文理。周氏有《篆字彙》，每假以觀摩。余之治印興趣，自兹始也。稍長，助先父營商業，則購壽山石售之，且擇其美者饜己之欲。常夢得多石印，極良，喜出望外，醒則又懊喪無端，其嗜之深如此。……民五（一九一六）游汴，始知篆書中有《説文解字》，而印有浙皖之派也。民十一（一九二二），就學北平，始知《説文》而外，尚有古文大篆、金石甲骨，印亦上溯漢秦，交游中不乏治印名家。至此，自視已往之作，不禁爽然！刀筆之技，退藏於密，不敢輕於嘗試矣。』後以忙於卜辭研究，治印僅偶一爲之。

傳世作品，據《自序》云，尚有《西廂印譜》，蓋四十七歲前所作，惜已不易得見。《平廬印存》乃五十三至六十歲間自鐫印之結集，收印九十餘事，皆學養湛深，印藝嫻熟時期精品。『行年五十』、『作賓啓事』最得甲骨情致；『旦冏造象』取法金文；『作賓之璽』、『壽曼』兩方，則又古璽之遺也；『勞榦』一印直入漢人鑄印堂奥；而『流寓巴蜀』、『傅斯年』兩作，極具漢鑿風神，『流寓』一印乃紅豆木鐫成，驅遣一如花乳，尤爲難得；『廉立散儒』，似又略近晚清讓翁也。可見飽學之士，含英咀華，無施而不可。朱熹詩云：『問渠那得清如許？爲有源頭活水來。』信焉。

（一九九四年九月九日）

傅斯年　旦冏造象　勞榦　流寓巴蜀　廉立散儒　壽曼　行年五十　作賓之鉢　作賓啓事

六九　徐文鏡

徐文鏡（一八九五——一九七五），號鏡齋，别署問徑，蓋文鏡之諧音也。筆名有徐大悲、徐孃，晚號鏡齋老人。祖籍浙江臨海，世居杭州。父月秋公，仕宦人家，精詩詞音律，以擅琵琶聞於時。鏡齋幼時與長兄元白隨父讀書，通經史百家，并嫻詩文，兼長書畫。曾從大休和尚習琴，兄弟不獨諳鼓琴，且可按古制斲製新琴，爲琴壇所矚目。杭州爲西泠印派發祥地，藝風瀰漫，鏡齋自少耳濡目染，雖非西泠印社中人，然幼即操刀習刻，所鎸已爲長輩所稱。年三十三，先後輯自刻印爲《鏡齋印剩》四册及《大雅社印譜》三册，其擬古璽者固離合有倫，自然錯落，優入春秋戰國之室。『老農』一方，署款紀年爲『丁卯』，蓋一九二七年也。『定礎草書』、『紫泥山館』兩印，亦妙於虛實，使刀如筆，别具韻致，足見當年印藝已卓爾不凡。其中歲以後之作，經多時尋訪，竟渺不可得，因其病目不便奏刀有以致之耶？抑别有他故？莫知其詳。

一九三二年鏡齋仕事於河南開封，即着手纂輯汪立名《鐘鼎字源》、吴大澂《説文古籀補》、丁佛言《説文古籀補補》、容庚《金文編》、羅福頤《古璽文字徵》、商承祚《殷虛文字類編》等六書爲《古籀彙編》，俾便同好研求。兩載書成，由商務印書館行世，時年四十歲。此書前有叙及凡例八千言，對所采文字皆加細密論析，並以『隸古定』體式，用楷法書之，非深於字學，曷能臻此！斯與僅憑剪刀漿糊以成書者，確不可同日而語。

《古籀彙編》問世後翌年，國府印鑄局即禮聘爲技正，專司官印布篆之職。一九三九年抗戰軍興，隨政府西遷，與同客其地印友曾紹杰等多有往還。後見當地硃砂、艾葉較易羅致，即以所知古法反復研製，竟獲成功。據聞與西泠印社出品有若干淵源關係，爲吴敬恒、傅抱石等名流所樂用，取名『紫泥山館印泥』，曾風行一時。其説明所列優點有八：一、明爽潤潔，色澤鮮艷；二、品質優良，永不變色；三、胎絲細長，通體柔韌；四、研調匀細，脱缸脱印；五、夏不透油，冬不凝凍；六、水浸不融，火炙不變；七、大印厚滿，小印清晰；八、連續鈐蓋，不滯印文。惜徐翁故後，繼作無人，此一文房佳品，遂成絶響。

居蜀八年，日對雲樹煙巒，身處畫圖之中，曾以所見所感繪成《須彌芥子》山水册頁十六幀，並各配以詩，有云：『此是當年出峽圖，寒林樹樹夜啼烏。長煙不爲秋來減，千里江陵淡欲無。』『蜀山蜀水天張錦，巫峽巫峰氣轉秋。雲雨荒唐元宿夢，江湖棲息亦清流。』『絶頂横琴閶闔開，泠泠弦上走輕雷。天風過處清商起，時有漁樵問客來。』『自磨新墨寫山春，面目匡廬雨後真。照我一彎泉似玉，始知明月是前身。』詩畫並妙，真徐翁旅川傑構也。戰後東歸杭州，於西湖南屏山下築半角山房，仍以藝事自遣。

一九四九年夏，居地已微聞戰火，乃隨衆南下廣州略事盤桓。嗣以目疾日甚，訪港就醫，遂棲遲是間，一住二十七載，以迄謝世。賃居九龍城内一小巷後，至是即打點生計，繼續製造印泥，除於所居門懸王福庵篆書『紫泥山館』匾額外，港中時有書畫展覽，遇有友好允予在展場寄售印泥者，亦每藉此以供同好選購。雖所入不豐，然安貧樂道，並盡己所能，竭力爲宏揚國粹藝術獻身不懈。香港向乏琴會之設，以徐翁之宣導，五六十年代在志蓮净苑、冷香仙館、雲臺等處，曾有多次盛大詩畫琴棋之雅集，每次蒞會皆有琴師、詩人、書畫家等勝流數十人，如饒宗頤、馬鑑、吴子深、陳仁濤、曾克耑、丁衍庸、柳存仁、王季遷等名家，俱當時之參與者。如斯嘉會，固爲海隅空前之舉，即在海内亦屬罕覯。琴韻心聲今已風流雲散，所作書畫現亦遍處四方，猶幸是時題詠，尚存去年新刊之周士心教授所著《談藝録・盲翁徐文鏡》長文之中。如徐翁《題梅花》云：『丙申（一九五六）炎夏，雅集志蓮净苑，蔡德允女士援古琴彈《梅花》一操，周士心道兄即席寫《梅花》一幀以爲贈，爰題一絶如後：「玉井山頭寫冷香，濂溪妙墨豈尋常。等閒若問梅消息，三弄瑶琴只斷腸。」』徐翁又以《滿庭芳》詞調另記雅集之盛況：『崔九堂前，岐王宅畔，人間那有春寒。賞心時節，花妒月兒圓。少長一時咸集，銀缸下，麝□吹煙。清商起，雙琴奏鉢，四座欲忘年。　哀弦長短恨，鳳鳴仙闕，珠落瓊天。況清詞浣雪，彩筆題箋。座上龜年頭白，傷春甚，醉態留連。更闌矣，天階小雨，輿夢過江干。』音律之精、辭意之雅，不遜宋人。雅集中，徐翁偶然興至，間亦揮毫作畫，雖視覺不甚清晰，然筆意跌宕，清氣滿紙，墨色或有不盡稱意之處，皆赢得在場觀者熱烈掌聲。一九五七年已有《西湖百憶》詩集梓行。一九六八年嘗發願將友好代録之《鏡齋詩存》付諸剞劂。一九七〇年底，由至交鼎力襄辦之繪畫個展，作品一百二十幅俱失明前佳作，琳琅滿目，頗受歡迎，四日即得款逾萬港元，若取其中十之一以付詩集印費當綽綽有餘，惜此事其後無人董理，遂成泡影，今遺稿存否亦不可知矣。

余之得知徐翁，早在少時獲讀其書，旅港後又於詩壇唱酬之什得聞其南來，而檢覽《印學年表》，復諳翁有印集傳世。月來捧誦《周士心談藝録》，對徐翁在文藝諸方面之出色建樹，更顯彰備至，佩仰無已。因就涉獵所及，秉筆記之。

（二〇〇一年一月十二日）

徐文鏡鉢　紫泥山館　柯璜之鉢　老農　定礎草書

七〇　王獻唐

王獻唐（一八九六·九·二十四——一九六〇·十一·十六），初名家駒，後名琯，字獻唐，號鳳笙，以字行，晚年别署向湖老人，又曰木石盦主（因得高南阜木刻『一琴一鶴』印及石刻七絶一首）。山東日照人。

幼在家塾讀書，畢業於青島高等專門學校及青島禮賢書院文科。早年，曾先後擔任天津《正義報》，濟南《山東日報》暨《商務日報》編輯、主編。一九二二年，國人收回青島主權，委爲青島督辦公署秘書。一九二九年調任山東省立圖書館館長，後兼山東古迹研究會主任委員。山東爲齊魯古國舊地，文物古迹至夥，先生鋭意搜羅整理，闢羅泉樓以展覽泉幣，建奎虚書藏以儲書籍文物，復傳拓所藏石經、封泥、古陶文字、磚瓦等，用廣流傳。在全國省級圖書館中，成績最爲顯著。對聊城海源閣藏書散失之善後，亦極盡辛勞。工作之餘，並兼任齊魯大學、山東大學教授，講授文字、歷史之學。一九三七年濟南告急，主持轉移善本經籍及書畫文物精品運蜀工作，免淪敵手，獻力良多。一九四〇年受聘爲中央國史館總幹事，旋以事繁獲準改任副總纂修，潛心著述。勝利後東歸濟南，仍主省立圖書館事。新中國成立後，改任山東省文物管理委員會副主任委員、故宫博物院銅器研究員，以迄逝世。晚年多病，力疾從公，於文物徵集研究，多所貢獻。

日照爲小學大師許瀚（印林）、丁以此（竹君）故里，流風所被，邑人盛治斯學。先生繼其餘緒，並推展之，於金石、文字、音韻、訓詁，以至目録、版本之學，皆殫精竭智，孜孜勤求，復資以新出文物，故創獲獨多。二十餘歲時，著《公孫龍子懸解》三卷已蜚聲學林。其後續著《臨淄封泥考略》、《黄縣㠱器》等書，皆論析超卓，爲世所重。又輯有《兩漢印帚》。身後遺稿數百萬言，齊魯書社在其哲嗣王國華及有關專家協助之下，正整理出版《王獻唐遺書》，第一批選題有：《炎黄氏族文化考》、《山東古國考》、《邿分三國考》、《那羅延室稽古文字》、《古文字中所見之炎燭》（已出版）、《中國古代貨幣通考》（三册，已出版）、《鄒滕古陶文字》、《臨淄封泥文字》、《五鐙精舍印話》（已出版）、《平樂印廬藏印》、《殷周名器甄微》、《國史金石志稿》、《獻唐日記》、《宵幽古音考》、《那羅延室雜著》、《古籍題識録》、《書畫過眼録》、《雙行精舍校注水雲集》（已出版）、《洛神賦十三行考證》、《顧黄書寮雜録》（已出版）等二十種，將陸續面世，其他待整理者尚多。

先生於一九二六年始收藏古印，研求治印亦肇於是時，相與切磋者，若郁濬生、柯燕舲、董堅叔、王季明、馬少維、丁希農諸公，皆一時俊彦。其印不宗一家，主要取法齊魯古璽、漢晋印章，旁及皖浙、撝叔等名家，皆得神詣，不斤斤形貌，而氣韻天成。嘗與弟子崔君論印云：『世人治白文印競言秦漢。秦與漢不同，西漢與東漢又不同。魯人能作真西漢印者，唯一桂未谷；東漢印者，唯一王西泉。世人治朱文印又競言師松雪。松雪但求清整，清整不難，難在樸茂於秦漢之間，流美於機杼之外。』可謂知言。

古印著作除上述兩種外，尚有《山左近出五官印考》、《周乢璽師比考》、《周邙疲玉璽考》、《周昏賹玉璽考》、《周虞陽璽考》、《漢宣箕印考》、《漢善氏佰長印考》等篇，所論並不局限書體、形制、文獻諸方面，乃據此以上考古代社會制度與歷史變遷，開拓古璽印研究新里程。

先生亦能詩，其《詠漢張敞印》云：『小劫滄桑迹未殊，平陽姓字喜相符。生砂活翠靈龜鈕，沾得當年畫黛無？』又《詠平樂亭侯印》云：『戎馬關河劫未平，眼前何物樂餘生。金章幻出猩紅篆，且向當塗稽姓名。』

五十年代之末，余訪古北國，在申江得一《邢侯簋》全形拓本，極精致，過歷下，先生爲余扶病作長跋，記此簋出土時地甚詳，皆並世學人所未及者，博識至足令人佩仰。治印特其餘事耳。

（一九八三年五月二十二日）

王獻唐　五鐙精舍陶文　平樂印廬　鳳生藏古　獻唐　琅邪（玡）王獻唐印　心澄　雙行精舍善本圖書印

七一　顧青瑶

顧青瑶（一八九六・十一・九——一九七八・五・一），小字申，亦曰菁，別署靈姝。室名緑梅書屋、有九硯室、吟香館、歸研室。係出吴門望族，世居蘇州怡園，曾祖椒園、祖若波，皆以畫名，淵源吴派。青瑶女士誕於上海，是歲適其祖仙去，從畫作時鈐『若波女孫』、『雲壺女孫』等印者，示不忘其祖也。

八歲，父敬之即延師督令習畫，山水初學『四王』及董思翁，花鳥師新羅。稍長，更以家藏歷代名跡爲師，旁及石濤，擬習尤篤，筆墨超逸，頓改舊觀。中歲上窺宋元，臨摹研練，皴法蒼莽沉着，趨步范寬，氣魄渾厚。一九三三年，上海《新聞報》舉辦全國婦女書畫比賽，榮膺首獎。翌年春，與文友創中國女子書畫會，並與陳小翠合編特刊。同年九月，應錫珍女子中學之聘，任美術教席，開始其從事發揚中國繪畫藝術之生涯。日軍侵滬，鬻畫課徒，養母教子，蕭然自足。國土重光，熱情創作，參加勝利書畫展。一九四六年被推舉爲上海美術協會籌備委員，旋被選爲理事。

一九五〇年南來香港，設帳授徒，江浙人士慕名問藝者至衆，弟子中黄仲方即以山水馳譽國際。一九五八年受新亞書院（中文大學前身）藝術系之聘爲講席，深受學子歡迎。居港廿二年後，於一九七二年移居加拿大多倫多，仍揮毫不輟。一九七八年五月謝世，享年八十三歲。

青瑤女士固以畫名，其書其印其詩亦有精深造詣。書法擅行草外，并耽習篆籀，尤喜集甲骨文字爲詩詞以應請索。女士十三歲即習治印，因有篆籀爲之基，故一奏刀便異凡俗，加之從臨摹《十鐘山房印舉》入手，取徑至當，今其遺譜，仍見早年所摹漢印『張接』、『沈孺』、『大幸』諸印蛻本也。一九三八年喜擬吴昌碩印風，譜中有摹昌老名作『吴俊卿印』、『大鶴』、『鈎有鬚』、『能亦醜』、『繫臂琅玕虎魄龍』、『寵爲下』等印，皆能奪其神。時昌老已下世十一載，當爲私淑，未獲親炙，然同時海上諸印家，若鄧散木、錢瘦鐵、朱其石、唐鍊百等，皆在不同程度上受昌老影響，既與女士爲金石友，彼此濡染交流，風致自有相近之處。勿謂女流僅擅小印，青瑤女士所作大印亦雄渾無匹，不讓鬚眉。『吴紹文印』頗具吴昌老意態，而『翫月江干』則極饒趙撝叔神韻，塗抹丹青之暇，偶操鐵筆，竟能獲此佳績，殊不易得。女士早歲學詩於陳栩園，一生所作題畫詩至多，皆繪事已畢，視空白處多寡而賦長詩或絶句，往往操筆立就，曾見《雲氣盤崖》畫軸題句云：『不爲尋詩屐亦忙，盤崖雲氣滿高岡。一峰拔海髩絲老，千頃煙波帆影長。願住半山蒐畫稿，欲忘異地是他鄉。硯邊絶愛清湘筆，墨淡神寒韻古蒼。』具見性靈，所謂嘗鼎一臠，已知其味，求之當世畫家，真百不得一也。

女士勤寫作，歷年所著，有《論畫隨筆》、《宋拓大觀帖考正》、《金石題跋》、《绿梅書屋印存》、《庚寅印存》、《青瑤印話》、《青瑤題畫詩録》、《歸研室詞稿》、《青瑤詩稿》、《門弟子問答録》，内容包括詩書畫印諸方面，以時局多故，皆未獲梓行。其逝世後之翌年，香港藝術館在其門生故舊協助下，舉辦遺作展，並出版《顧青瑤書・畫・篆刻》一書，其詩、書、畫、印『四絶』，方爲世人所廣泛賞識，而女士已長眠於異國矣。

（一九九八年九月四日）

月潭　吴紹文印　書畫傳家　張爰　金石癖　翫（玩）月江干

七二　錢瘦鐵

錢瘦鐵（一八九七・二・十三——一九六七・十二・十八），原名厓，字叔厓，瘦鐵爲其號，以號行。江蘇無錫人。

少家貧，十四歲自家鄉往蘇州護龍街唐伯謙所設漢貞閣爲學徒。唐氏時爲蘇州刻碑名手，精碑帖鑑別，亦擅裱碑帖，鄭文焯、吴昌碩常以碑帖委之裝池，瘦鐵因識鄭吴二公。滿師後仍居蘇州，設刻字攤以鬻藝。工餘奮勵爲學，詩文受教於鄭文焯，治印爲缶廬弟子，後又識畫家俞語霜，授以六法。瘦鐵自謂藝事受此三人影響最大。鄭文焯爲署齋名『瘦鐵宧』，因號瘦鐵。年二十，移居上海，時滬上畫會詩社之屬至多，瘦鐵先後參加海上題襟館等金石書畫會組織，獲交陸廉夫、王一亭、黄賓虹、吴待秋諸老輩，頗得啓掖之益。由是傾心畫藝，漸次亦聲名雀起，曾主持紅葉書畫社及中國畫會。一九二二年，日本著名畫家橋本關雪游滬，得觀瘦鐵所作，盛贊用筆簡遠，許爲『支那巨手，東亞奇才』，一經揄揚，居滬日僑紛求其畫。一度任上海美術專科學校教授兼國畫系主任。一九二三年三月，首應日本藝術界邀請赴日舉行畫展。瀕行，其師俞語霜託將所作佳品携東以待賞音，亦頗受歡迎，及歸滬報命，而語霜已逝，瘦鐵悲慟莫名，遂將所得爲印遺集以永其傳。一九三五年再度赴日，時其書畫篆刻愈臻佳妙，亦常在一九三七年日本創刊的《書苑》雜志發表文章，深爲東瀛同道所推重。與郭沫若、金祖同兩先生往還至密。

是年秋，日本軍國主義分子發動盧溝橋事變，瘋狂侵略中國；對旅日愛國華僑，亦時加迫害。瘦鐵與郭、金兩先生對日本當局之種種行徑，深致不滿，商議先後歸國，共赴國難。沫若先生首先行動，瘦鐵爲之籌措款項，離日清晨，親僱一車至其家，並將己之西裝革履與之，使沫若先生能易其睡衣，順利不辭妻子而悄然化名返國。事後，爲日警偵知；加之瘦鐵平素對日本侵華政策時予譴責，警方遂加逮捕。金祖同以殷塵筆名所著《郭沫若歸國秘記》一書（一九四五年言行出版社出版），於瘦鐵當年行誼，頗有述及。日警既逮瘦鐵，欲强令下跪，瘦鐵怒不可遏曰：『此不唯污辱我，實即污辱整個中國人。』因隨手執金屬烟灰盅以擊日警。其他日警睹狀，乃蜂擁猛毆瘦鐵，至暈倒地上。卒以擾亂治安及殺人未遂之罪，判處徒刑三年。入獄後，幸得一通曉醫術之朝鮮籍政治犯爲之治療，並時時助之。畫家橋本關雪在外亦爲之奔走。其案在報章揭露後，有正義感之日本人士對瘦鐵多表同情，由是藝名益著，四方求其書畫篆刻者，倍於從前，獄中筆潤收入，竟出意外。幸得友人搭救提前出獄，由日警押送上船遣歸，並謂不准再踏上日本國土，時在一九四一年五月。對瘦鐵之昂然不屈，人多稱之。友人贈詩，中有『當年投獄甘無悔，自有平生國士知』之句。返國後不廢筆墨，卜居於辣斐德路（今復興中路），在日僞統治下，生活極清苦，常以山芋充食，故名其室爲『芋香宧』。抗戰勝利後，還居外白渡橋畔之黄浦路，畫室面對黄浦江與吴淞江會合處，因顏其室曰『翦淞樓』，亦名『臨江觀日樓』。一九四七年，以聯合國佔領軍中國駐日本代表團文化秘書身份赴日，並舉行畫展，與彼邦同道多所交流。

一九五〇年取道香港返滬，經港時曾作小住。是年，上海新中國畫研究會成立，爲該會會員。一九五六年上海籌建中國畫院，受聘爲畫師，爲中國美術家協會上海分會理事，以迄逝世。一九五七年秋，在畫院被錯劃爲

『右派』，至一九六一年摘帽。晚年患有肺氣腫，至『文革』受辱，被誣『特務』挨鬥，病情益劇，迸發心臟病而卒。

瘦鐵山水宗石濤，筆墨蒼深；花卉蔬果學沈石田、徐青藤，着墨古而秀，設色明艷而沉着。書法並擅篆隸行草，作篆或擬石鼓文，或師秦詔版，皆奔放蒼古；作隸多出《張遷碑》，而蕭散宕逸；行草於不經意中以取天趣，悉有可觀，主張『取其意，不重其形；擷其精，不襲其貌』。

瘦鐵治印初用缶翁法，後致力漢官印及《天發神讖碑》等，益老辣凝練，跌宕縱橫。曾見其一九二二年所作『學兩漢六朝人書法』一印，附印跋云：『壬戌花朝，與吴缶翁作嫩涼夜飲於春水草堂，縱談漢印，乘興奏刀，鑿此八字，翁謂類其二十年前刀法，翁紿予抑勗予耶？予則曷足以判之，還以質之亞文先生教我。金匱錢瘦鐵。』具見淵源所自，亦所以窺其造詣之高遠。晚年布局趨險絶，而出以奇趣，刀法雄放，沙孟海先生以『真力彌滿，妙造自然』譽之。沈禹鐘《印人雜詠》有詩詠之云：『縱横才氣苦難消，叔蓋家風未寂寥。成就百年窮事業，錚錚此鐵亦天驕。』

（一九八二年九月五日，後作增補）

法大自然　叔厓　郭味蕖印　錢厓印信　高毅印信　咬得菜根百事可爲

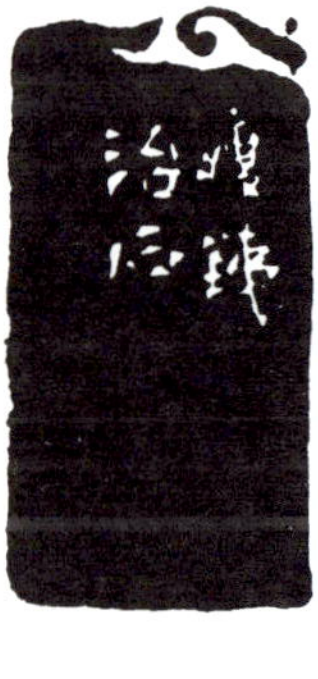

七三　寧斧成

寧斧成（一八九七·三·三——一九六六·十一·三），原名輔成，名宗侯，字斧成，以字行，别署腐成、老腐、腐翁、老斧、寧公、老寧、寧二、静廬、半文盲，所居曰寧静廬、淡墨齋、半瓶齋、二百五石印齋。遼寧海城人。

少受家庭影響，喜愛書畫篆刻。瀋陽師範學校畢業後，自一九一六年起，先後於瀋陽、天津鐵路局供職文書，歷時逾三十載，日與筆硯爲伍，公餘廣涉碑版，不懈研求，於書藝深所致力。居遼時，又曾隨畫家邱子佩（燕雲）、袁子春兩先生習繪事。五十年代初葉，辭去原職，移居北京，住於寶鈔胡同，專事書畫篆刻創作，時鬻藝所得甚微，生活雖較清苦，然晏如也。與之交往較夥者，若鄭誦先、鄧散木、許麐廬、彦涵、李苦禪、馬晋、孫榮彬等，皆藝壇一時名宿。

腐公以隸書最擅名，早年植骨於《張遷碑》，後融會《爨寶子》，尤喜挹取陳鴻壽隸書之結構以爲開闔變化之資，用筆則借漢晋磚文斷續不完之趣，從『口』者往往密左上而空右上，一横或數斷，面目嶄新，風格獨特，人謂之『寧體』。如北京之李福壽筆墨莊、香港華豐國貨公司之書匾，及國内多種雜志封面題字，皆出其手筆。五、六十年代，中國書法赴日展覽，其隸書曾多次與焉。臨摹其體者，亦不鮮見。畫則多作梅、蘭、竹、菊之屬，皆逸筆草草，雖施淡墨，不敷色彩，而妙趣天成，於古人意近八大山人、鄭板橋、李復堂，於近賢則略似吴昌碩。並善指畫，私淑鐵嶺高其佩，俱富韻致。四十年代，瀋陽、天津兩地刊物，時刊布所作。輯有《寧静廬書畫册初集》。因書畫皆喜用淡墨爲之，故以淡墨名其齋。

篆刻早年從秦漢入手，後契心陳師曾縱横挺拔風致，並參合吴昌碩、齊白石兩家之法，然特誇張疏密變化，用刀尤磅礴無倫，刻印越大越有氣勢。晚年作品，更不爲成法所囿，生動而富有變化，於古人雅近高鳳翰病臂後所鎸，傾斜重拙，别有韻趣。用石不求精，多由其弟子從京西潭柘寺小河溝中檢來，粗加磨礱，即以奏刀。曾見其印跋兩則，一云：『余喜篆刻，不計其年。操刀便鑿，六法未研。不知秦漢，浙皖閒篇。無非拙俗，何必求全！聊以自娱，豈敢留傳。甲辰（一九六四）夏斧成記。』另一則云：『治印必須渾厚，主要在腕力，大刀闊斧，以奔馬勢游刃以成之。若打邊匡（框），脩餙（飾）形容，乃與前者相反，欲求古雅何得！丙午（一九六六）三月。』皆自道其宗旨好尚。六十七歲時，曾自選拓所作篆刻成《斧石痕印集》，既成，自鎸其像於卷首，並刻七絶一首於上：『雕蟲小技也風流，游刃恢恢任所求。自像自鎸還自笑，笑顔相對不知愁。』措詞雖微近俚俗，亦可見其安貧樂道之坦蕩胸懷。

腐公之印，創造性至爲突出，佳者確雄强蒼莽，氣魄過人，獨開新面；亦有篆法、章法均流於稍形怪異，未必遍邀衆堂者。最近王靖憲已輯成《寧斧成書法篆刻選》，由北京的人民美術出版社出版云。

（一九八四年二月十二日）

老尚（當）益壯　五百丁香齋　寧二金石長年　寧老腐印　威者　晉廬　大道非常道

七四　潘天壽

潘天壽（一八九七・三・十四——一九七一・九・五），原名天謹，學名天授，字大頤，號阿壽，别署有壽者、古竹園丁壽者、嬾秃、朽居士、心阿蘭若住持壽者，晚年常署頤者、雷婆頭峰壽者。浙江寧海人。

少時家貧，課餘即事樵牧。年十九，入浙江第一師範讀書，校長經亨頤、教師李叔同，皆精書畫篆刻，深受陶染。畢業後執教於家鄉小學，恒夙興夜寐，勤事筆硯，三數年間，漸有所成。年二十七，移居上海，任教民國女子工校，得好友諸聞韻之介，獲與吴缶翁請益，談詩論畫，缶翁許爲奇才，即席贈聯，以大篆書之曰：『天驚地怪見落筆；巷語街談總入詩。』得此鼓勵，益事研求。其後又以所作山水畫呈缶翁指疵，缶翁善之，連夜復成《讀潘阿壽畫山水障子》見贈，詩云：『龍湫野瀑雁蕩雲，石梁氣脉通氤氲。久久氣與木石鬥，無罣礙處生阿壽。壽何狀兮頎而長，年僅弱冠才斗量。若非農圃並學須争强，安得園菜果蓏助米糧。生鐵窺太古，劍氣毫毛吐。有若白蝯公，竹竿教之舞。昨見畫人畫一山，鐵船寒壑飛仙湍。直欲武家林畔築一關，荷簣沮溺相擠攀。相擠攀，靡不可，走入少室峰，蟾蜍太么麽，遇著吴剛剛是我。我詩所説疑荒唐，讀者試問倪吴黄。只恐荆棘叢中行太速，一跌須防墜深谷，壽乎壽乎愁爾獨！』期許與關愛之情溢於言表。上海美專禮延之講授中國畫，及繪畫史課程。一九二八年杭州國立西湖藝術院成立，先生即轉杭任教。盧溝橋事變，學校被迫西遷，由江西、湖南、雲南，輾轉至於重慶，歷時三載，顛沛流離。先生堅持教學，不廢創作。一九四四年，被委爲國立藝專校長兼國畫系主任。及勝利東歸，一九四七年秋具呈專任教職，潛心學術。一九五七年，任中央美術學院華東分院副院長。一九五九年起，先後任浙江美術學院院長、中國美協副主席、西泠印社副社長。蘇聯藝術科學院復聘爲名譽院士。十餘年間，創作至爲豐富。一九六六年春，先生七十壽辰，曾撰詩云：『七十年來何所得，古稀年始欲升平。』無何『十年動亂』遽至，先生横遭殘酷迫害，然剛正不阿，絕不肯向惡勢力低頭，曾有句云：『莫嫌籠狹窄，心如天地寬。是非在羅織，自古有沉冤。』於冷寂中含冤去世。

其作畫也，吸收徐青藤、八大山人、石濤、吴缶翁之長，獨闢蹊徑；筆墨潑辣雄健，用筆取法於屋漏痕、折釵股，力透紙背；用色不多，而雅淡清新；構圖富有奇想。常取材於山間野花雜卉，青蛙睡猫，融洽花鳥山水於一幅之中，尤爲獨造。畫名之盛，與白石相伯仲。書法自甲骨文、金文、石鼓、二爨、史孝山、鍾繇，以至明黄道周、倪元璐，近人沈寐叟等，靡不窮究，四體兼精，自成豪邁樸茂之風格。詩從二李入手，轉習韓杜，融以涪翁之古拗。其懷缶翁詩云：『月明每憶斫桂吴，大布衣朗數莖鬚。文章有力自折疊，情性彌古佯清癯。老山林外無魏晋，驅蛟龍走耕唐虞。即今人物紛眼底，獨往之往誰與俱。』可見吟詠亦不同凡響。

刻印不宗一家，往往挹取漢金趣味以入印。蒼古剛勁，與書畫風致相同。一九四四至一九四五年間，在藝專曾講授治印一科，著有《治印談叢》，凡三萬餘字，計分源流、别派、名稱、選材、分類、體制、參譜、明篆、布置、着墨、運刀、具款、濡硃、工具、餘論，原擬續撰修整、用印、拓款、製泥諸目，終以事忙未能如願。篇中勝義如雲，如：『印之所貴者文字也，不究心於篆而工意於刀，惑也。』『布置欲臻其妙，須準繩古印，明辨六文八體，字之多寡，文之朱白，印之大小方圓，畫之剛柔稀密，挪讓取巧當本乎正，使相依顧而有情勢，一氣貫穿而不悖，始得之矣。』『作印須有筆有墨。有墨者，謂其具有篆筆之致也。』『有清乾嘉之世，印學大興，名家輩出，然非篆隸書工淵邃，雖畢生鎚鑿，精工小巧，終不能參上乘禪也。』『運刀之要，貴在隨字所適。』『治印須隨字畫之方圓曲折以運刀，斷不可因刀而害筆。』皆一般印論所罕及者。

一九六四年先生患余印蛻一紙，並題志云：『久不彈此曲，偶爾奏刀，誠所謂老眼昏花，手僵意澀，不知是何體態矣。希有以教我。』對晚輩尚謙抑若此，益見其高風偉度。其他著作有《中國繪畫史》、《聽天閣畫談隨筆》、《顧愷之》、《指頭畫談》、《中國畫題款研究》、《關於構圖問題》、《聽天閣詩賸》等。

（一九八三年六月五日）

壽　朽木居士　潘大　止止室　一指禪　天壽　潘天壽印

七五　王个簃

王个簃（一八九七・十・二十——一九八八・十二・十八），原名賢，字啓之，别號个簃，以號行。齋名有霜茶閣、還硯樓、千歲芝堂、待鴻樓等。江蘇海門（今屬南通）人。

五歲喪父，賴慈母含辛茹苦，撫養成人。幼好文藝。南通省立第七中學畢業後，初任教城北小學，後受母校七中之聘，主國文課。吴昌碩先生有弟子李苦李，擅篆刻書畫，在南通頗著藝名，任翰墨林書局經理，作品時於裱畫肆見之，个老甚向慕。某日，携習作往訪，欲一挹清芬，得聆雅教，幸蒙熱情款接，自是課餘之暇，頻詣請益，加以刻苦鑽研，藝果大進，於鐫印契悟尤深。復喜讀前賢論印之作，别類分門，筆札井然盈帙。南通文風素盛，詩人墨客難於縷指。个老時與敲詩論藝者，若陳邦懷、陳峙西、劉子美、張孝欽、葛竹溪等，皆一時之彦。義寧陳師曾衡恪，爲昌碩先生大弟子，雖非南通人，然早年曾任教南通師範，又爲南通大詩人范肯堂快婿，適爲其岳母姚夫人自京南來賀壽，个老素仰大名，遂持印作暨所撰《个簃印恉》稿本呈教。師曾先生向樂於奬掖後學，既嘉个老之印，對其新著亦多所稱許，欣然爲題書名。《个簃印恉》後曾梓行，余嘗讀之，凡十三章，篇目分别爲：溯源、窮變、辨體、立基、成局、運刀、别才、刻邊、題款、神韻、病忌、印譜、附録，全文約九千字，要言不煩。如《立基》云：『夫文章之事，取法乎上，僅得乎中。刻印亦然。世俗匠工，不精書寫，便事奏刀，背六書之本義，昧篆籀之精意，雖疲工力，終傷傖俗。故甘暘曰：印之所貴者文，不究心於篆而工意於刀，惑也。吾輩從事於此，可不學篆以立其基耶？……』頗有見地，撰述此作時，年纔廿四耳。

詩人諸宗元賞其才具，親將所作印刻代呈缶翁。缶翁見而悦之，逐鈕逐字細爲批示，佳者或曰佳、絶佳、渾樸、得古意、絶妙、得漢人意，不妥者或云欠古、少味、少含蓄、無流動活潑之趣、某字宜收小等。剖析入微，恍同面授，个老深受教益。旋值缶翁八十壽慶，遂隨苦李先生赴滬並宗元先生祝嘏，親致謝意。及歸，决意赴滬拜師學藝，雖工作無着，不之顧也。正彷徨間，恰缶翁爲幼孫物色家庭教師，乃於一九二五年正月延爲西席，且入居吴府，不啻如魚得水。授課及隨侍老人筆硯之餘，朝夕得獲引進曉教，談藝往往至於深宵，爲吴門晚年親傳衣缽得意弟子。

个老篆刻，固出師授，然能不自囿於師法，游刃從容，不假矯飾，奇正相生，爛然多妙。缶翁爲題其印集云：『弄石樂何如？盤中比瀉珠。蟲魚天不老，瓦甓道之腴。鋌險醫全局，塗歧戒猛驅。漫誇秦漢格，書味出唐虞。』『獵碣春秋日，王郎食古時。龍吁迷鑄鑿，駝鈕别蠻夷。老學師何補，英年悟最宜。蟾蜍依少室，風格太離奇。』並先後撰兩聯相勗勉：『小印刻初成，遐哉皇古；長城攻不克，突起異軍。』『食金石力；養草木心。』下聯另加跋語：『个簃大弟刻印極精，下筆毫無習氣，家貧時書畫取潤度日，予恐其嗜好太多，而於金石一門未能獨往，書此勉之。』期望之殷，溢於言表。

及缶翁捐館，益自策勵，以弘揚吴派藝術爲職志，諸藝突飛猛進，往之傾仰缶翁者，皆轉慕个老，以爲當代之缶翁也，箋石充几，日不暇給。並以篆刻及畫藝歷任新華藝術大學、中華藝術大學、昌明藝術專科學校及上海美術專科學校教授十餘年，一度兼任東吴大學詩學教席，廣栽桃李。一九五六年上海籌建中國畫院，爲籌備成員之一，至一九六〇年六月二十日上海中國畫院成立，聘爲第一副院長。隨又當選上海美協副主席、西泠印社副社長。後改任上海中國畫院名譽院長。晚歲以耄耋之年應邀至日本及新加坡講學展覽，並享盛譽。日本大阪市長特授予『榮譽市民』稱號。日本著名書法篆刻家梅舒適久慕个老令名，一再懇作誼子；个老遜謝，以爲緣結兄弟最佳；時名書家村上三島在場，亦欣然爲請，於是盡以兄弟相稱。此中日藝術交流史上之温馨佳話，曩未之聞也。个老常云：『畫品人品，人品第一。』旨哉斯言！

昔時余有幸得親杖履，深感坦誠平易，篤重情感，尤熱心爲公，所藏缶翁書畫精作七十餘品，多關兩人交誼，固珍若頭目，而價值亦不可估量，皆已獻諸西泠印社，如此高風，求之當世，豈易得耶！南通市政府重其德業，在个老健在時已興建『个簃藝術館』，展陳所作，永供後學瞻仰學習，高山仰止，德範永昭，有深意在焉。著有《王个簃畫集》、《个簃印集》、《个簃印旨》、《王个簃霜荼閣詩》、《王个簃隨想録》，並已行世。

（一九九五年二月二十四日）

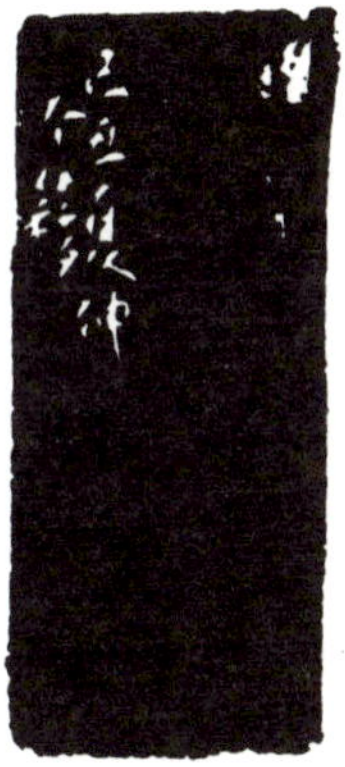

粗服亂頭　啓之　个簃　鷹擊長空　西園客　啓之　太上忘情

七六　吴仲坰

吴仲坰（一八九七——一九七一），别署仲珺、仲軍，字載和，亦曰在和。齋名有餐霞閣、師李齋、山樓等。江蘇鎮江人。父巽沂公，精究文字訓詁，壯歲游幕廣州，仲坰先生隨侍任所。巽沂公喜金石書畫，粤中名士多與往還，李尹桑先生即其一也。仲老少受濡染，治印曾受父執李尹桑啓蒙，爲黄牧甫再傳弟子，齋名取曰『師李齋』者以此。民國肇造，隨父還居揚州，然仍時親鐵筆，山川阻隔，向李師請益有不便處，乃浸淫秦漢古印譜，樂此不疲，不復以專師一派面目爲事。弱冠隨父至滬上，名家月有雅集，例必從往。金城銀行總經理吴藴齋知仲坰先生擅文辭，聘爲秘書，一切應酬文字，皆請主理，多所倚重，薪酬日豐，遂得以量力購藏書畫名印。年三十一，輯自刻印爲《餐霞閣印稿》。秦更年（曼青）序之曰：『仲坰吴子工治印，其髫齔已肆爲之。憶辛亥之冬，余自粤歸揚州，君亦隨其尊人巽沂先生歸自粤，卜居於揚州，距余家不數武，時謁先生，抵掌論畫，即見君所刻石印，胎息西泠諸家，間亦闌入鄧吴，秀雅獨絶。顧君深自秘惜，不輕示人，亦不煩爲人作也。旋余作客湖湘，不相見者數年，邇歲同客滬上，踪迹日密，君於印亦屢進愈上，自皖浙兩派，以上窺嬴劉，余數以乳石索篆，有索輒應，且極工，而爲他人作者或不逮，余竊引以自熹。君曰：吾非獨厚於子，而薄於他人也；吾喜刻石，而世尚象齒印，遇有索者，但自篆之，付工雕鎸，然後稍加潤色以報，甚以爲苦。惟子所蓄多佳石，故樂爲奏刀也。一日，又語余曰：昔陽湖趙蓉湖學轍，幼精篆刻，三十後即棄去，吾年行且三十，將踵其轍，戒不復爲。余曰：君之篆刻，方與年俱進，奈何以年自畫哉！余意人苟不以象齒印相苦，雖至老勿衰可也。君聞之，笑而不答。時方有印稿之輯，遂書以弁諸耑。』名儒潘飛聲亦題詩二首其上：『丁黄而後數趙吴，誰把雕蟲笑壯夫。今日逢君一枝截，漢銅秦玉獨追摹。』『手劖趧蘧入纖塵，鐵綫銅斑自可珍。何必七家談舊譜，一編翻出古精神。』潘詩之論其印，較諸秦序切實而得要。

越六年，仲老從姑丈莫伯恒處獲見其祖父莫友芝自刻印二十餘方，世但知友芝先生善書，而未知其能印也，爲輯《郘亭印存》行世，趙叔孺、吴待秋、黄賓虹、王福庵、李尹桑、宣哲等諸老爲之序，咸稱有功印苑。一九三二年，上海西泠印社輯印《現代篆刻第七集》，仲老印作與其師李尹桑等與焉，歲愈長而藝愈精。

一九五六年，上海諸印家合作《魯迅筆名印譜》，仲老亦以『丁萌』、『符靈』二印參與。一九五九年季春，余隨容希白師北游，道出滬濱，以張魯庵先生紹介訂交，仲老訪余於行館，余爲引見於容師，相與談笑甚歡。仲老自云廣東爲其第二故鄉，並述及追隨尹桑先生舊事。一九六二年，余與容師再有滬行，仲老携牧甫二篆聯來訪，自謂年已老邁，嶺南同好素喜牧甫作品，願皆割愛；余以告容老，容老稍加披覽，即欣然以值奉之。後聞諸鄭逸老云，仲老原工作之銀行自五十年代初改造合併後，工資一減再減，退休時月入僅得三四十元，境况甚窘，賴斥賣藏物濟厄，加之子、媳忤逆成性，晚景悽凉。

一九七一年夏，余自粤北幹校回中山大學任教，與老輩疏於聯繫者多年矣，曾修函逸老探詢仲老近况，旋得示覆：『前時仲老在附近散步，失足傷脛，不能行動，弟嘗訪之，略購餅餌，以作點心，見仲老呻吟榻上，竟無一人侍理，苦不堪言。後其子嫌老父病廢無用，遂送回家鄉女兒處，不久即卒。逝世後，其子將所有遺物，悉數以賤價售諸某書畫社云。』世道陵夷，聞之戚戚。

仲老精究漢印外，亦能書善畫，復擅鑑賞，爲人謙恭誠篤，饒有長者風，於其遽逝，友好無不悼惜。

（一九九六年一月十九日）

仲垧所得　陶冶性靈　國權長壽　載和之印　曲阿鄉民　吴載和　楚客　師李齋藏　仲軍讀碑記　尚鼎書

七七　陳子奮

陳子奮（一八九八·五·十一——一九七六·二·二十），字意薌，原名起，號無寐，晚年別署鳳叟、老鳳。以誕生於宿月埕，因名所居曰宿月草堂，後移居月香衕，因又名曰月香書屋，畫室曰烏石山齋。福建長樂人。

父吉光，字璧如，業塾師，篆與印皆宗鄧石如。子奮先生少受濡染，髫齡即習篆刻，又好國畫。年十六，出任小學圖畫教員，先後歷任職業學校及各中學教席。二十餘歲，即以鬻藝自給。數十年來，於國畫篆刻，精研不懈。其畫深得陳洪綬與任伯年用筆之妙，所作白描勾勒，筆法挺勁，尤長花卉寫生，徐悲鴻先生尊爲生平畏友，所作《陳子奮白描花卉册》共一百四十幅（一九五九年上海人民美術出版社出版），凡習國畫勾勒者，莫不奉爲圭臬。晚年，福建省文史研究館聘爲館員，美術界又推爲國畫研究會理事長、美術家協會福建分會副主席、福州美協主席，於繪畫藝術之創作，對國畫後輩之誘掖，與工藝美術生產之指導，均不遺餘力，卓著勞績。時福建省藝術學校、福州藝專、福州工藝美術學校諸生，亟盼子奮先生親爲啓迪，因設講座，每周授其創作體會，羣稱善焉。

子奮先生之篆刻，其成就不亞於國畫，生平治印以數千計，早歲刻有水滸人物、百將、百美，及劍俠諸印譜，晚年復成百花、愛國詩人、畫中九友、地支圖等譜，均獲時賢推許。曾自言：『余學篆治印垂六十年，求其一點一畫圓融藏鋒，而逼似於甲骨、鐘鼎、璽印者，欲接前賢之步趨，冀發揚而光大。』成就確有可觀。詩人陳衍評其印曰：『融冶皖浙二派於一爐，而追摹秦漢，瘁心力以赴之，故其筆力蒼勁深厚，駸駸乎奄有完白、冬心之長焉。』徐悲鴻以所繪《伯樂相馬圖》贈先生，附以題記云：『戊辰夏盡，薄游福州，乃識陳先生意薌，年未三十，已以篆刻名其家。爲余治「游於藝」、「長顑頷亦何傷」、「天下爲公」諸章，雄奇遒勁，腕力横絶，盱衡此世，罕得其匹也。』又致其函求印云：『足下於印，固無所不可。……當代印人，精巧若壽石工，奇岸若齊白石，典麗則喬大壯，文秀若錢瘦鐵、丁佛言、湯臨澤等，亦時有精作，而雄渾則無過於兄者。』陳、徐所論，皆能道其特色。其友潘主蘭先生論之尤詳：『閩中言治印者，莫不知有陳子奮先生。陳子之治印，既通六書，更博覽周秦漢魏金石文字，至若皖浙名家，曾涉而獵之。生平尤心折讓之、倉石，指腕流露，則讓之之意爲多。奏刀歷數十年，無間寒暑。案頭石累累，不旬日間，積稿輒盈寸。資之深，故成也大。閩之中，篆刻家或有未能出其右。顧前此風會未開，而陳子開之；後此時流屢變，而陳子亦無不變之。唯蘊於中厚，發爲紛華，爲奇崛，爲典重，皆隨變所適。因知藝之至，初必以法，而底於無法，然非無法，法一而變多，遂臻幻境。暮年往往創新意，大膽用簡體字刻烈士名言，人益以是爭寶之。』以其相知深，故能言之確當也。

子奮先生著有《頤諼樓印話》，所言治印，時有勝義，如云：『刻朱文須留意於白，刻白文須留意於朱。求之實者，必意之虚。求之此者，必意之彼。庶幾變化在手，元氣淋漓。』又云：『邊闌與印字，有相生相發之妙。其斷也不得不斷，其續也又不得不續；續所以蕴其精神，斷所以疏其氣勢。漢碑額、六朝墓志，有先作書而後畫界闌者，其例甚顯。今人用刀稜石片，妄意敲擊，或並及其字，破爛殘缺，目爲蒼古，離道遠矣。』而於印跋中，亦往往抒其印藝見解，如云：『漢金文入印，鄧完白後趙撝叔、黄穆父俱優爲之，竊以爲瓦當、玉符、石刻、碑額亦未嘗弗佳，廣收並蓄，熔爲一爐，印篆境域，當更廣闊也。』『古人書從印入，印從書出，刻印正所以學書，不書而求印之精殊難。』『學浙防瘦利，學皖防嫵媚。長揖古之人，昂頭出天地。』非精通此藝，何能語此！

又著有《壽山印石小志》、《甲骨文集聯》、《籀文彙聯》、《古錢幣文字類纂》，亦爲藝林所推重。

（一九八二年十二月十九日）

與吾家白陽山人同癸卯年生　无限風光在險峰　學而不厭　長樂人　畫榕萬本　合作　家本山陰

七八　譚建丞

譚建丞(一八九八·五——一九九五·十二·八),原名鈞,號澂園,别署澂、澂園、澂翁、葡萄園丁。浙江吴興人。享年九十八歲。其九十二齡作印,仍神完氣足,不減盛年所鐫,洵近代印壇壽星。

先生四歲即喜提筆作畫,年十三得吴缶翁指引。既長,讀書南京東南大學文學系。廿六歲東渡扶桑,入東京美術專門學校爲研究生,問藝於畫伯橋本關雪之門。回國後復進上海法政大學攻讀,獲法學士學位。然不樂以律師爲業,獨醉心於書畫,與湖州同鄉王一亭、龐左玉、吴東邁、沈邁士等發起組『清遠畫社』,切磋畫藝,樂此不疲。戰後自滬遷杭,時隨張宗祥、潘天壽、吴茀之、諸樂三等老輩往還,爲重振西泠印社、創辦湖州英士書畫社、籌建湖州碧浪碑廊等貢其心力。晚以浙江省文史研究館之聘,任名譽館員,又爲中國美術家及書法家協會會員,浙江美協顧問、書協名譽理事,西泠印社名譽顧問,浙江省篆刻研究會顧問,湖州書畫院院長,聲譽卓著,邁越前修。譚老爲人謙虚和易,樂於獎掖後進,熱心社會公益。其對後事之安排,頗見高風。聞曾告女兒紹英云:若有不測,喪事宜從簡,勿驚動社會,待遺體火化後方告親友。生前節縮所得二萬九千元,暨書畫二十八件,親列清單,分贈省文史館、西泠印社及紅豐居委會等九單位,以表對社會之最後奉獻,其崇高之精神境界,真足爲世楷模。

先生九十三歲時，有司曾爲舉辦金石書畫展於杭州，王伯敏教授撰序介紹，略云：『翁之書畫，出於學養，得力於金石。中年讀書作畫並重，爲同儕所不及。翁平日重觀察，含毫命素，往往於不經意處得不似之似之妙。人有贊其「落筆健如虎」者，蓋極言其所畫氣象萬千。翁近年之作，無論繪春花、描秋卉，或範山模水，更見滿紙生意，巧變鋒出，情韻連綿。論者云畫臻乎上乘，宜重、宜大、宜厚。翁之畫筆筆有斤兩，其書亦然。』可謂知言。畫學著作有《建丞畫選》、《怎樣畫葡萄》、《澂園寫石》等。

譚老之書植骨顏平原，上溯魏晋周秦，兼擅篆隸楷草，點畫沉穆勁健，渾厚雍容，尤精榜書，如普陀、靈隱、岳廟之聯匾，已刻石者有《莫干山摩厓詩碑》、《黄河碑林題詞》等多處。

先生治印垂七十年，初受浙派影響，繼師秦漢古印，後得親缶翁，濡染尤深，兼收並蓄，博取各家之長，神明變化，磅礴雄健，自成面目。晚年嘗撰《自述》一文約千字，曾云：『回憶童年好嬉，往往取硬年糕切爲印，摶泥巴以爲紐。稍長，則所交游者多金石家，如潘廉琛……後遇陸培丈構新厦於馬軍巷爲鄰居，（吴）缶老常客其家，因而座末，得聆緒論。二公告予：學治印必從漢人入手，乃得《十鐘山房印舉》，漸覺心有所歸。抗戰中蟄居海上，則交游者若趙叔孺、黄葆戉、張葱玉、吴東邁等，眼界日擴。中與鄧君糞翁爲最契，喜其刻畫大氣磅礴，殆亦性之所近乎！……人問予成就如何？則自知眼高手下。昔張師珍老評予畫曰徘徊二石之間。二石者，石濤、石谿也。徘徊者，未登堂入室，觀望不進也。今予言篆刻亦然。倉石乎？白石乎？皆吾所好，亦皆所師也。惟限於徘徊，故所得只此。』文長不備引，所言固存謙抑，實亦甘苦有得之談也與？印作約五百方，並見姚辛、劉丹青兩君所編《澂園印存》。

譚老並能詩，有《澂園詩草》。往讀其三十五歲題畫詩云：『我畫乏師承，莽然師造化。率意寫性靈，任人肆笑罵。敝帚亦自珍，明珠難論價。千載有定評，叛徒劉並駕。』『叛徒劉』云者，蓋指有『藝術叛徒』之稱之劉海粟也。《西泠藝報》載有其晚歲詩稿手跡：『清明日忽有雙燕飛入吾室，繞樑久之；次日忽啣泥築巢於墻上空隙處，因有感焉。戒家中不許驚之，率賦二十八字以記：「渡海歸來燕翼雙，似曾相識舊横塘。老夫憐爾離鄉久，爲捲珠簾掃畫廊。」』此作詩筆固佳，而情致尤令人低徊不已。澂翁得享大年，當與其懷抱高尚、性情雅逸，有密切關聯也。

（一九九七年七月十八日）

草堂風雪看吳鈎　正誼軒主人摹拓三代兩漢六朝金石文字　荷衣散人　澄園主人海外歸來之書　德明

七九　鄧散木

鄧散木(一八九八・十・十六——一九六三・十・八),乳名菊初,學名士傑,改名玐、鐵,字鈍鐵;後改名糞翁、散木;别署蘆中人、虚木、天乎、楚狂人、無外居士、鬱青道人、且渠子。晚年因病割一足,遂以一足、夔爲號。齋名有豹皮室、三長兩短之齋、厠簡樓、三夢闇、懷馨室。上海人。

年十一,入英人所辦華童公學讀書,因不堪奴化教育,憤而離校,歸家自習國文,奮讀數年,詩文皆卓然有得。十九歲充上海會審公廨文牘。廿五歲自辦《市場公報》,並親主筆政。越兩年創南離公學,任校長。居常以書刻自遣,年三十一拜趙古泥爲師,深究篆刻;而於書法則問業於蕭蜕庵。兩公皆常熟人,故自稱『虞山弟子』。所居顔曰『三長兩短齋』,『三長兩短』本上海人謂意外之疾病生死,糞翁毫不忌諱,『三長』以指其詩、書、印,『兩短』則謂詞與畫。後改其齋曰『厠簡樓』,自稱爲『厠簡子』,刻『遺臭萬年』、『三臭而作』、『糞土之墻』、『都厠守』、『海畔逐臭之夫』等閒章,鈐於得意作品之上。開個人書法篆刻展覽,請帖竟以拭臀草紙爲之。因其藝術精湛,而所爲又往往驚世駭俗,由是轟動海内之嗜書印者。章士釗曾慕名參觀其展覽,一時興至,賦詩贈之:『糞翁鼻頭何着糞?却惹荀令二年香。偶爾龍蛇一揮灑,高堂素壁生奇光。平生論書先人品,汀州嘉興斯道强。畸人畸行作畸字,矢溺有道其廢莊。』糞翁即報一章云:『吾道真同乾矢橛,一橛頭禪孰會之?擁几前朝供入彀,撩天舊夢聽成絲。平居歌哭憶生意，向晚疏狂總費持。直待相逢人海裏，累君辛苦爲題詩。』

鬻藝生涯，並不寂寞，其《書刻約言》云：『……不慧非藝人，亦不樂爲藝人，更不欲以藝事訏世，有個好不慧之書若刻而期在得者，謂如左約。不慧雖貧，齊粥之供，差堪自給，彼倘未者，其或逼我，則將期之於醉鄉。』氣格恍如鄭燮。年四十二，自設厠簡樓金石書法講座，從學者凡數十人，若郭若愚智龕、單曉天琴宰，皆其表表者。自一九三二至一九四八年間，先後舉辦個展及師生合展凡十二次，譽滿江南。抗戰期間，更舉行義展，盡以所得貢諸國家。曾有題竹詩：『西望夔州一泫然，莫慚無力報涓埃。一枝聊寄風前意，殺賊原知要箭材。』獻身殺敵之情，躍然紙上。

一九五五年，應人民教育出版社之聘，至北京工作。大鳴大放之際，因上書文化部《書法篆刻是否孤兒？》和《救救書法篆刻藝術》，爲書法篆刻請命，被劃爲『右派』，由是厄運迭至，政治上備受歧視，生活亦乏保障，以抄録供影印之書稿報酬爲生。一九六〇年，左下肢因血管堵塞被截；翌歲傷右腕；逾年封胃；其後一年即以胃癌、肝癌逝世。

憶余以一九五九年始見糞翁於北京真武廟寓齋，時值炎夏，糞翁袒腹相晤，和易好客，雖遭委屈，而言談之間，猶以編寫書法篆刻通俗讀物、普及祖國傳統藝術爲己任，毫無鬱懣神色；壁間懸趙古泥印蜕軸及徐生翁字聯，可見尊師崇賢之意。其後函札數通，先後惠余手卷、條幅、對印，盛意至感。著述中或以資料見詢，余必力赴，唯不多耳。

其書諸體俱佳，精力彌滿。行草出入二王，婉暢灑逸；楷書植骨於歐陽，而益之以北魏；隸則初宗汀州，其後博綜漢刻；篆書原取徑吴缶翁，晚年融合大、小篆，及甲骨、簡帛文字，自成體貌，布局隨心，結體恣肆，氣韻生動，允爲一大創作。而篆刻尤所專擅。早年曾習浙宗；師事趙古泥後，則擬缶翁雄奇樸茂一派；於漢官印嘗反復摹作，取長捨短，深所致力；又留心於古璽、封泥、瓦當，融會貫通。所作生辣痛快，迥異凡響。凡筆畫對稱者，必一邊特重，一邊特輕，以求變化；遇『浮鵝鈎』（如『元』字末筆），往往上翹以取姿，人戲謂之『起飛脚』。一印入手，頗着意於整體與意境之安排，使輕重、粗細、疏密、屈伸等變化能成有機之藝術美，務求格高而韻厚。復注意刀法章法與印文之相協，刻豪爽語則大書深刻，刻婉約語便巧雋綽約，刻詼諧語又時出奇兵……沈禹鐘以『三長兩短語由衷，自許半生印最工。巨刃摩天空一世，開疆拓宇獨稱雄』一詩譽之，至爲恰合。

其所刻印，蛻本有《三長兩短齋印存》、《厠簡樓編年印稿》、《旅京鍥迹》、《一足印稿》等五十七册，凡三千三百餘方。日本刊有《鄧散木印譜》初集九册。於古璽印及名家流派印藝術之評騭，及其創作之心得，俱已著諸《篆刻學》一書中，而論章法之分疏密、輕重、增損、屈伸、挪讓、承應、巧拙、變化、盤錯、離合、界畫、邊緣等十二項，舉例詳加剖析，尤前無古人。著作之已刊布者，有《篆刻學》（日本有翻譯本）、《石鼓斠釋》、《書譜序譯注》、《續書譜圖解》、《歐陽結體二十六法詮釋》、《草書寫法》、《篆刻的基本知識和發展》等，待刊者有《荀子今譯》、《説文外編校補》、《兩漢官印考》等近十種。字帖已出者，有《三體簡化字譜》、《五體書正氣歌》、《散木書陶詩》。綜合者有《鄧散木書法篆刻選》。四女國治，龔翁逝時，年僅十九，能讀父書，遺著多賴以整理印行，一九八三年五月間以小故遽殞，惜哉！

（一九八三年九月二十五日，後有增補）

九州生氣恃風雷　妙契同塵　自彊不息　銕（鐵）圍山行者　寶康瓠　三長兩短之齋

七九　鄧散木

琴齋

埋頭苦干

人處落墨

跋扈將軍

踦人

六億神州盡舜堯

不到長城非好漢

八〇　黎澤泰

黎澤泰（一八九八・十一・九——一九七八・二・十八），字爾穀，初號戩園，後改戩齋，晚曰戩翁，另有剛克齋主人、桂巢詩客、東池主者、星廎老人等別號。湖南湘潭人。

湘潭黎氏爲望族，戩翁之祖培敬官至貴州巡撫，父承禮先生乃光緒甲午科翰林，曾宦游四川，戩翁即生於宦所崇寧縣，嘗刻印云『吾生巴峽啼蝯處』，蓋紀實也。承禮先生清末出任湖南高等學堂監督，因其擅論文，精書刻，又喜與好此道者往還，對湘中文藝之倡導，建樹殊多；黎松安、譚澤闓、齊白石之初學治印，皆受其啓迪。承禮先生且以家藏丁敬、黄易精拓印譜用西法攝影複製多份，分貽同好，争相摹刻，一時蔚成風氣。

戩翁幼承庭訓，於篆刻深受熏陶，一九二〇年已開始爲人治印，譚延闓、譚澤闓、曾熙、郭焯瑩、齊白石等曾於長沙《大公報》聯名介绍，盛稱其印藝『直邁龍泓（丁敬）之安詳，近追撝叔（趙之謙）之奇肆』。一九二四年，南北軍閥混戰，遂避地長沙，創組『東池印社』於荷池路東，故稱『東池』。邀得朋好黄賓虹、齊白石、唐醉石、易均室、鄧爾雅等參加印社組織，共研印學，且主編《東池社刊》，計出三期。在第一期内，刊有郭焯瑩所撰緣起一篇，闡述綦詳，黄賓虹爲繪《東池印社圖》，易均室又獻其手拓古漢印等精品刊布，堪稱圖文並茂。第二期更事擴充，計分印輯、文選、詩選、遺著、雜纂等五大類，佳篇尤夥。印社之有刊物，似以此爲嚆矢。後因人事牽率，未能持之以恒，社刊乃告中輟。余四十年前曾於冷攤得之，惜毁紅羊之劫矣。

戩翁英年即以印藝馳譽湘中，長沙名學者黄鹿泉蓼園得其治印，賦詩以謝：『岐陽籀古溯周宣，蝌扁篆中心印鐫。筆記已題八十壽，碑文還訂二千年（已乞刻印，文曰「蓼園大耋後筆」，再乞刻云「考定二千年漢碑之宧」）。陶秦鑄漢憑椎畫，櫟宋棃唐問石禪。切玉昆刀鋒利甚，瓊章珍重等璣璿。』譚延闓爲戩翁父執，獲贈佳刻特多，書箋酬答，並爲長題云：『爾穀姻世先生爲余刻印至多而工，寫此爲報，然不如印之精也。』一九二七年，戩翁游滬，譚澤闓亦以詩投贈：『早知妙藝傳家學，今喜重逢聚海濱。匣底珠璣傾四座，更煩游刃剖蒼珉。』抗日戰争期間，戩翁避寇浙東，往來碧湖天台之間，時與李叔子、施叔範、胡雲翼等談藝爲樂。李叔子以詩名，亦戩翁印弟子也，恭題《戩齋印存》曰：『累葉金貂照廟廊，君家清冑本堂堂。即論藝事原無敵，劃破鴻濛接混茫。』『泥雪繽紛溯舊盟，從今共拜石爲兄。疏燈聽徹荒雞夜，斷續珠槃錯落聲。』類此題贈甚多，兹不備録。

凡精於篆刻者，其書無不佳，蓋篆爲印之載體也。戩翁楷宗顔真卿，而略參褚登善法，小楷尤秀勁有致。戩翁與余通信時，已年近八十，猶能作不足厘米之小行楷，銀鈎鐵畫，一筆不懈。隸學《曹景完碑》，每喜用何道州法，故特樸厚；篆法《石鼓文》，兼以《琅玡刻石》。因之其印雖植基丁、黄，而涵泳多方，以書入印，瀟灑渾脱，晚年更喜挹取簡册及漢金等文字入印，陶鎔變化，刀法愈益凝練挺拔，不愧大家。一生治印逾六十年，至老不倦。擬刻湖南紀念地名爲專集，僅成若干方即中輟；毛澤東詩詞曾刻十三首、五十二方，拓成托周世釗先生獻諸中南海。遺刻有《鉛華木落盦印存》、《戩齋自製印拓存》共八册，聞此僅爲生平作印十之三四耳。往時戩翁嘗贈余《戩齋印稿》乙册，印凡數十方，皆晚歲作。

戩翁復能詩，三四十年代，曾入籍南社，爲南社湘集社友。平素興之所至，每喜鐫諸印側，猶畫家之繫以題畫詩。其昆弟黎澤濟先生在一文中曾載，戩翁爲摩訶詞客治印既畢，附詩印側云：『寒窗破硯篆雲生，老去丁丁重友聲。爲拓紅泥成四印，蝨如輪大眼猶明。』又爲其女甡模刻印，邊款所鐫亦爲七絶：『練裙書破夢多時，入手先探篆籀奇。日壓紅脂綿密意，尚留芬馥與兒知。』曩見趙撝叔、吴缶翁等老輩印作，款綴清吟者仍不鮮，今人已罕覯矣。

戩翁五十後獲聘爲湖南省文物管理委員會委員，後改任湖南省人民政府參事室參事，直至謝世。

（一九九四年二月二十五日）

横眉冷對千大指　俯首甘爲孺子牛　煮字爲藥　船山學社　第一師範　可賓　應修長壽

八一　吴　澤

吴澤（一八九八——一九三五·八），字公阜。浙江鄞縣人。少聰慧，好爲跳盪，以蹴踘傷其脛，致不良於行，由是專注文藝。性孤峭，不喜徵逐，居常落落寡合，閉户自精。所與交契者，若同邑沙孟海、童第德、慈谿馮貞胥、蕭山朱鼎煦等諸先生，皆一時名士。其文學問業於慈谿馮君木先生，治印則向同邑趙叔孺先生請益。以刻苦研究，屬文書法篆刻均猛進，然用功過度，既而肺部染恙，遂杜門養疴，絶意於外間之進取。自號吝飛，蓋取《詩經》憂心悄悄吝不飛之義，並顔所居曰吝飛館。其祖輩固饒於貲者，至公阜始稍落，庋藏典籍書畫碑帖猶富。燕居之暇，日唯玩索校理，考覈源流，親爲題耑跋尾，雖病不少廢。公阜爲文翩翩灑落，頗類晋宋人韻致。簡札吐屬嫻雅，曲盡妙旨，得者片紙視同瑰寶。印近董小池、吴讓翁，遠規漢晋，深情高韻，不落恒蹊。書則融合南北，造詣尤高，上焉者直追初唐，下亦不失宋仲温雅度。惜不永其年，未能竟其所詣矣。生平不苟於事，即在病中，凡親友有所求者，無論書、印、文章，罔不力疾以償。瀕死前一日，猶欲起爲其友寫屏幛，家人阻之，乃曰：『我已許之矣，惡可負其託哉！』重諾類如此。

其殁後十三年，邑人秦彦沖景愛所作，經多方徵集，得公阜遺印九十九鈕，成《吝飛館印留》二卷行世。公阜生前友好沙孟海先生撰序，略云：『公阜劬學媚古，文藻秀出。其書其印，蹊徑之正，意境之高，尤邁等倫。……

公阜之論書曰：「晋人惟粕，魏人惟龂，唐人惟䨼，宋人惟薄，隋人受魏開唐，所貴惟璞，斯至境矣。」其論印曰：「吴人習於固，越人習於露，皖人習於媁。前修既渺，寖失恒度。守漢之素，博周之趣，斯至境矣。」故其所爲，書側戾變化，神似藏諸，風致遒上，非今世所有。印糅合鑄鑿，力追大雅，方之近人，要與企泉、讓之，同其蘄嚮。冥思孤詣，時少會者。……昔陶元亮詩格至高，以生當晋宋之世，時尚靡華，山玉谷蘭，寂焉寡賞。公阜上才絶藝，而聲名不越州閭。百世之下，必加明識味其餘烈。墜緒劭引，庶幾可期。」公阜書印之學之深，及其所作之妙，讀此可知其概。聞尚有《吝飛館書櫝》、《吝飛館述印》、《吝飛館封泥選》、《書學演講録》等著述，皆未梓行。生平事迹，載《鄞縣通志·人物編》。

（一九八四年九月九日）

吳澤　破月簃　西湖博物館審定之印　吳澤唯印　慈谿葛暘夷父鄞吳澤公阜沙文若孟海同觀　石逃室

八二　吴子復

吴子復（一八九九・三・二十五——一九七九・八・二十四），原名琬，字子復，五十後以字行，號懷冰老人，别署寧齋、伏叟，所居曰瀧緣軒、麝瓶齋、野意樓。廣東四會人。

父以銀器手工藝爲業。少時即嗜書法，人謂欲練就好字，非耗用宣紙百數十刀不可，寧齋遂乞於其父，按數購歸，苦習漢石及六朝碑刻不輟，書果大進。野獸派油畫初傳入中國，時關良先生任教於廣州市立美術學校，頗爲揄揚宣廣，寧齋就讀其間，深受影響，於馬蒂斯等畫作印本，臨摹擬作，甚得神趣。一九二六年初畢業，與李樺、趙世銘等同届同學組織『青年藝術社』，並編印《青年藝術》。夏間關良先生應郭沫若先生之邀參加北伐軍宣傳工作，寧齋亦隨同前往。其後復歸母校以油畫授徒。課餘醉心漢隸，傳世名碑，皆遍臨百數十通。其精勤堪與道州何紹基媲美。日寇南侵，一度回家鄉暫避。稍後隨胡根天校長輾轉入韶關。一九四〇年後，任省立藝術專科學校美術系主任凡數載。抗戰勝利後旅居香港。新中國成立，旋即移家廣州。一九五三年，寧齋獲聘爲廣州市文史研究館館員，得以優游寓齋，從容專治漢隸。

三十年代初，廣東有林直勉者，作隸以古拙紛披見稱，一字之中，筆畫往往粗細懸殊，然挺拔沉雄，人莫能及，自伊汀州後，爲漢隸開一新面；惜天年不永，未及大成。寧齋筆法，初受林氏啓迪，然矯之以含蓄渾厚，蘊積既深，筆法爲之一變，愈見含蓄凝重，大抵多得於《禮器》與《封龍山頌》，若采花成蜜，吸收融會，已無迹可尋。今時廣州『鎮海樓』額，及其頂層彭玉麐所撰『萬千劫危樓尚存，問誰摘斗摩霄，目空今古；五百年故侯安在？使我倚闌看劍，淚灑英雄』名聯，烈士陵園『中朝血誼亭』碑記等，皆寧齋晚年妙筆，可以垂諸千古者。作油畫僅偶一爲之，而皴擦爲意筆山水，亦只一時遣興耳。其五十以前，純然爲油畫家、美術教育家；五十以後，則以書法而馳騁藝壇，飲譽海内外。

余於五十年代始識先生，軀體短小精悍，而神采焕然。或早年習西畫，故服飾多喜歐制，喜穿格子襯衣、牛仔褲，配以亮閃黑皮鞋，一似西洋音樂家、科技家。平居沉默寡言，友好過訪，多莞爾微笑，言談甚鮮，因以『麝瓶』自名其齋，可謂善喻。黎明即興，以居處邇鄰越秀山，必登山練太極拳。歸用大墨海研墨作書，墨盡則止，日數小時不懈。後輩求教，每樂爲指授，習隸主張兼學六碑，以爲若小學之由一年級遞升至六年級，六碑次第爲：一、《禮器碑》，二、《張遷碑》，三、《西狹頌》，四、《石門頌》，五、《郙閣頌》，六、《校官碑》。《禮器》方圓兼施，《張遷》主方，餘多用圓筆，然意態各異，神明變化，唯在學者之妙悟。執筆主『龍眼法』，於梁聞山《執筆歌》之『大指中指死力掐，圓如龍睛中虛發。食指名指上下推，亦須着力相撐插』，深表贊同，終身奉行不已。學書弟子遍南國，其隸已蔚成書派矣。

先生中年始治印，與篆刻名家馮康侯先生交甚密，恒有切磋。晚年作印，純以其書法出之，固無視皖浙，亦不論秦漢，自用印尤多佳構。小兒達爲曾隨學隸，先生出用印命爲拓譜，石多佳凍，鈕亦不乏雅製，邊跋時作陽識，或擬兩漢，或師六朝，雖大小只一二寸，然絶藝足與碑版同珍。偶鎸朱雀、夔鳳爲飾，古雅可愛。爲人作印殊鮮，間有應酬，或出其子捉刀。

嘗撰《篆刻藝術》一文，約六七百字，有獨特見地，如云：『書法與篆刻所用以構成形式者，不外爲綫條。綫條必須有量感。所謂量感，就是在平面上畫一條綫而使人覺得彷彿是一條樹枝向空間凸起。而古印有不少剥蝕處，必須從剥蝕處尋韻味，不必想像其當年完整之狀。』此所謂『殘缺美』歟？又云：『如篆刻缺乏作者之思想感情、個性、人格，縱使刻得如何工巧，只不過是一種技術，而不可能成爲藝術品。』旨哉斯言。有子琚、瑾，皆習漢隸，能傳其法。

（一九八三年六月十九日，後作增補）

吴子復印　伏叟　懷冰堂　子復　吴子復　寧齋

八三　張大千

張大千（一八九九・五・一〇——一九八三・四・二），原名正權，單名權，别號柄，後改名爰、季，又字季爰。四川内江人。

母曾友貞夫人擅丹青。九歲即隨母及二兄善孖習繪事。年十八，就讀重慶求精中學。暑假返家途中爲土匪所縛，迫作師爺，百日方得逃脱。翌年師事曾農髯熙、清道人李瑞清，因家庭不同意留滬學書，隨兄善孖東渡日本學習染織。二十一歲返滬，復受業於曾、李，兩公皆精書法、鑑藏，交游遍四海，對石濤、八大畫藝推崇備至，於大千一生藝術影響至深。一度入松江禪定寺爲僧，法號大千，禪房空寂，非其不羈性格所能堪，三月遂還俗，乃以大千居士爲號，世之逕稱張大千者緣此。

自是流寓上海、松江、嘉善、蘇州凡十餘年，潛心臨摹歷代名迹，尤究心石濤、八大、石谿、漸江諸家，落筆亂真，見者無不折服；復兼及石田、老蓮、伯虎家派。繼而上溯唐、宋、元諸大家，於山水、人物、花鳥，無不精妙。三十八歲受聘爲中央大學藝術科教授。『盧溝橋事變』前夕，度假北平，適日寇陷城，即遭軟禁，年餘方輾轉脱險入蜀。返蜀兩載，念流沙石室藴藏六朝隋唐勝迹至富，而國人迄無躬往調究者，遂發宏願，挈門人子姪西走敦煌，居兩年又七個月，備歷難辛，逐窟細察編號，詳爲著録，得三百零九窟，輯爲《莫高山石窟記》，今敦煌學者所據，仍本其所編云。並精摹北魏至西夏歷千年間壁畫二百七十六幅以歸，昭示寰宇。其有功畫史之研究，可謂巨矣。

五十以後，萍蹤海外，初旅印度，繼客香港，旋移居阿根廷，兩年後卜宅巴西，建『八德園』，極園林之勝，居十六載，以政府徵用，再遷美國加州克密爾，先後營『可以居』及『環蓽盦』，年八十回臺灣定居，『摩耶精舍』蓋其晚年館舍，亦埋骨之所也。

大千畫風凡四變：初擬明末四僧，繼上追元四家而直入荆關董巨之室；敦煌歸來，得探古人用筆、著色、構圖之秘，至是又一變；晚年潑寫兼施，具象與抽象並見，倜儻奇詭，變化無常，允爲中國畫汲古出新典範。

大千書藝，得曾、李兩師傳授，奇崛多姿，早年浸淫漢魏碑版至深，時以漢金作聯題畫；後致力《石門銘》、《瘞鶴銘》，而參以黄山谷之縱横馳騁、盤紆曲折，並特展其撇筆，酌采篆隸結構入行楷，體貌自成，鬱勃豪邁。

書畫之外，篆刻實爲大千成熟最早而又最鮮爲人知之一藝。今有實物可考者：『張澤印信』、『善孖』對章，邊跋云：『善孖二哥清玩，戊午冬弟柄。』字體略近《爨寶子碑》。兩印皆擬西泠印派，朱文樸厚，白文用刀尤覺老辣挺勁。戊午乃一九一八年，時年僅二十歲，可見印藝弱冠已不同凡響。從師曾、李之後，以摩挲金石文字爲常課；而多年摹仿古畫，並其印章皆精摹之，不失毫髮，故其印藝並不爲皖浙某家所牢籠，博采衆長，已不可用普通之規矩方圓衡之，神韻流動，放逸自然。曾、李二老晚年用印，悉出大千手鐫，想見推許之崇。後以專心繪事，無暇及此，然爲至友或已用，偶亦爲之。如畫家黄君璧、王濟遠等，即曾得其數印。一九八五年，陸元鼎先生在《團結報》亦曾披露曩時大千所贈兩印，一白一朱，作『陸』、『元鼎』，俱擬古璽，刀法嫻熟，高古絶倫。聞『大千世界』朱白兩印，乃丙午（一九六六）九月所手製，時年六十八矣。

大千用印至爲講究，嘗先後倩王福厂、陳巨來、方介堪、王壯爲等數十名家爲其治印近三千方，若干年換一批。一九六七年，門人李順華曾輯《大千居士己丑以後所用印》，凡百餘鈕，漂泊四方，留存僅此。大千曾云：「工筆宜用周秦古璽，元朱滿白。寫意的可用兩漢官私印信的體制。」畫作風格，與所用印章風格宜相配合。故其晚年粗放之筆，尤以折枝之作，恒見其鈐用自製之「大千唯印大幸」、「以介眉壽」、「春長好」、「千千千」（意爲三千大千）、「大千居士」等印也。一九三〇年大千輯自刻印成《大千印留》，印友方去疾先生據以收印四十五方，一九八七年九月由上海書畫出版社行世。至其詩文，曹大鐵、包立民編有《張大千詩文集編年》，北京榮寶齋已於一九九〇年十月出版，兹不復論。

（一九九三年十二月三十一日）

張澤印信　大千唯印大幸　善孖　千千千（大千）　張季　大千父　不猶人

八四　聞一多

聞一多（一八九九・十一・二十四——一九四六・七・十五），原名家驊，號一多，又名多，以號行。湖北浠水人。

早年讀書清華大學之前身清華學校，嘗任學生會書記。清華大學畢業後，一九二二年赴美羅拉多州，先研究外國文學，隨進芝加哥藝術學院習美術。一九二五年歸國，歷任北京藝術專門學校、上海吴淞政治大學、南京第四中山大學、武漢大學、青島大學、清華大學等校中文系、外文系教授、系主任、文學院長等職。其先以新詩馳名宇内，後專心致力《楚辭》、《周易》、《詩經》等先秦古籍之校箋與考證，又深於唐詩與古文字之研究，創獲甚大。著述已刊諸《聞一多全集》，凡八集。

一多先生以曾攻美術，擅於構圖，又諳於甲骨、金文等古文字，故其刻印，高古清剛，迥異凡俗，神趣與皖派爲近，而又別具風格，時人多以是稱之。早在一九二七年，已操刀爲潘光旦、梁實秋、劉英士等友人作印。抗日戰爭後期，雲南昆明物價　度高於全國，幣值劇貶，先生一月工資，僅能維持其八口之家之十日伙食，衣物能典賣者多已易米，雖兼昆華中學教職，生活仍極困苦。是時賣字之風甚盛，一多先生善書金文，有以鬻書爲勸者，先生笑謂尚與水準有問。昆明鄰近産象牙地區，人多以欣賞收藏牙章爲時尚。友好遂勸以鬻印補家給，初因專筆亦時作顫抖矣。直至被反動派暗殺之該日下午，在往《民主周刊》社開記者招待會前，仍奏刀不絕。噫，一代日有進程；故治印不得不犧牲必要之休息時間爲之。經兩年半之手工勞動，其右手中指已長較大之疙瘩，即執生之經濟生活未有絲毫改善，是以鐵筆仍不能擱置。而民主運動日益高漲，奔走呼號，乃其要務；專題研究，又傖，也不闊綽；陋於牙章，雅於木戳；若在戰前，不值兩角。』可見當時生活與情趣之一斑。抗戰勝利後，一多先印，且附邊款云：『甲申歲晏，爲羅庚兄製印兼爲之銘曰：頑石一方，一多所鑿；奉貽教授，領薪立約；不算寒李宗黄遺人以石章求刻，即送數倍潤酬，亦嚴詞拒絕。而爲友好或學生治印，則不憚辛勞，如爲華羅庚教授作生文名垂著，印藝精微，四方求印者甚衆。外國友人之僑居是間者，亦以得其一印爲幸。然先生操守極嚴，惡官時貶值十分可憐之幣值計算，石章每字一千二百元，牙章每字三千元，邊款每五字作一字計。各界人士素慕先飄拂，所以喻先生之風度；程瑶田乃清代經學名宿，兼精篆刻，以之比擬先生，自是妥恰。所定潤例至廉，以當今見其人；程瑶田之鐵筆恬愉，世尊其學。爰綴短言爲引，公定薄潤於後。』黄濟叔爲明代刻印名家，其人美髯除；佔畢餘閒，游心佳凍。惟是温馨古澤，僅激賞於知交；何當琬琰名章，共摧揚於藝苑。黄濟叔之長髯飄灑，浠水聞一多教授，文壇先進，經學名家，辨文字於毫芒，幾人知己；談風雅之原始，海内推崇。斲輪老手，積習未金切玉之流長；殷契周銘，古文奇字之源遠。是非博雅君子，難率爾以操觚；倘有稽古宏才，偶點畫而成趣。羅常培、馮友蘭、陳雪屏、潘光旦、姜寅清等十二人具名代定《聞一多教授金石潤例》，其短啓云：『秦璽漢印，攻治印』牌子鬻印，並戲目之爲手工業。浦江清爲擬短啓，梅貽琦、蔣夢麟、熊慶來、楊振聲、唐蘭、朱自清、沈從文、印也，第一印竟費時一天，且至手指磨爛，幾欲罷手，而終忍痛以成。於一九四四年五月在市上多處懸『聞一多於古典文學研究，不欲分勞，而生活日艱，爲擺脱兒女饑寒，終受友好進勸。然治石與治牙畢竟不同，其試作牙學人之被迫鬻藝也，蓋弊政有以致之焉。

生前曾留印蜕四册曰《匡齋印存》，未見梓行。一九九〇年九月由文物出版社刊行《聞一多印選》，計五百四十九方，多爲一九四三至一九四六年七月間之作，極少數係一九二七年作品也。

（一九八二年十月二十四日）

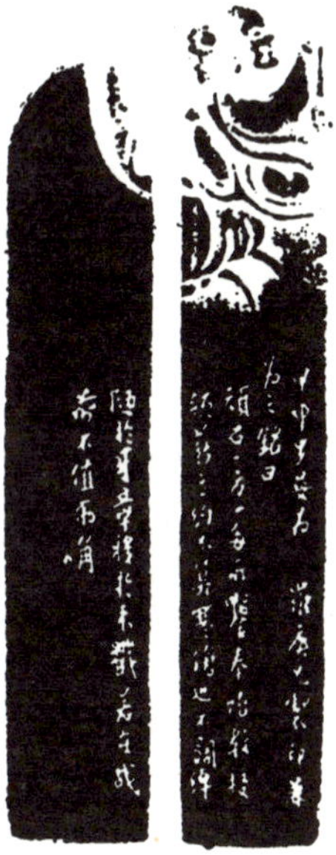

少甫　時代評論社章　馮友蘭之鉨　景洙　聞一多印　張滂　陳毅　華羅庚印

八五　劉淑度

劉淑度（一八九九——一九八五・五・十二），原名師儀，亦單名曰儀，字淑度，以字行。室號千石印室。山東德縣（今德州）人。父輩已自山東移居北京。少嗜文學，喜書法篆刻，能作逾尺榜書而規模宛在，有才名。一九三〇年畢業於北京女子師範大學國文系。其後，曾協助鄭振鐸先生編寫《插圖本中國文學史》，以鄭氏之揄揚，故舊都文士多識其名。『七七事變』後，南下到南京中央圖書館任職。一九四九年後，應南京第二女子中學、金陵大學附中等校之聘任教，至一九五八年在南京第十中學退休，畢生致力教育事業。退休後仍回北京，以故家藏書較富，可以披覽自遣，臨池奏刀，頤樂天年。

其習印始於十餘歲，曾先後問藝於董魯安、章安溪兩先生，喜爲横平豎直之體，用刀衝切隨心，大有巾幗不讓鬚眉之概，風格雅近湘潭齊白石。後得李苦禪介紹，於一九二七年拜在白石翁門下。每周均往跨車胡同齊府敬聆師教，呈閱習作。李苦禪亦與焉。齊翁刃石砉然，刀無常法，自隨所便，與寫字執筆同理。又自述習印歷程，初摹丁敬、黄易兩家；基礎既植，復師趙之謙，用知印外求印之途；已而致力《天發神讖碑》、《三公山碑》，使篆法縱横如意；益以秦詔版、漢將軍印意趣，陶鎔變化，始成今貌。並諄諄以按部就班，勿好高騖遠爲戒！欲得其髓，確應循其途轍，以究成功之由，不宜僅以今之皮相爲師也。淑度女士勤習數年，齊翁亦細爲批改印作，使其知所宜忌，凡十餘本，藝果益晋；並爲《淑度印草》撰序云：『從來技藝之精神本屬士夫，未聞女子而能及。即馬湘蘭之畫蘭，管夫人之畫竹，一見知是女子所爲，想見閨閣欲駕士夫未易耳。門人劉淑度之刻印，初學古人，得漢法。常以印拓呈余，篆法刀工無兒女氣，取古人之長，捨師法之短，殊爲閨閣特出也。余爲點定此拓本後，因記數語歸之。辛未（一九三一）十二月齊璜白石，時居舊京。越明日乃壬申元日也。時年七十又二矣。』舊京作家，若魯迅、冰心、臺静農、鄭振鐸等均慕其鐵筆，求爲鐫印。爲魯迅所治『魯迅』、『旅隼』兩印，得魯迅稱賞，常鈐於書迹與著作封面。淑度隨齊翁習印時，有同學名賀培新者，比淑度少四歲，深得齊派家法，雄肆勁健，白石以『將藍出青』譽之，淑度亦恒以習作請其批改，虚心若是，故能進步不已，爲女印人中之翹楚。

淑度女士治印六十餘年，成印逾三千方。凡有求索，皆勉力赴之。晚歲病重，委托友好將珍藏多年之齊白石爲其所治印、齊老印譜，及自刻印，並白石翁、李苦禪畫作等，分别獻諸北京圖書館、中國美術館。又將所得稿費，獎金逾萬元，捐贈中國婦女兒童福利基金會，托轉故鄉山東德縣，望能用於婦女兒童事業，以表游子惓惓鄉思。亮節高風，至足矜式。

（一九九六年二月二日）

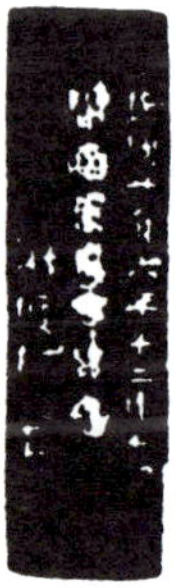

旅隼　魯迅　淑度　求吾心之所安　冰心　曾爲鎦（劉）儀所有　家在德水之陽

八六　秦咢生

秦咢生（一九〇〇・一・二十八——一九九〇・二・九），幼名壽南，初名嶽生，嗣改諤生，後以《說文》無諤字，更曰咢生，字古循，號路亭。所居曰拙巢，又曰蓮花室。廣東惠州人。

咢師少時家境清貧，十七歲在家鄉一當鋪當學徒，工餘刻苦自學，雅好詩書，才藝聞於閭里。十九歲投考電報生落選，適值中秋，夜觀孔明燈得句：『丹心一點衝霄漢，欲墜旋高力未孱。雲路扶摇頻下顧，餘光猶得照人間。』可見少年志趣。每歲臘月，東主例囑其書春聯逾千，廣售四鄉，主者得財，而先生書藝因之益進。年廿五，同里學者張友仁賞其才，拔爲文員，旋又紹介至廣州小學任教。一九三三年，中山大學黄元彬教授聘作助手，從此得籍覽宫藏書之富，可以暢泳學海矣。抗戰違難曲江，爲家計所縛，傭書省建設廳，爲廳長、主任秘書等官僚作社交應酬之代筆人多年，舉凡婚喪慶弔、生子升官，以至吟風弄月，悉以不同文體、書體應之，庶免千人一面。曩時曾摘其别致者輯爲《啼笑皆非集》自存，後作題句云：『權門槖筆作長工，啼笑皆非事事空。』咢師所以能作多體書法，時詞楹帖操筆立就，豈偶然哉！一九四七年秋，余讀書廣州一中高二，咢師來校授國文課，率以詩古文辭，上課不帶課本，然背誦如流，板書準確無誤；釋字必本《說文》，講解詩詞，剖析精到，輔以格律及作法，俾便入門，深入淺出，娓娓動聽。同學皆曰善。其學養之淵博、教法之得宜，求諸大學教授，似多未及之也。課餘之暇，余每親炙請益，特蒙關愛，今文字書刻略有根柢，實肇基於此。一九四九夏高中卒業，贈余七律一首：『一從問字惜温馨，座上侯芭正弱齡。身是多才能苦學，世方仇孝尚尊經（君新著《孝經淺釋》）。書城寢饋熏蘭蕙，藥籠將儲作桂苓。小別未應增感喟，相看兩鬢各青青。』獎飾固不敢當，然拳拳之意，永志不忘。咢師器識才藝，宏遠清高，惜在舊社會爲處境所限，懷才莫展。

一九五六年，受聘廣東省文史研究館爲研究員，多年欲以藝術服務人群之願一旦得償，感奮不已。除平素熱心藝術公益，爲愛好者書刻、致力培養青年外，歲暮更參與書法輕騎隊，至近郊爲農民義務寫春聯，昔嘗聽師誦一詩云：『也曾論甕退毫埋，七十年來迹已灰。服務紅專聞道晚，翻憐青壯侍書哀。只今滿眼新生力，都是連肩後繼才。藝海波瀾方壯闊，東風號角正相催。』一九六二年，廣州文史夜學院中國文學藝術系聘先生主書法專業，積極教學，廣栽桃李，今粵中書壇骨幹，多出其門。一九七九年，廣東省書法篆刻研究會恢復活動，當選爲副主任委員。

咢師於書兼擅數體，日常多作行書，以碑入帖，極得華樸兼備之妙；復精究《爨寶子碑》、《石鼓文》、《天發神讖碑》等體勢，隨意揮灑，風致宛如。所作《爨寶子碑》體，尤得其神理意趣，最爲求書者所喜愛，其雅號曰『秦寶子』者以此；曾作《集爨論爨十絶》，並集聯數十，此碑出土二百餘年，真能探驪得珠者，世無第二人也。一九八一年，中國書法家協會在北京成立，咢師躬與其盛，並當選爲理事，在揮毫會上，奮筆書七絶一首：『鑿破天荒自有家，從今書法燦朝霞。都門高會揮椽筆，寫出春風第一花。』『文化觀風亦繫人，唐詩晋字豈無因？從知書藝關文運，寫到今朝筆有神。』追憶往昔遭際，喜見今日藝途寬廣，不禁感觸繫之。

咢師治印，全從古璽漢印而出，兼之許學、書藝功深，所作雄渾樸茂，氣格高古；妙於章法，巧從對稱或粗細中求變化；偶以甲骨文字入印，亦意趣盎然。非學養才識兼到，曷能臻此！廣州文史館館長胡根天先生有詩評其印：『周印秦鎸玉作堆，勢兼鑄鑿挾奔雷。若非邊刻分明在，會誤秦鈐漢拓來。』『書老紅梅又著花，印鎔今古更升華。曾知赴日交流作，瓌選風標自一家。』殊非虚譽。咢師精於印學，著有論印詩二十首，兹選録數首於下，以饗讀者：『從來古璽重周秦，印小欄粗孕古春。質感原關鎔鑄力，蕭疏雋爽最怡人。』（《古璽》）『漢印莊嚴樸茂容，最難敦厚見輕鬆。「許豪之印」堪尋味，冢小如蠶似伏龍。』（《漢印》）『絶學能興筆與刀，懷寧鄧篆起風濤。「江流斷岸」朱泥裏，自是風流一代豪。』（《鄧石如》）『碑器銘文入印鎸，風規自遠拓新天。周秦漢例無拘束，欲又渾溶返自然。』（《趙之謙》）『入於浙室出爲雄，磅礴新姿動海風。石鼓瓦磚皆入印，發聾振聵鑿鴻濛。』（《吴昌碩》）『藝到精微易出新，黟山於粤啓陶甄。方圓夷險歸平正，灼灼新花奕奕神。』（《黄牧甫》）皆獨具法眼之作也。

晚歲譽滿藝林，德業日著，榮膺省文史研究館副館長、中國書法家協會廣東分會副主席、省文聯委員等職。香港中文大學、澳門東亞大學兩校先後邀請前往講學，新加坡中華書學會則以舉辦展覽爲請。一九八八年，先生故鄉惠州市政府於西湖勝處建立『咢生書屋』，俾永供展陳所作法書，用昭德範。健在而獲此殊榮者，聞粤中爲僅有之例。

著有《秦咢生行書册》、《秦咢生自書詩》、《秦咢生手書宋詞》，後者以大篆、秦篆，擬《天發神讖碑》、《爨寶子碑》筆意，及行書書之，尤可並觀衆妙。印集名《秦咢生石頭記》，家藏凡十二册，仍有待編選印行。

（一九九五年一月二十日）

秦咢生　秦鉨　勞人草草　咢生之鉨　古循　秦咢生　馬國權鉨

涉江采芙蓉　蘭澤多芳草　神州一水通三島　君子以自彊不息　癸丑鴞生七十三歲　所思在遠道

八七　沙孟海

沙孟海（一九〇〇・六・一——一九九二・十・十），小名文翰，易名文若，以字行，別署勞勞亭長、石荒、沙邨、蘭沙、决明、僧孚、孟澥、孟公。所居先後顏曰岸住廬、决明館、蘭沙館、若榴花屋、夜雨雷齋、千歲憂齋。浙江鄞縣人。

其尊人業中醫，閒喜以書畫篆刻自遣；先生幼受熏陶，少時已習篆法，並以刃石爲樂。年十二，值辛亥革命，各報刊武昌軍政府篆文大印『中華民國軍政府鄂省大都督之印』，先生一見通讀，爲當時師友所驚異。二十歲作客鄰村，應囑篆楊霽園撰《李氏祠堂記》爲堂屏，信手而揮，不假參稽之籍，然一字不誤，率合六書之旨，父老無不歎服其許學之有得也。性嗜詩古文辭，爲馮君木先生入室弟子，弱冠已以才藝鳴於時。年廿四之滬，獲聞一代詞宗況蕙風、朱彊邨及書刻巨匠吴昌碩、趙叔孺微言緒論，眼界益開拓。治印先問藝趙叔孺先生。沙老曾云：『余治印初師叔老。其爲元朱文，爲列國璽，謐栗堅挺，古今無第二手，心摹手追，至今弗能逮。』元朱文及列國璽固趙公印中絕品，實亦先生多年致力於斯者，譜中若『北坎室藏書』、『巨摩室印』、『前竹垞一月生』等印，皆師承有自，高致絶倫；復博涉陳秋堂、趙撝叔、吴讓之，莫不得其神理，不拘一家一法，轉益多師。時先生任教修能學社國文函授部，課餘除奏刀外，更忙於治學，及應撰書碑版志銘之請索。一九二四年冬，吴缶翁於況蕙風齋中得見先生近刻，喜而題語：『虛和秀整，饒有書卷清氣，蕙風絶賞會之，謂神似陳秋堂，信然。』翌年，先生以馮師之介，携所作蜕本謁缶翁，老人熱情爲之圈點評改，並賦詩褒之：『浙人不學趙撝叔，偏師獨出殊英雄。文何陋習一蕩滌，不似之似傳讓翁。我思投筆一鏖戰，笳鼓不競還藏鋒。』既獲一代宗師之嘉許訓迪，自是研索益勤，印風愈趨近缶翁之遒勁古樸。君木先生懼其過耽於是，因取『石荒』兩字字之以惕。『石荒』兩字由來以此。先生於學安排有序，佳篇紛刊《華國月刊》、《東方雜志》。而一九三〇年《東方雜志》所刊《近三百年的書學》及《印學概論》，其系統之周密、論析之精確，允爲書法篆刻史論之空前傑構，對後學啓導至大。十年前余奉沙老命敬序所著《沙孟海論書叢稿》，即詳言少時獲益之深焉。一九二九年，先生南下廣州，受聘中山大學預科國文教授。抗戰輾轉入川，迄光復始返杭城，先後擔任浙江大學教授、浙江省文物管理委員會常務委員，復兼浙江美術學院教授。

一九六二年春以西泠印社同人之囑托，於一九六三年年終曾成《印學史》，分印章舊制及印學體系上、下兩編，共三十七章，附録凡六，圖文共茂。上編爲印章起源、名稱制度、各朝印制風格，詞句及室名别號、鑑藏印，印材，印色、印款等。下編所論，創見尤多，昔人多以文彭、何震爲篆刻開山祖，或上溯至趙孟頫、吾丘衍而止。先生鈎稽史迹，考出宋人米芾實爲之先，並舉其多方自鎸印以證；第二輩爲趙、吾；王冕爲第三輩；文、何乃第四輩耳。對明清至近代諸流派大家，並有精湛論述。自有印章以來，此得未曾有之史作也。《談秦印》一文，旨在對秦印之名實加以糾誤。《記巴慰祖父子印譜》之作，不惟考辨徽派四大家之一巴慰祖印作之真贋，且就其子弟輩數人之名字别號齋名，一一爲之鈎沈拾墜。而《沙邨印話》更以稍豐之篇幅，筆札先賢印學卓見，憶述目睹印壇史實，雋永清新，足供同道品讀。先生印集名《蘭沙館印式》，一九八三年上海書畫出版社刊印本收印八十一件，起自一九二三年，迄於一九六四年。曩時所見『大司農印』、『陳道希』，及一九七五年所刻『金石刻畫臣能爲』等俱未入録； 選汰甚嚴。 跋尾有云：『余平昔不恒治印，留稿亦僅。 雖復自有胸懷，而才短手蒙，所就殆無全稱。 七十以後病翳，不任瑑畫，秀而不實，每媿虚名。』此固謙遜之詞。 一九九四年榮寶齋刊行有《沙孟海篆刻集》，凡三百五十二件。

先生早年印作，況蕙風即許謂得『静、潤、韻』三字之妙； 中歲浸淫金石，尤深契古璽，旁及漢金漢簡，取徑多方，神明變化，三字之外，益以鬱勃雄奇，並世罕與比肩。

西泠印社六十周年時當選爲理事。 一九七九年被推選爲西泠印社社長，以迄謝世，對推動印學發展，不遺餘力，厥功至偉。 曾任浙江省博物館名譽館長，中國書法家協會副主席、顧問，書協浙江分會主席等職。 先生學識淵博，於古典文學、古文字學、金石學以及藝術教育，皆有卓越成就，而書藝及書學尤爲世重，印名爲書名所掩，固不宜僅以傑出印人目之也。 一九九二年，鄞縣人民政府尊崇先生德業，於東錢湖建立『沙孟海書學院』，展陳所作法書印刻、著作及有關文獻，永供海内外人士觀賞研究。 四月，先生猶親臨開幕盛典，後因失足引發它病，遽歸道山。 靈光殿圮，月冷西泠，每一懷及，不禁泫然！

（一九九五年二月三日）

韓競私印　鑿山骨　在山泉館　沙文若鉢　惜道宧　千歲憂齋　臨危不懼　手鈔六千卷樓

臣書刷字　逢先知印　秋明室詞翰　尹默八十後作　無限風光在險峰

八八　朱復戡

朱復戡（一九〇〇・九・三十——一九八九・十一・三），原名義方，字百行，號静龕。祖籍浙江鄞縣，而誕於上海。中歲嘗罹痼疾，既癒，四十後更名起，字復戡，後以此行，别署伏堪。復戡行而義方晦，世或以爲兩人。幼承庭訓，五歲即蘸水於大磚練字，稍長得舉人王秉蘭授以《説文解字》，並摹習《石鼓文》。七歲在怡春堂箋扇莊揮寫《石鼓文》集聯，適爲吴昌碩先生所見，大加讚許，以『小畏友』稱之，由是『神童』之名不脛而走。缶翁愛才，時加提挈，後並紹介加入海上題襟館金石書畫會，俾廣見識交游。題襟館爲滬上著名文藝社團，會長爲俞語霜，副會長爲任堇叔，昌碩先生被推爲名譽會長，名譽副會長有曾農髯、李瑞清、王一亭、吴待秋、馮超然等，會員皆一時俊彦，以復翁年最幼。十六歲，其篆刻作品入選掃葉山房所刊《全國名家印選》；十八歲有正書局爲其出版字帖；而商務印書館出版《静龕印集》時，年方廿七。南洋公學總理張美翊跋其所製硯銘云：『朱生百行過訪，爲我琢硯，仿苻秦《廣武將軍碑》刻字，使冬心、叔未諸老見之，當畏此後生。』年輕時即以書法篆刻騰譽海上。後游學法國，於藝事益博采兼收。二十九歲，應劉海粟之邀聘，任上海美術專科學校教授，講授金石碑版。一九五八年，移居濟南，從事美術設計工作。『四凶』逞虐，遁隱於泰山之麓普照寺，雖生活艱苦，仍不廢書刻，辛勤培養後學。晚年還居海上，欲以餘力爲弘揚中華文化獻其所長；八十四歲爲徐葳女士刻『葳孃』一印，並附詩於印側云：『沈醉一生書畫刻，欲攀峰頂歲云遲。晚來紅粉感知己，勖起消沉老藝師。』心境可見也。

有兩事應一述：秦始皇東巡泰山，丞相李斯等爲頌秦德，曾書刻《泰山刻石》於嶽巔，書法圓潤宛遒，爲秦篆典則之作，只二百二十三字，宋拓存一百六十五字，明拓得二十九字。余於一九五九年隨容希白師訪古北國，道出泰安，在岱廟廡廊壁間所嵌，僅見九字。開放以來，聞海内外游客常叩詢秦刻石存毁，主事者以復翁久居是間，又精篆法，遂以重書爲請。翁欣然允之，經仔細考證、補篆，力求還其舊觀，此歷史豐碑已於一九八四年重矗岱麓，供人憑弔。另一秦刻石《嶧山刻石》，又懇得復翁篆筆，補樹山東鄒縣。篆碑之外，復翁亦以設計青銅器及書銘見稱，與上海交通大學中華青銅文化復興公司密切合作，先後爲《榮氏寶鼎》、《震澤神黿》及中外定製之鐘鼎等青銅製作貢其睿智，交通大學因聘爲兼職教授；國務院發展研究中心國際技術經濟研究所上海分所於一九八八年十月又聘作高級研究員，並設朱復戡藝術研究室，以利開展工作。以其所長，曾任中國書法家協會名譽理事、西泠印社理事等。

復翁於書，余最傾服其金文及草書。金文喜作商末周初之體，氣勢雄勁，凝重渾穆，每以增點填實及加重捺刀之法調節字之重心；或將筆畫改正爲斜、變直成曲、易方爲圓；而挪移偏旁，變正爲反、易左或爲上下，亦常用之。非於彝銘爛熟胸中，不易爲也。而作草之巧於虚實、濃淡、收放，妙於長短相間、屈曲繞繚、大闔大開，雖至耄耋之年，仍氣吞牛斗，陽剛之氣，懾人心魄，揆諸歷代草書大家，亦不多覯。

復翁篆刻，初受吴缶翁、趙撝叔影響；漸而規矩秦漢，上溯兩周；中歲爲嘐城汪氏忒翁治印至多，變化彝銘以入璽，曾輯成《復戡印集》，馬公愚先生序之，稱其擬璽乃千載一人。復翁亦自珍重，於『瀝水潛龍』一印自跋云：『假令簠齋見此，必以爲金邨出土三代物也。』『潛龍潑墨』則附跋曰：『混列簠齋印舉，亦當巨璽傑出。』夫子自道，皆非妄語。沙孟海先生謂此譜『中多擬璽之作，峻茂變化，殆欲雄視一世。』堪稱確評。復翁亦能畫，偶亦爲詩，以影響言，當數書刻。

所遺著作，書法有《朱復戡大篆》、《朱復戡草書千字文》、《朱復戡修改補充草訣歌》，篆刻有《静龕印集》、《復戡印集》；及一九八六年選輯上述兩譜、益以新作由上海書畫出版社刊行之《朱復戡篆刻》；綜合諸藝者有《朱復戡金石書畫選》。

復翁有《白頭吟》詩，節録如下：『我本江南一布衣，自幼愛好金石刻。聞之先輩諄諄言，刻石先須通字學。埋頭苦讀許慎書，象形會意細咀嚼。九千三百五十三，連首帶尾腹中納。信手寫來大小篆，史籀李斯似舊識。漢魏以降重行草，草書本由篆書出。以篆作草宗張芝，出入羲獻復顛旭。學畫初學閻立本，山水獨喜荆關法。浸淫於兹年復年，怡然自得忘歲月。舉目但覺遠處清，攬鏡忽詫頭毛白。欲登造極學至老，孜孜一生廢寢食。……』藝益求精，至老不懈，令人敬佩。

（一九九四年一月十四日）

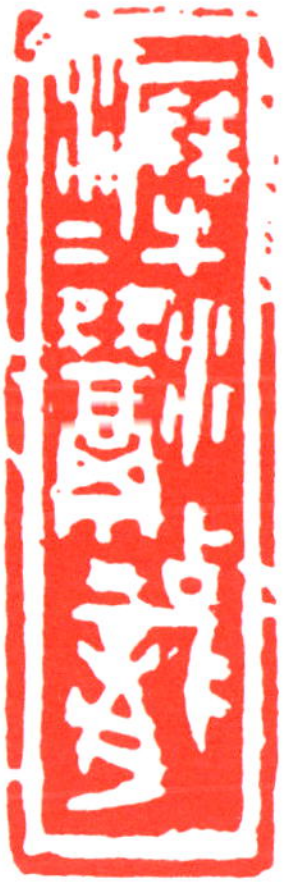

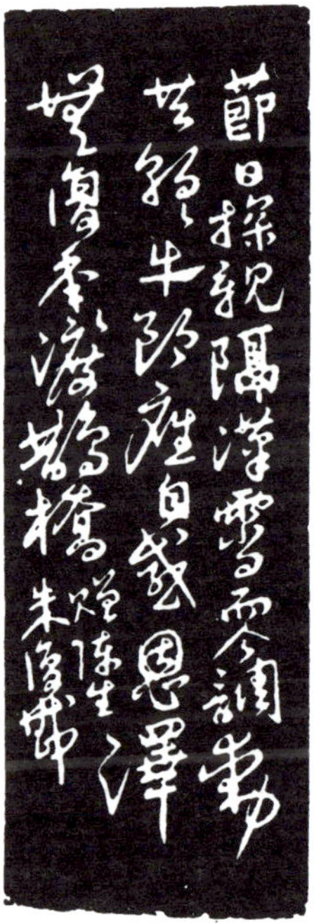

馬國權鈢　無復年年度（渡）鵲橋　學到老　朱復戡　瀝水潛籠　而今邁步從頭越　潛龍潑墨

八九　馮康侯

馮康侯（一九〇一・五・十——一九八三・十二・七），原名彊，字康侯，别署老康，又名糖齋，號眇叟，晚號康翁；所居曰咫尺蓬萊館、雙蓮館、意在斯樓、可叵居、九龍山齋。廣東番禺人。

幼耽藝事。名畫家温其球（幼菊），先生之祖母舅也，每届其姊壽辰，必來居馮家月餘，先生從八歲起即從之學畫。年十三，兼習篆刻。一九一六年，先生叔母之兄劉慶崧（留庵）自廉州作幕罷歸穗垣，留庵固篆刻名家，以一時賃屋未能愜意，遂假馮家暫住。留庵好阿芙蓉，恒將晝作夜，至深宵精神始振，先生心切學藝，常夤夜守其榻旁，細聆談印。留庵曾語先生：『令表叔歐陽務耘與黄牧父交誼至篤，爲其寫字刻印作畫甚多，借以臨習最宜。』先生即往借歸，日夕臨摹玩味，而至足啓示治印者，厥在牧甫所留二百餘份一再挪移改寫之墨書印稿，及蓋於曆書上端由初刻、修改，以至完成之刻印鈐本，細加分析尋繹，恍如牧甫親授。先生作書治印之得窺秘奥，蓋肇基於此無聲之誘掖。年十九東渡日本擬習工程，一面準備學工之基礎學科，一面在東京美術學校攻實用美術，三年未如所願，乃折返廣州。先生有叔祖名耿光者居舊京，梅蘭芳與之稔，深感京劇布景單調，欲有所興革，知先生學實用美術有年，乃邀北上參預其事。聞梅蘭芳歡迎詩人泰戈爾訪京時所演之《洛神》，布景中之海、石、樹木，而勾以金綫者，即出先生手筆。京中名流若羅癭公、樊增祥、易順鼎等，對先生印藝皆激賞，壽石工更建議懸潤例於琉璃廠，免使同好有向隅之歎。印鑄局長許修直得見所作，許爲難得人材，禮聘爲技士，時先生年方廿二耳。印鑄局乃全國官印鑄造機構，唐醉石任印信科長，其下設兩課，篆刻課長爲王福庵，鑄造課長名張乃恭，諸公均印壇俊彦。先生到職後，主篆稿，工作效率特高，福庵先生以『火車頭』外號譽之。一九二六年因奔祖父喪回粤。其後二年，又應聘至南京印鑄局任技士，製『榮典之璽』諸印，迄南京行將淪陷始返粤。雖一度從業新聞，或充幕僚，然皆爲時甚暫。畢生主要精力，皆在書法、篆刻之研究與創作。五十後定居香港，先後在聯合書院等大專院校講授文字學、金石學；又曾在廣播電臺主講『正字』等專題，於文教事業多所致力。中日人士詣門從學甚衆，日本駐港領事頗有執贄爲弟子者。

先生四體皆精，尤長於篆。每作四屏，多分别書甲骨文、金文、小篆、漢篆，悉以唐宋詩詞爲之，不假臨摹，而神態自若。金文用筆，淵源牧父，小篆則以石如爲宗。又嗜用《天發神讖碑》筆意，峻爽凌厲，老筆縱横。隸書初擬汀州，雄勁渾厚；晚年變化《禮器》、《張遷》，别具體貌。楷書導源六朝碑刻，然結體多參用篆法，自抒新意。一九八〇年，先生集《二公山碑》字爲『道治民無疾，年豐國永寧』一聯，參加第一届全國書法篆刻展覽，在北京、上海、瀋陽、廣州等地展出，備受推崇。其繪畫也，山水用元人法，鐘鼎博古而綴以花卉者，則純爲牧父家數。治印特爲世重，年甫弱冠，所作即神似牧父；及北游幽燕，博覽金石，於明清以來諸大家無所不窺，或宗秦漢，或擬流派，莫不得諸心而應諸手。一九三五年陳協之六十壽，朋儕倩先生爲刻『潁（潁）川家寶』一百零二石以贈，諸印風致，無一近同。協公跋謂：『爲骨甲金文者，挺勁秀逸；爲漢碑漢鑄者，渾厚樸茂；爲完白、爲攘翁、爲悲庵、爲牧父者，置諸四子印集中，匪曰難辨，直是當選。吾知康侯治印爲至酣暢時，必將自出機杼，集一應之長，而得一至善之歸宿，以自成一家，留庵先生所謂博而約者，此其時乎！』

余於一九四六年底及先生門，時居廣州，周末必詣先生逢源路寓齋。先生强調治印宜先習篆、通六書，曾手書《嶧山碑》全文見賜，又假以文字學書籍籀讀，後余之專攻古文字，與先生啓迪有一定關係。別後卅年重謁先生於香江，見示新作，蒼勁奇肆，變化神明，一似其書，並臻化境。一九七五年六月，南天印社所刊《馮康侯印集》，風行一時。一九八〇年四月香港藝術館爲先生舉辦書畫篆刻展，並印行《馮康侯書畫篆刻》一書。先生治石畢，每繫以邊跋，勝義如雲，如曰：『古璽布白與漢印迥殊，不整齊，不束縛，不乖字意，精審疏密，純任自然，近人能此者，吾粵易大厂一人耳。』又云：『學漢印不在斑斕，而在渾厚，布白務求平實，運刀深入取勢，不善學者，易墮惡俗。』復曰：『秦漢爲法，丁鄧爲師，浙皖一爐，衝切兼施，變化離合，刀筆相依，力求平實，此語庶幾。』細索諸論，當有會心。先生臨終前已編定《馮康侯書畫印集》，正擬付印，病忽至，旋轉劇，惜不及見其成矣。

（一九八三年十二月十八日）

偶然欲書　寒香　神靈威武曰棱　我之爲我自有我在　靜農長壽　達堂印信

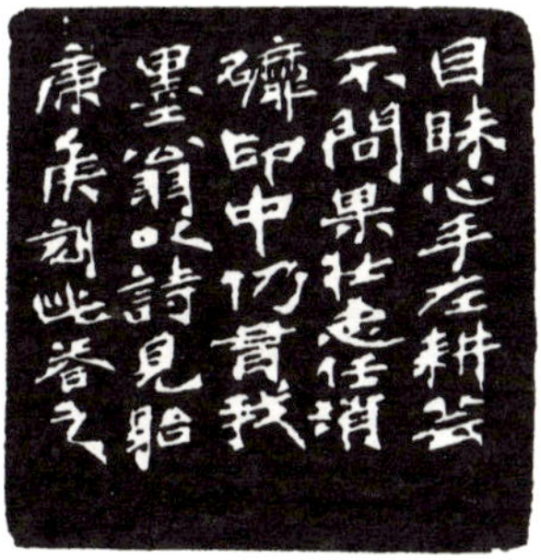

鑄晋鑑賞　少昂六十以後所作　海內存知己　熾均所藏　慧伯　文采風流今尚存

九〇　張魯盦

張魯盦（一九〇一・六・十六——一九六二・四・十八），原名錫誠，又名英、咀英，號幼蕉、雪琴，又號魯盦，後以此行，別號四明山人、印泥工人。所居曰望雲草堂。浙江慈谿人。

其家爲世傳藥材巨商，杭州有張同泰藥行，在滬則開設益元參行，皆以規模宏大見著。而魯盦不樂貨殖，志耽風雅，詩文外尤嗜篆刻。年二十七，得游於趙叔孺之門，時聆論藝，所好益深。曾撰《從師回憶録》云：『余自幼喜弄翰，好篆刻，鄉居時已熟聞趙叔孺先生名而慕之，恨未得見。旋轉寓滬上，由林爾卿姻兄之介，始謁先生於虹口嘉興路華盛頓里。余即以所刻印請益，先生曰：「天資好而學不足，宜多讀秦漢印，以擴見識。」余乃取十鐘山房、銅鼓書堂印譜，朝夕研摹。翌年以作呈政。先生曰：秦漢印爲篆刻之本，既知本矣，乃可博求諸家之法矣。引爲小友，許列門墻。余刻印初學趙次閑，囿於浙派，自蒙啓迪，始知門徑，即鑽研秦漢宋元，以至近代皖鄧諸家，廣收古印及歷代印譜，以備參考。每有所獲，即叩師門，請審定，並與諸同學切磋辨析。積年既久，所獲漸多，共得古今印章四千餘鈕、歷代印譜四百餘種。』讀此可知其印風轉變之原，與收藏古今印章、印譜興趣之所由生矣。

魯盦刻印，工秀雋雅，雖古璽漢印及明清諸家無不取法，然實以得於鄧石如爲多，惜氣勢稍欠遒邁耳。嘗以五百金購得鄧石如『雷輪』、『子輿』、『守素軒』、『古歡』、『燕翼堂』五面印，另一側爲包世臣長跋，時米一石售十元，以一印而斥此重值，莫不詫爲豪舉。因鄧印傳世絶鮮，魯盦乃遍摹散見各譜所載，凡百數十印，成《魯盦仿完白山人印譜》二册行世。

其對印壇之貢獻，主要在於印學資料之搜集與流布。所藏印譜，明刊本三十餘種，清初及乾嘉刊本百餘種。光緒九年（一八八三）成譜之《十鐘山房印舉》，吴大澂以紋銀數百兩助陳介祺鈐拓，得陳贈每部百册之精拓大本裝三部，後歸其孫湖帆，魯盦以一千四百元讓得一部，在四十餘年前，此值已不啻宋刊元槧。高式熊據其所藏，已編成《魯盦所藏印譜簡目》，計分秦漢以來官私印譜、摹刻官私印譜、各家篆刻印譜、各家所集印譜四卷，而以魯盦藏印自輯製譜目附焉。王福庵序之云：『慈谿張魯盦爲吾友趙叔孺入室弟子，篤好篆刻，抗心希古，輯舂古今印譜四百餘種，匣藏架庋，燦然大備，爲從來收藏家所未有，壯哉一奇觀也。用其力之殷，囊括之富，良足多矣。』豈偶然哉！藏印中，除古璽印外，若何雪漁、鄧石如、西泠八家、吴讓之、趙之謙、黄牧甫、吴昌碩等名家刻印，精品甚多，集拓成譜有《秦漢小私印選》、《何雪漁印譜》、《張氏魯盦印選》、《退庵印寄》、《金罍印摭》、《横雲山民印聚》、《黄牧甫印存》、《鍾矞申印存》、《松窗遺印》等九種。魯盦得此名印佳譜，並不自珍秘，同好欲爲借觀假拓，均樂予提供，時或主動輪番送至後輩家中，以備參考，其熱腸有如是者。

魯盦之自製印泥、刻刀，亦有足述。先是，魯盦據印書所載試製印泥，雖耗金數千亦不能如意，乃購名重一時之漳州老魏麗華齋上品印泥二十四兩，進行研究，除自存八兩外，分别各用四兩倩人以科學方法分析油質、顔料、藥品、艾絨等四種成份，始得端倪。魯盦語人：油須加工熬煮；顔料以硃磦爲主，硃砂、西洋紅約二三成，故能細而薄，且有鮮麗光澤，藥料僅冰片已足；艾絨則非漳州不可，其纖維之長，非他處所能及。其製刀之鋒鋼定自英國鷹立球鋼廠。闊二分，長二寸弱，三十多年前每條即美金八元，魯盦據不同要求以砂輪親爲磨礪，然後夾以竹片，裹以弦綫，再髹之以漆，匪獨鋒刃極利，又復美觀輕巧，即刻象牙犀角亦數十印不鈍。

五十年代中葉，上海籌組中國金石篆刻研究社，具體事務皆魯盦躬任其勞； 在擴展外地社員時，曾來函垂詢，由是訂交。余一九五九年游滬，魯盦出所藏精英見示，真如入山陰道上，目不暇給； 瀕行且貺以所製印泥、刻刀，感意至感。一九六一年余再履申江，時魯盦已以肺癌纏綿病榻，往探望時，其呼吸已極困難，猶殷殷以呈獻所藏於公家爲念，並囑代爲呼籲，余力慰之，不意余離醫院僅兩小時，魯盦即溘然長逝。夫人葉賓琴及其子永敏秉承遺志，盡舉所藏捐贈西泠印社，用饗印林，印社爲闢望雲草堂紀念室以儲之。

（一九八二年五月十六日）

陳彰私印　萬里長空　春雨之鉢　樂天居士　以書自娛　子受　越客

九一　方介堪

方介堪（一九〇一·十一·八——一九八七·八·二十五），原名文渠，後更名巖，字介堪，以字行。所居曰玉篆樓。浙江永嘉人。

出身寒素之家，幼無力納束脩入學。然性嗜金石書畫，艱苦自學，遍訪里中識者求教，年十二始習篆，曾得謝磊明先生指授，並以所藏金石文字資料見示，遂得窺門徑。稍長赴滬，更拜於藝壇耆宿趙叔孺先生門下，獲金石文字、篆刻、書畫、詩文等多方面之啓迪，孜孜以求，數年間所詣猛進。年未三十，任教於上海美術專科學校，主篆刻課。後又應聘任新華藝專、中國藝專等校教授，仍主金石篆刻。課餘鬻印，求者踵接，日鐫二三十印始可勉應所請。正當藝事　日千里之際，日寇侵華戰火隨迫滬濱，不得已扶老携幼，流徙四方，備極艱危。戰後曾重返上海，後厭紛華，挈家歸温州。新中國成立後，任温州市文物管理委員會常務副主任、温州博物館館長、温州市工藝美術研究會副主任，以其學之所長，貢獻於故鄉文化建設。晚年獲選爲西泠印社副社長、中國書法家協會名譽理事、温州市書法家協會名譽主席，深受推崇。

先生兼擅書畫篆刻，而篆刻實爲之冠。先生少時，吴昌碩、黄牧甫兩大師各以其精湛印藝與獨特風格風靡印壇，並世印人頗有不歸儒、即歸墨之概，唯叔孺先生遠師古璽漢印、近挹元人，目光超邁，精究印章藝術之源流正變。語云：『名師出高徒。』先生客滬之日，以其地人文薈萃，收藏家至多，恒四出走訪舊譜，擴大視野，見輒雙勾精摹以歸。叔孺先生曾草創《璽印文綜》，欲以囊括古璽印文字，遵《説文》體例，分別部居，以利治印及研求古文字者有所參稽；先生秉承師訓，精心摹采，印凡逾萬，收録廣博，勾摹逼真，惜在抗戰時遺失第十四上、下二卷，無法續補，致未能梓行，然於璽印文字之源變，已諳然胸中矣。有此植基，故意擬古璽、漢印無不利，其爲印雖循師軌，强調文字雅正，有筆有墨，然趨向不盡相同，喜挺勁含蓄一路，所作以擬玉印及鳥蟲篆印，堪稱近代印壇絶藝。先生認爲：古銅鑄印經笵鑄之後，筆意已難於顯露；鑿印成於急就，揮運轉折，亦無法表現完美；然玉印因材料珍貴，故製作務求精工，且質地堅結，筆法刀法不因年代久遠而刓敝，古代篆刻之精湛技巧，可於此得窺其奥秘，故摹録其尤佳者三百餘方，一九三一年輯成《古玉印匯》以自尋索，亦爲同道展示楷模，翌年由上海西泠印社刊行。人謂先生白文印瘦勁中見温雅，起止轉運，交代分明，而典麗流動，蓋浸淫古玉印有得故也。

鳥蟲篆始見於春秋戰國，戈劍及用器偶以爲銘，多錯金，以篆書爲體幹外，更飾以鳥蟲形之屬，富有裝飾之美，古之美術體也。漢代尤習見，其著者莫若西漢劉勝墓所出鳥蟲篆錯金銀銅壺銘。漢鳥蟲篆印，玉印寬廣二・三厘米者多鳥頭爲飾，或兼以魚鳧；銅印寬廣約一・三厘米者，十九皆蟲篆，綫條蟠曲如綰秋蛇。傳世字彙有限，明清印人間有以此入印，多勉强凑合，聊備一體而已。先生於摹録古玉印時，得悟鳥蟲篆添頭加足之理，中歲以後，刻意研究，不獨無一字不可作鳥蟲篆，亦無一字有違字理畫趣，虛實映帶，和諧調協，妙在亦書亦畫之間。先生曾有詩云：『戈頭矛角殳書體，柳葉游絲鳥篆文。我欲探微通畫理，恍如腕底起風雲。』

先生於書，篆師上蔡，喜集古璽文字以書詩詞；隸宗《史晨》、《華山》諸碑。畫則梅松竹石，皆涉筆成趣。

七十年代中葉，余致力采集近代印人史事，與先生魚雁頻通，承先生賜告，著作除《璽印文綜》（按：後托張如元整理，先生病故，至一九八九年三月由上海書店出版）外，另《古印封識》、《璽玉印辨僞》、《説文通假補遺》、《戰國時期小璽文存》等均需時日整理，能否完成尚無把握；已刊行者有《介庵瑑刻》、《介堪印存》、《介堪印譜》、《介堪手刻晶玉印》若干卷（按：另爲王國維弟子戴家祥教授所治印章一百一十二方，於一九九三年六月由戴氏輯成《白鵠樓印蜕》送上海書店刊行）。一九八〇年十一月七日，日本友人重鑄吴昌碩先生銅像以贈西泠印社，社友多應邀參與盛典，先生與余同下榻杭州花家山賓館，歡叙數日，時適先生八十壽慶，同人齊爲祝嘏，共頌南山！轉瞬七載，忽聞噩耗，悲夫！

（一九八七年九月二十一日，後有增補）

依江閣　張氏大千　大風堂藏　岳飛鄰居于謙同鄉　張爰私印　美意延年　我書意造本無濃（法）　西蜀

九二　諸樂三

諸樂三（一九〇一・二・十四——一九八四・一・二十九），原名文萱，號希齋，别署南嶼山人。浙江安吉鶴溪村人。

幼受其父獻莊先生熏陶，酷嗜書畫篆刻，與仲兄聞韻恒切磋藝事。聞韻爲吴缶翁入室弟子，詩文書畫俱佳，缶翁作畫，每爲擬題句，畫成詩成，才思敏捷，輒得老人稱讚，不幸英年早逝。樂三先生十九歲入上海中醫專門學校就讀，拜缶翁爲師，於課餘攻習書畫篆刻。復隨晚清舉人、儒醫曹拙巢學詩文。中醫專門學校畢業，以興趣關係，棄醫以美術教育爲事，前後歷六十餘年。

一九二二年，應劉海粟之邀，在上海美術專門學校講授中國畫數載。一九三〇年後，先後擔任新華藝術專科學校、昌明藝術專科學校及中華藝術大學教授。教學之餘，時向朱彊邨、諸宗元、馮君木等前輩請益，詩文造詣日進。又與仲兄聞韻，及姜丹書、朱屺瞻、潘天壽、張書旂、吴茀之、張振鐸等組織『白社』，研究畫藝。一九三六年，《希齋印存》出版，乃師拙巢先生序之云：『吴缶老歸道山後九年，其門人安吉諸樂三始敢出印譜以問世，何其難也！蓋業不期乎速成，而期乎能積，無以積之則不精；不難乎賅洽，而難乎擇執，無以執之則不固；故篆刻難取法，缶老之篆刻則尤難。予常謂缶老平生能以己意寫石鼓字，故能於撝叔、完白外别樹一幟，無圓匀軟媚之習。又嘗稽其國變以來，重意氣，薄錢刀，一令安東，終身臣節。雖長不滿六尺，而負重千秋；故出其緒餘爲詩歌，爲金石，莫不含剛正之氣，其素所蓄積者然也。樂三早歲出其門下，於詩書畫篆刻皆能深入堂奥，缶老存日，每予稱道其好學，良非虚語。嘗記偕樂三昆季訪其師於吉慶里寓樓，談笑竟日不厭。迄於今，缶老往矣！人事變遷，遂成今昔。予既幸樂三於金石刻畫不墜師法者如此，特轉憾缶老之不及見也。樂三於此得無有江漢秋陽之感乎！」翌年日陷上海，拙巢先生避地故鄉江陰，敵僞迫任維持會長，抗斥不屈，英烈殉於敵人刀下。樂三先生則間關入沅陵，任教國立藝專。抗戰勝利後，任國立杭州藝術專科學校教授，主講花鳥畫、書法、篆刻、畫論及詩詞題跋等課。翌年，復有《諸樂三先生畫集》、《希齋題畫詩選》、《希齋詩抄》等書出版。新中國成立，任浙江美術學院國畫系教授，晚年並被舉爲浙江美術家協會副主席、西泠印社副社長、西泠書畫院副院長。

其書由鍾繇入，後遍攻魏晉碑刻，兼及倪元璐、黄道周，得瀟灑遒勁之致；篆書於石鼓文用力至深，旁及甲骨、彝器文字之屬，古拙渾厚。繪畫得缶翁之傳，用筆蒼勁雄渾，生辣拙樸，墨氣淋漓，色彩古艷，饒有金石味；擅長寫意花鳥，並工山水，表現技法與題材，較之缶翁有所發展。篆刻亦自缶翁而出，廣涉古璽漢印，兼采封泥磚瓦，巧於疏密，樸茂沈雄，自成面目。所作『攻關』、『梅花小壽一千年』、『平安』、『百花齊放』等印，於中日書法篆刻聯展中頗得好評。

余與先生嗣君諸涵爲摯交，因獲親杖履，且荷兩惠寶繪；後余忝列西泠印社理事，更得數度叨陪末席，敬聆教益。一九八三年夏間，先生大病幾死，後稍平復，然氣色大遜。十一月初，西泠印社八十周年大慶，先生正住院治療，每大會必扶病至，愛社情深，於兹可見，故余仍數數得款談。不意遽别未及三月，即聞噩耗，悲夫！

（一九八四年四月二十二日）

梅花小壽 一千年 敢爲 平安 百花齊放 諸樂三印 攻闕

九三　商承祚

商承祚（一九〇二・三・七——一九九一・五・十二），字錫永，號契齋、駑剛、蠖公。先世原隸旗籍，入粵久，遂寄籍廣東番禺。齋名有決定不移軒、古先齋。父衍鎏公，字藻亭，爲晚清甲辰科探花，曾奉派留學日本，鼎革後應邀赴德國漢堡大學任教。

錫翁少時，嘗隨伯父居青島，已涉獵《説文》等有關文字古籍，後以日本進侵，移寓青州，經曲阜，獲見孔廟累累漢碑，淵懿古雅，於篆隸之學由是頓生研求之念。年二十，赴天津師事羅振玉先生習古文字。羅氏收藏甲骨、商周青銅器至富，於甲骨學之開拓，厥功尤偉。錫翁日間在羅府墨拓彝器，或作勾摹，夜則以所假羅著《殷墟書契》、《殷墟書契後編》及《殷墟書契考釋》回家籀讀。其中《考釋》一書，書眉且附王國維先生親筆批語，此書以類相從，分帝系、京邑、祀禮、卜法、官制、文字六類，對了解殷商社會及甲骨文字造字初義，甚有助益；然於初學者之檢索，則未稱便。錫翁遂將羅、王兩家之説，按《説文》部首，重編爲《殷墟文字類編》十五卷，羅氏見而悦之，囑送王國維先生審正。藻老斥資爲梓行，名遂播於學海。隨入北京大學國學門爲研究生，未卒業，東南大學聘爲講師。後金陵大學改聘爲教授，兼中國文化研究所研究員。四年間，先後成《福氏所藏甲骨文字》、《殷契佚存》、《十二家吉金圖録》、《渾源彝器圖》等書。

抗日戰争起，學校南撤，徙遷中經長沙，聞有戰國楚墓出古物不鮮，乃請假前往調查，歸以所見，成《長沙古物聞見記》。及至四川，改職鹽務，公務清簡，閒則以書刻遣興，鹽商又多附庸風雅之輩，時有揮毫奏刀之求，故屢辦展覽，鬻藝生涯，頗不寂寞。戰後回粵，自一九四八年任教中山大學以迄謝世，前後逾四十年，一度擔任中文系主任，而終古文字研究室主任之職。晚歲熱心政治及社會活動，是時雖風濤迭起，以精諳時務，猶悠然自得也。

後期著作，主要有《長沙出土漆器圖録》、《石刻篆文編》二册十四卷及論文若干。五六十年代，曾向湖南、湖北兩博物館索得戰國楚簡照片七批，除長沙仰天湖簡早已公布外，餘多世未獲見，七十年代中，中大古文字研究室嘗合五人之力加以摹寫考定，惜壓一人篋衍，終未面世，海内外同好對此深以爲憾。

錫翁治學之外，復以書法篆刻馳譽，曾任中國書法家協會理事、中國書法家協會廣東分會主席、西泠印社顧問，有《商承祚篆隸册》、《商承祚秦隸册》行世。前書於一九八一年由嶺南美術出版社印行，收録甲骨文、金文、小篆、秦隸等四種字體，後者出版於香港，獨集秦隸，此皆其專擅之作。甲骨秀勁質樸，金文渾穆凝練，俱得羅氏之傳，而枯老古拙過之。羅氏喜集字爲楹帖或臨摹彝銘，錫翁則嗜活用古文字筆法結構書寫古今詩詞。嘗云：『《説文》近一萬個字，漢代以後已不够用，從當時來説，落後於形勢，現在更用不着講了。可是有的人在寫篆時，死抱《説文》不放，認爲現代有而《説文》沒有的字，宜取音同義近的字來代替。……這種陳腐狹隘之見，必須清除，不足爲訓。』《篆隸册》中有『个』、『你』兩字，皆不見於《説文》，錫翁創爲巾、迆。又如『尋』篆本從工從口從又從寸三聲，錫翁砍却聲符，篆若今楷；『妙』，《説文》從弦省少聲，『啼』《説文》作從口虒聲，錫翁均篆如今楷結構。例不備舉。類此隨意構形，聞論者有不同見解。

錫翁治印始於少時，十四歲即拜篆刻家勞健爲師，曾以日摹漢印十餘方爲常課。一日於冷攤以賤值購得『繇通之印』，勞公云嘗收録於桂馥《繆篆分韻》一書，歡喜讚嘆，懸於腰間者數月。中歲好蓄古璽印，以精鑑稱，一九三六年有《栔齋古印存》行世，凡十册，收印九百六十一方，柯昌泗序中有云：『凡陝西、山東、塞上及直省所出，靡不賅洽，博識前人之所已見者，而精選前人之所未見者，蓋諸地之菁英，皆采獲於所藏，準以古今藏印之條流區畫，可謂得其時地矣。』賞譽備至。

錫翁篆刻，雖璽印兩式兼作，然以古璽見長，蓋得於彝銘及陶璽之融會變化也。所著《我與容希白》曾曰：『一九四六年希白到重慶，適我卸鹽務職，歸自貴陽，復得相見，我謂之曰「學不進而刻印則工」，以數印示希白，歡聚數日而别。』可見對其多年作印之珍視。其自存印集六册，約二百方，曩蒙見示，並荷見贈往時舊作及自用印蜕數紙，氣格醇古，不愧大家。惟『歷劫不磨』一印，磨字篆本作䃺，從石靡聲，作繆篆或作磿，𣏟音派，與林不相混也。

（一九九四年四月八日，後作增補）

錫永　歷劫不磨　曾在契齋許　商氏五郎　承祚信印　錫永之鉢　鬻剛　鐂（劉）端揆

九四　丁衍庸

丁衍庸（一九〇二・四・十五——一九七八・十二・二十三），庸一作鏞，又名鴻，字叔旦，號肖虎、丁虎。廣東茂名人。

年十六即嗜繪畫，適叔父丁穎歸自東瀛，以農學任教中山大學，見其於藝事有異稟，遂鼓勵東渡專攻美術。一九二〇年中學畢業，獲公費赴日留學，翌年入上野國立東京美術學校（現東京藝術大學）攻讀，於人體素描、静物、風景，靡不深究，尤醉心野獸畫派大師馬蒂斯畫風，廢寢忘食，成績斐然，深得校長黑田清輝讚賞，年僅弱冠，作品已入選日本中央美術展，一鳴驚人。一九二五年畢業回國，得蔡元培先生賞識襄助，創立中華藝術大學於上海，任專任教授兼藝術教育科主任、總務主任；越三年，時教育部擬辦第一届全國美術展覽會，聘爲籌備委員、總務委員。不久，廣州籌建美術館於越秀山，先生應邀回粤主其事，並兼市立博物院常務委員、美術部主任，及市立美術學校教授。抗戰西遷入蜀，任國立藝專教授，與林風眠等於重慶舉辦畫展，力倡中國畫應探索新路。一九四六年復員返粤，委爲廣東省立藝專校長。一九四九年移居香港，初主德明中學美術科。一九五七年應錢穆先生之聘，創辦新亞書院藝術專修科；中文大學成立，任藝術系教授。五十多年獻身藝術教育，堪稱桃李滿天下矣。

教學之餘辛勤創作，早有『東方馬蒂斯』美譽。嗣經覃研馬蒂斯、畢加索兩家精髓，其源皆可於中國藝術得之，遂發奮以繼承中國傳統藝術爲己任，於一九二九年起從梁楷、徐渭、八大山人、石濤等作品擷其旨趣，並經長期會通變化，所作水墨畫，終白樹一幟，用筆古拙，造型獨特，墨色淋漓，施之人物、花鳥、山水，無不意趣盎然。歷來在香港及法、英、日、美等國展出，享譽甚隆。書法精研大草，取法在懷素、八大山人之間，喜用禿筆，錯落參差，與畫風渾然一體。

爲使用印亦能與書畫吻合無間，不憚艱於目力，於五十九歲始親自拏刀治石，然早富鑑藏璽印之識，而繪畫與書法造型、運筆之嫻熟，以之移諸治印，自必心裁獨出，別饒意趣。據聞其治印一如作畫，不論大小，皆頃刻而就，意有不愜，磨礱重鐫，盡意而止。其印有雄渾潑辣、魄力無匹者，亦有草率稍欠雅純、文字略嫌失考者，然皆不涉元明印家一筆，神游太古，魅力瀰滿，李潤桓兄譽爲『入古出新，以膽識勝』，可謂的評。所作肖形印，盡脫古人藩籬，冥心造化，既具東方氣息，復蘊西土風華，尤覺一新耳目也。

曩年鄧偉雄兄曾以所編《丁衍庸印存》見贈，收印七十二方，饒宗頤先生序中略云：『吾友丁衍翁崛起於横流之中，作畫之餘，專力周秦古璽。一九六〇年始治印，規鉩偏旁，無乖八體，而褒衣博帶，令人如接漢家威儀。尤擅象形印，喜刻玉，純以銅刀奏功，能作玉璽，渾樸絶倫。夫其求志巖藪，循波横石，蕲向既高，敻出塵表，自非覃極覃思，究乎字源，以畫入篆，曷易臻此！』以饒、丁兩公之相知，所論當確。後余游扶桑，彼邦人士復貺余春秋書道院所刊《丁衍庸詩書畫篆刻集》，收印三十二方，與前譜重見者只三方。另在其門人處亦散見印蜕數十紙，風致大抵相若。

（一九九四年二月十八日）

鴻之鉥　牛君　叔　叔旦一　衍庸信鉥　丁貞　丁鴻

九五　臺静農

臺静農（一九〇二·十一·二十三——一九九〇·十一·九），原名傳嚴，後改静農，字伯簡，晚號静者。安徽霍邱人。幼承家學，性耽文史書法。在里中明强小學卒業，即赴漢口中學就讀，爾時已與同儕創辦《新淮潮》雜誌。二十歲至北京，加入新文學團體『明天社』，並在北京大學國文系旁聽，繼入北大研究所國學門肄業，攻古典文學。一九二五年春有幸獲交魯迅，同年八月與魯迅、李霽野、韋素園等組『未名社』，從事文學創作。爲魯迅賞識，與函四十餘通，嘐論文學，期望甚殷。所作短篇小説集《地之子》、《建塔者》及《關於魯迅及其著作》一書，亦於是時面世。斯其醉心新文學時也。

自一九二七至一九三六年之十年間，先後輾轉各地，任教北京中法大學、輔仁大學、北平大學女子文理學院、厦門大學、山東大學及齊魯大學。迨日寇侵華，又舉家避兵入蜀。曾任職國立編譯館。一九四〇年國立女子師範學院設於江津白沙，又重登講壇，應聘任國文系教授。

一九四六年東歸，四月渡海赴臺，任臺灣大學中文系教授。因許壽裳、喬大壯兩先生先後謝世，後兼掌系務。初來臺灣，原無久居之意，故顔其廬曰『歇脚盦』，後既『老去空餘渡海心』，遂冠居處龍坡里名而易爲『龍坡丈室』，且誌其隘小耳。在臺大執教二十七年退休，已年逾古稀，桃李門墻，蔚然稱盛，貢獻至爲偉卓，學校特授予『名譽教授』榮銜。輔仁大學及東海大學素慕先生爲國學巨擘，復禮聘爲兩校中文研究所講座教授及研究教授。畢生致力教育五十餘年，成就涵蓋文學、藝術、學術諸領域，道德文章，爲世共仰。

先生書藝，少時皆由其尊人指授，楷行宗顏真卿《麻姑仙壇記》、《争座位帖》，隸書主《華山廟碑》及鄧石如，均得其神理。客白沙時，拜於沈尹默先生之門，常詣其府，請益書學。偶寫王覺斯體，沈公以爲爛熟傷雅，遂不復作。後在胡小石先生處見倪元璐書，喜其格調生新，爲之心折。居臺之後，大千贈以倪書真蹟，教書讀書之餘，恒感鬱結，惟以臨池自遣。先生於書實四體兼擅，傳世書跡以漢隸與草享譽最隆，楷與篆皆鮮見。《名家翰墨》第十一期所刊《楷書六言聯》、《繆篆東塾先生語録》，均具高致，特罕以應請索耳。隸喜《石門頌》、《楊淮表紀》一類摩厓刻石，以其沉拙重澀、深具雄厚跌宕之氣，與個性相合，故其所書，筆畫如錐畫沙，摇曳自然。草則變化倪元璐、黄道周兩家體骨，下筆特爲提頓，而錯節盤根，淋漓盡致，確使人傾慕不置。一九八一年余有《沈尹默論書叢稿》之輯，先生在臺得見是書，深以爲喜，適有港友往訪，詢知余亦爲沈公弟子，即書杜詩一幅見賜，余固極珍此墨寶，而其雅重同門之誼，尤令余感動不已也。

先生二十餘歲即習篆刻。據所著《記『文物維護會』與『圓臺印社』》云，一九二八年奉軍退出北平時，學界曾組『文物維護會』，以防軍閥盜竊文物，委員中有沈兼士、陳垣、馬衡、劉半農、徐森玉、周養庵諸先生，年青人則有常維鈞、莊尚嚴及先生，會設團城，因事務清簡，半農先生遂有成立『圓壇印社』之議，請馬衡、王福庵兩先生作導師，社員僅莊尚嚴、魏建功、常維鈞、金滿叔及先生等五人。開社之日，馬老謂『團城』乃俗名，『城』實爲『臺』，以爲應定名『圓臺印社』方合，並即席以此名鐫秦璽式一印示範，福庵先生繼亦執刀刃石表演，並贈其自刻譜供同人觀摩。惜僅此一會，遂無再叙之緣。五人中只先生及魏、金等三人能奏刀不絶：魏先生爲文字音韻學家，在西南聯大任教時，利用就自當地製手杖之粗藤截成短印，曾刻印二百餘方，運用大小篆及漢簡文字，經營布局，頗有創意； 金氏篤守福庵法度，抗戰時流落江南，竟賴此藝得謀一飽； 先生一刻情深，歷五十年而不倦。所刻『辛酉年』一印邊跋云：『開歲八十矣，戲製此印，以驗老夫腕力。』可爲佳證。 先生博涉古今印跡，鎔鑄皖浙，不墨守一家，以雅正爲宗，誠如《書譜》所謂『不激不厲，而風規自遠』。 往在臺北，新歲恒以鐫印爲禮物奉贈知交，聞大千先生即獲多紐。 後輩初入中文系任職者，先生亦每鐫印贈之，殊不自秘。 溥心畬先生曾求其四印，謝函妙絕，文辭典雅，難得一讀，謹録於後，以供欣賞：『承惠佳刻，鐵筆古雅。 損益臣斯之璽，追琢妾趙之章。 筆非五色，焕滄海之龍文； 石不一拳，化崑山之片玉。 永懸此賚，敬奉蕪函，既致繾綣，靡深仰止。』匪獨妙筆生輝，亦印壇韻事也。

（一九九七年十二月二十九日）

髯公長樂　以介眉壽　辛酉年　爲君壽　以憂延年　爲君長年　老夫學莊列者

九六　劉伯年

劉伯年(一九〇三·一·二十八——一九九〇·二·七),原名宗翰,字伯年,更名遷,字思若,晚署伯儼、道元。所居先後顔曰明遠樓、半閣、今是樓。四川崇慶人。父能文,兼擅繪事,幼受熏陶,弱冠就讀於成都四川美術專門學校。因慕藝術大師吴昌碩崇名,一九二七年夏買棹東行,適逢戰亂,歷時頗多始抵滬瀆,而昌碩先生已在月前辭世。失望之餘,聞缶翁有傳人王个簃先生在新華藝術大學任教,乃往投之。然身無分文,又乏親友照顧。王个老感其求學之誠,匪獨解囊相助,復傾其所知授之。未幾,一所旨在發揚昌碩先生藝術之昌明藝術專科學校建成,个老主國畫系,伯年遂轉新校攻讀。个老晚歲有詩云:『劉生孤露來求學,歲歲堅持耐苦辛。此境此情我記得,忠誠一片緬晨昏。』其往昔之學藝生涯,於兹可見。

伯年先生性聰穎,經多年苦學,已深諳缶翁鎔詩書畫印於一爐之藝術妙諦,爲缶廬之知名再傳弟子。因與張大千有同鄉之雅,在過從中喜取法其工筆重彩,遠紹宋元。工意相兼,不爲門派所限,咫尺小品或盈尺巨幅,無不揮灑自如,並臻佳妙。一九四五年,已有作品獲選參加英國倫敦、法國巴黎之美術作品展覽。一九八〇年秋,伯年應邀與畫友同往桐鄉寫生,當地博物館館長聞訊,遂取擬購藏之古畫《群雀圖》請來訪畫家鑑定,並謂此畫業經上級博物館審閱，爲宋人真迹。諸畫家詳爲賞鑑，皆無間言。唯伯年默然不語，翌晨走告館長云：此畫爲彼舊時仿品，底稿仍留其家，可不必購入矣。衆畫友及知究竟，無不嘆服。

伯翁於印用功之深似不下於畫。缶翁印作固臨摹精察殆遍，而於先秦古璽、漢晋古印及明清名家印，亦多所涉獵，所鎸即置之古人譜録中，不獨難辨，直是佳選。曾見其印蜕數軸，个老跋語皆以『刀法古穆，趣味横生』、『刀法高渾有味』譽之。晚歲所作，尤雄渾樸厚，氣息高古。

五十年代中，伯翁在藝壇已具名聲。浙江美術學院曾到滬邀往任教，文物局亦擬請其赴京參與書畫整理工作，新成立之上海中國畫院復有意聘爲畫師，正欲有所展布，奈横禍忽至，某運動對象名額仍有不足，正需『補課』，竟不幸被羅入。後經復查爲錯案，雖寬予行止，然至一九八〇年夏始獲昭雪，已歷廿二寒暑矣。人世幾何耶！

往事已矣，伯翁抖擻精神，争分奪秒，勤事創作。陶靖節有句云：『覺今是而昨非。』因請沙孟老賜書『今是樓』齋額，用勵向前。八十壽慶，其同窗好友馮建吾教授賦長歌以賀：『壽筵開封葡萄甕，書來海上歡情共。與子親交六十年，稱觴那得無歌頌。藝事同門復同硯，膠漆相投儕伯仲。臨風玉樹年少姿，羅胸錦繡雲間鳳。洋場十里起聲名，妙筆徐黄人争重。忽地腥風破户來，吟榻頓教蛇豕閧。幾度顛連盛世逢，海晏河清方解凍。氣吐長虹眉宇軒，螺釘小器有功用。蕭蕭鶴髮顔如童，大業振興磚瓦貢。昨朝黄浦展畫圖，墨秀回溢春情縱。露葉風枝蘭桂馨，好音宛轉幽禽哢。生意能探造化工，古法領略追唐宋。金石刻畫子能爲，蟲篆殳書博參綜。自開門户創新風，讚美文章嶽雷哄。吾思人生何者稱至快，其藝賞析誇群衆。老不安分事我知，攻關要補青天縫。詩以壽子寵其志，延年欲覓蟠桃種。他日放舟東海濱，頭白如新償宿夢。』同硯情深，令人感動。

一九八三年冬，伯翁以八十一高齡在上海舉辦個展，深獲好評，王个老更以『我門下第一人也』頌之。上海文史研究館、西泠印社、上海美術家協會，分别聘其爲館員、社員、會員；交通大學美術研究室又延聘爲顧問；並兩度應邀赴香港講學。苦盡甘來，晚晴似錦。正擬回久别故鄉辦一展覽，越月忽患腦栓塞，終竟不起，世多惜之。所作《今是樓藝概》已行世，惟《中國繪畫史初探》一稿迄未付梓。生平事迹，載《朱争平報告文學集》。

（一九九六年三月二十二日）

蒼山如海　霜荼弟子　半閒書屋　內山嘉吉章　伯年大利　積石亭　劉延壽

九七　陳堯廷

陳堯廷（一九〇三・三・二——一九六八・九），一署堯亭。家藏古琴十二張，且癖琴藝，因號琴癡，亦曰十二古琴人家。陝西西安人。

西安古稱長安，爲周秦漢唐四朝古都，亦中華古文物薈萃之地，兩周彝鼎、古璽漢印，出土無數，歷史名碑，目不暇給。堯翁世居舊府學，即今碑林之西，自幼便與碑刻、墓志、造像、彝銘及磚瓦等金石文字結緣，摩挲研品，與古爲徒。童年即從其父習治印及書法，弱冠復攻繪事及詩詞，三十學琴，能奏三十餘譜，平居唯諸藝自遣。三十年代初，古都碩彦若文字學家党晴梵、書畫家張寒杉、書家寇遐與堯翁等同好，爲研究秦中出土金石及先賢書畫，曾有『西京金石書畫會』之設，定期雅集，並出版《西京金石書畫集》，以資交流，一度月出一集，對推動文物與藝術探索，貢獻良多。堯翁蓋會中之中堅分子。性耿直，一九四九年以前，從不羈一職，以鬻所作書畫營生。周若谿贈詩云：『窮不求人骨格奇，長安市上倒驢騎。偃家蹤迹依稀似，游戲塵寰行處知。』『無限龍蛇腕底生，一枝鐵筆任權衡。關中雄視空金石，抗手之謙（趙之謙）並轡行。』『一曲高歌震大千，焚香撥調咽流泉。參横月落梵音寂，古樂微茫撫七絃。』其品格、篆刻、琴藝，可約略於此見之。新中國成立後，以考古文物專才，被任命爲西北行政委員會文化局文物科副科長、西北文物清理大隊隊長，後改委爲陝西省博物館辦公室主任，至一九六五年底始退休。

余於一九五九年及一九六二年曾兩度隨容希白師至西安考察出土青銅器，欲搜集新出資料，爲容師名著《商周彝器通考》作增補。時堯翁正任職陝西省博物館，款談之頃，歷數關中新出重器累累如貫珠，予余等參觀及提供資料襄助至大。堯翁體魁梧，蓄濃髯，髮雖斑駁，然精神矍鑠，謙退熱情，以余爲篆刻同嗜，嘗貺余印蜕十餘方，迄今雖逾三十載，而聲音笑貌，猶在目前也。

堯翁早年治印，專擬漢印，於鑄鑿無不佳，有《萓荚山房印存》之輯，易均室、黄葆戉等題簽，秦中碩學宋伯魯爲題句云：『金石鎪雕點畫明，要從秦漢認宗祊。抗心便欲追前古，繼得君家老曼生。』『學古發耑三十五，引伸復見桂明經（元吾子行作《學古編・三十五舉》最爲綜博，未谷明經一再續之，印學於是大明）。七家以後無傳作（近有七家印譜，謂丁、蔣、奚、黄、鄧、趙、陳也），落落唐階一瑞萓。』時歲次己巳（一九二九），堯翁年方廿七。翌年，宋聯奎亦以詩贊其篆刻：『矯矯昌黎百代宗，休言刻畫是雕蟲。此才大可銘鐘鼎，爲問何人第一功。』『肯信西泠有鈍丁，堯廷鐵筆自天成。十蘭狂態君應笑，直謂冰斯到小生（錢坫有「冰斯而後直到小生」印章）。』一九三○年，書家寇遐以『深寒』譽其印，詩曰：『浙宗巧入徽宗拙，鑄鼎鎔泉拔數關。卅載石（白石山翁）倉（陳染倉師曾）標絶詣，近觀萓荚亦深寒（近代范伯子論詩必造深寒之境，刻印亦然。堯廷先生鑄筆貫穿古刻，轉益多師，卓然一軍，信可傳也）。』越數年，取漢宣帝圖名將功臣霍光、張安世、趙充國、韓增、魏相、丙吉、杜延年、蘇武等十一人於麒麟閣上之歷史故實，鎸成《漢麒麟閣十一將印譜》，景梅九序之，略謂此譜先『以朱筆穎拓漢麒麟閣十一將印稿，與印拓無異，出以見眎，余從未睹此絶技也。復治石，閲年始成』。原來，堯翁治印慣於先用朱筆作稿，分朱布白，寫至與擬作之刻石蜕本無殊，方上石奏刀，其創作嚴謹可知。

堯翁謝世後，承其公子彦鈞兄函示，類此印稿，仍有《肖形印印稿》、《魯迅筆名印稿》、《水滸百八將穎拓印稿》，毛澤東詞《清平樂·會昌》、《沁園春·雪》、《憶秦娥》諸印稿，《毛澤東文藝語録印稿》等。獲觀印稿照片若干，使筆如刀，剛柔互濟，確令人嘆服。書法擅漢隸及章草，山水宗宋人，皆有法度。遺著尚有《封泥箋釋》、《詩畫稿》。一九八五年，終南印社輯其遺刻一百三十五方，附以堯翁夫人謝蕙女士、公子彦鈞刻印二十三方爲正篇，朱筆穎拓印稿二百三十九方爲副篇，成《十二古琴人家印譜》行世。

（一九九四年五月二十日）

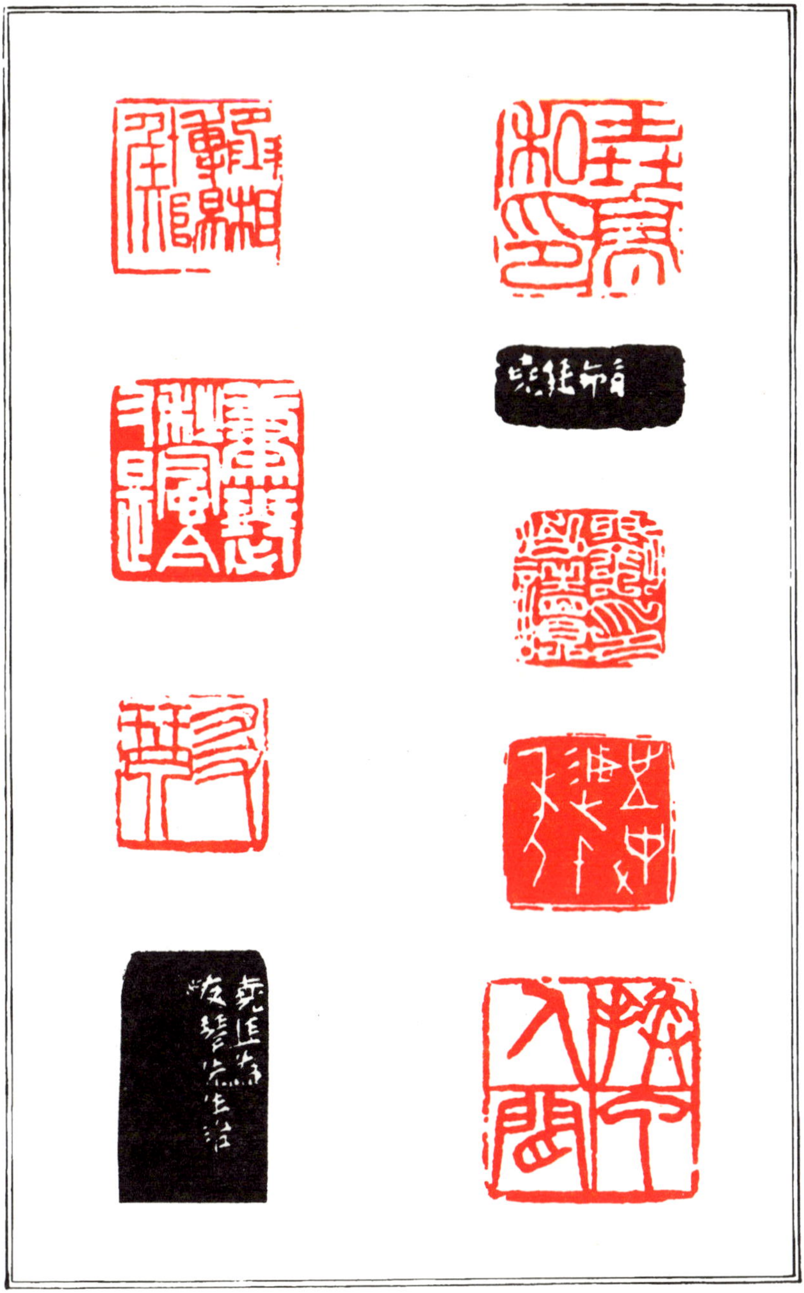

堯亭私印　劉自讀印　往事越千年　換了人間　丞相博陽侯　蕭瑟秋風今又是　友琴

九八　周鐵衡

周鐵衡（一九〇三・五——一九六八・十一・八），原名德輿，以字行，號鐵翁、灌園丁，別署半聾、阿聾、聾翁、聾叟。所居曰半聾樓，因癖集清代錢幣，又顔其居曰清泉堂。遼寧瀋陽人。

擅岐黄術，業醫。性嗜藝術，畫學任伯年、吴昌碩、齊白石諸家，喜作大筆塗抹，綫條挺勁利落。書擬趙之謙，得其跌宕豪縱。印宗吴昌碩、齊白石，因曾問業於白石，所作實以得於齊派爲多，自稱『木匠徒弟』；印跋時作之謙之體，或效白石行書，均能肖似。三十六歲時，曾選所刻印六十方爲《半聾樓印草》，凡二册，羅振玉署耑，齊白石題扉頁，並撰序云：『刻印者，能變化而成大家，得天趣之渾成，別開蹊徑而不失古碑之刻法，從來唯有趙撝叔一人。予年已四十五時，尚師《二金蜨堂印譜》，趙之朱文近娟秀，與白文之篆法異，故予稍稍變爲剛健超縱，入刀不削不作，絶摹仿，惡整理，再觀古名碑刻法皆如是，苦攻十年，自以爲刻印能矣。鐵衡弟由奉天寄呈手刻拓本二，求批其短長，予見之大異，何其進之猛也。其粗拙蒼勁，不獨有過於予，已能超出無悶（趙之謙）矣。凡虚心人，不以自滿，丄夫深處而自未能知，故題數語於印拓之前，亦作爲前引可矣。戊寅（一九三八年）春二月時居北京，齊璜。』所作多擬白石，甚得神趣，或法缶廬，間有取徑漢印者，白石於其十九印作批語，『虚度古稀半』印，批語云：『此石篆法好在粗索，疏密有趣，不能再工，篆刻中無上妙品也。』『年已彊仕』印批曰：『予之佳刻。』

『談何容易』印批云：『速篆法妙極。』『漏痕屋』印批曰：『三字最妙，可見聰明。』『珊瑚枝』印批云：『似缶廬工者。』其他尚有『秦漢三昧得之矣』、『此印時人不敢爲也』、『秀勁可愛』等語，頗加推許。三十六歲有此造詣，至不易易。

中年以後，所刻面目雖稍多，然雄健痛快却遜於早歲。曾見晚年所輯印草，附以親筆題記：『早年刻者，多半散失。一九五九年後刻者無幾，不過脱離摹作削而已。……學習古人，先與古人和，後與古人離，先佔領，後批判，再吸收，久練久熟，熟後而化，自有我在，到我在時，離六十不遠矣。』一九五〇年，鐵衡爲響應保家衛國號召，以《半聾樓印草》百部作義賣捐獻，亦印壇佳話也。

晚年被推選爲遼寧省美術家協會副主席，以醫生而兼膺此職，實屬罕覯。鐵衡且能詩，曾見其一九四一年所刻印跋録舊句：『本是觀光上國賓，遇窮不得展經綸。空腸饑叫三秋蚓，蔽體衣披百結鶉。富貴爲仇休説命，時機未至敢尤人！成湯若欲求賢相，伊尹豈終耕有莘。』此蓋詠其在倭寇鐵蹄下屈屈不得志之景况者。一九四九年一月，郭沫若見鐵衡《半聾樓印草》第二集，喜極而賦詩云：『齊翁有入室，鐵筆神可通。性逸業愈逸，我聾君亦聾。刀圭先後學，金石左右逢。嗜古有奇癖，無乃太相同。』莊中有諧也。

（一九八四年一月二十九日）

銕（鐵）衡　曐翁寶藏第一　壬寅年銕（鐵）衡六十歲　分秒必争　周德輿印　白石門下　跳出古人室

九九　盧鼎公

盧鼎公（一九〇三——一九七九），原名燮坤，號鄺盧，齋名有燕歸詞館、霜紅詞館。廣東東莞人。早歲醉心詞學，宗尚『二晏』（晏殊、晏幾道），所作以風格俊美稱，兼擅書畫篆刻，文采横溢，秉鐸廣州，夙膺時譽。四十年代末遷寓香島，仍執教鞭，時海隅文酒唱酬頗活躍，先生有捷才，往往即席和贈，或引紙作丹青，操筆立就，從游弟子，大不乏人。一九五七年，應馬來西亞檳城韓江中學之聘，掌教南溟。檳城景色殊勝，抗日期間，徐悲鴻先生曾流寓於斯，力倡風雅，一時稱盛。鼎公繼美前修，盡傾一己積學，於詩文、書畫、璽印，廣事啓迪居僑，於彼邦弘揚華夏文化藝術，厥功至巨。飽歷蕉風椰雨多年之後，始倦游歸港。於一九七四年與書畫同道鄺謂、袁鴻樞等諸公同創中華藝術學院於九龍佐頓道，後遷亞皆老街，以供有志傳統書畫藝術者之研求，諸公分任課程，先生主山水畫及篆刻課，廣栽桃李，惜僅數年，即因病辭世。

南海女詩人張紉詩與先生稔，在其南行時，曾撰《送盧鼎公南洋畫展序》贈之。文中有云：『嗣以圓社復張，先生與焉，題韻既定，稍索即成，得敦龐之樸。會故陳協之翁八十，先生繪水墨《溪山無盡圖》爲壽，其中山欲盡而葱翠欲迴，水欲盡而漚波尚接，觀者嘆止，謂非神工，不能開此境界。其後蒙爲治印百方，悉法乎秦漢，款識若出右軍。由是知其言卓犖，其文沉厚，其書畫金石，入古人之室，出古人之囿，非一世易覯者。』又云：『今先生遠別，思省悒戚奚獨一事，賞音睽隔，每引爲哀。第念先生非賈利而去，彼邦文教，將得先生輔導而益昌，則又安忍一己之切琢耶？』盧氏其人其藝，於此已概略得之。其書取法二王，秀雅有度，曾著《蘭亭叙與書法藝術》長文，對泛濫一時謂《蘭亭叙》乃智永所僞之謬説，深加考辨，直斥其非；於馮承素摹本，歐、虞、褚等諸家臨本，及重要石刻本之優劣，亦詳予論列，具見書學之精微。

盧氏治印，不涉明清以來流派，一以古璽漢印爲師，取徑邃古，於古璽尤有深契，允稱高手。嘗謂先秦古籀形體長短曲直不一，作者應從變化之中求統一；漢印文字規整平實，擅此者當於統一中求變化。其分朱布白，即本斯旨，故能靈動而淵雅。又云，古印用『鑄』及『琢』而成，早已爲時代所淘汰，今唯『寫』（研究書法）與『刻』（研究刀法）而已。於近代大家，盧氏極稱賞吴昌碩、齊白石、鄧爾雅三家，稱之爲華東、華北、華南三刀。吴昌碩刀法兩邊皆剥泐，齊白石一邊剥泐、一邊平整，鄧爾雅兩邊皆平整，各有不可及處。其推尊如此。

（一九九六年七月十九日）

東官（莞）盧鼎公之鉨　霜紅詞館　燕歸詞館　審易安室　金鑑千秋　誤抛鍼綫換詩名

一〇〇 賀培新

賀培新（一九〇一——一九五二・十二・十八），字孔才，號天游，筆名賀泳。齋名天游室、潭西書屋。河北武强人。

祖賀濤，字松坡，早年肄業保定蓮池書院，爲桐城吴汝綸摯甫、武昌張裕釗廉卿高足，以桐城派古文名家，復涵濡周秦兩漢，有出藍之譽。摯甫着其子闓生北江師事松坡。培新幼承祖訓，攻治古文辭。一九二一年，從其祖入室弟子吴闓生游，爲吴氏文學社驍將。同門若于省吾思泊、吴兆璜稺鶴、潘伯鷹鳧公、曾克耑履川及齊燕銘諸公，皆一時文壇俊彦。

培新未冠即嗜書法篆刻，書學於秦樹聲氏，篆刻則問藝於齊白石，未幾而神似，用刀恢閎雄放，面目雖近乃師，然不喜欹側作勢，若『閩侯曾克耑字履川印』、『涵負慶主所作詩文字』兩巨印，即足見其旨趣，可謂善學。此二十後所作也。一九二五年，齊白石題其印集云：『消愁詩酒興偏賒，濁世風流出舊家。更怪雕鎸成絶技，少年名姓動京華。』其後兩年，白石又爲其印作題詩：『商也起予余願足，壯夫憐汝宦情違。高人可作今難作，不見湘山未敢歸。賀生刀筆勝昆吾，截玉如泥事業殊。小技那應從白石，無情何不慕南狐。孔才仁弟已將藍出青，丙寅、丁卯兩年所刊印共得六本，余爲評定後，復爲題記之。兄齊璜時同居京華。』嘉許備至。

曾克耑有《孔才鎸印歌》：『長虹百丈青蒼摩，神物寧肯殲幺麽。恍接籀斯傳真諦，胡不勒銘鎮邊裔？龍蟠虎踞風雲生，驚飈争撼鳳皇城。妙技屠龍成莫試，霜鋒徒藴山川精。蒼崖吼裂霜天寒，紫雲隊地蛛絲殘。女媧鍊餘石猶瑩，造化何術逃鑱刊。蜿蜒蛟龍奮牙角，矯如鵬翼雲霄搏。寶氣朱霞騰壯采，丹砂琥珀供盤餐。招邀神鬼下爲證，妖要亂領敢相干！自有光精射斗極，寧畏毒霧重遮漫。知君高舉摩天鵠，嗟予猶寶荆山玉。磨琢封侯印倘成，萬里西征飛食肉。洴澼千金爲買方，真當爲子療皸瘃。吁嗟乎！秋原碧血來腥風，龍興蛇僕誰矣窮。願共昌黎爲刻畫，四方上下逐雲龍。』頗善狀培新刀筆豪横之態。

王北岳先生《印林見聞録》云：『白石老人性倔强，門下從客三千人，然偶有不適，即摒之墻以外。畫家王雪濤，與（孔才）先生同爲老人門人，所繪花鳥直逼老人。是時，舊都僞作老人畫出售求利者頗多，老人以爲系王所爲，即告之曰：「今後勿來我家！」王大恚，自是廢舊求變，終於自成一家……（孔才）先生之印，既得老人神髓，老人亦不願先生長相從，顧以先生恭謹過人，無可措詞。一日，忽謂曰：「側君中意於君，不來爲妙！」先生如其意，自是除祝壽拜年則不登齊府。後博參吴昌碩、趙之謙之法，仍主樸茂一路。三十以後，以先秦古璽爲依歸，雋逸錯落，變化不可端倪。有《武强賀培新印草》（亦名《迂軒印存》）。』

歷任北平市政府秘書，北平市古物評鑑委員會委員，中國大學國學系副教授、教授、秘書長，河北省通志館、國史館編纂，文名籍甚。舊京學校及文化學術機構人士、報業編輯，多出其門下。今臺灣著名篆刻家王北岳，即培新得意弟子。新政剛建成，培新響應號召，將累代所藏圖書一萬二千七百餘册、文物五千三百七十件獻諸公庫，曾獲嘉獎。後被聘任爲中央文化部文物事業管理局辦公室主任，方與重寄，展其所長，後政治風暴忽至，情緒不能支，遽萌輕生之念，遂卒圜城，聞者莫不痛惜。

著有《天游室文編》、《潭西書屋詩鈔》、《説印》等，皆爲時賢所重。

（一九八五年七月十三日，後作增補）

閩侯曾克耑字履川印　涵負廔（樓）主所作詩文字

鳧公詞翰　亦與之爲嬰兒　兆璜　吴氏稚鶴

一〇一　來楚生

來楚生（一九〇四・一・六——一九七五・二・五），原名稷勳，字楚生，以字行。別號甚多，有然犀、負翁、一枝、非葉、木人、安處先生、楚凫等，晚年喜署初升（冂），亦作初生，蓋與楚生諧音，寓旭日初升、藝無止境之意。所居曰安處樓、然犀室。浙江蕭山人。誕生於武昌。

少時歸里讀小學，受環境熏陶，已嗜書畫文學，於杭州宗文中學畢業後，繼母欲使進北京大學習法律，因祖父逝世耽擱不果，改入上海美術專門學校西畫系，得償所願。時潘天壽先生任教其間，先生深致傾慕，書畫均受其影響。美專畢業後居杭州，潘公亦移杭州執教，由是過從請教益密。抗戰爆發，挈家還滬，以書畫篆刻鬻藝自給。後改任教職，以維家計。嘗與同道組織東南書畫社，定期雅集，切磋藝事。一九四六年曾在上海『中國畫苑』舉行個展，頗獲好評。新中國成立前，先後在上海美術專科學校及新華藝術專科學校任教。晚年受聘爲上海中國畫院畫師、上海市文史研究館館員。

秉性耿介，恒沉默寡言，不喜與人酬酢，日唯兀兀伏案鑽研藝事，所作皆具獨特個人風格，有書、畫、篆刻三絶之譽。書擅篆隸行草，篆出《石鼓》，參以缶翁用筆之法；隸從《石門頌》、《張遷碑》入手，借徑兩漢木簡，沉着灑逸；行草變化倪元璐、黄道周而自出體貌，雋拔險勁，跌宕縱横。畫以意筆花鳥最負時譽，師承徐文長、李復堂、八大山人、趙之謙諸家，亦吸取吴缶翁、齊白石之長，造型簡括，筆墨洗練，意境雋永，賦色清新明快，即一花一葉、一鳥一魚，無不生機活潑，躍然紙上。所繪佳作，已由上海人民美術出版社輯印爲《來楚生畫集》。篆刻尤高邁絶倫，初學吴讓之，兼法缶翁樸茂風致，而益之以漢將軍印，章法布局着意於疏密虚實之安排，刀中見筆，骨氣洞達，痛快淋漓；楚生於缶翁、白石兩大家皆有所取益，而能另闢新途，允稱高手。《現代篆刻選輯(二)》及《來楚生畫集》之附録，收有所作篆刻數十方，可見一斑。所作肖形印至多，殊有韻趣，有《然犀室肖形印存》。一九四九年，鄧散木題此印存讚云：『君尤善爲肖形印，自佛道僊人、蟲魚鳥獸、草木鱗潛，以汔追蠡倒茄、藻火粉米之屬，無不沈思眇慮，畢攝衆長；或寄工於拙，或馭簡於繁，奇而不譎，放而不野，迹其所詣，殆無前修。』又能活用漢畫像之法，爲新民歌作刻石，舊瓶新酒，樸拙恍如漢製。著有《然犀室印學心印》，分印面、邊闌、疏密、綫條、淺深、章法、刀法、逼邊、款識、選刀、品式、擇石、停匀等十三則論述，凡二千餘字。其論『疏密』云：『印文筆畫均匀，余所最畏。蓋文字本體，無虚實疏密之致，全恃人爲以布成之耳。疏處愈疏，密處更密，此秦漢人布局要訣，隨文字筆畫之繁簡，而不挪移取巧以求其匀稱，此所以舒展自如，落落大雅也。否則，挪移以求匀稱，屈曲以圖滿實，味同嚼蠟。』又論『停匀』云：『停匀非難，尚整齊者以爲能；不停匀非易，文字筆畫本體停匀，欲使不停匀，實大不易。得之停匀，失之疏密。失却疏密，即無流走自然之趣，易入板執呆滯之域。』兩者可以互參。論『逼邊』亦有新解：『文有朱白，綫有横直，故有垂直與平行逼邊之分。横綫垂直逼邊易，直綫平行逼邊難。白文平行逼邊易，朱文平行逼邊尤難。垂直逼邊最忌重疊，如一字連續四五垂直逼邊，形同欄栅，應將邊綫殘缺數處，使邊綫與字綫若合若離，若令合一，似嫌呆滯矣。此指朱文言也。如有邊白文，則又不同，宜將邊綫若斷若續，使字綫與邊綫一望分明，亦有上下左右四方逼邊者，一若鷄處鳥籠，局蹐難安，非萬不得已而不爲也。吴先聲嘗謂朱文不可逼邊，逼邊便板，是尚不知化板爲活之機矣。』非精研虚實疏密妙諦，何能語此耶！

（一九八三年九月十一日，後作增補）

初門(升) 一枚 龍爲下 支離錯落天真 安處 來稷勳印 安處

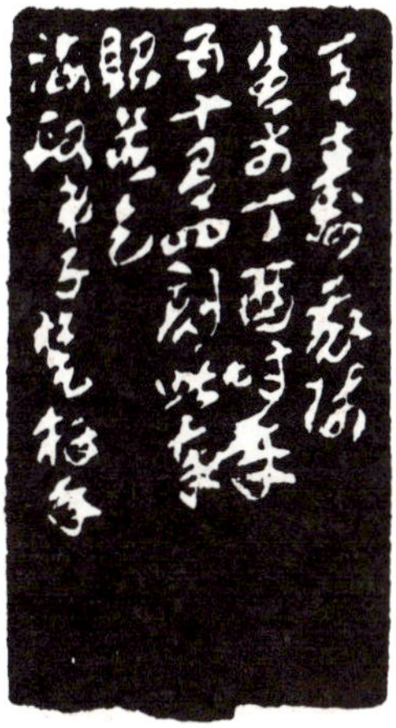

于无佛處偁（稱）尊　不薄今人愛古人　玄廬生于乙巳　少得多惑　不登大雅之堂　丁酉

一〇二 馬萬里

馬萬里（一九〇四・二・二十九——一九七九・十・二十六），原名瑞圖，字萬里，以字行。別署曼廬、曼福堂主、弩雲閣主，晚歲自號大年、滌甦。齋名曰弩雲閣、曼福堂、紫雲仙館、去住隨緣室、九百石印精舍。江蘇常州人。

髫齡即嗜書畫篆刻，曾受業於邑中名士錢振鍠之門，與詞人謝玉岑交甚篤。年十八，入南京美術專科學校國畫科攻讀，聞鈞夫、周楨、王霞宙、黄學明、王野萍、常書鴻等皆同窗友，時梁公約授花卉及詩文、蕭俊賢授山水，並一時名宿。在學時，曼廬曾携習作求教於吴缶翁，翁題『活色生香』四字勗之；曾農髯觀其畫，跋曰：『萬里賢棣妙齡所爲書畫，其骨韻之清麗，當壓倒一切，老髯亦當引爲畏友。』嘉許備至。一九二四年以優異成績畢業，留校任教。同年，舉行個展於南京，頗獲時譽。一九三三年，與舅氏張仲青舉辦扇面聯展於常州，尤得里人稱讚，主事者莊蘊寬先生贈詩云：『游倦歸來識馬周，清才幾欲冠吾州。百年琴隱餘韻在，繼起應争第一流。』『老去維摩病裹身，揮毫無復舊時神。看君點染湖山色，亂落天花丈室春。』授課之餘，不斷研求書畫篆刻藝術。一九三四年作粵西之游，慕其山水奇秀，遂定居焉。隨創辦桂林榕門美術專科學校，任校長，並兼國畫系主任，時年才三十耳。日寇侵桂，避地重慶；後又遷成都，得女弟子多人，故友人贈詩有『錦城更有花如錦，都入先生絳帳來』之句。抗戰後期，挾藝游滇，所至有聲。五十年代初葉居北京，與陳半丁過從至密。一九六〇年，應廣西邀請，移家南寧，任廣西壯族自治區文史研究館副館長。『四凶』逞虐，歷盡艱危，然樂耽書畫，終不棄其筆墨。撥亂反正後，創作情緒甚高，惜折磨過度，病骨支離，正擬籌辦畫展，忽病勢轉劇，所願未償，遽爾辭世。

曼廬以繪畫名最著，所作花卉，紅英璀璨，素蕊芳菲，在紛披歷亂中，自饒春陽氣息，紫藤尤爲一絶，墨竹亦清雋絶塵。山水雄肆不凡，嘗與大千合作《桂林獨秀峰圖》長卷，今藏廣西壯族自治區博物館。一九三六年於南寧舉行個展時，徐悲鴻爲撰長序以贈，略云：『廿四年秋，余慕八桂山水之勝而來南寧，至則遇其賢士大夫，無不言馬君者。蓋馬君以其藝傾倒南中名流，先我而至已數月於兹矣！馬君畫格清麗，才思俊逸，有所創作，恒若行所無事。書法似明人，得其倜儻縱横之致。而治印尤高古絶俗，余昔所未知也。馬君既多才多藝如此，又廣歷名山大川，精進不懈，則他日與於文藝復興之業者，微斯人其誰與歸乎？』曼廬書法，於行草外，尚能篆隸，抗戰時曾作篆聯：『忍令上國衣冠，淪爲夷狄；相率中原豪傑，還我河山。』不獨筆致挺勁，抑可見其胸懷。又以古隸作聯：『食有魚，出有車，當代孟嘗誰似我？金未盡，裘未敝，今年季子不還家』，自云所書爲『篆之孫，隸之祖』云。

治印初得祝子祥指授，先後取法於鄧石如、吴讓之、趙之謙、吴昌碩諸家，復上追前古，所詣益深，其篆刻潤例乃趙叔孺、王一亭、吴湖帆、褚德彝、湯定之、馮超然等諸公所代訂，中有『腕力之强，超絶儕輩，興至奏刀，便覺古趣盎然，置之秦漢印譜間，無分軒輊』。又虞逸夫跋其遺作云：『萬里治印，胎息秦漢，斟酌皖浙，旁及封泥瓦當之奇麗，徬徨洽浹，寓變化於法度之中，巧而不纖，拙而彌古，渾厚典重，如其爲人。』可謂知言。生平治印至夥，一九三八年張大千爲作《九百石印精舍圖》，嘗附手製印拓一百六十八方於卷後。一九八一年，其妹清和女史竭兩年之力輯成《曼福堂印譜》，並分鈐條幅以贈各博物館，畢生佳構，多萃於斯。

曼廬曾爲《小中見大説治印》一文，曰：『雕蟲雖小技，内容包涵却極大，所謂小中見大，决非虚言。試看古人文字之存於今者，唯金石爲最久。因此刻印關係於數千年文字之變遷，亦反映歷史之盛衰，非有最高智慧，用最大努力，印學不能人成。』又云：治印『以清雅平正、得其自然爲上，滞弱纖巧、牽强凑合爲病』。亦經驗之談也。

（一九八二年四月四日）

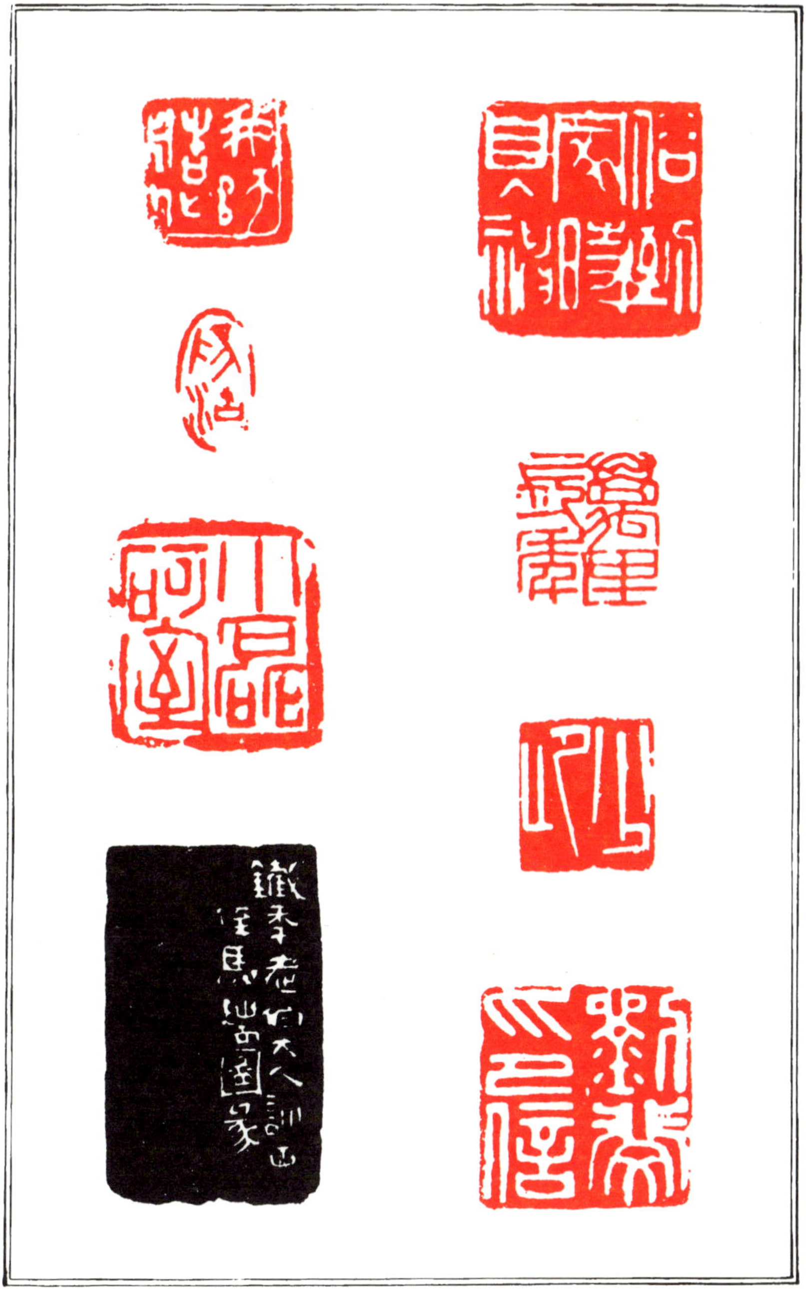

俗到家時自入神　萬里長年　少昂　劉斐印信　我師造化　陽湖　小磊砢室

一〇二 傅抱石

傅抱石(一九〇四・十・五——一九六五・九・二十九),原名長生、瑞麟。江西新喻人。屢代清貧,出生時父爲補傘匠。數歲失怙,十歲即入一瓷店爲學徒,旋以癆病被辭退,賴母氏爲人洗衣以助家計。其家一鄰裱畫作坊,一鄰兼賣破爛之刻字攤,抱石幼時輒好往觀,其愛好繪畫及刻印蓋肇基於此。後以半工半讀畢業於省立第一師範學校,不以寒微自餒,刻苦博覽,同儕罕有其匹者。初留爲附小教員,隨受聘省立一中高中藝術科教師,爲同行所妬,控之當局,以學歷不足罷職。不久,所著《中國繪畫變遷史綱》發表,深爲美術教育家徐悲鴻賞識,力爲揄揚,乃得以改良景德鎮陶瓷之任,於一九三三年奉派赴日,入東京日本帝國美術學校攻雕塑及東方美術史。兩年後在日舉行個人作品展覽,彼邦人士頗致稱許。日本美術史家金原省吾嘗云:『君豐於藝術之才能,繪畫、雕刻、篆刻俱秀,尤以篆刻爲君之特技。君之至藝,將使君之學識愈深;而君之篤學,又將使君之藝術愈高也。』一九三五年學成歸國,任中央大學教育學院簡任講師。數年前限於資歷,即中學教師亦不能擔任者,今則已爲大學教授矣。早年著述及翻譯有《中國繪畫理論》、《中國美術年表》、《石濤上人年譜》等。抗戰時隨校入川,一度在政治部三廳任郭沫若先生秘書。復員後重返南京,仍執教中央大學。新中國成立後,任中國美術家協會副主席、美協江蘇分會主席、江蘇省國畫院院長、西泠印社副社長。

所作山水畫，能於傳統與革新之中，獨具建樹，意境新穎，結構雄奇，筆墨蒼古，綫條飄逸而挺秀，設色沉厚而瑰麗，爲新金陵畫派之創始人。晚年作品，蒐集出版者有《傅抱石畫集》、《東北寫生畫集》、《浙江寫生畫選》、《訪問羅馬尼亞寫生作品選集》等。理論著作有《思想變了，筆墨也不能不變》、《山水人物技法》、《中國古代山水畫史的研究》、《鄭板橋試論》等。

其治印始自年少，在師範就讀時，母正臥病，校工某知其拮据，云一士紳喜蓄名家印，乃囑抱石仿趙撝叔數印售之以濟急，果如所願，可見根柢之厚。後更深究璽印嬗變之源，遂由浙皖而上追秦漢，所作以秀逸渾樸見勝，瀟灑挺勁，風格自具，尤擅爲朱文印，蒼健一如其篆。印學論著有《中國篆刻史述略》、《白石老人的篆刻藝術》、《刻印源流》，均具卓見。如云：『篆刻是以書法（篆法）爲基礎，結合雕刻加工（雕、鑿、鑄）的藝術，主要在於作者對書法（篆法）的研究和造詣如何。不懂得書法（篆法）的篆刻家是很難想象的。但是，書法（篆刻）決不等於篆刻，書家也不等於篆刻家。那怕是篆刻的「天地」很小，歷史上最大的印章也不過是幾方寸，而一方精彩動人的印章，應該是既具高度的書藝而又具有出色的章法、刀法（鑄印例外），同時又有骨有肉、有筆有墨地結合成爲一個完整的藝術品的。方寸之地，氣象萬千，關鍵就在這裏。』又曰：『刻印不比學畫，畫可搬而印不可搬，畫可不斷臨摹，而印必須獨創。理由很簡單，因爲印是由字組成的，必須受「字」的約束。再加上書體的種類又多，界限又嚴，所以在一般的情況下，有些字是比較容易處理的，有些字却是很難下手的，有些姓名可以全刻，也有些姓名却非分家不可，這是每一個對篆刻稍有實踐經驗的人都會隨時碰到的大傷腦筋的問題，也是對每一個篆刻家的嚴重考驗。』又云：『……我以爲首先體現在對待書法（篆法）的態度上，這是決定一個篆刻家是什麽路綫的最基本的一關。其次便是章法，最後才是刀法等等。』讀此可知其見道之深也。聞家藏尚有印蜕若干册，將以梓行云。

（一九八二年一月二十四日）

往往醉逡（後）　抱石之作　抱石齋　沫若七十逡（後）書　抱石所得印象　皴迹大化　傅抱石　癸卯

一〇四　陳語山

陳語山（一九〇四——一九八七・七・十），原名漢晋，字語山，以字行，晚號嶙翁。所居曰不及室，蓋取『寄情書畫，榮辱不及乎身』與孔子『唯酒無量不及亂』之意。廣東新會人。

出書香之家，父嘗留學扶桑，並隨孫中山先生參與興中會活動，亦嶺南畫派創始人高奇峰先生至友也。先生自幼即酷愛藝術，年十七，獲悉父執奇峰先生在廣州府學西街創辦『美學館』教授畫藝，乃赴穗欣然從學。惟課餘輒喜擬金冬心，即書亦效之。逾年而美學館停辦。一九二二年，胡根天先生創立廣州市立美術學校，先生即考入西畫系就讀。同學中有吴琬、後易名子復者，性癖篆隸，又雅好治印，兩人志趣相投，自是遂開始書法篆刻之研究，樂此不疲。先生友人曾戲云：『非人磨石石磨人』，殆實况也。美專畢業後，適北伐軍興，該校師生以愛國熱情驅使，頗有投筆從戎者，若關良先生、吴子復先生及先生等皆是，相與聯袂北上。先生嘗刻『也曾馳騁中原』一印，並跋云：『民十五，余隨總政治部從武漢出發河南，其時每遇情勢緊急，輒與同僚乘駿馬日馳數百里，趕赴前綫，而余騎從不後人，爰刻此以志當年豪氣。』及戰事結束，遄返穗垣，先後擔任廣州美專及各院校藝術科教席。馮康侯師卸南京印鑄局職南歸，先生與子復先生更時相過從，探討印藝，日以刃數石爲樂。廣州淪陷，先生避寇粤北。余有友人張奔雲亦以篆刻名，蓋是時向先生執弟子禮深造印學者。一九五〇年移家香港，任中學及大專院校美術科教席外，並設『語山藝苑』授徒，從游者甚衆。先生性嗜醽醁，持杯論藝，深宵不倦。晨起即赴茶樓品茗，以酒代茶，弟子問業，亦常在是間，邊啜邊談，或論藝術奥秘，或説印壇往事，娓娓不輟。一日數登茶樓，習以爲恒矣。晚歲隱居香港荃灣，謝絶酬酢。

余識先生晚，一九七九年初秋，鄧偉雄兄招邀晚膳，謂先生欲與余晤叙，饒選堂教授與焉。先生銀髯飄拂，雙目炯炯有神，言談温藹，以親題所作印存見贈，盛意可感。又先生與子復先生爲摯友，亦垂詢其近況甚詳。後雲漢樓爲先生舉辦書畫篆刻展，始獲見先生多方面之造詣。

書精篆隸，於《張遷》、《禮器》尤有深諦。所作山水，出入四僧，復得書法之助，雄奇樸茂，並世罕能臻此。擅指畫，奇趣横生。篆刻直追古璽、漢印、封泥，間以小篆入印，亦蒼茫古樸，絶去時下風習，具見磊落情性。所作『不立異以爲高』一印，有長篇跋語，可見其印學主張：『萬樹堂主人論近人作書畫，多競偏鋒，故標奇異，媚世弋名，不知捨本逐末，了無是處，可鄙可歎！蓋用筆必須從中鋒痛下苦功，日久裁有可觀。前代大家作品之能温厚樸正，實緣於是。藝術之道，原無捷徑也。並引歐陽子「不立異以爲高」一語相闡，余深服其言，爰爲製此，附志其意。憶其贈予詩，有「古風漸去今人遠，藝海寧容我輩閒」之句，豈亦感於此而云然邪！』又『陳』字一印邊跋云：『余弱冠習漢碑，至今垂五十年。爾來間或以隸入印，頗覺《公方》（即《張遷》）、《韓勑》（即《禮器》）諸碑神韻，俱從刀耑流露，益信篆刻一道，非臨池有得不爲功。』類皆數十年甘苦有得之言。邊款喜以篆構作楷，瘦挺高古，盡脱前人窠臼，有『邊款王』之譽。其篆刻作品有《陳語山印集》、《陳語山篆刻原鈐》各一册。印存中佳作如林，先生曾作一詩代序：『浪拋心力笑吾癡，鍵户沈淫古璽碑。倔强不爲狐媚態，鎔秦鑄漢入新姿。』

語山先生能文，鬻印潤例前有小序：『夫高山琴韻，本不求知，破屋漏痕，原爲自賞。僕秉性狷介，不甘浮沉隨俗，鑄成傲骨，深耻俛仰由人；畢生致力金石，寄興丹青，篤嗜醽醁，雅愛詩書；酒後揮毫，悟物中有物，句成把盞，覺天外有天；渾忘人我，不知老死。乃有竹間逸士，梧下騷人，徒慕狂名，交相屬製；顧高風所被，從命只作三鍼，流水無情，强顔僅報一揖；豈葉公之好，不是真龍？亦漢帝曾言，未殊腐鼠。是何異浪嘔昌谷之心，借用於期之首哉！爰法鄭燮筆動，值索三千，用助淳于興發，量盡一石。既免方命之譏，復符得所之情；所望愛我者有以節其勞，知我者有以實其惠。』類此文字近世已極罕見，似與板橋所作有同趣焉。

（一九八七年八月三日，後作增補）

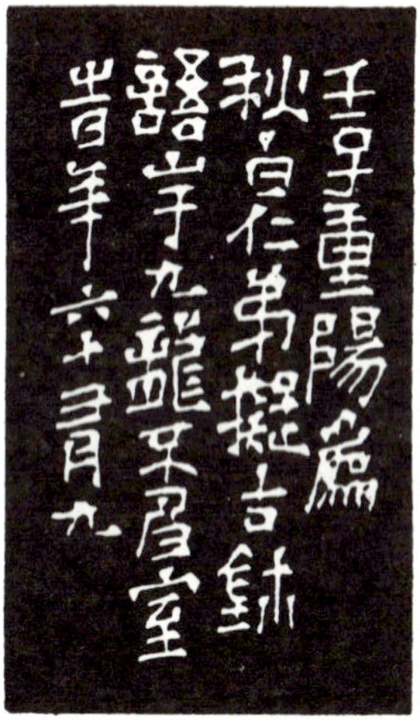

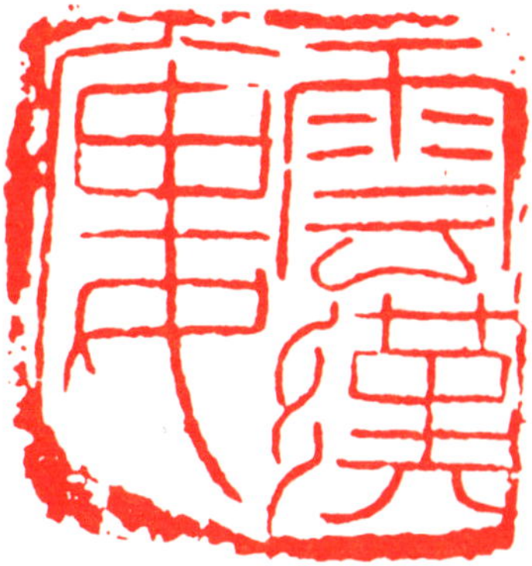

秋白之鈢　新會陳上達珍藏　秋白手臨周秦兩漢文字　不立異以爲高　雲漢廔（樓）

一〇五　鄒夢禪

鄒夢禪（一九〇四——一九八六・四・十七），原名敬栻，後以字行，號今適，又號大齋、鉼廬，别署遲翁。浙江瑞安人。

幼承家學，通文史，好書刻。瑞安中學畢業後，慕鄉先賢孫詒讓之爲學，即赴杭州浙江圖書館工作，任目録員。該館藏書之富冠於東南，古籍碑版、金石譜録，汗牛充棟，嗜學之輩能供職其間，坐擁書城，昕夕展讀，其樂何極！先生遂藉此從事語言文字與古典文學之研求，又得馬一浮、馬叙倫、張宗祥諸老熱心指授，五年間學業猛晋。館之西爲西泠印社，以性之所好，亦常涉足其間，獲聞前輩緒論，後得丁輔之先生推介，加入西泠印社。年二十五，以積學獲聘爲上海中華書局辭典部編輯。其時《辭海》之選詞、撰稿、審議等工作已歷十餘年，先後參加之學者數亦逾百。而越近後期，工作亦逾形艱巨，先生經八載辛勤，最後與十數專家分工合作，終抵於成，嘉惠士林，功不可没。其集書《石門頌》之『辭海』兩字得弁書首，亦猶樹豐碑，先生令名因是而大著。上海書畫篆刻活動向極活躍，先生公餘之暇，時與馬公愚、方介堪、朱復戡、鄭午昌等名家交流切磋，創作不輟，藝事益進。日陷滬濱，孤島經濟嚴峻，不鮮家庭生活朝不保夕，唐雲、鄧散木、白蕉與先生等藝林作手發起舉辦『杯水書畫義賣展覽會』周濟貧寒，同胞之稍有能力者皆樂意支持此義舉，是以展覽頗獲成功。五十年代初，先生任教上海光明中學，主語文教研組，以樂育英才爲事。一九五八年因直言遭禍，舉家被下放甘肅山丹縣二十年，備極困阨，以錐畫沙，而志不少挫。至一九七八年始得平反獲准回杭定居，歲月蹉跎，轉眼年七十五矣。

先生早具才名，兼擅篆隸楷草四體書，復精篆刻，三十年代曾在滬舉辦個展，並出版《夢禪治印集》二卷、《鄒夢禪印存》，及《吕氏春秋集解》。五十年代初亦有《四大家詩詞小楷》及《三體鋼筆字帖》行世。先生書迹，初僅見《辭海》扉頁，至西泠印社八十周年展覽及揮毫，得拜觀近作，尤覺書卷之氣撲人眉宇。《書法報》所刊『月上麗生彩，雲流清有聲』一聯，亦極淋漓痛快之風韻。其弟子嘗録其學書經驗云：『先粗後精，早博後約；轉益多師，艱苦探索；擺脱窠臼，最終創作。』並認爲書法藝術應着重内在美與外在美之自然結合，要不做作、不嬌媚、不枯竭、不呆板；而内在美即質之美，皆與作者之學問修養、情操襟懷有關。其篆刻以漢印爲主，兼習先秦古璽，以迄明清諸家，功力深邃，手法多樣，風格特點在於：平正中顯流動，挺勁中寓秀雅，實以漢印爲基礎，而借古璽之靈動以活之耳，故能巧拙相生，氣韻天成。所作『秦淑之印』邊跋云：『隸以折，篆以轉。能以折作篆，以轉作隸；曲爲直，直爲曲；以疏偶密，以多儷少，漢印法盡於此矣。』能悟斯奥，不愧大家。

先生回杭後，爲補回已流失之光陰，不顧體弱年邁，規定每日必作一書件、刻一印章，及從事著述。《關於顔體之研究》一文已早見之矣，聞尚有《書法講義》，但不知已完成否。一九八三年，西泠印社補選先生爲理事，西泠書畫院聘爲書法家，中國書法家協會浙江分會選爲名譽理事。亦常不憚辛勞，應邀至外地傳藝、講學，多作貢獻。直至逝世前兩月，仍扶病爲蘇州虎丘園林揮寫一副長聯，此爲最後遺作。既殁，名家者王蘧常以九十高齡猶爲撰書墓志，其見重可知也。先生原計劃八十五歲再舉辦一次個展，惜已永成泡影；但願整理及半之《鄒夢禪印譜》，門弟子能早日輯成付印，庶可告慰先生於九泉。

（一九九四年二月四日）

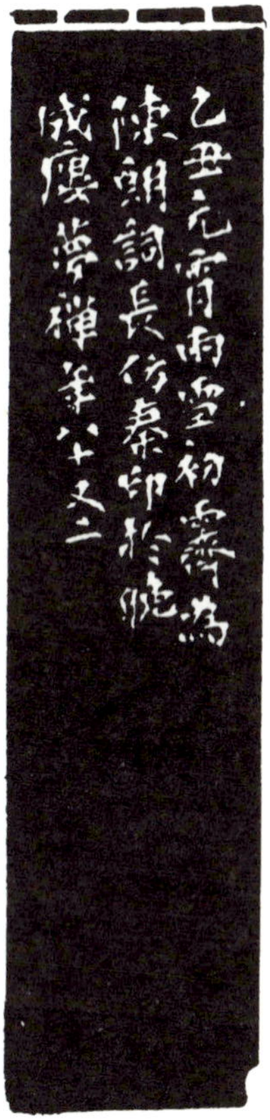

陳朗之印　大齋　秦淑之印　祁連積雪　結印社於西泠　九九草堂　海曲將軍章　我與吾西泠印社同庚

一〇六 陳巨來

陳巨來(一九〇五·四·二十三——一九八四·一·十五),原名斝,後以字行,號塙齋,一作確齋,又號闇石,所居曰更生藤齋、安持精舍,晚年別署誊叟、安持老人。籍浙江平湖。

其父渭漁,清季在閩任候補同知,巨來遂誕於是。鼎革後隨父移居申浦。一九一八年曾從嘉興陶惕若習印,無所成。二十歲改隨父執趙叔孺問業,叔孺先生固一代宗師,兼精書畫篆刻者,見其於印領悟勝於書法,乃令專力於印,且誨之曰:『爾須多學漢印,不必拘於學我,學我即像我,終不能勝我也。』時《十鐘山房印舉》適由涵芬樓影印行世,乃命日事揣求,從此藝事日進。一九二六年夏日,巨來詣趙府請益,座中有客豪於言談者,初不識爲何人,及叔孺出其所藏《雲麾將軍碑》舊拓請客人鑑賞,而於所鈐『叔孺得意』一印頗有讚詞,叔孺告謂:『《雙虞壺齋印譜》有漢印「叔得意印」回文印,余甚喜之,遂囑弟子陳巨來摹刻,改「印」爲「孺」字,配合至妥,宛然古製。』邊語邊爲紹介,巨來由是得交書畫名家吴湖帆。湖帆爲吴大澂中丞文孫,家富收藏,能印,但不多作耳。謂巨來曰:『君印與汪關爲近,余家藏其《寶印齋印式》十二册,可供君參考。』時巨來於汪關其名尚茫然不知也。湖帆遂邀同至其家,一觀江氏印蜕,並慨假回寓,使能從容玩索,後歷七載始璧還,誘掖之誠,令人敬佩。汪關爲明末印壇翹楚,擅擬漢印,工整而流動,剥落有妙理,名書畫家董其昌、李流芳、王煙客等所用印多出其手。巨來獲見佳譜，乃寢饋其中，於樸茂穩實深所致力。後更廣事研求，若程荔江、陳簠齋、吴愙齋、吴平齋及羅叔言、黄竇虹等諸家所藏，以暨各地新出古印，凡足供印人取則者，咸加摹采，一以自資品賞，亦欲垂示後學，名曰《古印舉式》，全編分正續兩集，正集爲一面印，續集爲兩面印。每印皆據原拓雙勾廓填，務求不爽毫髮，往往摹四五方始選取其一，惜以精力所限，僅成三百餘方，未能竣事。印藝既成，又得叔孺、湖帆等名公廣爲推譽，於是葉恭綽、張大千、溥心畬、馮超然、張伯駒等著名書畫家、收藏家，競以鎸印爲囑，鬻印生涯頗不寂寞。以藝自給者凡三十載。一九八〇年，獲聘爲上海市文史研究館館員。

巨來於印，自謂先學趙撝叔、黄牧甫，此後則取法汪關及秦漢古印，又遍觀宋元名迹收藏印，始得元朱文要竅。嘗自言刻印約三萬方，可存者三百餘方耳。巨來能治古璽、漢印、元朱文，而以元朱文印獨步當代。乃師叔孺固精擅元朱文，承傳所授，復上溯趙孟頫、文三橋，兼采元明以來各家象牙犀角印文字、章法、刀法之妙，心追手摹，窮其正變，融會變化，自成體貌，秀雅恬静，軒朗怡和，叔孺先生許其『元朱文爲近代第一』，確非阿私之言也。擬漢之作，白勝於朱，文字之增減揖讓，筆畫之併連殘損，俱經刻意經營，特見工巧，較汪關爲渾穆，而比叔孺先生似又稍遜其淵雅。古璽以朱文小者爲佳。至其款識，則以陳秋堂爲尚，得秀麗工致之評。

傳世之譜有三：一爲一九四八年粤人楊朋之以己之藏印六十一方輯爲《盍齋藏印》；一爲一九七六年居臺灣之曾紹杰以所藏及假得印蜕，選出四百零三方爲《安持精舍印存》，在港印行；一爲一九八二年親自選編之《安持精舍印冣》，上海人民美術出版社出版，收印四百一十餘方，早中晚年所作俱備，選抉最稱嚴格。四十餘歲時，曾有《安持精舍印話》之作，凡二十一則，二千三百餘字，不乏研索有得之談，如云：『仿漢鑄印，不在奇崛，當方圓適宜，屈伸維則，增減合法，疏密得神，正使眉目一似恒人，而穆然恬静，渾然湛凝，無忒無挑，庶允獨到。』又云：『宋元圓朱文，創自吾趙（吾丘衍、趙子昂），其篆法章法，上與古璽漢印、下及浙皖等派相較，當另是一番境界，學之者亦最不易。要之，圓朱文篆法，純宗《説文》，筆畫不尚增減，宜細宜工；細則易弱，致柔軟無力，氣魄毫無；工則易板，猶如剞劂中之宋體書，生梗無韻；必也使布置匀整，雅静秀潤。人所有，不必有，人所無，不必無，則一印既成，自然神情軒朗。』可與所治印互相印證。巨來能詩，蓋得丈人況蕙風之教，每喜集句爲之。間亦涉筆畫松，時有高致。

（一九八四年三月二十五日）

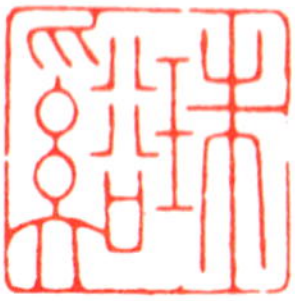

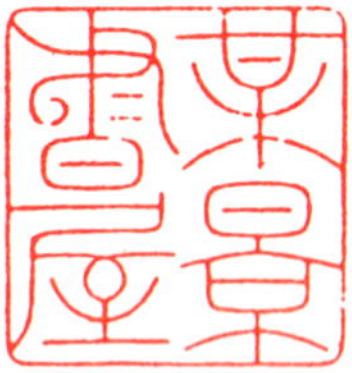

尹默之印　吴湖帆潘静淑珍藏印　珠谿　下里巴人　梅景（影）書屋　曾經錢氏君匋珍護　張爰私印　張
爰公印　三千大千　敀乎　安持精舍

一〇七　羅福頤

羅福頤（一九〇五・五・十一——一九八一・十一・八），字子期，别署梓溪、紫溪，晚年背微傴，因自戲號傴翁。室名待時軒、郼庵等。籍浙江上虞而誕於上海。爲雪堂老人五子。七歲隨父僑寓日本京都，十五歲還居天津。以家學淵源，自幼即諳習古器物文字之學。年十七，始習印。廿四歲移家旅順，助其父摹寫《貞松堂集古遺文》。翌年自纂《古璽文字徵》、《漢印文字徵》各十四卷、附録各一卷。年廿七，編《三代秦漢金文著録表》成。一九三三年，佐父輯《三代吉金文存》。隨又自成《清大庫史料彙目》、《遼文續拾》、《西夏文存》、《傳世古尺圖録》、《滿洲金石志》等書。一九三九年在瀋陽博物館工作。抗戰勝利後遷居北京，任職北京大學文科研究所。一九五一年，調文化部文物處，一九五七年轉故宫博物院任研究員，以迄謝世。並兼國家文物局諮詢委員會委員，及中國古文字研究會、考古學會、西泠印社等學術團體理事和中國少數民族文字研究會會員。畢生勤奮治學，於商周青銅器及其銘文、古璽印之形制與文字、戰國兩漢竹簡、古代石刻、敦煌經卷、西夏文物等，皆有深入研究，先後撰寫專著、論文一百二十餘種，逾半已發表，餘待刊。

其於篆刻，蓋出家傳，初取古譜中春秋以至東漢有代表性印作百數十方精摹之，遂得矩矱，雪翁爲拔其佳者百三十方成《待時軒仿古印草》影印行世，王國維序云：『子期年甚幼，志甚鋭，渾渾焉，浩浩焉，日摩挲耽玩於其中。其於世之所謂高名厚利，未嘗知也。世人虛憍鄙倍之作，未嘗見也。其澤於古也至深，而於今也若遺，故其所作於古人之準繩規矩無毫髮遺憾，乃至並其精神意味之不可傳者而傳之。』稱許備至。少年獲此成就，由是益堅所詣，至老不懈焉。其爲印喜擬漢鑄白文印，渾厚端嚴，無異漢製；擬璽多作朱文小璽，秀挺自然，得其意趣；間作圓朱文，亦典雅可觀。

先生爲余題印稿時嘗曰：『余幼學治印，讀前人談篆刻諸書，審其號召，皆以宗法秦漢爲主；次之則喜談刀法。竊以秦漢銅印多出鑄造，何有乎刀法之説？當時殊不得其解。稍長讀家藏古銅印譜，見其印文皆嚴肅整齊，僅漢晋官印中間有將軍印及賜屬國君長諸印，其文字放逸，皆出契刻，是即前人所謂急就章。以其不出鑄造，故又稱爲鑿印。此外則戰國白文璽，以及秦或西漢私印，亦有出契刻者，其文與當時書法同。更讀明清印人諸譜，見其刻款精雅，爲漢魏所無。審其印文雖稱仿漢，而書體放縱無謹嚴者，於此始悟前人所作皆仿漢晋鑿印，仿古鑄印者百不二三，其重刀法，固其宜矣。竊以漢晋急就，乃出於軍中便宜封拜，是非漢印之正宗可知。至清代中晚期，吴讓之、趙悲盦、吴缶廬諸印人出，其作朱文有能突過前賢，而所作白文印，方之漢魏，不免遜色者，皆由刀法之説有以貽誤。』讀此可見其旨趣。

所作印學論著，文字方面，曾兩梓《漢印文字徵》，早年所集《古璽文字徵》，後復增訂爲《古璽文編》；於璽印制度或考訂，有《印章概述》、《古璽印考略》、《古璽印概論》、《北元官印考》、《李闖王官印考》、《印史新證舉隅》；所輯譜録有《戰國漢魏玉印集》、《八思巴文印集》、《古璽彙編》、《戰國漢魏古印式》、《古畫印集》、《漢魏婦女印存》、《古璽印鈕制圖録》、《隋唐宋官印集》；於目録、札記有《印譜考》、《漢晋以來官印目索隱》、《近百年來對古璽印研究之發展》、《刻印私議》等。匪獨提供豐富而翔實之資料，而考定漢官印死遷須上繳，有殊恩可賜殮；官職而附姓名者乃明器；『日庚都萃車馬』大璽爲烙馬印；由鉛製五原侯等印推知漢鑄均出母范。類此等等，皆堅確不可易。

余交先生二十餘載，深感謙謙和易，樂於誘掖後學，每有新知，輒不吝賜告，真能以學術爲天下公器，高風足式。遽聞以骨癌捐館，豈印林之失也哉！

（一九八一年十一月二十九日）

浩氣長存　杞國無事憂天傾　羅子期　馬國權印　櫻花紅陌上柳葉綠池邊　燕子聲聲裏相思又一年　羅繼
祖　思泊八十以後作

一〇八　韓登安

韓登安（一九〇五・十・四——一九七六・三・二十二），原名競，因其父尊崇《天演論》『物競天擇』之説，故取以爲名； 字仲静。誕於農曆九月初六日，時近重陽登高，幼時家人呼曰『阿登』，長則以登安爲字、號。中歲易號爲名，並刻『登東皋以舒嘯』、『審容膝之易安』、『登高能賦，安步當車』等閒章寄意。別署登庵、登厂、飲禪、富家山民、耿齋、印農、小章、本翁、無待居士、登叟。所居曰慮憲堂、容膝樓、玉梅花庵、物芸齋、寒研青燈籀古盦、四瓦齋。祖籍浙江蕭山，而生長錢塘。

父傳鼎失意科場，因禁子習章句，改課《説文》，其能以篆刻名家，與少時植基於此有若干關係。年十五，家貧不能繼續升學，進武林鐵工廠爲翻砂工學徒。翌年因病革退，乃居家從周承德習書法篆刻，逾年，所學即見稱於識者。其時葉爲銘以印名杭州，嘗往求教，但謷『後生可畏』、『後生可敬』，而吝於提點。不得已，請益於高野侯，頗蒙熱情啓導，如是者近歲。人謂王福庵專精書刻，欲百尺竿頭更進一步，當師事之，然滬杭異地，且困於資，幸得一鐵路員工相助，周末隨其值勤火車去滬，親炙福老，周日晚亦隨車返杭，如是不耗分文，又時時得蒙教益矣。二十二歲後，以筆札之屬供職浙江省府凡廿餘年。業餘之暇，傾其全力於書畫篆刻，匪獨廣事涉獵，深入鑽研，所作甚獲時譽。一九三三年二十九歲時，經王福老推薦，加入了西泠印社，且先後擔任西泠印社總幹事、東皋雅集總幹事、龍淵印社監事等職，力倡風雅。建國初，曾入金石書畫服務社，藉筆耕刀耘自給。一九五六年五月，受聘於浙江省文史研究館，以迄逝世。

登老能作四體書：行楷遵『書貴瘦硬方通神』之旨，風骨峭拔；隸書意擬漢石經，精嚴方峻；尤以玉筯篆馳名藝壇，剛健婀娜，兼而有之，雖受王福老啓迪，而體貌愈加瘦挺，轉折之處，喜用接筆，是以綫條勻整而勁麗，並世難與其匹。間作山水畫，早年嘗與唐雲、申石伽、王小摩同師王潛樓，畫風近『四王』一路；中歲逃難荒村，問業於余紹宋，繪事爲之一進；但暮年作畫較少。平生以篆刻最爲人所稱道。登老篆刻逾五十年，作印近四萬方，可見功力之深邃。其印體貌至多，所擬古璽、漢鑄印、漢鑿印，及西泠八家、鄧石如、吳讓之、徐三庚諸家，靡不得其神妙；所刻細朱文印，觀者嘆爲絶藝，擅作小字印及多字印，即一印百餘字，亦安排妥貼，極盡穿插呼應之能事，真印藝中之奇葩。積存印蜕，凡百數十册，已單獨梓行者，有《登安印存》、《歲華集印譜》、《西泠印社勝迹留痕》、《毛主席詩詞刻石》等。詩人沈禹鐘《印人雜詠》詩云：『洗眼西湖老倍明，奏刀常對衆山青。正宗愛效琅玡法，穆穆猶存舊典型。』蓋謂其圓朱文印得秦篆之遺矩也。

印學主要著作有《明清印篆選録》。自來治印，知者查字多取《繆篆分韻》、《漢印分韻》諸書，昧者或取資於舛誤孔多之《六書通》。明清以來，篆刻鼎盛，諸大家多究心文字，所作印篆，雖亦取法古人，然以好尚不同，挪移變易，結構筆勢，每有新姿，擷采排比成書，不特可補印學一大空白，而於印藝之推陳出新，固足資借鑑者。登老搜輯《明清印篆選録》，前後歷時四十年，所采印家共五十人，始於文彭，迄於王福庵，都凡十一卷，聞西泠印社已納入出版計劃中，將以梓行。

後輩以作印心得叩詢，登老每謂『三熟、三多、三忌』爲入門要訣。三熟者何？熟篆體類別、熟文字結構、熟璽印體制也。三多者何?:多治印、多擬稿、多變化也。三忌者何?:忌偏旁湊合、忌篆體混雜、忌刮垢磨光也。又云,篆刻雖曰雕蟲小技,而欲升堂入室,須『通三功,明四法』,非朝夕可成。三功者,即文字、書法、雕刊是也。三者缺一不可。四法者,字法、筆法、章法、刀法是也。四者中,刀法蓋爲筆法而服務。上述諸點,皆數十年經驗積累,至足珍視。余識登老廿餘載,時承誘掖,通信十九皆談印藝,中多精闢之論,哲人云歿,余整理遺札,曾編成《韓登安先生論印尺牘》乙卷,共萬餘言。

（一九八二年四月十八日）

韓競　玉梅花盦　饕籀簃　芋禪　錢唐韓競字登安印信　不雕　南京圖書館藏

沈尹默印

一〇九　金禹民

金禹民（一九〇六・七・十一——一九八二・二・八），姓馬佳氏，原名馬金澄，字宇民，蓋取『金澄玉宇』之意。後因與熟人同名，改字禹民，且以金爲姓，世人知其本姓者鮮矣。號宜齋、彝齋、西橋，別署單臂翁、自耕老人，齋名爲籀漢簃、謙牧堂、長年館。滿族鑲黄旗人。世居北京。

家素貧寒，僅賴官府發與旗人之微薄錢糧度日。小學畢業後無力升學，十三歲即藉賣冰核、撿煤渣，及隨其兄串街走巷打小鼓收賣舊貨以餬口。旋得親友之介，在一首飾樓當學徒，與愛好不合棄去。後轉宣和門内麗觀齋古玩舖，頗感興味，尤留心印鈕、硯臺雕刻。摩挲摹擬，由是耽之。年十九，一日頓悟：『人無一技之長，則不能立足社會。』因愈益奮發自勵，初得《飛鴻堂印譜》，晨夕玩索，通過摹刻，邊識篆字、邊師章法刀法，稍後多見字書印譜，所學日有所進。廿五歲獲識篆刻名家壽石工，苦心爲其所感動，許列門墻。壽氏爲示治印之道，囑去舊轍，於吴讓之、趙之謙、黄牧甫、吴昌碩四家多所致力，並廣涉古璽漢印，以益其趣。宜齋心追手摹，幾忘寢食。翌年，附潤例於壽氏櫃上，以鬻藝爲生。壽氏應酬過忙，間爲捉刀。琉璃廠爲文物薈萃之地，宜齋除着意於皖浙之共冶與二吴之匯通外，並在秦權漢金及其他金石銘刻中擷采神理。壽氏《印人雜詠》末首即詠宜齋者：『奇字覃研有會心，一爐浙皖費沉吟。敢云薪火真傳在，冰水青藍感不禁。』欣見弟子能傳其藝之快慰心情，溢乎言表。

篆刻之外，復擅印鈕鏤刻。其製鈕也，先作三年觀察，始事動刀，爲開拓蹊徑，嘗遍究都門古建築之雕刻，旁及漢畫像磚，尤醉心清人周彬所作，反復臨仿，形神俱得，故於花草鳥獸、人物圖案，無不精能，洵近世製鈕之佼佼者。友人曹克家有石印鈕斷矣，宜齋將殘折處隨形以製臥牛鈕，見者嘆曰：『是牛何處牽來？得無七夕夜乞得天孫巧乎？』於製硯、刻碑、刻竹木牙角、鑲嵌、傳拓、錦盒、瓷器銅器鑑定、印泥翻新等，靡不得其要妙。一九三九年，北京大學文學院聘爲篆刻導師，時壽石工亦同教篆刻，宜齋請改任雕刻導師，以示不敢與師並駕，校方韙之，其尊師與謙抑如此。

新中國剛成立，故宫博物院即聘作文藝技術員，專職書法、篆刻複製，所長得以展布。曾摹唐柳公權之《蒙詔帖》，觀者咸謂迫肖原迹。至複製珍貴書畫，而仿作歷代名印，更真贋難判。中歲以後，於書藝用功至勤，所作小篆宛轉雅麗，得於石如、讓之爲多。曾以甲骨文、周金、石鼓、秦金、小篆、隸書、行草、楷書八體書爲長卷，啓功先生題識云：『禹民先生金石名家，鐵筆之餘，尤精八法，不獨篆隸擅場，各體俱稱拔萃。……今觀此卷八體備工，而各與爲章，能分能合，信屬藝圃之新觀，書林之雅玩。』頗致推許。

宜齋少年失學，其能於書法、印藝、雕刻等皆卓然馳譽，蓋不撓精神與刻苦鑽研有以致之。一九七三年患半身不遂，左側麻痹，生活不能自理。然不甘就此擱刀，因特製鐵夾爲印床，使石印固定桌上，克服重重困難，單臂鐫印不輟，故晚年印跋，常有某某單臂之句。即逝世前仍操刀握管，創作課徒，未嘗少懈。所作曾六次膺選赴日展覽，並先後擔任北京金石書法研究社理事、中國書畫研究社藝術顧問，及中國書法家協會第一次代表大會特邀代表。

宜齋故後，其至友潘淵若老人賦十二絕句挽之，有云：『回首春明迹已陳，麗觀齋裏慣留賓。秦權漢瓦摩挲遍，無愧他年傳印人。』『奇峭圓融雅出群，静觀舒卷嶺頭雲。黟山茗水傳衣缽，宗派而今爲解紛。』『十載黌宫執教鞭，登堂何敢傲前賢。尊師已作人師範，博得謙和衆口傳。』『琢白填朱歷落工，青田花乳劫灰中。可憐寂寂書窗下，猶有揮戈殘臂翁。』

（一九八二年七月十一日）

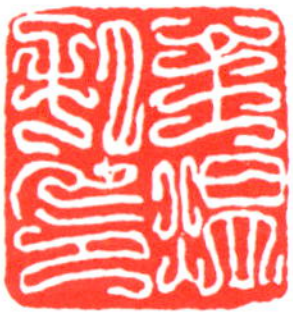

風雷動　西橋　金煜私印　啓功私印　金禹民印　尹潤生　契而不舍

一一〇　朱其石

朱其石（一九〇六・九——一九六五・五・五），原名碁，以誕於浙江宣平縣括蒼山下，又取名宣，號曰括蒼居士，復因生於農曆八月，又以桂莽爲號；另有簣龕、翩翩老人、秀水老農、葛窗居士、雁來紅館主人、抱冰居士等別署。浙江嘉興人。

父名丙一，號補拙，以書畫金石之學名於時。先生年六七歲，常竊乃翁治印工具，至後圃中刻石爲戲。年未及冠，移居滬濱，與伯兄大可隨侍乃翁杖履，兄弟兩人，有似機雲並美，大可擅詩，其石篆刻之外，兼工書畫，亦偶事吟詠。其石庶出，母舅天台山農劉介玉素以書名，遍交名士，山農乃携之謁諸老宿，博習多師，學藝乃大進。山水畫始摹王石谷，繼效王麓臺，已而遍游黄山、雁蕩，大富胸中丘壑，遂以大滌子爲宗，突兀蒼茫，別饒韻趣。作梅花則篤守阿父之教，疏於童二樹，而密於金冬心，極爲吴缶老所激賞。一九二七年，曾參加國民革命軍第二十七軍戎幕，隨師北伐，曾進軍皖北魯南一帶。後以不慣軍旅生活，仍返滬鬻藝自給。抗戰前一度主持藝海迴瀾社，書畫交流，聲氣頗廣。與馬萬里、謝玉岑、張大千昆仲、王師子等皆相稔。工篆書，多作《石鼓文》體勢，秀挺蒼勁。篆刻初法西泠，旋師皖派；嗣得親吴缶翁，作風又變；後受同里陳澹如影響，轉趨工整秀雅。其後佐伯兄大可編寫《古籀蒙求》，盡探甲金文字之妙。尤究心古代陶、璽，施諸鐵筆，綿密流暢，瘦硬夭矯，駸駸乎自樹一幟。其作先秦文字者，多意在陶甓古璽之間，古茂雄深，允稱高手；又擅擬漢官印；作宋人朱文印，亦典雅可喜；黄賓虹先生甚推許之。有《簠龕印譜》、《抱冰盧印存》、《朱其石印存》等行世。

餘事喜蒐集文物，尤癖好尺牘手迹、名家刻印及罕見照片等，如光緒廿六年所攝畫家吴秋農《竹林趺坐圖》、末代皇帝溥儀自齠齔之年至在僞滿沐猴而冠之形形色色大小照片近百張，皆外間不易得見者。其石體氣素健，倭難期間，伏處天目亂山中，悲憤交縈，精神遂損。一九三九年返滬，隱居滬西，重理舊業，朝斯夕斯，畫、印俱臻妙境。

五十年代以來，因種種原因，改在藥廠任職文書，以維生計。雖業餘不廢創作，然終未能在工作上展其所長，心中不無鬱悒之慨。逝世前數月覺肌肉萎縮，兩手不能屈伸，筆箸亦無法操持，屢投藥石均不應驗；至四月五日，兒媳迎歸故鄉療養，不久心臟擴大，加之血壓日高，卒以不起。大可先生曾挽一聯曰：『畫派師浙，印派師皖，鯉對記趨庭，許爾聰明能繼武；前年喪妹，今年喪弟，雁行驚失序，嗟予老大劇傷心。』其石晚年，常在襄陽公園茗叙，友人聞其謝世，有聯挽之：『是書家，是畫師，是金石巨子，更欣同客春江常親道宇，浙派數名流，不愧淵源承老輩；有賢婦，有哲嗣，有聰明文孫，只惜未登耆壽遽謝塵寰，襄園懷舊侶，最傷風雨失斯人。』沈禹鐘《印人雜詠》亦有詩詠之云：『黄山層翠落胸中，印法平生守浙宗。老屋鴛鴦湖上在，病深歸卧逕苔封。』以『印法平生守浙宗』論其石，似朱中肯矣。

（一九八四年一月十五日）

一丘一壑草堂　舊游却在畫圖中　都付邯鄲　於境知足於學知不足　其石大利　虬盦書印　此心到處悠然

一一一　馬太龍

馬太龍（一九〇六——一九八五），原名震，以字行，又名壽華。浙江鄞縣人。名學者馬衡先生長子。早年隨父讀書北京，大學時先後攻讀於之江大學，後畢業於東吴大學法律系。旋任上海會審公廨律師兼翻譯。後移職南京，在於于右任先生主持下之監察院任事。抗戰初年退隱家居，在滬以翻譯鬻文，用贍家給。五十年代以後嘗執教鞭，然不諧於俗，歷經坎坷，遂以精力置諸書法篆刻。此固其家學，少時曾得之尊人之教，初以秦漢爲基，後遍挹多方，廣所展拓。廿餘年前，余曾得鄭逸梅老前輩示以爲其所撰印譜序云：『余識馬太龍先生於式熊印人家。趣洽情親，一見如故，而吐屬雋雅，沖襟怡然，爲之莫名傾折。越若干日，承以楹帖見貽，始賞其書法之雍雍矩度、奕奕清輝，乃以璆球珍之。此後各爲事牽，不相叙者，凡兩寒暑。邇來由其高足子厚之見訪，携示乃師印拓數十紙，則復驚其刀法之高邁踔厲，天骨開張之出人意表，益嘆余井蛙之識，知人不盡，先生之含納萬類，實有未易悉窺其生平崖略者，爲之愧恧久之。先生爲叔平前輩之哲嗣，世澤繩繩，弓裘載衍，洵晚近所難覯，能不以麟鳳毛角目之哉！先生之治印也，遠紹秦漢之遺軌，近媲鄧、趙之往躅，且以殷墟文入印，尤爲創例；邊款在銖黍芒忽之間，而運刀似筆，彷佛春雲卷舒，游絲自裊，更非庸手所得剽摹其一二。昔昌黎稱孟東野詩「天花吐奇芬」，移諸先生之篆刻，誰曰不宜？蒙不棄窳陋，浼爲短跋。天寒歲晚，子病婦亡，余情殊感索寞，率草數語，聊以塞責。』可見其概。太龍先生之女企昕女史來居香港後曾識面，亦以書法名，嘗任教香港中文大學校外進修部，從游者衆。

鄞縣馬氏一門，以文名著稱者至夥。其父馬衡（一八八一——一九五五），字叔平，著名金石學家，歷任北京大學國學門導師、故宮博物院院長、西泠印社社長，對古銅器、度量衡器、石鼓文、漢魏石經、印學之研究，皆有卓越貢獻。胞弟彦祥（一九〇七——一九八八），著名戲劇學家。二伯馬裕藻（一八七八——一九四五），字幼漁，與魯迅等同師章太炎，歷任北京大學國文系主任。五叔馬鑑（一八八三——一九五九），字季明，先後擔任香港大學中文系主任，燕京大學文學院長、中文系主任，戰後復回港大任教。幼叔馬廉（一八九三——一九三五），字隅卿，版畫學家，深於説部研究，亦北京大學教授。在二三十年代之北京高等學府，馬氏昆仲與錢玄同、魯迅（周樹人）、周作人、沈士遠、沈尹默、沈兼士等齊名，因有『一錢二周三沈四馬』之美稱。

（一九九八年十月三十日）

企辛　馬太龍　江浚　畸盦老人　涅而不緇

一一二　葉潞淵

葉潞淵（一九〇七・十・六——一九九四・二・二十），原名奕祥，又名豐，字仲子，又字潞淵，以此行，别署露園、寒碧主人，晚號露園園丁、石林後人、老葉、潞翁、葉老。江蘇吴縣東洞庭山人。爲宋儒葉石林之後，故其書齋除曰静樂簃、寒碧居、春在樓外，亦顏曰石林精舍，刊印石林、小石林，蓋緬懷先德也。

年十四進福泰錢莊習金融業，先後任記賬員、營業員；後移職四明銀行，歷充出納主任、襄理、副經理，至五十年代初私營銀行被改造止，以處事方正、一絲不苟爲人稱道。然先生志趣所在，則在書畫篆刻藝術之研求。二十歲從師趙叔孺先生，趙公固書畫篆刻一代大師，復以精鑑聞於時，家藏商周秦漢銅器近百、書畫名印之屬亦夥，潞翁工作之餘，恒趨侍左右，敬聆作畫治印要訣外，於文物賞鑑亦多有進益。時老輩若丁輔之、王福庵、褚德彝、高絡園、高野侯，又常至趙公寓齋晤叙，論藝談文，侍坐其間，如沐春風，心犀頓啓。經過三十餘年之辛勤治藝，陶鎔百家，繪事篆刻，皆享盛名。一九五六年上海中國畫院成立，潞翁即被聘爲畫師；同年，第二届全國國畫展在北京召開，所作《紫藤》等畫幅獲選參加，並得好評。曩時之欲專事藝術，今可展其素志矣。披覽《上海花鳥畫集》、《上海中國畫選集》及《上海畫院中國畫專集》，皆可見其佳作，論者以意近惲南田、華新羅兩家，筆致淳雅雋秀稱之。廿年前惠余《枇杷》一幀，則深得石田風韻。

先生畢生致力至勤、成就最大者，當推印藝與印學。治印初宗浙派，尤酷嗜陳曼生，後取法古璽漢印，旁及皖派，並博涉商周金文、兩漢碑額、鏡銘、泉幣、封泥、磚瓦等文字意趣，兼取衆妙，融會貫通，自成體貌；精究章法，一點一畫均寓變化於整齊之中，藏奇崛於方寸之内，即毫釐之殘連併筆，亦無不穩練安詳，故所作均淵雅雍容，生動超脱。邊跋亦挺勁而富於變化，獨具風致。著名書畫家葉恭綽、吴湖帆、沈尹默、潘伯鷹、唐雲、謝稚柳等諸公用印，多出其手。一九七九年及一九九一年兩赴扶桑訪問及示範，極爲彼邦人士所推崇，著名書家小阪奇石、村上三島、古谷蒼韻、栗原蘆水等，皆求治石，以爲榮寵。潞翁印作之已結集出版者，有《静樂簃印稿》，一九八六年由上海書畫出版社編印，凡二百四十餘方；另一爲《葉潞淵印存》，一九九〇年由上海書店編印，亦二百四十餘方，後者多晚歲所作，其恬静精妙處，並不減中年，而莽蒼處則當勝之也。

先生强於記憶，過目弗忘，不獨精諳印史源流，尤深究明清印作鑑别。憶一九五九年初訪静樂簃，主人出古譜多種暨數十石見教，一一爲之詳析，眼界大開，余曰：『葉公真印學活字典也。』偕余同訪之張魯盦先生，亦莞爾首肯。平素所録印譜題記，及手鈐《潞淵所見名印》巨册，即詳札明清流派數百印蜕之源流、石質、特點，聞達十餘萬言，皆有待整理印行者。其已刊布之論著，有一九六三年應香港《大公報》之約與錢君匋先生合著之《中國璽印源流》，先以四文概述印史發展概貌，繼則分説自先秦至明清官私印章，及名家印作，凡六十六節，以印例精當、論述精微，讀者奉爲經典，曾重版十餘次。論文方面，《淵雅閎正　瑰麗超隽——趙叔孺先生書法藝術發微》（《書法研究》總第十九期），蓋述其師之生平與藝術造詣者，至詳至當，如謂趙公篆刻『平實中寓生動，秀雅中見雄勁，絶無板滯之失，更無妄怪之嫌』，不啻夫子自道。趙氏門下數十人，真能得此妙藝而具儒雅氣象者，余最佩潞翁。《簡談元朱文》刊於《書法》一九八六年第一期，文僅二千餘字，然備述源流及明清以來名製及創作宜忌，以精擅此道，故所談均切其要。另有《齊魯古印攈序》、《略論浙派的藝術風格》，不備述。先生爲人謙恭寬厚，品行高潔，淡薄名利，樂於奬掖後進，久爲印壇所稱許。其歷年珍藏之明清至民國各家刻印一百五十方，及原拓名貴印譜一百二十種，識者皆謂不可多得之印學珍貴文物。雖其文孫亦嗜篆刻，然化私爲公，悉數獻諸國家，用供大衆宏揚印學之需，高風足式。潞翁生前任上海中國畫院畫師外，並爲西泠印社理事、上海書法家協會顧問、中國美術家協會上海分會會員、上海市文史研究館館員。

（一九九五年二月十日）

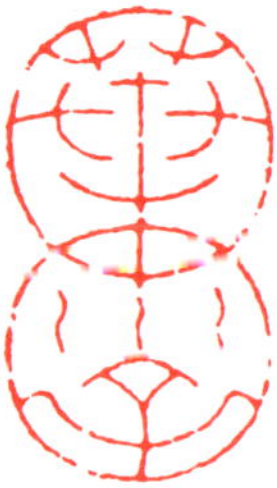

葉仲子　静樂簃　葉豐印信　静樂簃　日日新又日新　氣象萬千

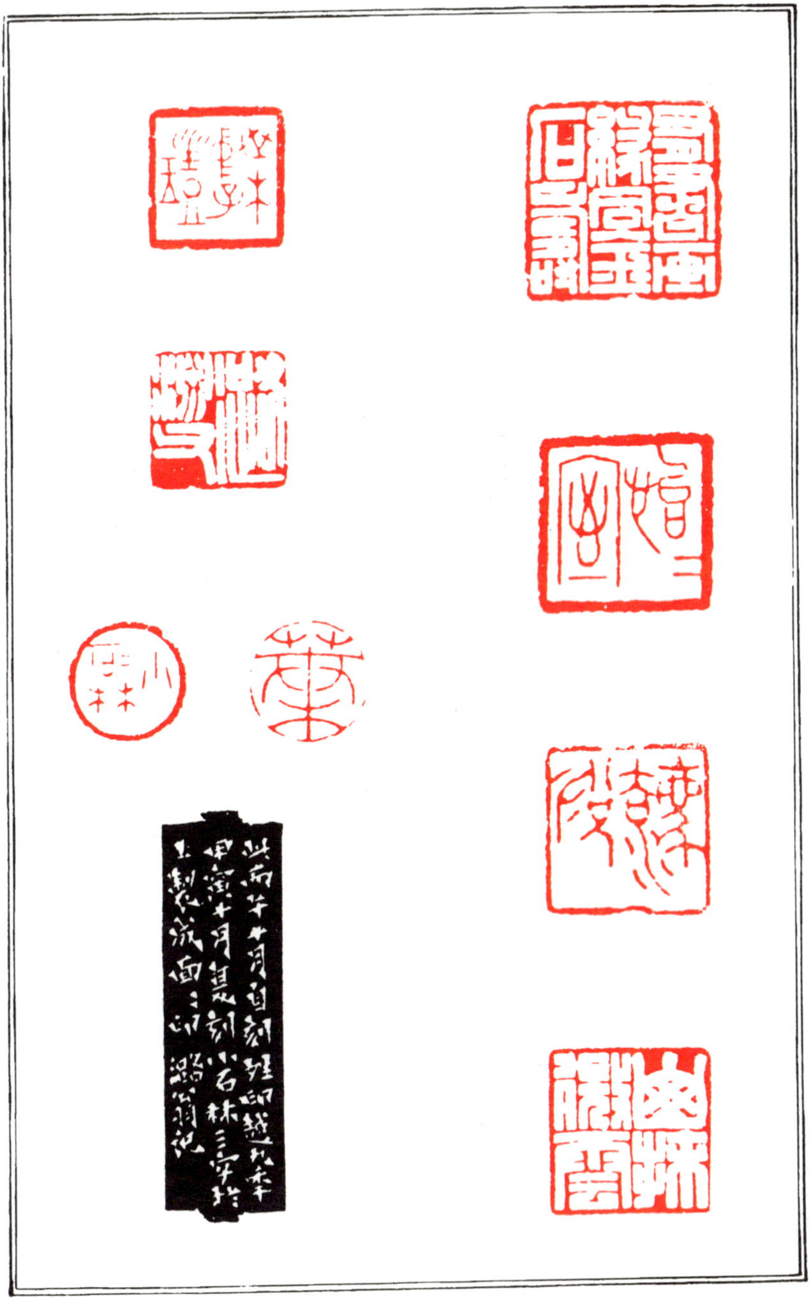

有書畫緣同金石壽　怡怡室　法悅　山抹微雲　葉仲子豊　潞淵父　葉·小石林

一一一三　齊燕銘

齊燕銘(一九〇七·十一·三——一九七八·十·二十一),原名振勳,一名震,筆名齊魯、葉之餘,早年刻印偶署石臣,晚年亦署老齊。書齋名尊聞受虚之室。蒙古族,先世姓齊利特氏,落籍北京。祖父曾官浙江寧(波)紹(興)道。父之彪公,以書法名世。先生幼承家學,喜經史及訓詁,及長,入中國大學國學系攻讀。系主任吴承仕教授爲章太炎入室弟子,述著宏富,以經學名重京華。承仕教授深愛其才,悉心加以培養。先生秉承章太炎治學精神,致力文學史研究外,亦受黄松齡、范文瀾等學者影響,能以唯物史觀分析中國歷史與社會實際。一九三〇年大學畢業後,留校任教,一九三三年任講師,其後亦在中法大學、東北大學、民國大學、大同中學擔任教職。年二十七,即在《文史》雜志著文,與前輩學者顧頡剛、李季、熊得山等就《湯誓》、《禹貢》等問題質疑問難。稍後亦有《中國戲劇源流》一書問世。一九三七年曾印行所著講義《中國文學史略》上册,下册之作卒因抗日戰争而中斷。『七七』事變後,國難當頭,遂全力投身救亡活動,先赴南京,後轉濟南等地,先後擔任《救國導報》、《抗戰日報》總編輯,及其他行政領導工作。一九四〇年入延安,任中央研究院研究員,參與主持創作平劇《逼上梁山》、《三打祝家莊》;並長期在周恩來身邊襄理要務。抗戰結束,奉派至南京任中共代表團秘書長。一九四九年建都北京,任中央人民政府辦公廳主任、政務院和後來的國務院副秘書長、總理辦公室主任。一九六〇年調任文化部黨組書記、副部長。先生雖位居要職，然待人接物，平易謙虚，對老一輩專家學者、社會賢達，尤關懷備至，經常擠時間登門拜訪，徵詢意見，照顧有加，凡曾與相接者，皆樂道之。『文革』蜂起，即遭江青一伙打擊誣陷，繫諸牢獄達七年之久，身心備受摧殘。一九七七年冬復出工作，任中央統戰部副部長兼全國政協秘書長、中國社會科學院顧問，時百廢待興，工作異常繁重，一九七八年夏以勞瘁入院留醫。然病中仍不廢工作，日夕辛勞也。十月參加被『四人幫』迫害至死一老戰友余心清之平反追悼會，感情激動，病陡劇，不幸遽爾逝世，聞者無不惋悼。

先生不僅爲深受群衆愛戴之政治家，且爲出色之文學家、戲劇家、書法篆刻家。文學戲劇非余所詳，兹從略。其所書行楷及小篆，皆當代之雄者。行楷意在顔褚之間，渾厚生動，勁健中而含秀逸，天趣自成，書卷之氣撲人眉宇。小篆精嚴典重，用筆圓折如金剛杵，得之石鼓，體勢雖雅近楊沂孫，然風神跌宕及含蓄蘊藉處，則與章太炎暗合也。先生十三歲即習篆刻。師事壽壐石工。壽老印喜趙之謙（二金蝶堂）及吴昌碩（飯青蕪室），故以『蝶蕪齋』顔其居，五十後又嗜黄牧甫。先生遵從師教，印風當受濡染。所作『倦廬』一印自跋云：『余自一九一九年學刻印，一九三一年以後事忙，所刻不多。此印蓋作於一九三七年頃，其後抗戰事起，刻成未送出，置之篋中，余亦匆匆離京。一九五四年先父去世，收拾故篋得此，日久忘其主人爲誰，無從繳還，因留作紀念。自刻此印以後，一九三八年在聊城尚刻三四方印，爾後遂輟此業，直至今日二十年矣。其技止於俯仰浙皖之間，未能突破，其意吾能言之，其境則戛戛乎難哉！一九五八年銘追記。』先生畢生盡瘁國事，獲親刀石時日甚少，然其成就絶不止於『俯仰浙皖之間』，一九五九年爲配合傅抱石、關山月合作《江山如此多嬌》畫幅而鐫之『江山如此多嬌』巨印，氣勢豪縱，實曠代所未有，允爲印林代表之作。一九八二年上海書畫出版社所刊《齊燕銘印譜》，收印一百二十五方，擬古璽、漢印、趙之謙、陳師曾等風格並見，皆以刀爲筆，蒼渾古茂。『夾谷世家』一印邊跋云：『漢銅印篆法，出於有意無意之間，非後人所能彷彿也。其崩破磨滅愈甚者，愈見古意盎然。』『無咎』一印亦有跋語：『撝叔朱文出於宋元，而生動多姿，晚清競相效之，失其俊逸，遂成俗體。』爲夫人馮慧德刻名印畢，附跋曰：『三字結體甚實，而布之以疎宕，此刻有之，苦心不可不知。』讀此可見其印學見解。

一九六三年冬，先生南下養疴從化，道經廣州，蒙約談印藝，先是共議牧甫，並及當代印壇，先生繼云：『印譜標目最易混淆，不諳此道者，或以印箋框格字樣標之，或張冠而李戴，此次往廣州中山圖書館觀覽，藏譜中亦見有類此問題。從化之行擬借譜一批細閲，冀能訂正若干也。』養疴中承惠函再論牧甫，並以新刻『翠溪兩月』印蜕見示。後余至圖書館，獲見經先生重簽題跋之印譜不鮮，如題《顒園藏石》云：『余所見黄牧甫印譜，此爲最足本，洵可寶也。黄氏刻印源出皖派，初學吴讓之，進而上窺秦漢古璽，參以金文，腕力獨絶，精於布局，以巧爲拙，特見斤心，此其所長。及其失則不免纖詭，亦近世一大家也。』後復爲題記：『余嘗謂校印譜難於校書，蓋印譜率無卷葉數，無目録。同一印譜兩本對勘，其印或多或少，其葉或前或後，有時甚至不可紀理。余校閲黄牧甫印卷，窮三日之力始得完竟。養病無事，以此自遣，庶免於飽食終日爾。後之覽者，幸勿以其爲玩物喪志也。』病中猶關懷印學如此。先生北還，曾賜寄拙作印存題簽，撰贈『文采風流衆所望，金石刻畫臣能爲』七言篆聯，獎飾固不敢當，然殷殷之意，貴銘感五中。紅羊之劫，信、印皆毁，聯亦殘泐不全，重裱後幸得啓功先生補爲題記。追念前塵，不禁感慨繫之。

（一九九四年三月十一日）

野莽　公潁　技道兩進　無畏　燕銘　唐小圃所著書　兒童之僕

一一四　白蕉

白蕉（一九〇七·十一·三——一九六九·二·三），號復翁，又號白雲間、雲間下士、無聞子、養鼻先生、北山公、蘭人、不入不出翁。原名何馥，字遠香，又名治法，復生，號旭如。後廢姓不用。上海金山縣張堰鎮人。金山舊屬松江府，松江古稱雲間，自號白雲間者，蓋借白爲姓，借雲間爲名耳。

父名錫琛，字熹純，儒雅知醫，喜藝蘭。復翁幼以家園中多植蘭，故時涉筆圖之，往往蘭草數莖，清秀疏淡，饒有瀟灑出塵之致。其家中却張其所繪芭蕉，白描不着色，語人曰：『此我自寫照也。』擅爲文，進黃炎培所辦『人文社』，後人文社擴大爲人文圖書館，一度主編《人文月刊》，有《袁世凱與中華民國》、《珍妃之悲劇》等著作。早年曾以新詩馳譽文壇，有詩集行世。嘗見其一種，印以洋紙，而式擬傳統，配合至爲精雅別致。又學舊體詩於蔣梅笙，梅笙，徐悲鴻之外舅也。於得意詩作，時以『傳諸千秋』一印鈐之。其《過吴家灣》詩云：『我與清波意共閒，茸城西去飽西山。洞橋處處俱堪畫，植杖何人水一灣。』頗傳誦一時。書擬鍾王，於《蘭亭叙》曾多所致力，小楷、行書、大草，俱臻妙境。年三十二，在上海舉辦個人書畫展，頗獲時譽。自是登門求教者亦日多。復翁於學子皆諄諄善導，戒以名利，恒曰：『苟爲名利縈繞，則藝事掃地矣！非吾徒也。』平日論書，時發雋語，如云：『穩非俗，險非怪，老非枯，潤非肥，審得此意，决非凡手。』又云：『運筆能發能收，只看和尚手中鐃鈸；空中着力，只看薙頭司務執刀。』嘗言：『學書始欲像，終欲不像；始欲無我，終欲有我。』又評包、康曰：『包慎伯草書用筆，一路翻滚，大是賣膏藥好漢表演花拳綉腿模樣。康長素本是狂士，好作大言欺俗，其書頗似一根爛繩索。』

中歲以後，徇學子之請，乃有《書法十講》之作，計分：書法約言、選帖問題、執筆問題、工具問題、運筆問題、結構問題、書病、書體、書髓、碑與帖等十講，凡數萬言，遠非時俗談書者可比。當時嘗擬印行，嗣因抗戰爆發而未果，至復翁逝世十周年，始由其夫人金學儀掇拾遺稿，交香港《書譜》雜志發表於一九七九年第六期至一九八一年第四期。復翁於詩與書，頗高自位置，曾云『詩已清腴書瘦硬』，又云『詩成或在宋元時』。北游燕京，謁齊白石老人，白石見其題畫文字，大加讚賞，即伸紙作畫屏贈之，白石不輕以畫贈人，大有引爲藝術知己之意。

復翁於篆刻不常作，然偶然興至，隨手刃石，輒成佳構。其門人徐雲叔曾示余復翁所贈自存印稿，半數爲散紙剪貼而成，得印七十三方；徐君入藏後，請錢瘦鐵先生爲題《復翁印存》四字於其上，此殆其印稿之孤本矣。自用印印文多不同凡俗，如『虚室生』、『黄河遠上』、『有何不可』、『東海生』、『焦老頭』等。『虚室生』者，蓋虚室生白，作歇後語。『黄河遠上』乃截取唐人王之涣『黄河遠上白雲間』句，亦作歇後語。『有何不可』，指廢本姓也。沈禹鐘《印人雜詠》詠白蕉一首云：『能事工書與畫蘭，兩間靈氣入毫端。傾心一見山人刻，斂手甘從壁中觀。』並注云：『白蕉，姓何，廢姓不用。松江人，號復翁，又號白雲間。工二王書法，畫蘭爲當世第一。印不常作，取徑宋元而高古獨絶，自見鄧散木印，斂手服之，遂不復作。』白蕉與散木爲至好，曾見散木爲其題畫蘭七古：『世人寫生唯寫貌，遺貌取神誰其倫？江左白蕉非俗士，筆端直挾湘蘭魂。孰與爲友慈山翁，咄而奴之吴興趙。霜毫刷取巖前春，仙境無塵深窅窱（窈窕）。我欲爲君歌九歌，蕙蒸蘭藉將奈何！天涯水湄成獨往，羹芋飯豆形神枯。東風吹淚滴湘水，夢中春潮寒不起。紙上騷心欲誰寄，女嬃不作靈均死。』可見交誼之篤。沈禹鐘詩注所云，其推賢之意歟！新中國建立後，曾服務於上海市文化局，晚年被聘爲上海中國畫院畫師，凡十年，因『文革』遭受迫害，含冤謝世。

（一九八四年二月二十六日）

白蕉　白蕉　海曲印記　法天者　留春小築主人　樂觀　有所不爲　未白頭翁

一一五　頓立夫

頓立夫（一九〇八·一·四——一九八八·三·十二），原名群，字立夫，以字行；又字歷夫；七十後自號慨叟；别署范陽野老。所居曰三不庵，蓋取不恐獨後、不因人熱、不藉秋風之義。祖籍山東，早年喪父，隨母流寓北京，自稱涿州（今河北涿縣）人。少時家境貧窮，嘗在某王府執役。二十年代初，著名書法篆刻家王福庵先生應邀至北京任印鑄局技正，領導官印篆製工作，以友人之介，僱請立夫先生主人力車，兼供雜役。立夫體碩而純謹勤快，王氏夫婦甚喜之。時三輪車尚未面世，此人力車即俗稱之黄包車也。福庵先生搭上下班外，甚少出外應酬，閒即居家治藝，立夫恭侍其間，久之，遂於書刻發生興趣。福老棄諸紙簏之片紙隻字、修印鈐稿，立夫靡不搜集貼存，暗自研習，雖文化基礎較低，然經數年苦學，已略具根柢。福庵先生未之知也。一九三〇年，福老倦游，將移家歸滬，鬻藝自給，擬厚貺立夫而辭之。立夫聞言，懇摯求留。福庵先生初不知其志堅學藝，因答曰：『滬上不用黄包車，汝去何爲！奚不留居京華，時可與諸親舊相見耶？』立夫再三懇留，但仍未表白其追隨習藝之念。福老不忍峻拒，乃與偕行。來滬既年餘，一日，立夫忽躊躇至再持福老一印痕叩請曰：『此處甚佳，何故再改易耶？』福老奇之，仔細與談，始知立夫已解書刻之道；令試刻一石，居然可觀。由是即令脱役使，以弟子視之，授以六書之要及運筆奏刀之法，耳提面命，無何，所作竟逼肖福庵先生，特功力有深淺耳。福老又爲揄揚於同好，且助之成家焉。立夫刻苦治藝，漸次聲名鵲起。時上海西泠印社吴幼潛欲擴展業務，福庵先生助其成立『吉金館銅印部』，印文由福老手篆，鎸字則立夫任其勞。石印牙章，亦求者踵接。一九三八年，首部印集《頓立夫印稿》手拓面世，由福老親題，雪鴻館刊行。國畫名家張大千對立夫印藝甚稱賞，曾求印十數方，弟子有欲鎸印者，悉爲推介。一九三九年十一月，大千將還巴蜀，繪《松蔭高士圖》以贈，並跋云：『立夫爲予治印十數方，直追元人，明秀當令文（彭）何（震）失色也！』其推許若此。新中國成立，中央政府及所屬各級機構印鑑製作需人，陳叔通先生受周恩來總理囑托，至滬物色，叔通先生擬請福老駕輕就熟北行作指導，福老轉薦立夫，謂已得衣鉢之傳，足以當之。立夫追隨福庵先生二十餘年，雖不忍遽别，然落葉歸根，並展其所長，乃重返京華，承恩師之舊業，至一九六八年始退休於五四一（印鈔）廠。

立夫晚年，刻印於福老藩籬之外，吸收漢印，及趙之謙、黄士陵等諸家韻趣，所作工穩精嚴，深於法度——白文用刀銛鋭雄峻，布白不使其滿，善於留紅；朱文結體疏朗，意態生動，秀而不媚。周汝昌先生序其譜，有『肯以秀麗工整爲晚世頹風之砥柱者，不亦偉歟！』之語，甚具隻眼。立夫先生嘗言：『刻印之道，在於能學敢變。不師古人，不足以言刻；泥守古人成法，亦步亦趨亦不足以言印；能入能出，有常有變，方爲大家。丁敬身、鄧完白、趙之謙、吴讓之、黄牧甫、吴昌碩、齊白石……諸先輩，能别出新意，自成一家，蓋皆善於運用此法理者也。』所論極是。一九七七年夏輯自刻印稿成，曾題句云：『廿歲學篆刻，倏忽五十春。略識許鄭書，赧然成印人。金石長不朽，創新宜承先。退休多歲月，身小不應閒。偶然揮鐵筆，積稿彙斯篇。聊以自怡悦，無意爲流傳。』一九八五年，榮寶齋爲刊《頓立夫治印》一册，瞬即售罄，是年復有《頓立夫治印續集》印行。其書以玉筯篆見長，亦出福老，略擬漢金文，圓轉中有長短參差之趣，榮寶齋有《頓立夫篆書唐詩六十首》出版。晚歲藝名益著，中央新聞電影製片廠曾攝紀録片，作品亦多次送日展出。爲西泠印社社員、中國書法家協會會員、書協北京分會理事、日本深邃印社特別會員。

余與立夫先生之同門多有往還，於其艱苦力學，至老謙抑自持，不改勞動人民本色，深至佩仰。先生有『志在温飽』、『守身爲大』、『廖先鋒』、『人到無求品自高』、『野性平生唯愛月』等印，似可覘其性情之一斑。一九八二年，承先生賜印二方，惜未及面謝即聞噩耗，不禁愴然！唯其生日，一九九五年榮寶齋馮鵬生先生經數次查實後函覆茅子良社兄處方獲確實，亦愴然中之彌補耶！

（一九八八年三月二十八日，後作增補）

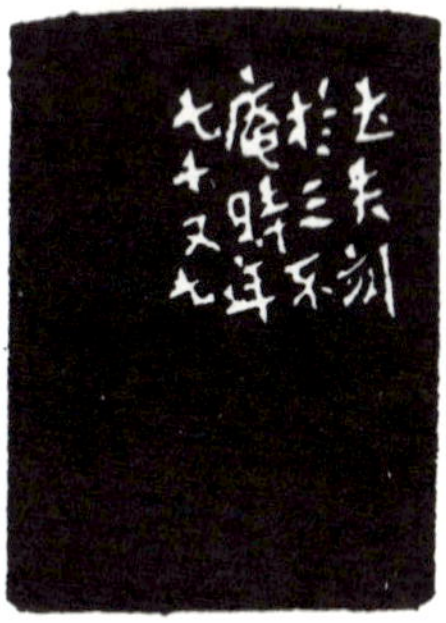

馬國權所集歷代章草　雕蟲小技追秦相　篆刻生涯六十年　何必見千里自然有遠心　取濃（法）乎上　短長肥瘦各有態

一一六 余任天

余任天（一九〇八·十一·二十九——一九八四·三·二），字天廬，號歸漢室主，别署憤盦。所居曰任自然室、歸漢室。浙江諸暨浬浦鎮人。

父名祖圭，設塾授徒，復佃田躬耕爲業，知醫，偶亦作畫治印。天廬先生幼嗜繪畫，得民間畫家指點，十七歲已以畫名鄉里。一九二四年就學浙江美術專門學校及浙江藝術專門學校，欲於藝事有所展布，旋以經濟不支，僅兩年半即輟學回鄉。不久父死，任小學教師以維家計，凡十餘載。間亦赴鄰地鬻畫。抗戰爆發，違難永康。潘天壽、吴茀之諸先生亦隨國立藝專内遷至永康，先生遂得與請益，論藝談文，交游甚密。抗戰勝利後定居杭州，先後任職省立西湖博物館及省立杭州民衆教育館。一九四九年十一月，先生於西子湖畔自設『余任天金石書畫工作室』鬻藝，四方游客，頗以得其一書一畫一印爲幸，恒爲此辛勞至通宵達旦。潘天壽先生贈以聯云：『蝸牛入席問奇字，鴻雁窺人識夜燈。』概紀實也。一九五九年有司陳冰先生賞其才，聘之爲中國美術家協會浙江分會專業國畫創作員，時年方逾五十。生活較前安定，藝術造詣亦漸進佳境，創作至勤。無何，十年動亂遽起，工資遭停發，生活陷入困境。初賴女兒接濟，不久女兒亦受迫害而無援，兩兒又遠遣東北務農。貧病交迫，眼疾發作，雙目近盲，然猶賴放大鏡勉强作畫、寫字不輟。宣紙無力購買，則以粗紙充之。十年間，作畫二千餘紙，字三千餘幀，可謂多產。其日復一日、層復一層用以練筆之十餘長卷，墨痕已凸出紙面之上。眼科專家夏閩賢謂先生視力僅爲〇・〇一，以國際標準言之，已入盲人之列。撥亂反正後，各部門團體紛授與各種名銜，然始終淡泊自持，安貧樂道，曾有詩自況：『一藝功成豈偶然，人功天賦兩相連。還須滋養源頭水，寂寞樓居四十年。』劉海粟大師在《西泠藝報》曾撰《余任天留給我的印象》一文，盛稱其風骨，談及劉老一次托人求其畫，先生婉却云：『草野之作，不登大雅之堂。』欲與相晤，先生亦以『草野之人，不慣應酬』婉辭。其耻於趨奉如此。

先生早年作畫喜擬費曉樓人物，繼學陳老蓮、任伯年；山水習王石谷。後好石濤、八大，畫風由繁趨簡。四十三歲後專攻山水，間作花卉。五十後純以造化爲師，用筆圓渾，用墨厚重，於前人雅近石濤及黄賓虹，但自闢蹊徑，綿邈蒼厚，誠如潘天壽先生所評：『格高思逸，奇氣鬱盤，書味躍然於紙外。』嘗記個人心得爲《天廬畫談》。其書初學顔平原，中年好陳老蓮，患眼疾後專習草書，對張旭、懷素皆有深究，氣勢磅礴，不雕不飾，如流水行雲，起伏變化，莫可端倪。書風丕變，畫亦隨之。其治印也，早年純師漢印，四十歲拜鄧散木爲師，時以所作印蜕寄上海評閲。五十年代後期，自出機杼，以古隸入印，於印中較多之斜筆，能巧妙處理，求圓於方，方圓結合，故能剛健兼以婀娜。先生曾在一九五五年創作自用印『余任天』一印跋中云：『畫家有潑墨惜墨，治印亦應潑朱惜朱，此印其庶幾乎？』以畫理闡印理，可稱獨有見地。先生曾得一『嘉』字古磚，有詩賦之：『一字紀元古莫證，磚文細審非殘臏。老夫磨墨細思量，物貴無雙宜獨勝。』力主『獨勝』之妙。又於《漢三老碑》拓本題句：『古碑妙拓墨烟濃，書出篆神簡拙工。治印分明師法在，何須辛苦守方銅。』可見其以分隸入印之源。又有論印詩云：『書到工時印自工，吴（昌碩）齊（白石）《獵碣》與《三公》（《三公山碑》）。忸怩齲笑君不取，意在精神颯爽中。』其治印藝術之主張，於茲略窺一二。潘天壽先生以書畫印馳譽藝壇，用印泰半皆倩天廬先生鐫刻，曾於一九四八年三月二十六日《東南日報》撰文曰：『余君善畫，復精篆刻，擅書法，工吟詠。經師子淵云：「藝術不在絶而在通；不限書畫詩三絶，應加金石爲四通。」畫通於書、通於詩，而金石實爲其骨幹。君鍥而不舍，庶幾兼之。』天廬之詩，蘊藉自然，頗能見其懷抱。以詩書畫印皆能，人遂尊之爲『四通名家』。晚歲欣逢盛世，欲於藝事再作變法，然困頓一生，疲弱已極，曾三次進院急救，卒溘然辭世，沙孟海先生撰聯哀挽：『卌年論交道，四絶壓羣倫。』『四絶壓羣倫』一句，堪稱天廬先生藝事之總括矣。歸葬玉皇山麓南山公墓，與知友黄賓虹、張宗祥、陸維釗等先生之墓相鄰，胡厥文先生爲書碑表。有子曰成，能傳其學。

（一九八六年九月二十五日）

家在浣谿　歸漢室主　彊其骨　潘天壽印　台州寧海人　大頤壽者　雁蕩歸後

一一七　余仲嘉

余仲嘉（一九〇八——一九四一），原名衍猷，以字行，號默尊者。爲名士余楚帆先生幼子。廣東南海人。生而聾瘖，然聰慧好學，其父授以許氏《説文》，雖不能誦，唯默志不忘，用心專一，遂通文字。於二篆八分，俱感興趣，臨摹染翰，悉中法度。韶齡嬉戲，即喜捉刀鎸印。父執見而悦之，皆樂爲指授，而文字、書法、治印，實得於鄧爾雅先生之諄諄啓迪爲多也。偶亦涉筆爲畫。稍長游藝滬濱，嘗晋謁吴缶翁請益。適遇嘉興刻竹名手張氏昆仲，張氏愛其穎悟，且具根底，又憫其病啞，遂細意指點，授以要竅。褚德彝又貽以西厓刻竹影本，並以深刻之法爲告，是以所詣益精。鄧爾雅稱其『最精刻竹、秘閣、筆筒，凡竹之屬，入手輒和，瑩潤如玉，款識釿鍔，得衷合度，留青花卉，尤美絶倫。聚頭摺疊，摺扇子柄，其細緻者，費時半月，乃至一月，始成一事，潤金百鎰』，並以『遂入神品，故能直追明清前輩』譽之。褚德彝《竹人續録》亦記其藝事。近世粤人刻竹之馳譽南北者，仲嘉其佼佼者矣。一度懸例鬻藝於海上，求者踵接。

至其治印，褚德彝評之云：『專學黄穆父，得其神似，堅卓老成，不尚修飾。』頗得其要。鄧爾雅《緑綺園詩集》有《題余仲嘉印稿》二首：『名在竹人傳，印宗完白山。眼學入三昧，笑而心自開。』『良工苦用心，心畫精如許。此意我能言，媿作爾馨語。』穆父皖人，故謂『印宗完白山』也。

仲嘉身雖殘障，然莊敬自强，究藝鍥而不舍，鬻藝生涯，殊不寂莫。及太平洋戰事發生，避地香島，目睹羶塵，心境抑鬱，遂一病不起，得年三十四耳。

仲嘉夫人，幼患喉疾，與有同病，以兄嫂之介，結成良匹。爾雅先生集陶潛《閒情賦》、曹植《洛神賦》爲聯賀之：『願在竹而爲扇，託微波以通辭。』妙語偶得，仲嘉甚喜之，方家過訪，恒咿啞指壁間楹帖爲介，一時傳爲佳話。

（一九九五年十二月一日）

亦東翰墨　仲嘉之章　容安居士　金石刻畫臣能爲　祖明入蜀後作　鈁齋主人

一一八　童雪鴻

童雪鴻（一九〇九——一九六六），原名鴻彦，字卍庵，亦作萬安，號印隱、印癖，别署百筆齋主、拜石齋主、讀印齋主。安徽巢縣亞文山下童家村人。

少時讀書私塾及蕪湖粹文中學，及長，以性之所好，赴滬就讀於上海美術專科學校，後因北伐戰争影響，停學一年，及復學，入新華藝術大學。藝大既畢業，歸皖任中學美術教席，餘力研求書畫篆刻，樂此不疲。抗日戰争起，流亡長沙，任教湖南國立第八中學，凡五年；輾轉入川，先後執教於四川戰區進修班及四川國立九中。勝利東還，主安徽省立女中、巢縣中學、合肥一中、二中美術課凡十一載。一九五七年調任安徽省藝術學校教師，藝校後升格爲安徽藝術學院，被舉爲美術系副主任。雪鴻從事藝術研究及藝術教育垂四十年，朝斯夕斯，廢寢忘食。

書法受教於馬公愚先生，亦曾請益於沈尹默先生，由北碑入手，浸淫《張遷》、《史晨》、《禮器》諸碑，尤長於古籀。一九六五年中國赴日書法展覽，雪鴻所書『金沙水拍雲崖暖，大渡橋横鐵索寒』篆聯，頗受彼邦人士贊許。繪畫師事於鄭曼青、王東培諸先生，復得張大千、徐悲鴻大師指點，取法徐青藤、陳白陽及揚州八家，喜以篆筆入畫，所繪梅菊、墨蟹、佛像等，均爲時所稱。所作秋菊於一九五六年參加全國國畫展覽，並獲選展波蘭、蘇聯，于非闇先生撰文予以推介。篆刻初取徑皖派，在新華藝大時，得馬公愚先生之教，上溯古代璽印，博涉明清以至近代諸名家，尤於鄧石如、黄士陵兩家有深契，古秀蒼横，而立之年，已爲老輩所推重，先後輯所作爲《雪鴻印存》五集，黄賓虹、王福庵、張大千等名公皆樂爲題署。鄭曼青先生謂其印：『篆不忘刻，刻不忘篆，則篆刻之形神不離，書法與刀法合一，日就月將，則無所謂篆、無所謂刻，而篆刻與心手若俱忘，庶可入秦漢人之室。』餘事作竹刻，能傳書畫名作之神於篁骨之中。又曾刻丈餘觀音大士像於石板，見者無不嘆爲絶藝。

雪鴻治藝至勤，家中洗臉架前，恒懸碑帖其上，即洗臉時之片刻，亦不放過讀帖機會。流亡湖南之際，日機常轟炸騒擾，警報一響，輒携小鏟於竹林，蓋當時治印石材奇缺，竹根聊可充之也。平素生活簡約，然於藝術資料之搜集則大異。六十年代初之某日，有阜陽來客携漢印一盒求售，雪鴻欣喜若狂，夫人方春暉女士下班歸，告曰：『我家大喜至矣！』即邀共賞珍物，然絀於資，遂變賣縫紉機、家具，得漢印三十餘方，其豪若此。

十年動亂之難作，雪鴻以素負時名，並膺省政協委員、省人民代表等職，是以衝擊飽嘗，卒不幸被迫害致死。時其藝正向蒼老雄渾之境大變，惜哉惜哉！粉碎『四人幫』後，皖省隆重爲昭雪平反，展覽遺作，林散之先生題其《百菊圖》云：『倉皇歲月念遲遲，死别生離又幾時？忍淚看他遺墨裏，黄花猶帶傲霜枝。』『傲霜』兩字，可謂得雪鴻風骨矣。

（一九八五年八月二十四日）

勇猛精進　自彊不息　雪鴻印信　活潑　東岳犢子　印隱造象刻經　學書須學衛夫人

一一九　馮建吴

馮建吴（一九一〇·三·二十五——一九八九·二·六），字太虞，亦單字曰游。藝爲國用，心境愉悦，因以『蔗境堂』名其居。四川仁壽人。祖若父皆擅文事，外祖王國楨爲川中名書家。六歲入塾就讀，年十六赴成都，問學於宿儒方鶴齋、劉豫波。弱冠游學上海，入昌明藝術專科學校攻讀。此校爲吴昌碩先生門人親好興辦，旨在宏揚昌老藝業，王一亭、王个簃、諸聞韻、諸樂三、潘天壽及馮君木、任堇叔諸先生皆親臨授課。建吴先生於此深受教益，詩、書、畫、印，均奠下堅實基礎。學成回川，與友人合創東方美術專門學校，先後擔任國畫系主任、校長，編刊《太陽在東方》美術刊物。並在成都開設浣花草堂書畫社、蓉社，在重慶組辦國光書畫社，廣事開拓。胞弟石魯（原名馮亞珩）受其影響亦習畫，曾在東方美專學習，後赴延安，畫風丕變，蔚成大家。

五十年代初，先生嘗赴陝西任《西北畫報》編輯。後返蜀，任四川美術學院教授，主國畫、書法、篆刻、詩詞等課，辛勤教學。課餘恒背畫囊，置身於峨眉、三峽、華山諸勝間，捕捉其奇峰絶壁、煙雲變幻之妙，盡歸粉本。故所繪《蜀江春曉》、《三峽清秋》、《蒼山洱海圖》、《可以横絶峨眉巔》、《三峽星河影動摇》、《青雲頌》、《梅石圖》等作，展陳國内外，皆馳譽一時。一九七九年夏爲紐約聯合國總部中國廳作《峨眉天下秀》巨幛，尤令國際人士稱賞不置。並著有《馮建吴畫册》、《山水畫基礎知識》。聲譽既隆，公職遂紛然而至，除在學院肩負碩士研究生導師外，復膺成都畫院顧問、重慶國畫院副院長、四川詩書畫院副院長、美協四川分會理事、中國書法家協會理事、書協四川分會副主席、重慶書協副主席，及四川政協常委、西泠印社社員。

書法兼擅數體，俱筆力雄强，洋溢陽剛之氣，其中以甲骨、篆書最勝，隸亦樸茂可觀。所作行書，恒喜雜『隸古定』體，一偏旁若篆，而另一偏旁則以行草配之，仿佛鄭板橋之『六分半書』，能渾然無跡固佳，然賢如板橋，亦不免湊拼之誚也。

先生早有『吴門再傳弟子』之譽，余以爲篆刻之藝，最足當之。其篆筆勢厚重流動，章法嚴謹靈活，用刀華樸相生，多出於缶翁，而兼之以西京碑碣、磚瓦諸趣，風致自具，古拙深穩，刀筆相融。曩時游滬，王个簃師談其印弟子，往往馮建吴、劉伯年兩人並舉，推重可知矣。遺詩有論印六絶句云：《歙派》：『文彭載譽歸山後，印圃應尊垢道人。力矯時風指迷路，澀刀擬漢自傳神。』《浙派》：『印林稱盛乾嘉際，丁蔣奚黄各展才。樹立西泠開浙派，渾如南嶽響驚雷。』《鄧派》：『懷寧鄧琰稱書聖，書印相參證上乘。鼎足三分徽浙席，出藍弟子在儀徵（鄧完白弟子吴讓之，儀徵人）。』《趙之謙》：『闢得畦町不落世，悲庵治印有新姿。融通金石文辭字，事盡其能力不支。』《吴昌碩》：『道廣基深堂廡闊，缶翁造詣邁前賢。老來通會開奇境，有似鵬搏萬里天。』《齊白石》：『不朽班門餓飯翁，别開生面奪天工。漫云粗獷爲疵病，氣魄能擠太華雄。』足窺其印學思想。

（一九九七年十二月十二日）

馮建吳年七十以後所作書畫印　金石可鏤　老還童學不厭

一二〇　陳夷同

陳夷同（一九一〇·十二·二十五——一九四〇·九·一），原名照，字暘若，又字明于。浙江平湖人。爲陳巨來胞弟，行三。少嗜讀書，爲人惇謹，恒落落寡合。學爲小令，名詞人況蕙風許爲詞才，高野侯先生亦稱之。兼擅彈詞開篇。書法喜爲章草，並有韻趣。年二十四五，以葉恭綽先生之薦，任職滬杭甬鐵路局文書課，與秦瘦鷗、魏塘、沈禹鐘同事，交至相得。沈禹鐘爲南社詩人，得其熏陶，吟詠益進。乃兄巨來以鬻印名於時，日必奏刀以應請索，暘若輒依依几案間，揮之不去，似有所契者。二十八歲之某日，巨來予一石試之，爲仿漢朱文『樊紹印信』一印。刻成若有夙蓄，頗饒凝重古拙之意。巨來乃盡取家藏古銅及諸家印譜用供臨習，以性之所近，所作多草率以見天趣，曾將印蛻呈諸趙叔孺、高野侯、王福庵老輩品評，咸加贊賞，以爲他日藝成，巨來亦難爲其兄矣。巨來以工巧雅麗見長，而暘若則渾樸蒼雋，兄弟風格迥異。曩年吴幼潛輯《現代篆刻第一集》，其中《陳明于印存》所刊十二印，可見風致一斑。陳蒙安（運彰）嗜其印，先後求刻近五十方，高野侯得四五方，自用印及應其他友好之索各作數方，治此未及三載，鎸印不足百方，遽以肺疾卒，未能竟其所詣，惜哉。殁後，巨來向蒙安、野侯兩老鈐其刻印四十八方，編成一册，巨來及沈禹鐘均有序。巨來復集陳後山詩五絶二首題之：『險絶天與力，成家託弟昆。捐世不待老，一變歸九原。』『緣有三年盡，功收一日長。更堪悲手足，未許細商量。」一九八二年巨來之《安持精舍印冣》印成，暘若之《夷同印存》由謝稚柳先生爲題「陳暘若遺印」署簽，即附刊於其後。暘若有女貞馥，從謝稚柳、陳佩秋伉儷習花鳥，頗得師承，今任上海人民美術出版社編輯，一門風雅，足繼其先矣。

（一九八四年四月八日）

陳彰（四靈印）　大利蒙安　陳彰印信　周翁孺印　君謨長壽　梅王閣

一二一　曾紹杰

曾紹杰（一九一一·八·八——一九八八·一·十九），别署紹公、紹翁，又號萬石君；所居曰昆吾室，又曰萬石堂。湖南湘鄉人。

祖名澄侯，爲曾國藩五弟。幼長書香之家，髫齡即課讀經史。十歲習篆書，初學吴窓齋，繼法趙無悶、黄牧甫。年十四，取家藏顧氏《小石山房印譜》以朱墨摹寫，偶亦操刀試作小印。十九歲赴南京就學上庠，主修會計，課餘喜流連書肆，以購藏碑帖印譜爲樂，奏刀所趨，首重漢鑄之整飭渾雅者。年廿七避寇重慶，賃廡適與喬大壯先生毗鄰，喬公藏牧甫印譜頗富，且精究其藝，閒即往訪，請益無虚日，由是境界頓開，篤志循牧甫而上窺周秦古璽，欲以金文之奇肆，冀活漢印之平穩。三十五歲後，兼好隋唐宋元官印。此一歷史時期，印史家皆謂印章之衰落期，文字多非出學人之手，然隋唐時有樸拙之製，宋則筆畫喜牽連交織，佳者另有一種美感，紹翁擬之，奇趣疊呈，披沙揀金，非具膽識不可也。渡臺後供職電力公司，先後任儲運處長、會計處長及董事會主任秘書，以迄退休。公餘兼任中國文化大學美術系及華岡藝術研究所教授，主講金石學及書法篆刻等課程，化雨春風，成才甚衆，直至逝世前一年始卸教職。

紹翁印作，先後輯成《曾紹杰印存》一册、《曾紹杰篆刻選輯》二册，及《曾紹杰篆刻選輯》一册等三譜，印路廣闊，上擬古璽、漢之鑄鑿，中則唐宋官印、元朱，而迄於黄牧甫、喬大壯等諸家，皆精嚴淵雅，深得其奥，構稿之周密，並世罕有其儔，只用刀過於謹細，而其高深境界，能聚萬變於毫釐之間，允堪名世。

篆刻選輯自序云：『夫篆刻小技，蓋亦有道，必也究於篆法，審於布局，嫻於運刀焉。甲骨金文，數以萬計，秦漢晋唐碑刻，以及明清篆書名迹，亦數百種，體式不同，必須擇其著者，次第臨摹，得心應手，自然融會。許氏作《説文解字》，小篆大備，指事、象形、形聲、會意、轉注、假借，各有本源，必須明其義理，方可免於謬誤。繆篆、九疊專用於摹印，增減挪讓，屈曲填密，亦有定律，不能任意損益，此皆學者之不可不究也。印之布局，亦即章法字體之抉擇，行款之分配，應先有成竹在胸。欲臻其妙，必以古印爲準繩。周秦古璽，漢晋鑄刻，流傳海内外者，不下三萬，常見於譜録者，數亦累萬，奇詭變化，氣象萬千，涵濡既久，殆猶六轡在手，而能運用於一心者也。明清之世，名家輩出，流派以興，面貌攸別，短長互見，學者如囿於一家，恒窮年而不能自拔，必也轉益多師矣。至印質形式大小之殊，印文多寡，筆畫繁簡之異，皆足以影響章法之變化，每差之毫釐，而謬以千里，如何能首尾相應，奇正相生，遵修舊文而不穿鑿，成爲雅馴新奇之結構，此亦學者之不可不知也。章法既妥，乃至運刀。刀之於印，猶筆之於書，毫之剛柔、長短，所示於紙者不同，刃之厚薄、大小，所及於印者亦異。黄牧父之嫻於薄刃，齊白石之習用大刀，均以鋒刃表現其獨特性格也。至於刀法，王禹航《治印雜説》言之詳矣。去住浮沉，宛轉高下，各有定則，而大别之則爲切刀與衝刀，如何能縱横合度，裁頓得法，則在學者之慎於擇刃，而嫻於運刀焉。』所論至確，足爲典要。

爲便後學取法，紹翁曾輯印《喬大壯印蜕》、王福庵《麋研齋印存》、陳巨來《增訂安持精舍印存》、《增選黄牧甫印存》等四譜行世，不獨選材雅正，印刷精良，其用心處亦可由此而窺之，磊落胸懷，令人感佩。李猷先生《己未雜詩》所云之：『耕耘三十年，大布印人風。刊譜數十卷，牖學開顓蒙。示人以規範，要令得正中。』即推崇其播種精神。直至晚歲仍不憚辛勞，從臺灣及美國加州公私五十五種藏譜中，擷拔古印萬餘鈕，分二十二類，纂成《璽印精選》，誠如紹翁自序所云：『於是自周秦以迄元明，凡有譜可稽者，皆抉其精英，釐然在目，其齊備與精確，頗自詡爲從來所未有。』煌煌巨製，可謂集璽印之大成矣。

凡精篆刻者無不擅書，紹翁亦然，早有《曾紹杰四體書選輯》行世。對書法之推廣，其努力與成就並不亞於篆刻。聞逝世當日，適美術館邀請參加全省學生書法展之評審工作，時值嚴寒，夫人勸其不宜涉勞，然先生執意前往，歸途病發，搶救無效，遽爾辭世。對藝事之鞠躬盡瘁如此。

（一九九四年一月二十一日）

草聖祕難得

容與書林

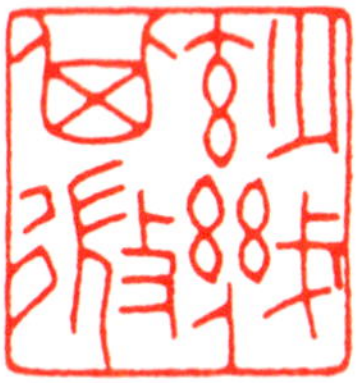
妙機其微

直造古人不到處

泉（錢）唐傅氏之鉢

老董風流尚可攀

天機清妙

西川張爰

一二二一　張祥凝

張祥凝（一九一一——一九五八），號作齋居士。室號曲江池館。曾藏漢永建三年（一二八）之『項伯庶鍾』，此爲南海金石重器，因顔所居曰項鍾廬。廣東番禺之横沙鄉人。

其家本小康，爲側室所出，七歲喪父，遂中落，其母節衣縮食供其就學，作齋亦曲順母意，人稱孝子。少嗜藝術，曾入廣州市立美術學校習國畫，未卒業，轉廣州大學中文系攻讀。時劉體智、吕化松、童鼎等，以攝影雄霸羊城，作齋見獵心喜，用國畫手法處理風景構圖，别出途轍，衆皆稱善，與劉、吕、童等諸氏，同譽爲影壇高手。其於畫專事山水，喜黄公望、董香光、王石谷諸家法，尤醉心王孟端，心追手摹，筆蒼意淡，可謂善學。曾加入廣州國畫研究會，時得盧子樞先生之濡染啓迪，畫益空靈超脱，即書法亦同師董氏也。嘗與李研山、鄧芬合組天池畫社，吾粤以山水名家者，作齋蓋其佼佼者之一。

其治印蓋出偶然。吾師趙少昂先生早歲致力繪事之餘，一度曾廣購印譜、刀石之屬，欲偶揮鐵筆以遣興。昂翁以革新國畫爲務，作齋則一意尊古，三十年代廣東畫壇正開展新舊畫派理論之争，然兩人互相尊重，交情至篤。作齋爲趙府常客，見譜具皆備，遂率爾試爲奏刀，竟得彷彿，喜甚。旋獲劉留庵先生從姪玉林之介，晋謁鄧爾雅先生。鄧老精六書，深究牧甫印藝，爲嶺南一代印宗，作齋頻往請益，復遍搜牧甫印蜕以供取法，習之逾年，盡得牧甫印作銛鋭挺勁、光潔妍美之趣，即邊款亦迫肖之。聞日寇陷粤，迫於生計，曾仿牧甫印百數十方，以濟要厄，非深通此道者，莫能辨也。又在趙師處得見高劍父、高奇峰兩先生畫作用印悉出徐星州手，愛其古茂渾樸，試師其法，亦神采奕然。余尤喜其擬先秦古璽，錯落自然，離合有序，愈小愈見其精審。偶法《天發神讖碑》，亦無不得其妙趣。朱子範教授曾論其印云：『初由黟陵入手，爛熟之後，乃上窺秦漢鑄印，溯流及於丁敬身、鄧頑伯，旁出西泠七家，泛濫浙宗，而探討於曼生，用筆廉悍，奏刀砉然，不支離、不怪誕、不妄作、不矜奇，必使刀有餘妍，篆有根據，句斟字酌，古趣盎然。』所評固非過譽，然謂泛濫浙宗，則似未當。

憶戊子（一九四八）初冬，余居廣州，一日往文德路書肆瀏覽，途經黄般若先生主持之友石齋，正擬駐足觀賞所陳，時作齋適携二十餘紙山水畫幅置於裱畫枱上，與般若先生共話，余入内寒暄畢，作齋謂余曰：『此余計劃在文獻館展覽之作品也，皆未題識，君若喜之，歡迎選藏，當爲遵囑書款。一紙港幣十金。』既承相邀，余選三幅，約日再取。一爲水墨《水溪圖》，二爲淺絳山水；一有稍大人物者，作齋爲題七絶，首句今已無從記憶，餘爲：『硯池新浴墨生光。北窗時有涼風至，搨得黄庭一兩章。』余最愛此幀，惜已失諸紅羊之劫。余未嘗求其印，惟於冷攤得其爲張君華所鎸數方，皆經意之作。辛卯（一九五一）春，朱子範、吴肇鍾兩先生爲作齋設書畫展於香江，蓋戊子欲辦未成，自是始償宿願者。時訂有潤例，凡選藏畫一幀者，皆賸刻印一方，二美俱備，生面别開，識者多樂與結翰墨金石之緣。後惜爲阿芙蓉所害，遽以病殞，年僅四十有八。苟天假以年，並去其不良之嗜，則藝事之精進，安可限量耶？

（一九九五年十二月二十二日）

審定　容庚　頌齋　賓公

一一三　柴子英

柴子英（一九一二·一——一九八九·十一·二），别署之隱、之穎、穎之。祖籍浙江慈谿，寓居上海。四十年代，上海吉祥寺曾有周日文藝講座之設，鄧散木、唐雲、白蕉、施叔亮、若瓢、沈禹鐘等著名書畫篆刻家、詩人，皆爲主持人。好斯道者，每據所嗜，在參與中尋覓良師，而深究於一藝。子英先生初研篆刻，即在吉祥寺中拜師於鄧散老，門徑既得，以有考證癖，遂專志於印史之研求。望雲草堂主人張魯盦先生以收藏印譜、印學書籍、古印及明清流派印富甲海内，其家不啻印學圖書館與博物館。魯盦先生雖費重金得此，然不自秘，樂與同好分享。子英先生十餘年間爲常客，明清諸家譜録假讀殆遍，皆詳爲札記。曾爲余言，筆録積至近三十册，墨筆、鋼筆抄半。又好審察名家舊刻刀法款識，用資辨僞。故其於印，疏於奏刀，而勤於明清印家行誼與印作真僞之考證，印苑中之史才也。

一九六二年秋，秦康祥先生、子英先生，與韓登安先生共叙杭州。論藝之頃，咸謂葉著《廣印人傳》疏漏舛誤繁多，亟宜重行纂輯。秦推柴主明清印人，韓主近代，己則負綜合之責，名曰《印人彙傳》。子英先生性素急，回滬即搜羅葉氏所據底本細加覆核，又廣求他書校訂補充。皆據原書删節，不自增字，力存其真。一九六五年稿成，明清印人數逾三千。稿存秦康祥家，十年動亂，早付灰劫矣。

西泠印社六十周年大慶，印社舉辦歷代金石家書畫篆刻展，子英先生應邀參與印章、印譜徵集選陳工作。其間獲與沙孟海前輩晤談論學。沙老對其縱談印人故實，如數家珍，及所記明清印人年輩生卒考録之細密詳審，深爲賞識。沙老素愛才，及長社務，即邀之入社，又囑其將舊作擴充改寫作《印學年表》，以備印社八十周年大會學術討論之需，且謂甲骨文雖復出，然已有年表之製，印學奚可缺耶？子英先生不負所期，經月餘努力即繳卷。此表起宋皇祐三年（一〇五一），而迄於歲次一九八三，前後歷九百餘載，凡七萬許字，若綱在綱，有條不紊，印學之有年表，此爲嚆矢。

余識先生於印社八十周年大會。時方綜《書譜》雙月刊暨《大公報·藝林》周刊編事，需稿孔多。幾年間蒙惠稿二十六篇，其中爲《藝林》撰《讀〈廣印人傳〉札記》二十篇，考述印人逾三十人。論文有《楊文驄遺印及作者倪長犀考》、《從陳曼生二印談到〈七家印跋〉》、《篆刻前驅何震》。爲《書譜》撰文四篇：《『衹中』考》、《文彭『琴罷倚松玩鶴』印試論》、《鄧石如史事遺印掇存》、《周亮工與〈印人傳〉及其版本問題》。皆闡幽發微之佳構。《讀〈廣印人傳〉札記》者，實即《廣印人傳》補訂匡謬之作。印人温純，葉氏誤作萬曆丁未年（一六〇七）卒，實生於乾隆廿九年（一七六四），卒於嘉慶十九年（一八一四）。又鍾權，葉氏云：『蚤歲獲交陳曼生，故刻印一宗浙派。』考鍾權生於嘉慶廿三年（一八一八），而陳曼生之生、卒年爲一七六八、一八二二，曼生卒時鍾權僅五歲，謂爲師事，似難置信。至糾正誤解、破讀，其例尤多。如高元眉傳，『文學』本秀才之美稱，非名，葉氏誤標其名爲『高文學』。朱璋亦秀才，葉亦以『朱文學』稱其名。此誤解之例也。葉讀《今世説·巧藝》篇有『毛大可善歌，沈康臣吹洞簫和之』語，注云『沈工書法』，遂破讀『沈工』爲姓名。此與陳軺傳引《雲莊印話》『更有陳樸生孝廉，治經之暇，亦復爲之』而誤標『治經』爲名，蓋同類訛悖。增益例衆，從略。真葉書之功臣也。其論何震、周亮工與《印人傳》、鄧石如史事遺印等三文，俱印學重要課題，資料富贍，鞭辟入裏，允爲不刊之論。至析文彭『琴罷倚松玩鶴』印，及陳曼生『傳語平安』、『鬧紅一舸』兩印之爲贋鼎，前者從邊跋所述人與事、刻法時尚細加考索；後者則由《七家印跋》之僞托，與都靈坑石盛出時代等合觀，剖析入微，確令人折服。近世研印史者，羅福頤先生固以邃精古璽印獨步，而言明清印事，則柴翁自各擅勝場也。

柴翁又曾爲篆刻辭典撰寫印人條目四萬餘言，頗精審。稿爲資方梁某索去，命途料與《印人彙傳》相若，不禁感慨繫之！

（一九九六年三月十五日）

桃花潭水深千尺　午夜一鐙曉窗萬字

一二四　劉博琴

劉博琴（一九一二——一九八四·九·五），名秉璋，字少博，號竹翁。北京大興縣豐臺人。所居曰鴻爪留痕館。

其先祖劉銓福爲金石名家，與趙之謙相友善，庋藏頗富。博琴以家庭熏染，幼年即嗜書法篆刻及金石文字之學，曾追隨叔父士彦問學多年，後家道中落，遂以書法篆刻二藝營生。書法涉獵頗廣，於甲骨、金文、漢魏碑版、行草均曾致力，亦講求擘窠大字之萬毫齊力、氣勢沉雄，久爲書學家吴稚鶴先生所稱許。作品多次被選送日本展出，深獲佳評。自謂諸體中以金文最具自信，能以古籀作時文，不失古意。余數捧來箋，草法皆雅醇可愛，求之當世，亦殊不易得也。一九五六年，書法界前輩陳雲誥、葉恭綽、溥雪齋等籌組北京中國書法研究社，藉以振興中華傳統藝術，竹翁積極參與其事，並承擔北京師範學院、少年宫等處書法課多年，培育書法新苗，不遺餘力。一九六四年，中央電視台又組織竹翁與鄭誦先、康伯藩、蕭瓊等舉辦電視書法講座，國内通過現代科技手段以開展書法教學者，尚屬首創。直至逝世前一年，仍有論歐書文章刊於《書法》雜志。

書刻之中，余尤喜其篆刻。自云初以皖浙爲師，進而入秦漢堂奥，中年力主運刀酣暢，以鄧石如法開拓氣格，舉凡宋元印式，以及丁（龍泓）、趙（之謙）、吴（昌碩）諸家法，無不得其神貌，並博采金文之跌宕，漢磚、封泥之蒼厚，結字巧妙，安排妥貼，啓功先生譽爲『兼擅衆長，而力剸犀兕』，比作畫家中之清暉主人王翬，可謂推崇備至。治石之外，並精鎸銅刻玉，歷年奏刀，數以萬計，而至老彌精，極爲難得。東鄰同好來游北京，慕名求印者往往應接不暇。日本刻字協會會長布施醉石率團至北京舉辦第一次日本刻字展時，中日篆刻家曾相聚交流，竹翁適安排與布施會長對刻，當布施會長手捧竹翁頃刻鎸成之『醉石』印時，除深致謝意，並謂中國同行藝術確勝一籌，應虚心向中國同行好好學習。其享譽如此。中國書法家協會成立，被選爲首届理事。七十年代末嘗致余函云：往時所作印蜕不自珍惜，近友人欲代余輯爲啓功教授、吕劍公、何涵宇畫師，及諸文藝家所製印，約可裒成四卷。一九八〇年，人民美術出版社爲《五人篆刻選》之輯，沈鵬先生撰序，五人皆北京名家，以竹翁爲之首，然至一九八七年始正式印行。據《書法報》載，竹翁逝世周年，中國書法家協會曾組織書畫家及竹翁之家屬、弟子等數十人舉行紀念座談會，對竹翁治藝精神及卓越成就深致推重，並謂其瓷刻藝術亦甚超脱，惜爲世人鮮知耳。

（一九九四年一月二十八日）

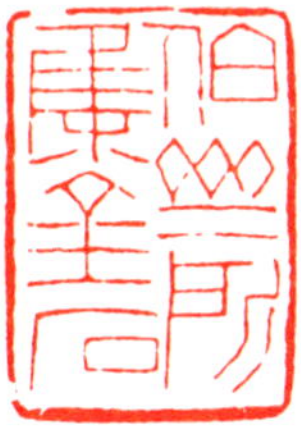
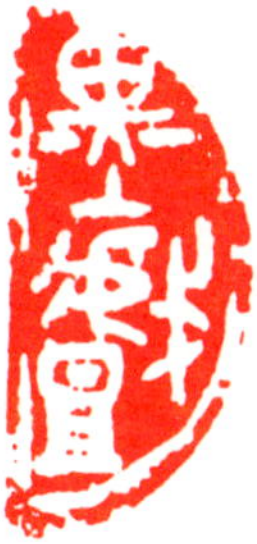

啓功之印　元白　鴻爪留痕館　勇猛精進　崇軾　林近印信　伯齊所集金石　墨戲

一二二五 蕭友于

蕭友于（一九一三·一·四——一九五五·四·二十七），原名劍銘，號夷廬，別署白鶴道人、中南山人。四川巴中縣人。

家素清貧，七歲父母雙亡，零丁孤苦，賴舅氏相助，始可啓蒙入學，並紹介入閬中石印舖當學徒，以工讀自給。工餘刻苦讀書，尤嗜於治印，弱冠藝已粗有所成。四川舊時連年軍閥混戰，民生凋敝，就業倍感困難，友于不得已踏上漂泊流浪之途，遍歷成都、重慶、合川、宜賓，及雲南昆明、河口、昭通等地，靠石印及刻字以餬口，備極流離顛沛。一九二六年於雲南河口得遇象牙微雕藝人吴西載，吴技藝精湛，且能書善畫，友于深佩之，乞爲徒。時吴年高體弱，又癖阿芙蓉，操作已感困難，友于恭謹侍之，並刻製印章、硯石、扇骨、筆筒等出售，以維持師徒兩人生活，吴感其誠，遂將其藝毫無保留授之。兩人鬻藝於昆明、河口、昭通之間者數載。迨吴病逝，友于方回成都，時已一九三四年。其尊師重道與治藝專精如此。一九三六年，齊白石應邀游川，友于以余中英之介，獲謁白石老人，並呈印作求教，懇列門墻，時老人已七十有三，本擬不再收徒，然嘉其行，復愛其才，破例允之。雖留川時間不長，然猶耐心授以篆法、章法、刀法等要竅，予隨身携帶印譜等資料臨摹學習，無何心悟手隨，得窺門徑，老人本欲使之偕行，再加培養，奈時局多艱，未克如願。瀕行，書留別詩贈之：『不生羽翼與身仇，相見時難别更愁。蜀道九千年八十，知君不再勸來游。』惜别依依，叮囑與蜀中同門印友余中英、姚石倩、羅祥止等共同切磋印藝。一九三九年日寇進逼西南，成都時受空襲，友于避地宜賓，賃居西門外農村，時中央研究院史語所亦徙遷其地，因獲交古文字學者董作賓先生，問字詰疑，如饑似渴，作賓先生喜其勤謹，遂假藏書讀之。友于如入寶山，從金、石、陶、簡、璽印、封泥中大量摹集文字，按《説文解字》體例編排，輯成《古文字彙集》巨帙，此作未見梓行，然三載餘涵泳其間，古籀之學猛晋，於其治印之選篆構形與分朱布白，得益不可以道里計也。

四十年代初，抗日戰争形勢愈形艱巨，而有司思想偏於消極，友于深感大敵當前，匹夫有責，遂以個人熟習之篆刻藝術，選鎸岳飛《滿江紅》詞及文天祥《正氣歌》愛國題材，鈐成印屏，倩名教授何魯題記，在西南數省廣爲贈發，欲借此激勵國人同心同德，抗日救國，拳拳之念，令人佩仰。馮玉祥將軍譽之爲『愛國印人』。附刊之『靖康耻猶未雪』、『待從頭收拾舊山河』兩巨印，即選自該印屏，奇肆峭勁，不愧悔烏堂入室弟子。一九六三年嚴一萍先生所著《篆刻入門》（臺灣藝文印書館出版），即誤此兩印爲白石老人所作。此兩印雖佳，然畢竟與齊作有間，余曾於《西泠藝叢》一九八三年第八期所刊《齊白石篆刻藝術略論》一文中質疑，旋接蕭氏門人周植桑先生自四川來書，並附原印邊跋照片以證余言，且縷述其師行誼頗詳，盛意至感，邊款紀年爲癸未九月，即一九四三年。時年僅三十一耳。白石老人離川回平後越年，即發生盧溝橋事變，彼此音訊因之斷絶，道路傳言，有謂老人已仙逝者，友于聞之慟哭，遂於每年農曆十一月廿二日老人生辰，備祭品朝北以拜，其虔誠若此。友于五十年代初始悉老人仍健在，及北上京華，欣然相晤，談及此事，老人笑而不答，立取印譜、畫幅贈之。亦藝林佳話也。

友于恪遵『學我者生，似我者死』師訓，不獨搜集老人據以自樹一幟之《天發神讖碑》、《三公山碑》及秦詔版等細加研習，復從《十鐘山房印舉》中選摹古印約二千方，不以僅得齊印皮相爲能事，老人題其新作云：『門人蕭友于丙子年始從予游。嗣來京華，見其所刻印，古今融化，冶爲一爐，删除一切窠臼……』當非溢美之辭。友于雖出身學徒，然經二三十年之苦學，不但能印，且於古籀、書畫、詩詞皆具相當素養，絶不宜以一般民間藝人視之。

其晚年，當局頗好尚象牙微雕，而友于所刻領袖像，《成都鳳凰山鄉合作社》、《工農聯盟》、《我國四大工廠》等，亦正配合政治宣傳所需，先後爲辦個展於北京、成都、重慶等地，報刊亦以《最使人驚嘆叫絶》爲題頌其所製，並獲舉爲四川省第一届文藝工作者代表大會代表、宜賓市政協委員，卒以積勞成疾，醫治無效，得年僅四十三歲，悲夫！能傳其印藝者，有周植桑、陳寄萍。辭世後之二十二年，家屬將其遺作及藏品三百一十四件獻諸公庫，印集《夷廬印存》與焉。

（一九九四年三月四日）

靖康耻猶未雪　待從頭收拾舊山河

一二二六　秦康祥

秦康祥（一九一四·五·二十二——一九六八·七·十八），譜名永聚，字彥沖，以字行。浙江鄞縣人。幼師事慈谿馮君木先生，得其陶冶，能詩文書畫，尤擅八分，復精鼓琴。及從褚德彝、趙叔孺兩先生游，遂癖嗜金石篆刻。以收藏名家竹刻、刻印等馳名海内。其齋名甚多，大抵皆與藏弆有關：曾得濮仲謙竹尊、朱松鄰竹佛，即名濮尊朱佛齋、竹佛龕；後得竹刻筆筒、扇骨、臂擱、擺件既豐且精，又名其居曰玩竹齋；既獲古名琴，又曰雷琴簃、四王琴齋；後見銅印、銅鏡、漢璧而集之，且善辨僞，乃名睿識閣；戊戌之歲，得蘭亭石刻兩面，喜而顔其居曰蘭亭石室、唐石室；動亂忽起，珍藏盡失，離故宅而移家陋室，則稱卧龍窟。

彥沖於印，其癖之深及致力之勤，堪與張魯盦先生相匹。首先爲廣事搜藏古璽印、名家印，並編拓成譜。所藏古璽印凡千餘方，精選爲《睿識閣古銅印譜》九卷、附一卷；又將所得花押印一百餘方，彙成《唐石齋花押印》四卷；所藏名家印凡二千餘方，摘其爲前人譜録所未收，而有史事或手迹可供參證者共二百家，每家取三至四印，成《睿識閣印譜》，此譜於印史研究關係甚大；復以自用印輯爲《濮尊朱佛齋印印》。爲他人集譜者有五種，即錢衡成之《古笏盧印譜》、吴澤之《各飛館印留》、喬曾劬之《喬大壯印蜕》、況周頤之《蕙風宧遺印》、易孺之《大庵印譜》等。次則爲彙集印人傳記資料。葉銘雖有《廣印人傳》之作，然倉促未備。一九三二年彥沖謁葉氏，葉以增補之事爲託。近時留心印人史迹者，柴子英先生着重明清印人行誼之考訂，糾誤正謬，獨具隻眼；韓登安先生則以關注並世印人爲多。一九六二年重陽，秦、柴、韓三先生歡晤西湖，以彼此志趣相同，遂商議盡出所知，由彥沖董理綜合，名曰《印人彙傳》，經數載纂輯，得三千許人。余嘗在高式熊兄處得見彥沖手稿部分，每傳皆三四十字，逾百字者極少。紅羊之劫，全稿已無可蹤迹矣。而《西泠印社志稿》之編印，彥沖獻力特勤；《西泠印社志稿・附編》，更屬彥沖手輯，且任印資。其熱心印學者類此。

彥沖爲印，自古璽、漢印、圓朱，及皖浙兩宗、石如、撝叔諸家，無不得其淵雅之致。餘事治竹，亦頗有可觀，就其所藏、或在友人處假得之竹刻扇骨、臂擱、筆筒、擺件等，拓而存之，凡得數十家，每家選十數件或數十件爲一卷，名曰《竹刻集拓》；又鈎稽史實軼聞，成《竹人三録》及《藏竹小記》，稿成正擬自資付印，與《印人彙傳》同遭劫難。彥沖於其鄉賢畫迹，亦考索靡遺，有《明州畫人傳》之作，存否不可問矣。臨終前數日，已沉疴緜惙，得至友高式熊之助，猶力疾刻五面印五方，至第六方病不可支，越日竟一瞑不視，其癖印如此。

（一九八四年十一月十八日）

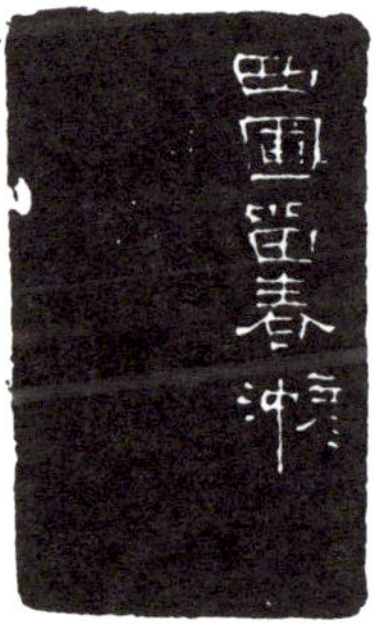

餘慶堂印　秋亭風雨　西圃留春　紫陽石林　今虞琴友　白龍飛瀑

一二七　潘静安

潘静安（一九一六——二〇〇〇·七·十八），初名楨榦，亦作貞干，一名柱，别署子固、静居。祖籍廣東番禺，而出生於香港。父健康公，以教育爲業，二十年代先後設學校於荷李活道及軒尼詩道，桃李頗衆。潘公幼承家學，十二三歲書法已爲宿儒嘉許。又喜詩文之屬，嘗問藝於兼擅書畫文學之羅落花先生。弱冠游滬，更拜於名詩人、書畫篆刻家易孺之門，一生文藝學養蓋肇基於此。

年二十參與革命，兩年後入黨。一九四一年底日寇攻佔香港，時不鮮重要民主人士、文化界名人皆留滯是間，周恩來急召地下黨設法搶救離境，當中有何香凝、柳亞子、茅盾、鄒韜奮、夏衍、胡繩等，復有英、美、荷、比、印等國際友人，在廣東省委等嚴密配合下，營救行動勝利完成，茅盾稱此爲『抗戰以來最偉大之搶救工作……影響深遠』。事後中央特别來電嘉奬潘柱、黄施民、陳文漢三位。潘柱乃潘公早歲用名，時方廿六歲，以勇敢機智見稱。一九四九年全國解放前夕，原中央航空公司、中國航空公司擁有飛機七十餘架及器材等皆在香港，如何動員兩公司總經理率先起義，駕機回國，事關重要。繼之中國銀行、招商局等亦舉幟回歸，國家財産方妥保免遭損失。近讀李俠文、何銘思兩先生紀念文章，得知潘公之游説促成，發揮關鍵作用。

一九五八年，潘公受命出任中國銀行常務董事、香港中國銀行副總稽核，二十餘年來，廉潔自律，勤勞不懈。

待人處事，既有原則，又能肆應靈活。并歷任第五、六、七、八屆全國政協委員。周恩來總理生前曾數十次接見《大公報》社長費彝民先生，潘公幾皆在座相陪，多方兼顧。

工作之餘，時亦寄興書法篆刻。南洋商業銀行、寶生銀行、新光戲院等門額，俱出潘公手筆，人以渾厚雅逸譽之。退休前兩年，青年朋友有欲隨之習書刻及書畫鑑賞者，亦每於假日欣爲指授，且喜育脱穎之才。

余居穗之日，約六十年代初曾於一老輩印人處獲見署名「貞干」之印作蜕本數方，極淵雅，一九七四年拙著《廣東印人傳》已加輯録。後余移職《大公報》，潘公聞訊即約晤談，方知「静安」爲「貞干」之諧音，余之不善聯想若此，遂相與抵掌大笑。潘公乃大忙人，揮毫較便，故常爲之，惟治印則以目力等限制，因罕奏刀。其早歲之作，若「南方學生即席揮毫印」、「院長落花」、「觀成讀書記」、「書法主任楨榦」、「芷君」等並廿許歲所刃，皆靈氣迫人，饒有乃師法乳。「小滄桑」、「静居」、「静庵無恙」、「長毋相忘」，均晚年所刻，寶刀未老。

一九八二年，以年事關係返京退居二綫，偶亦南來。曾漫游張家界、武夷山諸勝，興致頗佳，有《中原游詩草》紀行。一九九二年突患心内膜病，從此遂成醫院長客。《病榻有作》云：「心殘胸未殘，忍死須臾間。故舊多歸去，空谷雨潺潺。」又：「久病從知摯友真，西風斜照欲歸人。室内海棠苗新葉，爲迎春雪奮精神。」光陰易逝，與潘公稔熟者又傳來一九九七年所撰隸書七言聯：「繼絶學小生愧負，步前武老朽何堪。」後附跋語：「余生於香港，幼癖金石訓詁，旁及詩詞書畫，時海内外大師嘗以「絶學繇延或可論」獎借之。尋以世變亟，投筆棄學，輾轉南北，幾歷滄桑。晚逢淑世，正值百年恥雪，香港回歸，以老病孑然一身，滯留北方，卧牀五載，步履維艱，無法南歸。自省一生，蹉跎無所成立，口占一聯，深用慚恧，奈何！」生於斯，奮鬥於斯數十載，懷念固宜然也。潘公去後，其弟謹遵遺命，將遺灰携港，揚諸香島之濱，斯土斯民，終償夙願矣。

（二〇〇〇年十月二十日）

長毋相忘　小滄桑　觀成讀書記　院長落花　静居　静厂无恙　書法主任楨榦

一二八　何作朋

何作朋（一九一七・二・二十——一九八五・二・十三），原籍廣東中山縣小欖鎮。祖若父皆在廣州設肆以刻字營生。作朋幼年在學塾讀書只六載，即輟學隨父習印。工作餘暇，喜讀書，於文學、書法均感興趣。研求常至深夜。廣州淪陷，避寇韶關。爲餬口計，在省轄糧食機關任文書之屬九年，勝利後還居穗垣後仍不改其職。一九四九年，作朋步父輩後塵，在廣州文德路設漢石齋印社鬻藝，雖生活清苦，然性之所嗜，固甘之如飴也。新中國成立不久，吴子復先生自香港回廣州定居，作朋執贄爲弟子，從之習書法篆刻。子復先生精漢隸，繆篆固篆與隸通，不究心於此，無由明轉折變化之理。時作朋雖年逾而立，勤奮勝比青年。欲盡脱工匠習氣，成一代名家，非捨此而莫由。廣州自一九五七年起，每年春秋兩季皆有全國性出口商品交易會之設，外商參加是會者日見增多，日本、新加坡、馬來西亞及我國港澳地區商人之愛好篆刻藝術或受識者所委，每抵廣州欲刻印留念，多至第一刻印合作社指定作朋篆製。作朋對外賓囑鎸，皆鄭重從事，視同創作，一絲不苟，竭力滿足遠客要求。由是聲譽日起。一九七八年被任工藝美術師、廣州市越秀區政協委員。一九八一年九月，隨同廣州市政府代表團及廣州市工藝美術代表團訪問日本福岡市，並作現場表演。日本習字教育連盟理事長原田觀峰一見所作，即全部定購，用作教材，並商請歸國後再爲其刻製自用印一批，其推許如此。同月，被舉爲廣州市政協委員。

作朋於隸，對《張遷》、《禮器》、《石門》、《西狹》諸碑，皆曾致力；晚年尤醉心新出《鮮于璜碑》，臨摹凡數十遍，頗得其神髓。印則兼擅古璽漢印，用刀銛鋭而不覺其霸悍。以籀研印譜精到，往往能在粗細或殘缺細微處見功夫。又博參碑刻體態，彌覺變化奇崛。晚年被選爲中國書法家協會廣東分會理事、廣州書法篆刻學會副會長。自學有此成就，至足欽佩。

余與作朋訂交於五十年代後期。其刻字處相鄰文玩店與舊書肆。余以性之所好，一周不往瀏覽則覺若有所失，到輒罄囊以歸，或選殘卷、或購文玩。經作朋許，恒駐足暢談。刻字處後遷中山四路、北京南路，亦時相晤面。一九六七年，余得韓登安先生見寄《漢隸辨異歌》，中心欣忭，一時技癢，爲補三百餘字，名曰《增廣漢隸辨異歌》。作朋見之，亦擬續補。往還討論，其樂無極，幾忘動亂之厄也。後余勸以突破舊轍，另闢新途，總括筆法、章法，另成《隸訣歌》。作朋韙余言。及余歸自粵北，即以《隸訣歌》見示。七字爲句，全歌百韻，凡一千四百字，云三易寒暑而後成，卓識盈篇，令人刮目。如：『盧疊二田信似慫，虍經漫漶可成田。』以『田』充『虍』，見《禮器碑側》。吴缶翁曾據之移作篆構，所作『晏盧』朱文大印即如此，晚近印家多有效之者。作朋覃思細考，謂乃漫漶演化成之，作田不足爲據，可謂獨具隻眼。至全歌系統之明晰、對屬之工整，具見爲學謹嚴。嶺南美術出版社已列入出版計劃。作朋來函索序，余事冗一再遷延，及序成郵寄，作朋已以肝癌病篤住院，聞展讀尚喜形於色，然有累良友翹企，思之黯然。作朋有子乃衡、女秀曼，皆能篆刻，蓋出庭訓。

（一九八五年七月二十日）

光陰迫　分外妖嬈　試拂鐵衣如雪色　不教胡馬渡陰山　意與古會　輸心

一二九　孫龍父

孫龍父（一九一七・十二・十五——一九七九・四・三十），以出生之年爲地龍（蛇）年，初名瓏，字思玲，號赤城居士、培鳳居士。三十後更字龍父，以字行。所居曰牧倉樓。江蘇揚州人。

父伯驊爲名中醫，善詩文音律，雅嗜書畫。先生幼承家學，髫齡即以文字見稱，弱冠，於書畫篆刻皆已得其要妙。游學滬濱，初入私立持志法學院習法律，後改入正風文學院攻文學，而以文學結業。時適日寇侵華，畢業後在中小學教書。二十九歲起於泰州、揚州、鎮江、南通一帶鬻書賣印，以博温飽，曾舉辦多次個展，獲得藝術界前輩嘉許。一九四九年以後，任教於揚州中學，一九五六年調任揚州師範學院中文系，爲古典文學教研組副教授，甚得學子擁戴。其家位於萃園路中，老屋三楹，逢假日餘閒，書畫名家、同道後輩，恒歡聚其家，暢談文藝，聆聽先生高論，一時推爲盟主，以爲繼吴讓之、陳錫藩、樊遯園、陳含光諸公之後之又一名宿，對揚州近時書畫篆刻之宏揚發展，影響至大。惜享年僅六十三歲，遂以腦癌謝世。

其書兼擅草書、漢簡、大篆。草則有『章（草）素（懷素）合參，合以隸行，三章六草一分吾』三階段之進境。所謂『章素合參』，旨在合章草之清剛遒麗與懷素之飄逸灑脱而一之，此三十歲前後之趨向也。隨而『合以隸行』，費時十載，挹取漢碑、漢簡、二篆等凝重穩健之筆，草外求草，以龍藏虎卧、綺麗飛騰爲歸。五十以後，步入『三章六草一分吾』境界，即章草三分、大草六分、個人獨特表現一分也。所擬漢簡之作，行筆沉着痛快，結體灑脱，氣勢奪人。大篆胎息《石鼓》、《散盤》，筆力雄渾，而偶帶草意，别有一番韻味。

治印始於少時，其『苦中作樂』印跋有云：『余自十五六歲學治印，苦無師法，迄今無成，偷息風塵，偶開舊篋，存兹少作，不勝憮然。』可見浸淫印藝之早。其友張郁明先生謂先生少時專攻漢印，後乃遍師吴昌碩、趙之謙、鄧石如、吴讓之、黄牧甫諸大家法，對近人齊白石、鄧散木之印藝，亦曾加研索，然能深契其心者，蓋黄牧甫章法之精奇險絶，與用刀之銛鋭陵峻而於昌碩之渾厚又極推崇，乃欲將兩家特點融會爲一，另創新貌。此『牧倉樓』取名之由來也。先生於書博涉大篆、詔版、漢金及磚瓦文字，故其爲印，游刃恢恢，絶不拘於一家一法，而能大氣磅礴，意到筆隨。若『擷衆騷之遺恨』、『盡驅春色入豪端』、『勇猛精進』三印，體貌雖近牧甫，然有凝重蒼厚特點在；『江都孫氏』、『龍父草書』、『蒼山如海』三印，固存讓之、昌碩濡染，亦不失自家風致。

先生雖無印學專著傳世，而在爲後輩析疑解惑之書札中，所論多甘苦有得之言。曾云：『刻印能專學漢白文是最正的路子。近代名家刻印無一不從漢印下功夫，儘管各人刻的面貌風格不同，但刀法章法千變萬化，都可在漢印特别是白文漢官印中得到參證。吴昌碩起初學吴讓之，後來專刻漢印，形成自己的面目，終於成爲一代大師。齊白石受吴昌碩的影響，多刻漢將軍印，又以木雕的刀法結合漢鑿印的刀法，終於開創了齊派。其他刻印名家，成就大小不同，都與刻漢印得力深淺有關……厚重是最好的境界，新奇往往只能一時炫人眼目。你可試驗一下，有些印初看甚好，過幾時再看便有些乏味了；有些印却是百看不厭，雖然一時説不出好在何處，但就是耐人尋味，看了使人舒服。漢印的魅力就是如此。而所謂新奇，也决不能完全離開深穩厚重的漢印底子，才能顯出新奇的光彩。如果一味追求新奇，就會流於古怪，流於淺薄，而且甚至有刻不下去之苦。即從齊白石一路來説，有些印也失之太怪，失去漢印厚重的風格。所以模仿時人的作品，一定要慎加選擇，而選擇的本領也是從多讀多刻漢印中培養鍛煉出來的。』對後輩啓迪以學習坦途。又云：『刻印又須有書法基礎，若有暇臨寫魏碑（如《龍門十二品》、《魏齊造像二十品》等），漢隸（如《張遷碑》、《史晨碑》、《華山碑》等），篆書（如《石鼓文》，各種鐘鼎拓片或《嶧山碑》等），不必太多，選一二種時常臨寫，領略其蒼莽深厚之趣，於刻印自有意外之助也。』『總之，治刻既要在規矩之中，又要在規矩之外，既要學習前人長處，又要突破前人，别創新局面，多寫多刻多實踐，自有水到渠成之樂……一切藝術的發展，大概總是先求匀整精工，臨摹即須形神畢肖，創作即須四平八穩，然後再求氣韻生動，人難見巧，以不整齊爲整齊，以不平穩爲平穩，使刀法章法都向深厚雄渾方面發展。』（均見《孫龍父談印筆札》）善誘循循，又豈止所論鞭辟入裏而已哉！

（一九八七年十一月九日）

得少佳趣　龍父草書　江都孫氏　心契九秋翰目翫（玩）三春荑　牧倉廮（樓）　盡區（驅）春色入豪
端　花間客　无量壽　梅花三昧　蒼山如海

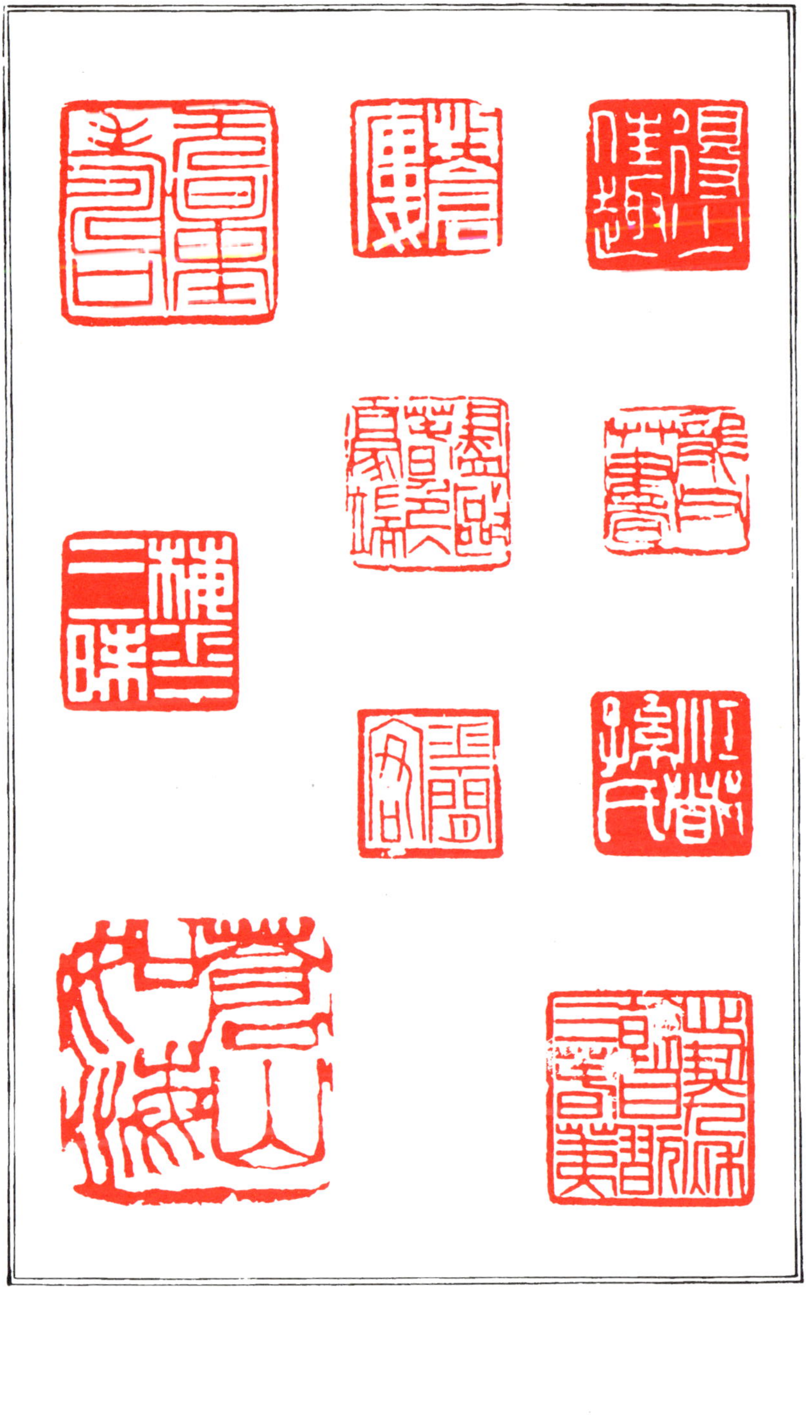

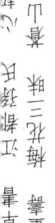

一三〇 傅大卣

傅大卣（一九一七——一九九四），原名大佑。河北三河人。早歲在北京琉璃廠習文物業，已嗜金石篆刻。時著名收藏家、學者陳漢第、陳敬第、羅振玉、陶北溟、柯昌泗、易孺、丁佛言、孫壯等在北京組織冰社，以爲研究古文物、古文字之所，文采風流，與杭州西泠印社相埒。先生常追隨諸公之後，并師事柯老，得聞緒論，識見大增。後復從墨拓、治印名家周希丁游，不特盡得其烏金、蟬翼諸拓之秘，而於商周彝器形制之鈐拓，尤爲難能，透視井然，紋飾綴合得當，被許爲吾國獨有之造型藝術。妙手傳神，名重中外。其於銅器、璽印、古硯、陶瓷等，經數十年之目驗精鑑，真僞、年代，如數家珍。加之工作勤奮，品行高潔，被委爲全國文物鑑定委員會委員。晚年恒被邀至國内各地，暨香港等處負責鑑定工作。

先生畢生在文物機構工作，所見豐贍，遇有佳品，即隨手鈐拓以供參考，並佐啓迪後學之資。其所鈐拓之戰國、兩漢古印集，有三巨册；後又成明清至近代篆刻集。所拓古硯，精美絶倫，遠勝紀曉嵐輩《閱微草堂硯譜》之屬。

一九八六年出版有《傅大卣手拓印章集存》，前有陳邦懷、楊宗安撰序，及輯者自序，收録作者九十八家，起自明代何震（雪漁），迄於近代名畫家張爰（大千），印林名手固多，而清代名書家吴榮光，近代詩人高燮（吹萬）、學者鄧之誠等名人之作，亦輯録於内，此尤不易得見。先生於作者史事、原印主生平，皆加詳考，俾供讀者參稽，亦印譜中所僅見。雖然『雪漁』一印，真贋似有可商，惟餘率足置信，固印壇可珍資料也。

先生治印，得其師周希丁之傳，而浸淫古璽秦漢，力追前古，功力深邃，不涉時下之習，嚴謹精到，古趣盎然。爲中國書法家協會會員、北京印社社員。

子萬里，能傳其藝，金石傳拓之術與篆刻，並有時名，供職中國歷史博物館。

（一九九七年十一月二十八日）

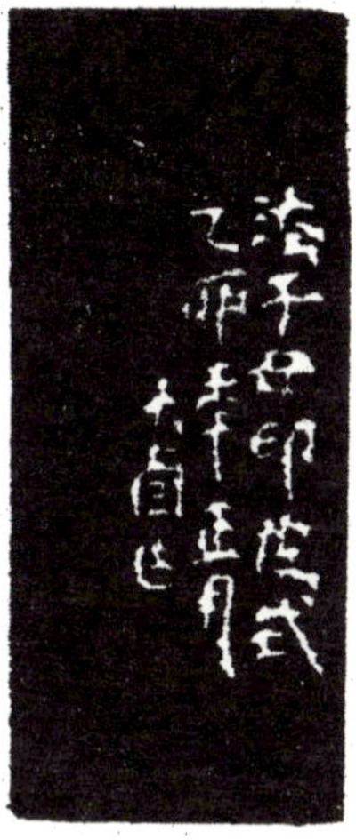

孫壯之鉥　黃胄之印　蠡縣梁氏　謙石篆籀　傅嘉儀印

一三一　林千石

林千石（一九一八——一九九〇·七·十），原名載，字千石，以字行，號曰印禪。室名有北海書堂、青原堂。祖籍廣東鶴山，世居廣州。

少聰穎，負笈西區模範小學及南海中學，每試輒冠同儕，深爲師長所稱許。時主南海中學文史課者，多晚清孝廉茂才，對其詩文尤激賞不已也。課餘之暇，喜臨池習書畫，對金石篆刻亦多所用心。青年時代，於詩書畫印，已嶄露頭角。及長游藝四方，廣拓見聞。一九四五年，東夷告敗，乃北訪杭州、南京等地，翌年復作重游。先後得詩數十首，其《訪西湖》二首云：『映堤殘雪散斜曛，啼樹初鶯破凍雲。未透曉春游屐少，湖山好自與僧分。』『波心弄槳日微曛，摇碎碧天浸影雲。有客忽思沽酒去，一航如割水天分。』《孤山》：『翡翠爲肢雪作衣，吟邊秀散冷風微。迎人起舞亭前鶴，錯認吾家處士歸。』在南京亦有《雨花臺》之作：『形勝兵家地，菩提客子心。寶山驚冷落，高座枉追尋。江山魚龍寂，城中樓閣深。依依楊柳岸，猶壓六朝陽。』一九四六年十月抵南京時，適中華全國美術會爲齊白石翁舉辦作品展，千石先生素慕大名，遂以晋謁爲請，得蒙款接，談笑甚歡。齊翁云：『老夫只三百石印富翁耳！君年未三十，竟以千石富翁自名，可謂豪氣干雲也矣。』遂求齊翁作『千石富翁』、『千石居士』、『青原堂』、『無所不能有所不爲』諸印，幸均如願。以是益嗜於印，後更號曰印禪。

一九四八年游馬來西亞、新加坡南溟諸島國，獲識當地僑士，題襟結社，日以書畫唱酬爲樂。一九四九年移家香江，然在一九五三年以前，仍往往棲遲於檳城、星洲之間。以其能事，所至之處，四方士女，多執贄詣門求教。

其書師法李邕，故以『北海書堂』顔其室，擅作行草，喜參米海嶽、黄山谷兩家之法以取姿致，筆勢蒼勁，沉着痛快。又精究《漢禮器碑》，生動奇崛，貌拙氣酣。曾著《運筆之法》一文，略謂：『執筆雖無定法而有定理，試觀晋唐墨迹，一點之微，萬毫齊力；一字之間，八面飛動。而其中提按使轉，正側順逆，莫不控諸腕肘而掣於指掌，故知肘曲腕懸，掌虚指活，爲執筆不易之理也。……夫屋漏折釵，懸針垂露，筆之形也；提頓使轉，正側順逆，筆之態也。運筆之法：曰畫、曰揮、曰啄、曰掠。畫沙射雕，狀其揮寫之勢也。……且筆之乾濕緩速，因勢而成；字之大小輕重，先意而立。苟無乾濕緩速大小輕重之殊，則無磅礴淋漓飛動變化之勢。』文長不備録，讀此可見其功力之深與體會之切也。

其畫山水花卉兼善。山水取法元明，尤工弘仁瘦勁簡潔之體，風格峭拔，用筆蓋從書法中來。花卉蘭竹多借徑揚州畫派及近世吴缶翁、齊白石，筆墨清勁，瀟灑多姿。又長於題畫，曾見題《菊蟹圖》云：『故園一别幾風霜，蟹自肥時菊自芳。把酒天涯空復憶，何年歸去醉重陽。』詩書畫並皆佳妙。壯歲嘗與溥心畬暢論書畫，多有契合；溥氏對其所作，亦頗加推許。

余與先生未嘗識面，然彼此知名，可謂神交。一九五七年先生輯《林千石印集》成，曾托友人帶穗見貺，另一附册囑余代轉葉恭綽先生。印集收印五十方，由南越印社鈐拓，半爲詩詞閒章，半屬師友名印；古璽、漢鑄鑿印、封泥、元朱等品式皆備，淵雅古遒，不涉皖浙，布白謹嚴，行刀樸茂，允稱上乘之作，論者以『篆印通禪理』

譽之。

一九七〇年以兒輩之請，移居加拿大之卡加利，遂家焉。越兩年遷温哥華，約七八載再之多倫多，以迄謝世。先生固東方藝術之長才，爲融入主流社會，曾自習油畫，運用陰陽五行學説，以紅黄藍白黑原色，及不同方、圓、長、曲等綫條，屢次交迭，組成富於變化而饒有裝飾味之畫幅。多倫多電視台『視覺專輯』推選爲四十傑出畫家中唯一之華裔畫家。雖屬創作，然寓意難明。在所作《夷居雜詠》中，有一絶句云：『浮沉名與不名間，天賦人爲實二難。功力無虧虚歲月，才華信美負江山。』心境可知也。余嘗聞有明季世，朱舜水以吾國學術廣被扶桑，彼邦以國師尊之。千石先生若以己之長，專事弘揚國畫美藝，其能爲華國增光，貢獻又安可量耶？

（一九九六年二月二十三日）

聞琴解佩　墨池清興　取諸懷抱　山阿詠廖（寂寥）千載誰賞　時窮見節　人生識字憂患始

一三三一 羅叔子

羅叔子（一九一九・十二——一九六八・二・十三），亦作卡子，别署崇藝、範球。室名無華盦。湖南新化人。

年少家貧，抗戰時日軍犯境，流寓重慶，嘗受傭於古董肆，日與古物書畫印章爲伍，默化潛移，由是萌生研求之念。一九四三年赴桂林，入廣西美術專科學校就學，校長馬萬里先生以擅花鳥畫及篆刻名於時，晨夕請益者二載，其印其畫，蓋植基於此。一九四五年以首名優異成績取録爲國立藝專國畫系學生，翌年隨校復員杭州，才力華贍，或揮毫染翰，或秉筆爲文，皆爲同儕所稱善。一九四八年畢業，因時局影響，一時無法覓得學以致用機會，先後任教於旅大師範學校、蘇州鐵路中學者數年。一九五五年，獲無錫華東藝專聘爲講師，主講『中國美術史』、『中國工藝美術史』等課，所習始得展布，該校後遷南京，並易新名，即南京藝術學院是也。叔子於教學之餘，勤事印藝及繪畫創作，尤究心於著述，成果豐碩，並被推爲西泠印社理事、江蘇省書法印章研究會理事。

叔子於印，致力兩漢甚深，又泛濫於趙撝叔以取姿致。入國立藝專前，聞嘗懸例鬻印，以補家給。中歲好參牧甫之法，後於漢金文及漢磚文字中吸取錯落參差、開合變化之趣，借古開今，另闢新途；用刀恣意縱横，老辣遒勁，奇逸不怪，放而有序，與早期印作《無華盦印存》所載，大有霄壤之判。其論印之作，有《印章起源及其演變》（刊一九六一年《江海學刊》）、《試論「西泠四家」的篆刻藝術》（刊《西泠藝叢》第二期）等。所論皆細密，如析丁敬印藝，朱文分五種，白文亦分五種，細碎短刀固爲其用刀共性。前人論丁敬，只籠統言其規模秦漢，刀法實得於蘇宣等明人，而細圓朱文爲漢印所無，至明梁千秋始臻佳妙，探討丁氏印藝淵源，若略去明人影響，當非確論。其獨具隻眼類此。叔子又云：蔣仁、黄易、奚岡三家，僅取丁敬之部分體貌，逐步程式化，背離丁氏師古而不「贋古」，博取衆長，自闢蹊徑之旨，追求形式摹擬，因襲相陳，成爲印家桎梏。此浙派由興而衰之歷史教訓也。

畫不多作，然皆匠心獨運，筆墨酣暢，情趣盎然。曾見所繪《葡萄臘嘴》（載《現代中國畫集粹》），黄苗子先生評云：畫家無法畫風，然通過鳥群之瑟縮，葡萄之摇曳等動態，秋風之感覺即表現無遺。此蓋中國畫之特點之一。山水畫曾問藝於鄭午昌先生，則得蒼鬱之致。

其所著述，有《北朝石窟藝術》、《中國紋樣史》；論文凡四十五篇，主要有《中國山水畫的理論體系及其發展》、《北宋畫院與郭熙》、《中國人物畫表現方法的演變》、《中國人物畫的理論研究》等。與人合作者，有與陳之佛先生合著之《中國工藝美術史》，與俞劍華、温肇桐先生合編之《顧愷之研究資料》，與劉汝醴先生合編之《桃花塢木版年畫》，與于希寧先生合編之《北魏石窟浮雕拓片選》。另有由其執筆而以華東藝專美術史組署名發表之《洞庭東山紫金庵古塑羅漢考察記》等。

（一九九六年二月十六日）

江山如此多嬌　一住天堂二十年　東風堂　石頭夏　西州老民　病已

一三三　單曉天

單曉天（一九二二·三·二十九——一九八七·八·二十八），原名孝天，字琴宰，一字寄闇，别署春滿樓主、渴廬。『文革』以原名涉『四舊』，始易今名。所居初曰遂在樓，後名春滿樓，遷滬西高樓曰長寧居。浙江紹興人。

幼隨父定居上海。志學之年，性耽藝事。書刻初喜王福庵先生整飭一派。鄧散木先生後以雄奇痛快之篆刻、清剛遒勁之書法稱譽上海藝壇，且設厠簡樓書法講座授徒，曉天兄見而喜之，經李肖白先生之介，得列門墻，以天資敏朗，勤奮研求，頗得散翁奥秘。後又從名畫家唐雲、張石園兩先生游，所詣益廣。年未三十，即以所作展覽於上海寧波同鄉會，甚得時名。早年任銀行文書，後長期服務廣告界，在上海市廣告公司獲工藝師稱號。業餘寄情藝術，雖身體瘦弱，數十年精究不懈。退休後，爲二豎所困，仍勤奮著述。

其印以古璽、漢印、封泥爲宗，不涉明清印派樊籬，固體貌稍近其師，而往往以含蓄蕭散姿態出之，晚歲得見戰國楚竹簡文字，時挹取其風致入印，别具韻趣。治印至勤，五十年代末至六十年代初，與至友方去疾、吴樸堂兩先生合作《瞿秋白筆名印譜》、《古巴諺語印譜》、《養豬印譜》，推動篆刻藝術與當時政治、經濟、文藝路向相結合，曾起積極作用，郭沫若、齊燕銘、陳叔通諸公，或撰序、或題詩，深予嘉許。自鐫印譜，有《魯迅詩歌印譜》、《曉天印稿》。六十以後，恒以啓迪後學爲念，頗事撰作，有《秦漢印章特徵簡説》、《略談印章章法》等論文刊於《書法》、《書法研究》期刊中。談章法一文云：『章法對刻印來説，是十分重要的一環，也是一門比較廣博的學問。它不單是由於印文多少，采用字體不同。印材形狀多異而富於變化，即使同樣印文，刻同樣形狀的印章，也可以采取不同的章法，刻出不同的風格來。』又云：『初學章法，可先從平正入手，字數不求多，先在二至四字的範圍内實習，有了基礎，掌握一些基本規律和方法，然後再學多字印，就比較容易了。否則，二三字都安排不好，多字印就更難掌握了。』類皆經驗之談。其與張用博先生合作者，尚有《來楚生篆刻藝術》、《散木印藝》（後於一九八七年、一九九二年先後由上海書畫出版社出版單行本）及《漢印風格淺析》、《神乎其技——鄧散木先生篆刻金玉印章》、《關於篆刻的三個問題》等。

書宗二王，並工篆隸，所臨《黄庭》、《樂毅》、《宣示》、《十三行》等皆妙絶；已出字帖有《單孝天臨鍾王書八種》、《小楷習字帖·選唐詩二十八首》、隸書《魯迅詩歌選》、《青年唐詩習字帖》等。畫不多作，然所繪蘭石極疏散秀逸之致。

余一九五九年春游滬，始與曉天兄論交，六七十年代亦曾得小叙。時僦居延安中路上海展覽館側一舊樓中，環境擠迫而子女衆多，難於安心治藝，然曉天兄晏然處之，創作不輟，其安貧樂道如此。嘗爲余刻印四方，並以散翁行書軸見貽。知余喜集印拓，遇有所得，恒以惠寄，盛意可感。撥亂反正後，喜配新居，且膺上海書法家協會常務理事、市政協委員等職。西泠印社成立八十周年活動，余以爲必可把晤湖上，暢談印藝，惜以身體欠佳未能來杭，無緣重聚，只托尺素存問而已。聞一九八三年五月隨同中國書法家代表團赴日訪問，以精湛之即席書刻而獲彼邦同道之讚賞云。

（一九八七年十月十九日，後作增補）

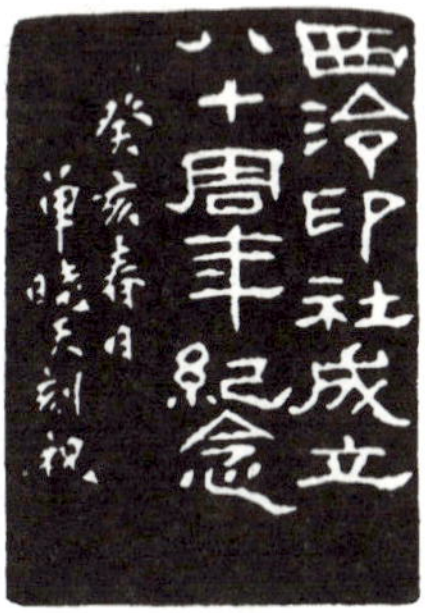

無志者感到千難萬難　有志者自有千方百計　西泠印社八十大慶　知之爲知之不知爲不知是知也　日就月

將　散懷　千秋

一三四　陳秉昌

陳秉昌（一九二一——一九九九），廣東順德人。少生詩禮之家，而長於戰亂之世，十餘齡即由故里獨旅香江謀生。年二十一，日寇陷香港，遂歸鄉以課童自給。日寇敗降，復回港隨外姑父習商。時上有老父，下有妻兒，一家七口皆仰於一人，晝而務商，夕則授學，即假日亦營役不休。一分一文，悉充家計；一果一餅，必與家人共之。雖生計維艱，曾無嗟怨。三餘少暇，亦未嘗稍廢於文事。一九五九年棄商，改職教育，蓋性之所嗜也。一九六四年春得潘小磐先生之介，入恒生銀行文書處供職，以其飽學勤求，修古適今，文字酬應，一時稱善，亦專門之學也。其後以襄理出掌該處，迄一九八三年榮休。

秉昌先生少受學於鄉先輩區心泉、李鼎三、關宗漢諸老，强記誦，擇句問難，每有精意，雖處流離，猶自修不輟。其功力首在文章詩詞，聲名亦以此而見重於世，與游者皆當世碩彦通儒。爲碩果詩社、春秋詩社、鴻社、愉社社員，勤於撰述，所爲詩文，真純樸雅，有《碧蕪詩詞文稿》。又好與國史館章士釗、王君坦、王益知諸前輩通函互討詩翰，廿餘年前，曾寄所作《觀（梁）勁予師傅演八卦龍形掌》與章老云：『太極精微兩大金，環中自得志無偏。孫石名家各有以，更於蘄水接心源。能醫能文亦能武，詩書秀發標機杼。及門弟子盡英才，龍形一掌驚風雨。拔地拏天氣如虹，矯然身手意從容。颾颾衣袂鶴翔空，忽如鷹隼下長松。八方環顧懾羆熊，探珠直欲入鮫宮。神光乍轉中央立，抱拳靜止一長揖。四座歡聲起巨雷，吾民今不再虺隤。』章老得讀，喜爲題語：『魄力沈雄，刻劃細膩，今時能爲七言長古之人甚少，此篇尤覺當今無輩。妄題一絶於後：賦物神工舊有涯，杜公劍器白琵琶。無端天假陳生筆，拳入龍形又一家。』見重於詩壇前輩如此。

其治印始於弱冠，居鄉時貧無工具，乃礪傘骨以赴之，苦心若是。五十年代初，馮康侯先生從羊城移居香港，得隨問學，藝事由是日益精博。尋受聘於中文大學及香港大學校外進修部講授篆刻，前者逾二十年，後者亦達八載，教學相長，印名愈顯，求者踵接，遍於海内外。黄維琩先生題其印作蜕本《沙園印草》云：『刀如新發自年年，養得全鋒任破堅。差比沙園方寸鐵，從容刻畫興悠然。』『秦朱漢白有餘師，上契元龜一藝奇。象外自參微妙意，此中三昧幾人知！』『高韻原從書卷得，運刀迎解異雕蟲。相斯文字陽冰法，盡在戔戔片石中。』『君家前哲數銅香，後起程功未可量。倘嗣鷗波修印史，應書異代兩陳郎。』『兩陳郎』者，謂其公子正誠亦同擅印藝也。秉昌先生之談印，間亦於詩中及之，如《西泠印社八十五周年》一首云：『春秋八五得高齡，社柏長留萬古青。絶藝切刀成別調，能教金石亦通靈。』又《吴昌碩墓》：『書源石鼓畫青藤，篆刻渾如入定僧。死葬超山梅作伴，前生應與鶴爲朋。』《過黟山》一首乃經其地兼懷牧甫先生：『好從人物見山川，拔地奇峰破曉煙。粤派遠開心法在，黄家印學一鐙傳。』意佳而詞美，令人吟誦不置。

書法淵雅，早年曾習趙孟頫，稍長嫌其媚熟，遂改師右軍之《曹娥》、《黄庭》。中歲融會碑帖，不拘一家，尤喜《曹子建碑》，以其楷兼篆隸，靈巧雍容也。今順德西山碑廊、新會崖山碑林、南陽碑林、河北獲鹿縣鹿泉碑廊等勝處，皆鎸有其所題書迹，詞字雙美，當與湖山同壽矣。

（二〇〇〇年二月四日）

順德容奇人也

老荆壬戌年八十

陳秉昌印信長壽大利

我本沙園人亂後長爲客

善深之鉢

一三五　王京盙

王京盙（一九二二・二・二十四——一九九六・九・十四），初名如俊，字勁父。十年動亂時期，以京盙、京簠行。號龜盦、澂翁、鐵翁、寶敦樓丁、力學齋主、守正樓主。室名浪花庵等。祖籍浙江寧波鎮海，故又有蛟川外史之號，而誕於杭州。

年十二，受同里父執申石伽、韓登安兩先生啓蒙，研習書畫篆刻。十九歲負笈滬濱，立雪王福庵先生麋硯齋五載，廿四歲始行拜師之禮。同時復從丁福保先生治小學，從姚虞琴學鑑古，又問學於胡樸安、蔣維喬諸老，遂旁通諸藝。

廿五歲得丁福保先生支持，籌辦私立上海貧兒工讀院（一九四九年易名上海兒童工讀院），獻身社會福利及教育事業，先後擔任副院長、院長。

一九五二年，原機構由政府接辦，安排至上海高橋中學任教。高橋隸寶山縣，其地臨吴淞江口兩岸，古遺跡、文物衆多，澂翁深喜其地，一有暇晷即查閱方志暨先賢遺書，結合所見所聞，爲寶山史譜寫新章，其顔齋號曰寶敦樓者，據聞寶謂寶山、敦指文物云。著有《高橋鎮志》、《寶敦樓隨筆》兩稿，前者已毁諸浩劫，後者於動亂中亦所餘無幾矣。

治印妙傳福庵先生法乳，白文融秦鑄漢，渾厚雍容，朱文以李斯、李陽冰篆法爲體幹，而加之以遒逸婉美，而運刀足以副之，自成風貌。馮其庸先生《王京盙先生書法篆刻小引》云：『擅四體書，而尤精鐵綫篆，結體工穩，對稱定匀，柔中寓剛，動影窕裊。』有此宏基，以扛鼎之力，刃諸佳凍，故識者無不稱賞。周谷城以『精藝入神』四字褒之。陳從周曰：『京盙鐵綫，福庵先生後一人而已。』王蘧常贈以聯云：『學有淵源，心游蟲篆；圖成喬梓，價重鷄林。』殊非過譽。

澂翁固諳印史，曾有『西泠中八家』之説。八家者，謂吴讓之、趙之謙、徐三庚、吴昌碩、葉品三、王福庵、來楚生、韓登安是也，旨在頌揚西泠、振奮西泠云。

一九七七年退休，由滬返杭里居。然積習難忘，迅即投入創作活動，論者謂其『老而彌堅，若有童心焉』。除《藝風堂友朋小傳》、《篆刻要旨》、《説文解字二百例》三著外，其爲《西泠藝報》撰稿，復有懷念王福庵、朱恬生、張大千、鄒夢禪、唐雲、黄葆戉、孫智敏、韓登安、沙孟海等諸老文字。生前爲中國書協會員、西泠印社社員、浙江省文史研究館名譽館員、浙江九三文瀾藝苑副會長、浙江省政協書畫之友社理事。

子運天，能傳其埶，賢父子曾合作《篆刻百壽圖》，藝林稱善。

（一九九七年九月十二日）

大年書畫　龜盦　閑雅不矜一藝長　我法祇求自怡神　俯首甘爲孺子牛

一三六 吴 樸

吴樸(一九二二·十一·十九——一九六六·六·二十三),乳名瑞林,幼名得天,又名中篁,長易今名,字曰樸堂,號厚庵,别署㕓龕。曾藏漢池陽宫燈,故别署味燈室主。浙江紹興人。

叔祖潛泉,精篆刻,爲西泠印社創辦人之一。樸堂自幼即嗜書法篆刻,初在上海求學,及淞滬抗戰爆發,隨母逃難崇德,未幾仍返滬濱。原就讀於大公職業學校,未及卒業即棄去,拜王福庵先生爲師,專攻書法篆刻。一九三八年底舉家遷杭州,時家境清寒,已懸例刻印,以補家給,年僅十八歲。初慕西泠八家印藝,頗擬之;復步武吴缶翁,亦能神似;而於福庵先生之法,固得深契。謀食之餘,鋭意勤求,數年間學藝孟晉,英年有此造詣,於湖上已薄得名聲,是以鬻印生涯,尚稱不俗。一九四五年九月,以積年選摹之戰國朱文小璽四百餘方,輯成《小璽彙存》四卷,由方去疾胞兄方約節盦所設之宣和印社鈐拓印行。所摹皆朱文小璽之精整者,毫釐畢肖,見者無不交口讚譽。後羅福頤主編之《古璽彙編》,以嚴謹著稱,亦加選録。一九四六年八月,以福庵先生之薦,赴南京任國民政府文官處印鑄局技正,專責官印印模之篆寫,聞『總統府印』等,亦出其手筆。甫兩年,國民黨政府南遷廣州,樸堂不願隨往,遂自請疏散回杭。逾年移居上海,仍以鬻印爲活,其藝固比居杭時遠勝也。時會所限,得潤甚微。夫人王智珠女士,福庵先生姪孫女也。福老晚年,手顫抖,難於操刀治印,每篆稿之後,遂委樸堂刃石。

即代篆刻，亦人莫能辨。於福老篆隸體勢，效之殊肖似。時故家藏印多星散，或遭無知者磨礱，一日得趙之琛舊刻印石，款識爲『擬松雪翁次閑』六字，然印面已被磨去，樸堂偶然興至，遂補刻『林少穆氏』四字其上，風致與次閑無間。少穆，林公則徐字也。得者以先賢遺物，又出名家手鎸，珍若球璧。一九五六年，得福老至友陳叔通先生推介，參加上海市文物保管委員會古物整理部工作。後合併於上海博物館。兩機構藏品之富，堪與故宫博物院比肩。樸堂摩挲其間，自是識見益廣，孜孜研求，恒至深夜，館藏古印之釋文、整理，貢獻良多。於金石書畫文物，尤於明清流派篆刻作品之鑑别，特有會心。小楷學吴湖帆，得其神采。黄賓虹遺著《賓虹草堂璽印釋文》，影印本即樸堂所録。一九五九至一九六四年間，先後與方去疾、單孝天合刻《瞿秋白筆名印譜》、《古巴諺語印譜》及《養豬印譜》，並已出版。自刻印集有《樸堂印稿》，印路甚廣，中多精湛之作；唯爲毛澤東主席所刻『毛氏藏書』一印未及收耳。六十年代初，樸堂頗致力印藝探新，於福老家法之外，更挹取多種碑刻入印，復以漢晋竹木簡及寫經之體爲款識，面目獨具，可謂前無古人；惜時間太短，尚未大成爲憾。十年動亂遽起，受大字報困擾不能自解，竟自戕而殁，年方四十有五。著有《篆刻的起源和流派》等文，俱已刊諸報端。

曩余游滬，時上海博物館正編拓所藏印集，朱鈐之外，復墨拓印面及封泥，俾便治印者研究。樸堂參與是役，曾以稿本示余，朱墨燦然，自有印譜以來，無有逾於此者。瀕行贈余兩印，一作朱文小璽，一作漢鑄白文，俱文静淵懿，余極珍之。五十年代中葉，樸堂與張魯盦、葉潞淵、馬公愚等籌組中國金石篆刻研究社，並爲西泠印社及上海中國書法篆刻研究會僅有數位最年輕成員之一。苟能假以一二十載，其成就又安可估量哉！

（一九八三年五月八日）

慧口文魚 景盤盦 北京圖書館藏 虎跑品泉 上海市文物管理委員會藏記 胡塗 也掩不住真實 乘風破浪 水樂琴音

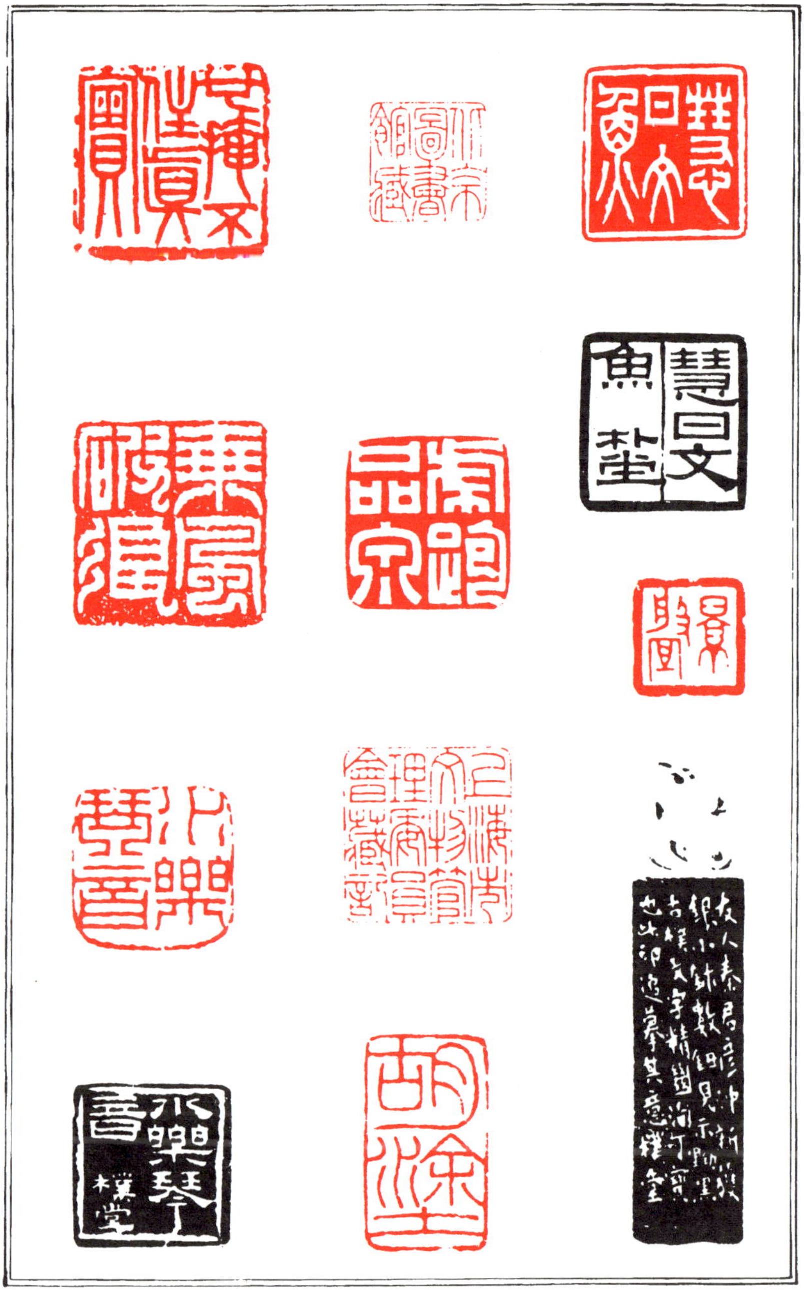

一三七　丘思明

丘思明（一九二五・一・十一——一九九二・四・二十一），字治齋，别署丘默，號謐堂。閩南圭海人。父爲明經，少承家學。復得名鑑藏家馬亦箴於詩文、書畫、篆刻等諸藝多所啓迪，早以才、識聞名閈里。年二十南游星洲，爲名流黄曼士賞識，强欲留教當地，以學有未逮懇辭。一九四九年移居香港，頗獲交於當世方家，後更從游於盧鼎公，由是窮究漢印，上溯先秦古璽，所詣益深。雖不欲與時賢争勝，然識者皆心許之。

治齋嘗言：『璽印無論朱白，或朱白相間，均不外朱白之表現而已。其能啓人美惡之感者，亦耑賴朱白分布情況而定。故分布朱白，便是章法要務。而研究璽印，章法實居首要。夫章法生於字法，而字法始自筆法。不知筆法，斯無從以言字法。字法既明，然後乃可談及章法，是猶齊家治國平天下之道也。蓋以一筆之微，猶具横豎斜正直長短之形、上下左右正偏之位，矧須合各種不同數量形狀位置之筆，配以肥瘦方圓剛柔轉折諸態，始成字法。而章法者，即將此等繁簡不同體勢互異之字施以整理，使能顧盼生姿，血脉相承，而呈統一之法耳。』故治印當深明筆法、字法、章法三者之奥。又曾語人：『觀牝鷄抱蛋，逐日孵之而不覺其變，及一旦時機成熟啁啾破殼之後，則奔騰追啄，豈復昔之渾然一球者乎？由是徑悟禪宗頓漸之别。爲學之道，寧不如是耶！』可謂擅譬。以具心得，鼎公晚年課門徒，恒囑代之。

《治齋印存》録印　百二十方，張大千、盧鼎公等爲之署耑。羅叔重題詞云：『晴窗撇眼驚流虹，開緘宛轉盤虬龍。雲煙變滅星斗爛，誰使鐵筆追元功。思明佳士今無偶，欲以古拙全明聰。雕鏤萬象露真宰，餘技興到鎸魚蟲。六書八體慎流派，秦斯史籀歸牢籠。經營相當奏刀始，匠心冥入毫芒窮。凝神落筆勢飛動，奇氣盤蹴隨横縱。切泥削竹等游戲，不問玉石金牙銅。有時哦詩及綴論，紙尾往往郁雲烘。一編示我倍惆悵，世上俗學虚磨礲。退庵不作牧甫死，好手直使前無工。吾生空殷嗜古癖，魯魚三寫慚疏慵。青田凍玉倘許乞，摩挲光氣騰菰蓬。』叔重素孤高，少所許可，對後輩能如斯揄揚備至者，實爲僅見。譜中『伯譽』一印略有微庇，『譽』原從言與聲，此誤與爲興，其匆遽致斯耶？

治印之外，復善書法。香港藝術館所編《香港書法》頁四十五，收有其所臨《流沙墜簡》，閒雅古樸，極得漢人意趣。另著有《談書》、《説印》，曾節録若干附諸《治齋印存》之後。

（一九九七年六月十三日）

物外取神　趙戒堂　錯堂之鉢　意象得之　劉甫穎印　燕歸詞館

一三八　江兆申

江兆申（一九二五——一九九六），字茮原。室名有靈鷗館、揭涉園。安徽歙縣人。少年早慧，六歲入小學，未幾改從吴仲清先生、三舅，及其尊人讀《中庸》、《論語》、《孟子》，接受傳統教育。八歲隨父赴滬，偶作畫，并爲人書扇楹聯，頗受老輩獎譽。九歲治印，時長其二十八歲並享盛名之鄧散木先生得見所作，已頗稱賞。十歲輟學，鬻印以補家給，翌年更事刻碑。十二歲爲許疑盦太史補《杜甫草堂詩集》成，太史贈以詩云：『吾鄉江安甫，早師張皋文。十四授《禮經》，卓然稱博聞。今汝所居室，乃昔張氏館。晨起開軒窗，潁水明照眼。亭亭擢奇秀，十三工作書。腕力漸勁健，篆刻亦已劬。古來干霄材，皆自尺寸始。願汝學有成，博汝父母喜。』期許甚殷。年廿一，拜於詩人鮑倬雲之門。廿五歲渡海赴臺，邊教學，邊習畫及詩文。一九五〇年冬，投書溥心畬先生，欲從之學畫，獲覆函云：『江君鑒：久游歸來，承君遠辱書問，觀君文藻翰墨，求之今世，真如星鳳。儒講授之餘，只以丹青易米而已。讀君來詩，取徑至高，擇言至雅。倘有時來此，至願奉接談論。』時先生任教基隆，接信即赴臺北趨謁，溥老唯以『讀書第一』爲誨，然溥老畫筆之清剛挺拔，固予先生以深刻啓迪也。四十歲舉行首次個展於臺北，展出書畫六十件，印拓六册，轟動一時。故宫博物院重其才，同年九月以副研究員爲聘。所長得以發揮，而於藝術史學之研求，並獲啓其新頁，此爲一生重要之轉捩點。

人多推重先生之畫。其年輕時已受鄉先輩漸江畫作影響，在服務故宫博物院二十六年中，以工作之需，曾先後著成《關於唐寅的研究》、《文徵明與蘇州畫壇》、《雙溪讀畫隨筆》等書，並主編《故宫宋畫精華》、《文徵明畫繫年》。因對唐、文兩家嘗作精湛研索，探驪得珠；復以蘊蓄，活用於山水畫創作之中，而益之以多次訪美、訪日，遍觀公私所藏名畫之所得，兼之個人學識修養，化古出新，精研筆墨，所作被譽爲近世中國傳統文人畫佳製。前年余訪問美國密歇根大學，猶有教授道及先生一九七〇年在該校致力唐寅等研究時韻事也。

先生詩書畫印並擅，諸藝中最早爲人賞識者，篆刻實居其先。安徽爲明清印史上著名發祥地，少時已受徽派印風濡染。赴臺後更廣涉多方，時印譜難求，乃以驚人毅力用雙勾填廓法，將古賢印蜕一一複製，精微處不亞原鈐，其艱劬如此。而立之年，日本同好即已重金求其鐵筆。一印之成，固與作者書藝、印識、才情等有密切關係。其書得力歐陽率更之遒勁剛健、石鼓之秀雅、漢碑之古茂，而布局之工穩有致，刀法之沉著老練，皆有以致之。彼所鐫印，驟視似若平正無殊姿，然細察則流動實寓於字裏行間，有一派雍容自在氣象。曾見其自題印作云：『力作猶人惜羽翰，好將餘事作波瀾。鉛刀十割銷鋒鍔，莫作雕蟲小技看。』

一九九一年九月以書畫處長兼副院長退休，隱居埔里，摒棄塵俗，營雅舍於山水間，專事創作。以先生一貫之勤奮，佳作疊出，同好佇看必有大成。一九九六年應邀赴瀋陽舉辦個展及講學，並與大陸同道交流切磋，意興甚濃，不意在魯迅美術學院演講中，因心臟病突發，遽爾謝世。藝壇失此巨擘，聞者無不悼惜。

（一九九七年十二月五日）

降福穰穰　靈漚（鷗）館印　人謂之樗　履恒軒　追逐世好稱書工　呼我爲牛　帶月荷鋤

一三九　徐無聞

徐無聞(一九三一・十一・十四——一九九三・六・二十),原名永年,一名年,字嘉齡、嘉令,三十後耳失聰,更字曰無聞。凡書法篆刻及論藝之作皆以無聞署名,故藝術同好只知其字,而原名反晦也。齋名歌商頌室、守墨居、玉局郫舍,晚年别署燭明室。四川成都人。

其尊人益生公以書法篆刻擅名,規模漢印,極饒樸拙之趣,年輕時家境寒素,嘗靠鬻藝以贍家小。無聞兄幼承庭訓,七歲即由父督習歐書,年十二兼攻《嶧山碑》、《三墳記》、《石鼓文》,同時並操刀摹習古印,及泛濫明清印家之作。十五歲獲識著名學者、鑑藏家灊江易均室先生。均室先生盡出所藏王福庵、李尹桑、唐醉石、趙叔孺、方介堪、鄧爾雅等當代諸大家刻印供其摩挲學習,眼界由是大開。均室先生雖不拏刀刃石,然精究印學源流及印藝評鑑,曾先後輯譜《古印甄》、《文何印萃》、《明清名印集拓》、《鐵書過眼録》、《錦里篆刻徵存》等,不唯於其治印多所啓迪,而於古文字、辭章、鑑古諸學之指引,皆有深遠影響。

及長,就讀四川大學中文系,一九五四年以優異成績卒業,次年分配重慶西南師範學院(今稱西南師範大學)任教,先後主講唐宋文學及文藝理論等課程。雖課務較忙,然於宿好未嘗一日忘懷也。中歲篤嗜褚登善書,於《雁塔聖教序》尤所心醉,一九六三年以赴滬從郭紹虞先生學古代文論之便,曾兩謁沈尹默先生叩請筆法,沈老固以精究褚法而聞於時者，並揮毫二紙贈之。於印則仍請益周菊吾、方介堪兩先生，方老居温州，求教唯托郵筒而已。

七十年代初，余以介堪先生之函介，始與無聞兄通魚雁，互道治藝旨趣，皆强調書刻應以文字爲之基，力崇端雅，引爲同調；並交流所作印蜕。其印典雅平正，力求印從書出，選字布局，極意經營，擬古璽、漢印及明清印派等品式，皆風格各具，絶不曲趨俗好，雍容雋逸，卓然大家。後以時局風雨頻仍，通信遂歇。一九七九年春，余因工作需要移職香江；是歲夏，無聞兄率《漢語大字典》字形編輯組出差廣州，並訪余舊寓，留字而别，深以未能把晤爲憾。至一九八三年參加西泠印社八十周年紀念活動，始獲叙於杭州劉莊，比鄰而居，促膝談藝每至深夜；篆刻而外，余告以前年曾有《沈尹默論書叢稿》之輯，無聞兄則云正籌劃《沈尹默先生入蜀詞墨迹》之出版。同尊一老，何巧合若是也。

自改革開放以來，無聞兄工作日益繁重，教學上兼任唐宋文學及書法史兩專業碩士研究生導師，而編撰工作亦無片刻之閒，先後由四川人民出版社、四川辭書出版社印行一由其主事、一由其主編之《漢語古文字字形表》、《秦漢魏晋篆隸字形表》兩巨著，而後者尤爲難能可貴。蓋秦漢至六朝間，漢字演變至爲迅急，前人以資料所限，向乏專門著作，是書不但搜輯完備，編排復井然有序，引證詳明，允爲研究漢字及書法、篆刻者不可或缺之寶典。

一九九一年，繼以主編之《甲金篆隸大字典》由四川辭書出版社刊行問世。此書收列之字形，時代自殷代至西晋，約一千五百年；字體從甲骨文至隸書，基本體現了現代漢字以前的演變過程；取材而言，新資料將近一半。内容之豐富，堪稱同類字典中之翹楚。

所撰《小篆爲戰國文字説》一文，以衆多之出土文物與文獻相結合，論證小篆乃通行於戰國之秦國文字，把成形期提早約一百二十年，還其歷史之本來面目，非始皇時始創製也。而《〈顔真卿書竹山連句〉辨僞》及《成都西樓蘇帖初箋》兩文，則從文物考據與藝術分析細加論定，要皆探驪得珠，若劉勰《文心雕龍》所謂『操千曲而後曉聲，觀千劍而後識器』，所論均不可移易。佳著累累，恕不一一紹介。

以其貢獻良多，迭膺中國書協理事、四川文聯常委等職務。正當其藝術創作與論著日攀巔峰之際，不幸忽染癌病，遽歸道山。噩耗傳來，余不獨爲失一同道而悲，亦爲學苑藝壇喪一英才而浩嘆也。

（一九九五年十一月十日）

亡（無）聞　歲在丙寅　徐永年　去日苦多　此生暫寄寓常恐名實浮　尋章摘句老雕蟲　行雲流水　守墨
書堂

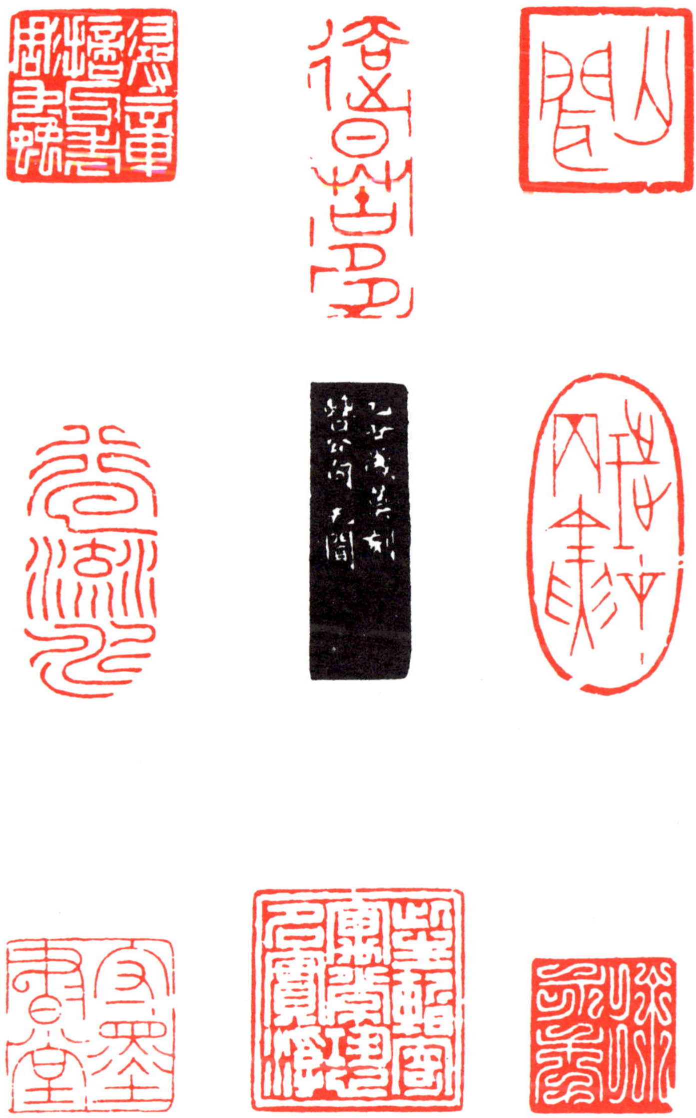

一四〇　馮文湛

馮文湛（一九三六——一九七七），原名參，以字行。廣東番禺人。吾師馮康侯先生之第三子也。馮師年廿二北游故都，印作爲印壇巨擘王福庵、唐醉石兩公所激賞，印鑄局長許修直遂堅留以爲國用，聘作技士，主官印篆稿。其後『榮典之寶』，即出馮師所篆。享譽海内外印壇，歷數十寒暑。

憶余在羊城初問藝於馮師，文湛約十齡，體瘦弱，貌清癯，然侍筆硯不少懈，聰慧逾常人。

二十餘年後，余獲讀馮師《馮康侯印集》第一〇二頁『文湛』一印附邊跋云：『畫家六法以氣韻爲貴，氣韻生於法，非以法求氣韻也。篆刻亦然。湛兒幼侍筆硯，往往泥於法，能入而不能出，潛心造詣，毋爲法縛可矣，勉之勉之！癸卯五月康翁志。』癸卯爲一九六三年，時文湛年方廿八，已深於法，嚴父諄諄之教，具見期許之殷。穗港雖密邇，然是時余欲一睹其新作，渺不可得！詎余於己未夏移家香江，而文湛已在前兩歲偶嬰微疾遽逝矣。

文湛既逝十月，南天印社、廣雅書學社同人輯其遺作，爲刊《馮文湛篆刻集》以資紀念。陳荆鴻先生序曰：『予友康侯馮君，夙工篆筆，名久矣。哲嗣文湛，幼承家學，而於治印尤精研，負海内重望，有鳳毛之美。嘗從予游於上庠，相與論辭章之道，方謂英年奮發，前途未易量也。乃天不假年，遽爾殂謝。今睹遺作，書法則篆隸真草應規入矩，允稱能事。至若金石刻畫，行刀横茂，布白謹嚴，於融會漢人法度而外，更歸而求之有餘師者矣。

康侯屬予爲兹集序言，予固知其不勝喪明之痛，而回也好學，不幸短命死，臨風泚筆，予亦爲之黯然。』集中録印一百三十三方，各體皆備，布白行刀逼肖馮師，惟功力有深淺耳。附甲骨、金文、小篆、漢隸以迄六朝文字屏聯一百三十餘幀，皆能傳家學。

文湛早年卒業經緯書院中文系，於馮師主辦之南天印社、廣雅書學社之成立，盡力至多。後自設南天藝苑於銅鑼灣道，從學者三十餘人。方其所詣正蒸蒸日上之際，竟先乃翁六載而逝，能不令馮師痛心疾首耶？嗚呼！人琴已杳，僅剩遺音，展卷披覽，頓興千古才難之嘆！

（一九九七年六月二十日）

隋翁　南海陳詞　新安　莫待無花空折枝　既愛詩書又好花　八尺龍須（鬚）方錦褥

後記

年輕時曾讀周亮工的《印人傳》、汪啓淑的《續印人傳》，及葉銘的《再續印人小傳》、《廣印人傳》。前兩書限於當時的印刷條件，未能配以印作，不免美猶有憾；後兩書過份追求印人數量，而簡撮前人之作爲小傳，每失之訛略草率，且成書於宣統間，所述僅至清末而止。要了解其後印人的業績，只有期待於後來者。

我生也晚，年輕時在廣州只接觸廣東印壇的老輩。一九四八年末，獲與馬衡先生通信，此爲首次與省外長者請益。一九五六年到北京，有幸得見白石老人。一九五九年與一九六二年，兩次追隨容庚師北游十餘省作文物考察，除重點參觀商周青銅器外，我因有印癖，還争取機會看了不少公私藏家所藏的古印、明清名家印和古今印譜，特別是拜識了好些華東、華北，和少數西北、華中著名篆刻家、印學家、收藏家，眼界大爲開擴；並從老輩的言談和後來書函的討教中，獲悉不鮮爲書本所没有的印人軼事。資料積累漸多，慢慢便萌生了補寫辛亥革命後知名印人傳略的念頭。好些領教過的前輩，他們多是深究此道的耆宿，及其奄忽、痛悼之餘，我都執筆記其生平和藝術。

七十年代中，我把已得資料先後草成六十多篇印人傳初稿。有待補充的，再分函求教，其中年登耄耋的鄭逸梅先生，輒就所知，詳爲賜告，令我既感且愧。拙作《近代印人傳》在一九八一年始在香港《大公報・藝林》周刊上陸續發表，我工作繁而興趣雜，未能專志此事，斷斷續續地拖了十五年，至此才告一段落。發表之後如有新知，往往還作必要的補訂。在這一百二十五位印人中，約有三份一是我躬親晤識的，三份一則從傳主的家屬、弟子中獲得資料，另三份一是據已刊文字資料綜合而成。如王獻唐先生，一九五九年我曾隨同容師謁見，後來也通過信，兩三年後修函致候，覆信的是他兒子，原來王老已於一九六〇年仙逝；又過十餘年，在撰傳時想核實一些資料，再去函請教，覆信的竟是王老的孫子，原來王老的兒子業已辭世。而寫鍾剛中先生傳，更勞煩了六七位長者。此中甘苦，恕不多贅了。

有三點想作一些説明：一、此書之作，是想補《廣印人傳》所未備，所以選寫的印人，皆以辛亥革命後仍健在者爲限。拙稿定名爲《近代印人傳》，曾請教過沙孟海前輩，他認爲篆刻的特殊性質不比政治、經濟或文學，不一定絶對遵循歷史學界的分期，似乎可以寬鬆一些，並欣然爲此書題寫了扉頁。二、近代知名印人，經過多年查訪，有代表性的大抵已彙萃於此。由於筆者交游的局限，滄海遺珠肯定不可避免。篋中所存，有史料略備而印作云闕，或印蜕已得却史迹難尋，這些，只好俟之異日。三、我之所以使用文言的文體，主要是想節省一些篇幅，同時，文中引用的原始材料，如傳主的著作、别人的評騭，或印譜的序言等，多屬文言，這樣行文會協調些。當力求淺白，庶免引致讀者的不便。

拙作自披露至結集，歷十餘年，其間有兩刊物曾加轉載，臺灣的一家連作者署名也被改换了。讀者之中，容或有先看過轉載刊物，而後才閲本書的，爲免誤會抄襲之嫌，故不得不於每篇篇末注明原發表日期，俾供查考。

在撰寫過程中，曾得到沙孟海、啓功、韓登安、史樹青、王益知、傅大卣、金禹民、張魯盦、高式熊、潘德熙、韓天衡、黄昌中、趙林、柴子英、潘主蘭、陳清狂、諸涵、曹用平、林乾良、余成、王啓初、張郁明、林樹中、馬清和、黄永年、陳彦均、方春暉、周植桑、喬無疆、趙履真、王智珠、施南池、劉一聞、王中秀、華義蔚等先生熱心提供資料。又蒙王个簃師賜題書簽，鄭逸梅、沙孟海兩老惠撰序言。復荷茅子良社兄敦促此書的結集，並周詳審訂，設計版式，增補印款圖像，在百忙中頒作跋語；江學新、李順發先生翻拍印人像片。統此敬致謝意。

要爲一百多位印壇先達撰傳，所涉甚廣，自知孤陋淺學，難荷重任，補苴罅漏，實有待於同道高明。

一九九五年除夕，馬國權雪窗

跋

茅子良

達堂馬國權先生精研金石文字之學，潛心述作，《近代印人傳》一書之成，其有志於斯久矣。是作散篇，早已迭經拜讀，恍如山陰道上行，興味無已。沙孟海、鄭逸梅兩老壯其所舉，欣然撰《序》及《弁言》，曩已刊諸《沙孟海論書叢稿》及《鄭逸梅小品》中。兹經徵得作者同意，並完成發稿等程序，中國印學史上第四部之《印人傳》終獲面世，自此藝舟又多一楫，豈不快哉！

杜甫《夢李白》詩云：『千秋萬歲名，寂寞身後事。』歷史上不鮮學者、藝術家，身後雖得榮名，然其生前之艱辛際遇與創作途程，每易爲世人所忽略，矧此中恒予人以多方啓迪，論世知人，似宜加珍視。即以近代印人而言，亦復如是。達堂先生有鑑於此，經多年努力，四出蒐輯，爲填補活躍於民國以來知名印人史傳之空白，俾濟濟名家、皇皇印藝，藉此可以長存史册，猶陶隱居《與梁武帝書》所云：『使元常老骨，更蒙榮造；子敬懦肌，不沉泉夜。』此固逝者之幸，亦民族文化薪傳不盡之光焰也。

是書所收印人凡一百二十五位，編次以生年爲序，刊以代序《近代印壇鳥瞰》，近百年印壇之承啓脉絡，已昭然可見；内容涉及之諸領域，固足廣見聞；而作者獨到之觀點，時亦洋溢其間。至於憑藉時代條件，鈎沉闡幽，覓配印款作品暨傳主照片，圖文並茂，此則老手斫輪，自有超越前人之處。故其爲二十世紀印學史——中國文化史之一部分——之研究與寫作，提供了頗具價值之資料。

達堂先生自香港退休後，僑寓加拿大，一九九六年底復歸香港，以弘揚中華文化爲己任，撰述執教，兀兀窮年。今後仍盼奮揮健筆，承此餘烈，在世紀之交再成本書續編，不負同好喁喁之好。

達堂先生于我爲長者。本書發稿之際，接先生來書，囑作跋語，以結文字緣，固辭不獲，倉猝成此，蓋亦恭敬不如從命之意云爾。藉此並對支持本書編輯工作之作者、同仁、友好，特別是印人傳主之親屬，暨香港關禮光等先生，致以誠摯之謝意。

一九九六年歲次丙子春節稿於上海，越年補改

初版、修訂版文字對照表

傳主	初版文字	修訂版文字
王石經	王君通隸法，名字采中郎。好古天機妙，多才雅事詳。印摹鐙照漢，帖橅拓追唐。何時編鐘鼎，同登叔重堂	王君通隸法，名字采中郎（字曰君都）。好古天機妙（阮文達公謂『非天機清妙，不能好三代文字』），多材雅事詳。印摹鐙照漢，帖橅搨追唐。何日編鐘鼎，同登叔重堂
吴昌碩	翌年，學官催赴縣試，得補諸生	翌年，學官催赴縣試，得補秀才
	年廿九，赴杭州謁俞曲園先生，乞列門墻。隨至蘇州，詣楊峴藐翁，求爲弟子	年廿六，赴杭州謁俞曲園先生，乞列門墻。年廿九，至蘇州詣楊峴藐翁，求爲弟子
	卌四歲問畫法於任伯年	卌六歲問畫法於任伯年
	年五十三，出爲安東縣令	年五十六，出爲安東縣令

續表

傳主	初版文字	修訂文字
吳昌碩	官田種秫不足求，歸來三徑松菊秋，我早有語謝督郵	官田種秫不足求，歸來三徑松菊秋，吾早有語謝督郵
徐新周	《徐星周印集》	《徐星州印存》
鄭文焯	六歲見壁間畫軸，即知臨摹。年十三，以指作畫……年十九，應順天鄉試，中式舉人	七歲見壁間畫軸，即知臨摹。年十四，以指作畫……年二十，應順天鄉試，中式舉人
	不逢青眼答，還對黑頭翁	不逢青眼客，還對黑頭翁
齊白石	十二歲學木工……二十七歲拜文人胡自倬爲師……年四十，應夏午詒之邀北游陝西	十四歲學木工……二十六歲拜文人胡自倬爲師……年三十九，應夏午詒之邀北游陝西
	旋又獲授『人民藝術家』光榮稱號	一九五一年被聘爲中央文史研究館館員。一九五三年又獲授『中國人民傑出的藝術家』榮譽獎狀
	石不轉方，自左連切而極於右，亦刻印之奇觀也	石不轉，刀自右連切而極於左，亦刻印之奇觀也
黃賓虹	自一九〇七年起，居滬上凡三十年	自一九〇九年起，居滬上近三十年

續表

傳主	初版文字	修訂文字
羅振玉	籍浙江上虞，以先世宦游江蘇，**寄居**淮安	籍浙江上虞，以先世宦游江蘇，**生於**淮安
	隨館**山陰**劉氏、丹徒劉氏數載	隨館**山陽**劉氏、丹徒劉氏數載
	乃邀集同志在滬創**農學社**，合辦《農學報》	乃邀集同志在滬創**學農社**，合辦《農學報》
	年三十五，應張之洞邀，任湖北農務局總理兼農**校監督**	年三十五，應張之洞邀，任湖北農務局總理兼農**務學堂監督**
	光緒二十三年，官學部諮議。宣統元年**調**京師大學堂農科監督	**光緒三十二年**，官學部諮議。宣統元年**兼**京師大學堂農科監督
	《漢石經集録續補》、《高昌磚録》、《雪堂所藏古器物圖附説》	**《漢熹平石經殘字集録》**、《高昌磚録》、《雪堂所藏古器物圖録》
鍾以敬	一八六六——一九一七	一八六六——一九一六
		增加『齋名今覺盦』
	篆刻一道，當以效法秦漢爲上，元明人非不佳，	篆刻一道，當以效法秦漢爲上，元明人非不佳，去

續表

傳主	初版文字	修訂文字
鍾以敬	去渾樸蒼勁遠矣……余忘其頑劣，漫爲奏刀……	渾穆蒼勁遠矣……余亦忘其頑劣，漫爲奏刀……
	煙蘿弟敬敬迈近（記）於今覺盦	煙蘿弟敬敬迈（記）於今覺盦
	官私大小多羅列（蔣元龍），玉筯生文篆最精（馮念祖）	官私大小多羅列（蔣元龍），玉筯朱文篆最精（馮念祖）
		删去『窳龕生卒年，此遵《西泠印社志稿》之說。另《丁丑劫餘印存・小傳》以爲生於一八六七年，《藝林年鑒》則作一九一六年卒，謹附於此，用供考索』
吳隱	一八六七——一九二二	一八六七・七・二十五——一九二二・五・十九
	室號饔籀簃等	室號竹松堂、饔籀簃、金篆齋等
葉銘	一八六七——一九四八・八・廿三	一八六七・十二——一九四八・八・廿三
		增加『松石廬』

續表

傳主	初版文字	修訂文字
葉銘	**一九三四年，吴振平**輯《現代篆刻第一集》	**一九三二年，吴幼潛**輯《現代篆刻第一集》
	僂指六百年來**嫥**門名家，浸以大備	僂指六百年來**嫥**門名家，浸以大備
	卌五舉中能**冥收（使萊孝）**，縱横錯落動銀鈎（周春）	《卌五舉》中能**冥搜（陳萊孝）**，縱横錯落動銀鈎（周春）
黎承禮	庚子前，**黎鐵庵**代譚無畏兄弟索篆刻於余十有餘印……余始師之，終未能到，然鯨公未嘗**相**誹薄……譚子皆能刊印，**想**入趙撝叔之室矣……**然**不復能工刻已	庚子前，**黎鐵安**代譚無畏兄弟索篆刻於余十有餘印……余始師之，終未能到，然鯨公未嘗**見**誹薄……譚子皆能刊印，入趙撝叔之室矣……**既不**復能工刻已
丁二仲	以梅庵在清季曾在南京任兩江優級師範監督，兼江寧提學使，書名影響較大故也	以梅庵在清季曾在南京任兩江優級師範**學堂**監督，兼江寧提學使，書名影響較大故也
	《蕡園**印譜**》	《蕡園**藏印**》
王大炘	一八六九——**一九二四**	一八六九——**一九二五**

續表

傳主	初版文字	修訂文字
王大炘	息心静氣，不能渾厚。趙無悶云：惟揚州吴熙載	息心静氣，乃能渾厚。趙無悶云：惟揚州吴熙再
	一人而已	（載）一人而已
	予無以糾正之，第求蒼勁於渾古……	予媿無以糾正之，第求蒼勁於渾古……
黎松安	時松安年廿五，白石三十二歲	時松安年廿五，白石三十一歲
	癸酉爲一九三三年，時松安六十三歲，則其對刀遠石，當在其後也	癸酉爲一九三三年，時松安六十四歲，則其對刀遠石，當在其後也
	余之刊印不能工，但脱離漢窠臼而已	余之刊印不能工，但脱離漢人窠臼而已
褚德彝	別署有……甓師……	別署有……甓齋……
	《松齋書畫編年録》	《松窗書畫編年録》
童大年	一八七三・三・十五——一九五四	一八七三・四・十一——一九五三・十二・十九
		增加『昧退道人』

續表

傳主	初版文字	修訂文字
童大年		增加『緑雲山房』
	七齡即習篆刻……年十七八，取所見金石文字及璽印之佳者，一一爲之雙勾	八齡即習篆刻……年十九，取所見金石文字及璽印之佳者，一一爲之雙勾
	《童子雕篆》	《童子雕瑑》
趙叔孺	歷署福州平潭同知、興化府糧捕通判，福州泉州二府海防華洋同知等職	歷署福州平潭海防同知、興化府糧捕通判、泉州福州二府海防華洋同知等職
	余意觀二公所作，當先究其源……第二公法度精嚴，卓然自振，不屑屑隨人脚後則一也	余意觀兩公所作，當先究其源……第兩公法度精嚴，卓然自振，不屑屑隨人脚後則一也
	其後宗之者，有……譚君從……	其後宗之者，有……譚君常……
	褚德彝《金石學續録補》	褚德彝《金石學續録》
易孺	所居曰……依柳詞居……	所居曰……依柳詞舍……

續表

傳主	初版文字	修訂文字
易孺	一九二二年，大厂居北京……參加者有……馮心恕等。易大厂任社長，周康元副之，孫 、柯昌泗任秘書	一九二二年，大厂居北京……參加者有……馮恕等。易大厂任社長，周康元副之，孫壯、柯昌泗任秘書
	已刊印譜有《玦亭印存》……與李尹桑合作者，有《秦齋魏齋璽印合集》	已刊印譜有《玦亭璽印集》……與李尹桑合作者，有《秦齋魏齋璽印合稿》
	紗縠輕，慊幃好……嫩懷凝佇感，冷侶延奇抱	紗縠輕，慊幃好……嫚懷凝佇感，冷侶延奇抱
	《揚花新聲》	《揚花新聲》
趙古泥	一八七四——一九三三・五・八	一八七四・八——一九三三・五・八
	又名古愚	初名鴻，又名古愚，改名石
	故其所作平正者無不揖讓雍容，運巧者無一不神奇變幻	故其所作平正者無一不揖讓雍容，運巧者無一不神奇變幻
	至諸家輯譜，有沈氏師米齋《趙古泥印存》	至諸家輯譜，有沈氏師米齋《趙古泥先生印集》

續表

傳主	初版文字	修訂版文字
趙雲壑		增加『別號雲壑軒主』
	江蘇蘇州人	江蘇吴縣人
	一九二〇年生生美術公司輯《時人名畫集》叢刊	一九二〇年生生美術公司輯《時人名畫》叢刊
陳衡恪	一八七六・三・二——一九二三・九・十七	一八七六・三・十二——一九二三・九・十七
	翌年携弟寅恪東渡日本，入高等師範博物科攻讀	翌年携弟寅恪東渡日本，入高等師範學校博物專修科攻讀
	曾作《京華風俗圖》，論者許爲民國初年北京社會生活真實而有趣之寫照	曾作《北京風俗圖》册，論者許爲民國初年北京社會生活真實而有趣之寫照
	越年兼北京高等師範學校手工圖畫專修科國畫教員。一九一九年改任北京美術學校及美術專門學校國畫教授	越年兼北京高等師範學堂手工圖畫專修科國畫教員。一九一八年改任北京美術學校及美術專門學校國畫教授
	畫學著作有《中國文人畫之研究》、《清代山水畫派別之研究》、《清代花卉之派別》等行世	畫學著作有《中國文人畫之研究》、《清代山水畫之派別》、《清代花卉畫之派別》等行世

續表

傳主	初版文字	修訂文字
陳半丁		增加『二樹學堂』
	中年以後，被聘爲北京藝術專科學校、京華美術專門學校講師、教授	中年以後，被聘爲國立北平藝術專門學校、京華美術專門學校講師、教授
杜兆霖	五十四歲更號退堪	五十二歲更號退堪
	卒時年僅五十七耳	卒時年僅五十八耳
	後世喜事，益多其制……審其文字，大都方正勾曲，綢繆湊會……竊喜抱守遺闕，不以世論失其故常……	後世憙事，益多其制……審其文字，大都方正句曲，綢繆湊會……竊憙抱守遺闕，不以世論失其故常……
李苦李	一八七七·七·十一——一九二九·七·二十八	一八七七·七·三十一——一九二九·七·二十八
經亨頤	別署𦣝、頤淵	別署𦣝、𦣝者、頤淵、石淵、長松主人、午湖邨人等
	一九二八年夏，與于右任、何香凝等好友嘗組『寒之友』畫會於上海	一九二八年秋，與陳樹人、何香凝等好友嘗組『寒之友』社於上海

續表

傳主	初版文字	修訂文字
金城	一八七八・九——一九二六・七・三十	一八七八・九——一九二六・九・六
	號北樓，**別署藕湖**。浙江吳興人	號北樓、**藕廬、藕湖，別署蕅，室名墨榤閣**。浙江吳興南潯人
	攻讀於英國**鑑司大學**，習**政治經濟**	攻讀於英國**鏗司大學**，習**法律**
	奉派赴美充萬國監獄改良會中國代表……前後年餘，成《十五國審判監獄調查》……	奉派赴美充**第八次**萬國**刑律**監獄改良會中國代表……前後年餘，成《十五國審判監獄調查記》……
	《**藕湖**詩草》	《**藕廬**詩草》
高時顯	於**一九一三年**參加中華書局籌創工作	於**一九一二年**參加中華書局籌創工作
丁輔之	一八七九・八・十四——一九四九・七・十二	一八七九・八・十四——一九四九・八・六
	後得**丁敬所刻**『鶴廬』一印，遂號曰鶴廬	後得**趙之謙所製**『鶴廬』一印，遂號曰鶴廬
	二篆八分校異同，**和神如座春風中**	二篆八分校異同，**和神如坐春風中**

續表

傳主	初版文字	修訂文字
丁輔之	編有《丁氏八家印選》、《杭郡印輯》、《丁氏秦漢印緒》	編有《西泠八家印選》、《杭郡印輯》、《秦漢丁氏印緒》
丁輔之	《商卜文集聯》、《商卜文集存》	《商卜文集聯（附詩）》、《商卜文分韻集成》
黃葆戉	及上海政法學堂畢業，一度游幕四方	及上海法政學堂畢業，一度游幕四方
黃葆戉	辛亥革命後，回故里從事教育，任福建省立圖書館館長	辛亥革命後，回故里從事教育，任福建省立第一圖書館館長
王福庵	所居曰麋硯齋、春住樓	所居曰麋研齋、春住樓
王福庵	父同柏，精究金石，有《石鼓文集聯》、《棲塘志》、	父同伯，精究金石，有《石鼓文集聯》、《呂廬印存》、
王福庵	《武林叢話》等書傳世	《武林叢話》等書傳世
王福庵	一九一三年曾漫游湘楚鄂渚。後應邀赴北京任印鑄局技正	一九一五年曾漫游湘楚鄂渚。後應邀赴北京任印鑄局篆刻課課長、技正
王福庵		增加「一九二九年春爲南京國民政府印鑄局技正，與唐醉石主篆「中華民國之璽」等印」

續表

傳主	初版文字	修訂文字
王福庵	福老晚年，被聘爲浙江省文史研究館館員及上海中國畫院畫師，並任中國金石篆刻研究社**籌委會主任** 著有《説文部屬檢異》一卷、《**麋硯齋**作篆通假》十卷……自刻印有《羅刹江民印稿》八卷、《**麋硯齋**印存》二十卷（有一九三六年輯本、一九三八年續輯本、**一九四七年宣和印社輯本**）	福老晚年，被聘爲浙江省文史研究館館員及上海中國畫院畫師，並任中國金石篆刻研究社**主任委員** 著有《説文部屬檢異》一卷、《**麋研齋**作篆通假》十卷……自刻印有《羅刹江民印稿》八卷、《**麋研齋**印存》二十卷（有一九三六年輯本、一九三八年續輯本、**宣和印社一九四三年重輯本**）
弘一法師	一九〇五年**二月**，母氏病故，哀哭，改名李哀，以示歡樂生涯結束。**六月**南洋公學經濟科畢業後，**得官費赴日本東京入上野美術專門學校**學西洋畫 一九一一年學成歸國，任教於直隸**模範**天津工業學堂 《南社**叢刊**》	一九〇五年**三月**，母氏病故，哀哭，改名李哀，以示歡樂生涯結束。**秋天**南洋公學經濟科畢業後**赴日本，次年九月私費考取東京美術專門學校**學西洋畫 一九一一年學成歸國，任教於直隸**高等**天津工業學堂 《南社**叢刻**》

續表

傳主	初版文字	修訂文字
弘一法師	時戰雲已緊，頗有勸法師内避者，法師志決護法，不肯他往，顔其居曰「殉教室」	時戰雲已緊，頗有勸法師内避者，法師志決護法，不肯他往，顔其居曰「殉教堂」
	執象以求，咫尺千里	執象而求，咫尺千里
	與人發起成立「樂石社」，被舉爲社長，風靡校園	與人發起成立「樂石社」，被舉爲主任，風靡校園
	此爲朽人之創論，未審爲當否耶	此爲朽人之創論，未審有當否耶
	《醺紈閣印譜》	《醾紈閣印譜》
費龍丁	一八七九——一九三七	一八八〇——一九三七
		增加「長岸行人」
	有庚午（一九三〇年）款，時年五十有二	有庚午（一九三〇年）款，時年五十有一
	費硯字龍丁，别署佛耶居士	費硯字龍丁，别署佛耶居士，松江人
徐石雪	一八八〇——一九五七	一八八一·一·五——一九五七·三·二十五
	字養吾	名宗浩，字養吾，號石雪，後以此行

續表

傳主	初版文字	修訂文字
徐石雪	初入**北京**畫學研究會爲會員，以書法精妙，聘爲評議	初入**中國**畫學研究會爲會員，以書法精妙，聘爲評議
	《墨竹**述要**》	《墨竹**論述輯要**》
	……可見其心境，時年**四十有六**耳	……可見其心境，時年**四十有五**耳
	《石雪齋**詩稿**》	《石雪齋**詩文稿**》
	晚年被聘爲文史研究館館員	晚年被聘爲**中央**文史研究館館員
樓邨	小名保源，取名邨，又名卓立，一名虛，字肖嵩； 亦字新吾、辛壺，自號玄根居士、麻木居士、玄璞居士、縉雲老叟、玄道人，別署玄朴居士。 齋號玄根廎	小名保源，取名邨，又名卓立，一名虛、**太虛**，字肖嵩； 亦字新吾、辛壺，自號玄根居士、麻木居士、玄璞居士、縉雲老叟、玄道人，別署玄朴居士、**白雲亭長**、**壺翁**。 齋號玄根廎、**無始齋**
	辛壺逝世後，其哲嗣輯其遺刻爲《**辛壺印存**》……往歲余客松江，**護交**於費丈龍丁……而又知費、	辛壺逝世後，其哲嗣輯其遺刻爲《**樓辛壺先生印存**》……往歲余客松江，**獲交**於費丈龍丁……而

續表

傳主	初版文字	修訂文字
樓邨	王二丈平素固不輕於許人者……及余來杭州，晤哲嗣浩之……浩之復益以西泠印社諸友之所藏，囑余選定	又知費、王二丈固不輕於許人者……及余來杭，晤哲嗣浩之……浩之復益以西泠印社諸同好之所藏，囑余選定
	畫苑書林過眼烟（查岐昌），烟雲潑墨落銀箋（馮念祖）。愛奇竟道翻新樣（周春），留取金鍼《學古編》（沈心）	畫苑書林過眼烟（查岐昌），烟雲潑墨落銀箋（馮念祖）。愛奇競道翻新樣（周春），留取金鍼《學古編》（沈心）
	《題四照閣》：「……山俯波波繞，檐臨古木齊……」	《題孤山四照閣》：「……山俯清波繞，檐臨古木齊……」
	露光凝過雨，月色照攤書	霞光凝過雨，月色照攤書
馬衡	一九二二年任北京大學教授兼研究所國學門考古研究室主任兼導師	一九二二年任北京大學教授兼研究所國學門考古學研究室主任兼導師
	一九三三年任故宮博物院院長	一九三三年任故宮博物院代理院長，次年任院長

續表

傳主	初版文字	修訂版文字
馬衡	一九五二年辭去院長職，改任北京文物整理委員會主任	一九五二年辭去院長職，改任北京文物整理委員會主任委員
	叔平先生生前曾有《凡將齋印存》之輯，歿後，其子太龍收集零存，又成《鑑廬印稿》	叔平先生生前曾有《凡將齋印存》、《鑑廬印稿》之輯；歿後，其子太龍又收集零存
周梅谷	原名周容	原名容，一作梅閣
	吳啓周、盧芹齋經營之『吳盧公司』，爭相羅致所作，	盧芹齋、吳啓周經營之『盧吳公司』，爭相羅致所作，
	遠銷歐美	遠銷歐美
王希哲	一八八一——？	一八八一——一九五三
		增加『號古遼東人，昔則廬主』
	早年畢業於北京大學堂師範館，例授舉人銜	早年畢業於京師大學堂師範館，例授舉人銜
	《東北三省公報》	《東三省公報》
	有『東北四才子』之目	有『東北三才子』之目
	五十年代病逝，年近八旬，具體年份待考	直至病逝

續表

傳主	初版文字	修訂文字
李健	一八八二——一九五六	一八八二・二・十八——一九五六・十二・二十四
	字仲乾	**又名承健**，**字子健**，**後**字仲乾
	名所居曰鶴廬，或作碻廬	名所居曰鶴廬，或作碻廬、**塙廬**
	藉甚人傳小阮名，道人（指李瑞清）緒論早親承	**籍**甚人傳小阮名，道人（指李瑞清）緒論早親承
楊天驥	號繭廬，筆名東方	號繭廬、**駿公**，筆名**天馬**、東方、**聞道**
	年二十擢壬寅科優貢	**年二十一**擢壬寅科優貢
	光緒三十三年（一九〇七），于右任**接辦**《神州日報》，邀楊氏參與編撰	光緒三十三年（一九〇七），于右任**創辦**《神州日報》，邀楊氏參與編撰
	歷任上海**部門**師範學校、中國公學、復旦公學及務本女學堂教席	歷任上海**龍門**師範學校、中國公學、復旦公學及務本女學堂教席
	新中國成立後，聘爲上海市文物保管委員會**委員**	新中國成立後，聘爲上海市文物保管委員會**特約顧問**

續表

傳主	初版文字	修訂文字
李尹桑	一八八二・十・十六——一九四五・一・九	一八八二・十二・十五——一九四三・十二・三十
	《秦齋魏齋璽印合**集**》	《秦齋魏齋璽印合**稿**》
馬一浮	先生爲印，樸茂高雅，純用漢法，間涉**宋元**一筆。有所琢畫，取給自**押**，亦不爲人奏刀。簡頭牘尾，爛然朱沫，古意新姿，韻味**雋永**。……何君鍾嘉，近從先生弟子王準伯尹遺篋，檢得印蜕九十餘品，哀爲一帙，覽之忻然	先生爲印，樸茂高雅，純用漢法，間涉**元明**一筆。有所琢畫，取給自**用**，亦不爲人奏刀。簡頭牘尾，爛然朱沫，古意新姿，韻味**無窮**。……何君鍾嘉，近從先生弟子王準伯尹遺篋，檢得**先生手鈐**印蜕九十餘品，哀爲一帙，覽之忻然
	一八八三——一九五八	一八八三・八・七——一九五八・一・十三
陸和九		增加『蒙古族』
	有《石刻名彙》、《文字學》、《中國古器物學》、《金石文**淵**》四卷	有《石刻名彙》、《**中國**文字學》、《中國古器物學》、《金石文**例**》四卷

續表

傳主	初版文字	修訂文字
張樾丞	馬德彝	馬彝德
	滄鄰（戴還）昌碩（吴俊卿）高（時顯欣木）金（紹城北樓）王（大炘冰鐵），累累筴中完不璺……請將北勝抵南强，寫入卷端當唱引	滄鄰（戴還）昌碩（吴俊卿）高（時顯欣木）金（紹城北樓）王（大炘冰鐵），累累篋中完不璺……請將北勝抵南强，寫入卷端當喤引
孟昭鴻	每歎集字諸書不賅不偏，因仿梅氏《字類》，發凡起例，畫分部居，另爲《印字類纂》一書	每歎集字諸書不賅不徧，因仿梅氏《字彙》，發凡起例，畫分部居，另爲《印字類纂》一書
鄧爾雅		增加「寵恩」
	八齡即習篆刻。年二十一游學東瀛，專攻美術	九齡即習篆刻。年二十二游學東瀛，專攻美術
	時其甥容庚、容肇祖兄弟方年少，受其薰陶，頗有志於古文字學	時其甥容庚、容肇新、容肇祖兄弟方年少，受其薰陶，頗有志於古文字學
	爾雅精研印學，曾有《篆刻卮言》、《印媵》、《鄧齋印雅》、《印學源流及廣東印人》等作刊諸報刊	爾雅精研印學，曾有《篆刻卮言》、《印媵》、《鄧齋印可》、《印學源流與廣東印人》等作刊諸報刊
	聞以數十萬言之《中國文字源流小紀》爲巨作	聞以數十萬言之《中國文字源流》爲巨作

續表

傳主	初版文字	修訂文字
鍾剛中	一八八五·三——一九六八·四	一八八五·五——一九六八·四·十三
	字子年	字少菘、子年
	一九八一年，承啓功前輩函介，獲與柔翁晚年弟子王任先生請益	一九八二年，承啓功前輩函介，獲與柔翁晚年弟子王任先生請益
吕鳳子	字鳳癡，別署鳳先生，又曰老鳳、江南鳳	字伯鳳、鳳癡，別署江南鳳、曲阿鳳，又曰鳳先生、老鳳
	一九二七年秋，應聘任中央大學藝術系教授	一九二七年秋，應聘任中央大學藝術科教授
	在一九三八年於璧山縣創辦正則蜀校……兩年	在一九三八年於璧山縣創辦正則蜀校……一年後
	後增辦正則藝術專科學校	增辦正則藝術專科學校
	並當選江蘇國畫院籌委會副主任委員	並當選江蘇國畫院籌委會主任委員
	《鳳先生仕女畫册》	《鳳先生仕女册》
楊仲子	所居曰海燕樓、一粟翁	所居曰海燕樓、渺一粟齋、匽石廬

續表

傳主	初版文字	修訂文字
楊仲子	一九二〇年歸國，歷任北京女子文理學院音樂系主任、北京藝術學院院長……並兼任北京大學、中法大學等校法文教授	一九二〇年歸國，任北京大學、中法大學等校法文教授。後歷任北平女子文理學院音樂系主任、北平大學藝術學院院長
	新中國成立後，任南京市文物保管委員會主任	新中國成立後，任南京市文物保管委員會主任委員
	仲子以化學工程師而專攻音樂及西洋文學、中國辭章，至于繪事金石乃其最晚出之緒，而精諳亦歷史上之第一流	仲子以化學工程師而專攻音樂，更及西洋文學、中國辭章，至于繪事金石乃其最晚之緒，而精詣亦歷史上之第一流
	吾人若取法明清，似難脱前人窠臼，抗禮當代名流，應求之于殷契周金、秦權漢瓦、陶簡泉鏡之間	吾人若取法明清，似難脱前人窠臼，抗禮當代名流，拔趙立漢，應求之于殷契周金、秦權漢瓦、陶簡泉鏡之間
	殷契周金，秦權漢瓦。懷古幽情，凝於一石。碧化萇弘，赫其有赤。聽之無聲，中有霹靂	殷契周金，秦權漢甓。懷古幽情，凝於一石。碧化萇弘，赫其有赤。聽之無聲，中有霹靂
侯疑始	錢唐詞人項蓮生言：不爲無益之事，難遣有生之涯	錢唐詞人項蓮生言：不爲無益之事，難遣有涯之生

續表

傳主	初版文字	修訂文字
侯疑始	會華攝影紀念，諸人聚傍叢菊，腹背相倚，有謂不啻商駏負蛩	會畢攝影紀念，諸人聚傍叢菊，腹背相倚，有謂不啻商駏負蛩
壽璽	一八八六・一・二十——一九四九・十	一八八六・一・二十四——一九四九・十
		删去「爲魯迅先生啓蒙師壽鏡吾之子」
	石工曾任北京大學篆刻導師多年，平素喜爲後輩啓迪	石工曾任北京大學、國立北平大學藝術學院等校篆刻導師多年，平素喜爲後輩啓迪
唐醉石	一八八六——一九六九・四	一八八六・六・十四——一九六九・五・二十三
	號醉龍、醉農、非園，別署醉石小農	號醉龍、醉農、韭園，別署醉石山農
		删去「北京故宮博物院初創時，聘爲顧問」
	二十年代末葉，任印鑄局第一科長。時王福庵丈主篆刻課，馮康侯師任技正	二十年代末葉，任印鑄局印信科科長。時王福庵丈主篆刻課，馮康侯師任技士
	有《題長沙唐醉石坐上青石田》之作	有《題長沙唐醉石坐上青田石》之作

續表

傳主	初版文字	修訂文字
唐醉石	一九三四年西泠印社印行之《現代篆刻第六集》，乃《唐醉石印存》	一九三二年西泠印社印行之《現代篆刻第六集》，乃《唐醉石印存》
	倘續印人他日傳（鍾大源），素心名又躁錢塘（倪印之）	倘續印人他日傳（鍾大源），素心名又噪錢唐（倪印元）
	蒼莽瑰奇追蔣趙，飄蕭質樸近奚丁，刊前斯譜匯瑶瑛	蒼莽瑰奇追蔣趙，飄蕭質樸近奚丁，刊行斯譜匯瑶瑛
高時敷	一九三四年，吴振平編《現代篆刻第一集》時，即收有絡園印作十二方	一九三二年，吴幼潛編《現代篆刻第一集》時，即收有絡園印作十二方
湯安	一八八七——一九六七	一八八七——一九六七・六・四
	一九三五年上海西泠印社潛泉印泥發行所出版之《現代篆刻第一集》，輯有其印作十二方	一九三二年五月上海西泠印社潛泉印泥發行所出版之《現代篆刻第一集》，輯有其印作十二方
	生前曾任暨南大學中國美術史講席、故宫博物院金石書畫鑑定委員會專門委員	生前曾任上海暨南大學中國美術史講席、故宫博物院書畫金石審定專門委員
	《二泉山館雜掇》	《二泉山館雜綴》

續表

傳主	初版文字	修訂文字
于非闇		增加『滿族』
	《藝蘭記》	《都門藝蘭記》
	《中國畫顏色研究》	《中國畫顏色的研究》
簡經綸	《千石室印識》	《千石樓印識》
周希丁	爲求透視準確，一九一五年參加書法研究會專事深造	爲求透視準確，一九一五年參加畫法研究會專事深造
談月色	一八九一——一九七六	一八九一・十二・十九——一九七六・八・五
	遂字月色	又温飛卿有『惟向舊山留月色』，遂字月色
	順德蔡守，字哲夫，一八七九年己亥六月二十四日生，少有才名	順德蔡守，字哲夫，一八七九年己卯八月十一日生，少有才名
	作伐者爲畫家程大璋，聘禮聞乃珊瑚盒中盛以漢玉鴛鴦云。時哲夫年四十二，月色三十歲	作伐者爲畫家程大璋、詩人高天梅，聘禮聞乃珊瑚盒中盛以漢玉鴛鴦云。時哲夫年四十四，月色三十二歲

續表

傳主	初版文字	修訂文字
喬大壯	壯翁治印始自一九一六年，及其殁已三十三載……逝世後友人輯其遺刻五百六十石成《喬大壯印蛻》二册	壯翁治印始自一九一六年，及其殁已三十二載……逝世後友人輯其遺刻五百六十四石成《喬大壯印蛻》二册
	徐悲鴻於一九三五年聘之爲中央大學藝術系教授，講授印藝	徐悲鴻於一九三五年聘之爲中央大學藝術科教授，講授印藝
	蠏扁蚪圓詎足多，昆吾遠矣誰礱磨	蠏扁虬圓詎足多，昆吾遠矣誰礱磨
談月色	一九三二年，謝英伯主廣州市立博物院及廣州黄花考古學院，分別聘月色爲發掘事員及研究員……事載黄花考古學院刊行之《考古學雜志》創刊號	一九三二年，謝英伯主廣州市立博物院及黄花考古美術研究院，分別聘月色爲研究員及發掘事員……事載黄花考古美術研究院刊行之《考古學雜志》創刊號
	哲老經此一役，心身疲敝，心臟時感不適，卒以一九四一年十二月十四日下世	哲老經此一役，心身疲敝，心臟時感不適，卒以一九四〇年十二月十四日下世
	《中國梅花畫的歷史沿革》	《中國梅花畫發展史》

續表

傳主	初版文字	修訂版文字
馬公愚	一八九〇・一・五——一九六九・二・二十一	一八九四・一・五——一九六九・二・二十一
	一九二九年與兄孟容等主辦中國藝術專門學校，復任兩中學董事長，及上海美術會理事、中國畫會理事	一九三〇年一月與兄孟容等主辦中國文藝學院（五月改名中國藝術專科學校），復任存德、勤業兩中學董事長，抗戰勝利後爲上海美術會理事、中國畫會理事
	古者璽印用金玉，篆與刻異手，篆專士人，刻則工匠……越人傚燕趙語，安能及燕趙小兒耶？	古者璽印用金玉，篆與刻異手，篆者士人，刻則工匠……南越人傚燕趙語，安能及燕趙小兒耶？
	晚年，上海中國畫院聘爲畫師，又預上海金石篆刻研究社社務	一九五六年，上海中國畫院聘爲畫師，又預中國金石篆刻研究社社務
容庚		增加『頌，古容字』
		增加『翫習蔽聞室』
	旋升教授，並任《燕京學報》主編	旋升教授，並任《燕京學報》編輯委員會主任
	一九一九年以容容齋署名發表於《小說月報》十卷三、四號	一九二〇年以容容齋署名發表於《小說月報》十卷三、四號

續表

傳主	初版文字	修訂文字
董作賓		增加「原名作仁」
	主要有《新獲卜辭寫本》、《小屯殷墟文字甲編》、《小屯殷墟文字乙編》、《殷曆譜》等	主要有《新獲卜辭寫本》、《殷墟文字甲編》、《殷墟文字乙編》、《殷曆譜》等
	一九五六至一九五八年任香港大學、崇基書院和珠海書院研究員或教授	一九五五至一九五八年任香港大學、崇基書院、新亞書院和珠海書院研究員或教授
王獻唐	原名琯	初名家駒，後名琯
	新中國成立後，改任山東省文物管理委員會副主任	新中國成立後，改任山東省文物管理委員會副主任委員、故宮博物院銅器研究員
錢瘦鐵	十二歲自家鄉往蘇州護龍街唐伯謙所設漢貞閣爲學徒	十四歲自家鄉往蘇州護龍街唐伯謙所設漢貞閣爲學徒
	年十九，移居上海	年二十，移居上海

續表

傳主	初版文字	修訂文字
錢瘦鐵	一九二二年，日本著名畫家橋本關雪游滬，得觀瘦鐵所作，盛贊用筆簡遠，許爲『支那巨手』	一九二二年，日本著名畫家橋本關雪游滬，得觀瘦鐵所作，盛贊用筆簡遠，許爲『支那巨手，**東亞奇才**』
		『一度任上海美術專科學校教授兼國畫系主任』從『亦名「臨江觀日樓」』後移至『一九二三年三月』前
	《書**苑**》	《書**苑**》
	《郭沫若歸國記》	《郭沫若歸國**秘**記》
	卒以擾亂治安及殺人未遂之罪，判處徒刑**四年**	卒以擾亂治安及殺人未遂之罪，判處徒刑**三年**
	刑滿出獄，由日警押送上船遣歸，並謂不准再踏上日本國土，時**約一九四一年六月**	**幸得友人搭救提前出獄**，由日警押送上船遣歸，並謂不准再踏上日本國土，時**在一九四一年五月**
	一九四七年，以**中國外交代表團**文化秘書身份赴日	一九四七年，以**聯合國佔領軍中國駐日本代表團**文化秘書身份赴日

續表

傳主	初版文字	修訂文字
寧斧成	原名輔成，字宗侯，別署腐成、老腐、腐公、老斧、老寧、寧二、半文盲	原名輔成，名宗侯，字斧成，以字行，別署腐成、老腐、腐翁、老斧、寧公、老寧、寧二、静廬、半文盲
潘天壽	年二十七，移居上海，任教國民女子工校	年二十七，移居上海，任教民國女子工校
	《讀阿壽山水障子》	《讀潘阿壽畫山水障子》
	龍湫飛瀑雁蕩雲，石梁氣脉通氤氳……有若白猿公，竹竿教之舞。昨見畫人畫一山，鐵船寒罊飛仙端……只恐荆棘叢中行太速，一跌須防墮深谷……	龍湫野瀑雁蕩雲，石梁氣脉通氤氳……有若白蝯公，竹竿教之舞。昨見畫人畫一山，鐵船寒罊飛仙端……只恐荆棘叢中行太速，一跌須防墜深谷……
	越年，任浙江美術學院院長、全國美協副主席、西泠印社副社長	一九五九年起，先後任浙江美術學院院長、中国美協副主席、西泠印社副社長
	《治印叢談》	《治印談叢》

續表

傳主	初版文字	修訂文字
王个簃	千歲芝齋	千歲芝堂
	弄石樂何如？盤中此瀉珠	弄石樂何如？盤中比瀉珠
	予恐其嗜好太多，而於金石未能獨往	予恐其嗜好太多，而於金石一門未能獨往
吳仲坰	江蘇揚州人	江蘇鎮江人
	年三十，輯自刻印爲《餐霞閣印稿》	年三十一，輯自刻印爲《餐霞閣印稿》
	越五年，仲老從姑丈莫伯恒處獲見其祖父莫友芝	越六年，仲老從姑丈莫伯恒處獲見其祖父莫友芝
	自刻印二十餘方	自刻印二十餘方
	一九三五年，海上西泠印社輯印《現代篆刻第七集》	一九三二年，上海西泠印社輯印《現代篆刻第七集》
陳子奮	晚年別署水叟	晚年別署鳳叟、老鳳
	余學篆治印垂六十年，求一點一畫圓融藏鋒，而迫近於甲骨、鐘鼎、璽印者，接前賢之步趨，冀發揚而光大	余學篆治印垂六十年，求一點一畫圓融藏鋒，而逼似於甲骨、鐘鼎、璽印者，欲接前賢之步趨，冀發揚而光大
	『長顑頷亦何傷』	『長顑頷亦何傷』

續表

傳主	初版文字	修訂文字
陳子奮	《頤諼樓印話》	《頤蘐樓印話》
	《壽山石小志》	《壽山印石小志》
鄧散木	年十四，入英人所辦華童公學讀書	年十一，入英人所辦華童公學讀書
	十九歲充上海會審公廨文書	十九歲充上海會審公廨文牘
	年四十二，自設書法篆刻講座	年四十二，自設厠簡樓金石書法講座
	一九六〇年，左足因血管堵塞被截	一九六〇年，左下肢因血管堵塞被截
	日本刊有《鄧散木印集》初集八册	日本刊有《鄧散木印譜》初集九册
	待刊者有《荀子詳注》、《説文外編校補》、《西漢官	待刊者有《荀子今譯》、《説文外編校補》、《兩漢官
	印考》等近十種	印考》等近十種
	《四體簡化字譜》	《三體簡化字譜》
	幼女國治，糞翁逝時，年僅十八……一九八三年	四女國治，糞翁逝時，年僅十九……一九八三年五
	春間以小故遽殞	月間以小故遽殞

續表

傳主	初版文字	修訂文字
黎澤泰	一八九八・八——一九七八・八	一八九八・十一・九——一九七八・二・十八
	戩翁五十後獲聘爲湖南省文獻委員會委員，後改任湖南省參事室參事，直至謝世	戩翁五十後獲聘爲湖南省文物管理委員會委員，後改任湖南省人民政府參事室參事，直至謝世
吴澤	一九〇〇——一九三八・八	一八九八——一九三五・八
	其殁後十年，邑人秦彦沖景愛所作，經多方徵集，得公阜遺印八十餘鈕，成《斉飛館印留》二卷行世	其殁後十三年，邑人秦彦沖景愛所作，經多方徵集，得公阜遺印九十九鈕，成《斉飛館印留》二卷行世
	若陶元亮詩格至高，以生當晋宋之世，時尚靡華，山玉谷蘭，寂焉寡賞	昔陶元亮詩格至高，以生當晋宋之世，時尚靡華，山玉谷蘭，寂焉寡賞
吴子復		增加『號懷冰老人』
		增加『野意樓』

續表

傳主	初版文字	修訂文字
吳子復	時關良先生任教於廣州市美術專門學校，頗爲揄揚宣廣	時關良先生任教於廣州市立美術學校，頗爲揄揚宣廣
	一九四〇年後，任省立藝術專門學校美術系主任凡數載	一九四〇年後，任省立藝術專科學校美術系主任凡數載
	千萬劫危樓尚存，問誰摘斗摩星，目空今古；五百年故侯安在？使我憑欄看劍，淚灑英雄	萬千劫危樓尚存，問誰摘斗摩霄，目空今古；五百年故侯安在？使我倚闌看劍，淚灑英雄
	大指中指死力搯，圓如龍睛中虛發	大指中指死力掐，圓如龍睛中虛發
張大千	原名正權，一字柄	原名正權，單名權，別號柄
	翌年隨兄善孖東渡日本學習染織及繪畫。二十歲返滬，師事曾農髯熙、清道人李瑞清	翌年師事曾農髯熙、清道人李瑞清，因家庭不同意留滬學書，隨兄善孖東渡日本學習染織。二十一歲返滬，復受業於曾、李
	三十八歲受聘爲中央大學藝術系教授	三十八歲受聘爲中央大學藝術科教授

續表

傳主	初版文字	修訂版文字
張大千	一九六七年，門人曾輯《大千居士己丑後所用印》，凡百餘鈕 印友方去疾先生曾輯有《大千印留》，收印四十五方，一九八七年九月由上海書畫出版社行世	一九六七年，門人李順華曾輯《大千居士己丑以後所用印》，凡百餘鈕 一九三〇年大千輯自刻印成《大千印留》，印友方去疾先生據以收印四十五方，一九八七年九月由上海書畫出版社行世
聞一多	一九二五年歸國，歷任……南京中央大學……等校中文系、外文系教授、系主任、文學院長等職 自非博雅君子，難率爾以操觚；儻有稽古宏才，偶點畫而成趣。浠水聞一多先生，文壇先進，經學名家……佔畢餘閒，游心佳凍。惟是温馨古澤，徒激賞於知交……爰綴短言爲引，聊定薄潤於後 《匡齋印譜》	一九二五年歸國，歷任……南京第四中山大學……等校中文系、外文系教授、系主任、文學院長等職 是非博雅君子，難率爾以操觚；倘有稽古宏才，偶點畫而成趣。浠水聞一多教授，文壇先進，經學名家……佔畢餘閒，游心佳凍。惟是温馨古澤，僅激賞於知交……爰綴短言爲引，公定薄潤於後 《匡齋印存》

續表

傳主	初版文字	修訂文字
劉淑度		增加『室號千石印室』
	山東德縣人	山東德縣（今德州）人
	一九三〇年畢業於北京女子師範大學中文系	一九三〇年畢業於北京女子師範大學國文系
	三十年代中，應南京金陵大學附中之聘，南下任教，至一九五八年在南京第十中學退休，畢生致力教育事業	『七七事變』後，南下到南京中央圖書館任職。一九四九年後，應南京第二女子中學、金陵大學附中等校之聘任教，至一九五八年在南京第十中學退休，畢生致力教育事業
	馬湘蘭之畫蘭，管夫人之畫竹，見知是女子所爲……余爲點定拓本後，因記數語歸之	馬湘蘭之畫蘭，管夫人之畫竹，一見知是女子所爲……余爲點定此拓本後，因記數語歸之
秦咢生		增加『幼名壽南』
	十五歲在家鄉一當鋪當學徒……十七歲投考電報生落選……年廿三，同里學者張友仁賞其才，拔爲文員	十七歲在家鄉一當鋪當學徒……十九歲投考電報生落選……年廿五，同里學者張友仁賞其才，拔爲文員

續表

傳主	初版文字	修訂文字
沙孟海	年廿三之滬，獲聞一代詞宗況蕙風、朱彊邨及書刻巨匠吳昌碩、趙叔孺微言緒論，眼界益開拓	年廿四之滬，獲聞一代詞宗況蕙風、朱彊邨及書刻巨匠吳昌碩、趙叔孺微言緒論，眼界益開拓
	三十年代初，先生南下廣州，受聘中山大學預科教授	一九二九年，先生南下廣州，受聘中山大學預科國文教授
	『大司農』	『大司農印』
秦咢生	一九六四年，廣州文史夜學院中國文學藝術系聘先生主書法事業	一九六二年，廣州文史夜學院中國文學藝術系聘先生主書法事業
		增加『一九七九年，廣東省書法篆刻研究會恢復活動，當選爲副主任委員』
	晚歲粵滿藝林，德業日著，榮膺省文史研究館副館長、中國書法家協會廣東分會主席、省文聯委員等職	晚歲粵滿藝林，德業日著，榮膺省文史研究館副館長、中國書法家協會廣東分會副主席、省文聯委員等職

續表

傳主	初版文字	修訂文字
朱復戡	一九〇二·九·三十——一九八九·十一·三	一九〇〇·九·三十——一九八九·十一·三
	祖籍浙江海寧，而誕於上海	祖籍浙江鄞縣，而誕於上海
	四十後更名起，號復戡	四十後更名起，字復戡，後以此行
	四五歲即蘸水於大磚練字，稍長得翰林王秉蘭授以《説文解字》	五歲即蘸水於大磚練字，稍長得舉人王秉蘭授以《説文解字》
	而商務印書館出版《静龕印集》時，年方廿二	而商務印書館出版《静龕印集》時，年方廿七
	朱生百行過訪，爲我琢硯，仿苻秦《廣武將軍碑》製銘刻字	朱生百行過訪，爲我琢硯，仿苻秦《廣武將軍碑》刻字
	二十八歲，應劉海粟之邀聘，任上海美術專科學校教授，後又推爲中國畫會常委。五十年代初，移居濟南，從事美術設計工作	二十九歲，應劉海粟之邀聘，任上海美術專科學校教授，講授金石碑版。一九五八年，移居濟南，從事美術設計工作

傳主	初版文字	修訂文字
朱復戡	篆碑之外，復翁亦以設計青銅器及書銘見稱，與上海交通大學附屬中華青銅文化復興公司密切合作，先後爲《震澤神黿》、《榮氏寶鼎》及中外定製之鐘鼎等青銅製作貢其睿智	篆碑之外，復翁亦以設計青銅器及書銘見稱，與上海交通大學中華青銅文化復興公司密切合作，先後爲《榮氏寶鼎》、《震澤神黿》及中外定製之鐘鼎等青銅製作貢其睿智
馮康侯		增加『咫尺蓬萊館、雙蓮館』
	年十八東渡日本擬習工程，一面準備學工之基礎學科，一面在東京美術專科學校攻實用美術	年十九東渡日本擬習工程，一面準備學工之基礎學科，一面在東京美術學校攻實用美術
	一九二六年因奔父喪回粤。其後二年，又應聘至南京印鑄局任技師	一九二六年因奔祖父喪回粤。其後二年，又應聘至南京印鑄局任技士，製『榮典之璽』諸印
	一九五七年，南大印社所刊《馮康侯印集》，風行一時	一九七五年六月，南天印社所刊《馮康侯印集》，風行一時

續表

傳主	初版文字	修訂文字
張魯盦	原名錫誠，字咀英	原名錫誠，又名英、咀英，號幼蕉、雪琴，又號魯盦，後以此行，別號四明山人、印泥工人
	光緒成譜之《十鐘山房印舉》	光緒九年（一八八三）成譜之《十鐘山房印舉》
	其製刀之銅定自英國鷹立球鋼廠	其製刀之鋒鋼定自英國鷹立球鋼廠
	其子秉承遺志，盡舉所藏捐贈西泠印社，用饗印林	夫人葉寶琴及其子永敏秉承遺志，盡舉所藏捐贈西泠印社，用饗印林
方介堪	一九〇一·十一——一九八七·八·二十五	一九〇一·十一·八——一九八七·八·二十五
	新中國成立後，任温州市文物管理委員會副主任、温州市工藝美術研究所副所長	新中國成立後，任温州市文物管理委員會常務副主任、温州博物館館長、温州市工藝美術研究會副主任
	已刊行者有《介堪篆刻》、《介堪印存》、《介堪印集》、《介堪手刻晶玉印》若干卷	已刊行者有《介庵瑑刻》、《介堪印存》、《介堪印譜》、《介堪手刻晶玉印》若干卷

續表

傳主	初版文字	修訂文字
諸樂三	一九三〇年後，先後擔任上海新華藝術專科學校、上海昌明藝術專科學校及上海中華藝術大學教授	一九三〇年後，先後擔任新華藝術專科學校、昌明藝術專科學校及中華藝術大學教授
	一九〇二——一九九一・五・十二	一九〇二・三・七——一九九一・五・十二
		增加「鴛剛、蠖公」
商承祚	年十九，赴天津師事羅振玉先生習古文字	年二十，赴天津師事羅振玉先生習古文字
	錫翁治學之外，復以書法篆刻馳譽，曾任中國書法家協會理事兼中國書法家協會廣東分會主席	錫翁治學之外，復以書法篆刻馳譽，曾任中國書法家協會理事、中國書法家協會廣東分會主席、西泠印社顧問
丁衍庸		增加「號肖虎、丁虎」
		增加「一九二〇年中學畢業，獲公費赴日留學」

續表

傳主	初版文字	修訂文字
丁衍庸	一九二五年畢業回國，得蔡元培先生賞識襄助，創立中華藝術**學校**於上海，任專任教授兼**教務長**；越三年，**改任校長**。時教育部擬辦第一屆全國美術展覽會，聘爲籌備委員**兼審查委員**。不久，廣州籌建美術館於越秀山，先生應邀回粵主其事，並兼**市博物館**常務委員、**藝術部**主任	一九二五年畢業回國，得蔡元培先生賞識襄助，創立中華藝術**大學**於上海，任專任教授兼**藝術教育科主任、總務主任**；越三年，時教育部擬辦第一屆全國美術展覽會，聘爲籌備委員、**總務委員**。不久，廣州籌建美術館於越秀山，先生應邀回粵主其事，並兼**市立博物院**常務委員、**美術部**主任
	一九四九年移居香港，初主**德明書院藝術系**。一**九五六年**應錢穆先生之聘，創辦新亞書院藝術專修科；中文大學成立，任藝術系**主任**	一九四九年移居香港，初主**德明中學美術科**。一**九五七年**應錢穆先生之聘，創辦新亞書院藝術專修科；中文大學成立，任藝術系**教授**
	爲使用印亦能與畫吻合無間，不憚艱於目力，於**五十八歲**始親自拏刀治石	爲使用印亦能與畫吻合無間，不憚艱於目力，於**五十九歲**始親自拏刀治石

續表

傳主	初版文字	修訂版文字
劉伯年	一九〇三·一——一九九〇·二·七	一九〇三·一·二十八——一九九〇·二·七
	又名遷	原名宗翰，字伯年，更名遷
	弱冠就讀於四川成都美術專門學校	弱冠就讀於成都四川美術專門學校
陳堯廷	時歲次己巳（一九二九），堯翁年方廿六	時歲次己巳（一九二九），堯翁年方廿七
	彥均	彥鈞
周鐵衡	一九〇三——一九六七	一九〇三·五——一九六八·十一·八
	別署半聾、阿聾、聾叟	原名德輿，以字行，號鐵翁、灌園丁，別署半聾、阿聾、聾翁、聾叟
	三十五歲有此造詣，至不易易	三十六歲有此造詣，至不易易
賀培新	『涵負廛主所作詩文字』	『涵負廛主所作詩文字』
	蜿蜒蛟龍奮牙角，矯如鵬翼雲霄搏	蜿蜒蛟龍奮牙角，矯如鵬翼雲霄搏

續表

傳主	初版文字	修訂文字
來楚生	因祖父逝世耽擱不果，改入上海美術專科學校學國畫，得償所願	因祖父逝世耽擱不果，改入上海美術專門學校西畫系，得償所願
	新中國成立前後，先後在上海美術專科學校及新華藝術專科學校任教	新中國成立前，先後在上海美術專科學校及新華藝術專科學校任教
馬萬里	年十八，入南京美術專科學校國畫系攻讀	年十八，入南京美術專科學校國畫科攻讀
傅抱石	一九三五年學成歸國，任中央大學藝術系教授	一九三五年學成歸國，任中央大學教育學院簡任講師
	新中國成立後，任中國美術家協會副主席、美協江蘇分會主席、江蘇中國畫院院長	新中國成立後，任中國美術家協會副主席、美協江蘇分會主席、江蘇省國畫院院長、西泠印社副社長
	晚年作品，蒐集出版者有《傅抱石畫集》、《東北寫生集》、《浙江寫生畫集》、《訪問羅馬尼亞寫生畫集》等	晚年作品，蒐集出版者有《傅抱石畫集》、《東北寫生畫集》、《浙江寫生畫選》、《訪問羅馬尼亞寫生作品選集》等

傳主	初版文字	修訂文字
陳語山	一九二二年，胡根天先生創立廣州市立美術專門學校	一九二二年，胡根天先生創立廣州市立美術學校
	戰後移家香港，任中學及大專院校美術科教席外，並設『語山藝苑』授徒	一九五〇年移家香港，任中學及大專院校美術科教席外，並設『語山藝苑』授徒
鄒夢禪	一九〇五・十一——一九八六・四・十七	一九〇四——一九八六・四・十七
	《呂氏春秋集釋》	《呂氏春秋集解》
陳巨來	號塙齋，所居曰安持精舍，晚年別署安持老人	號塙齋，一作確齋，又號[illegible]石，所居曰更生藤齋、安持精舍，晚年別署曹叟、安持老人
	十九歲改隨父執趙叔孺問業	二十歲改隨父執趙叔孺問業
	《雙虞壺齋印譜》有漢印『叔得意印』，余甚喜之，遂囑弟子陳巨來摹刻，改『印』爲『孺』字，配合妥貼，宛然古製	《雙虞壺齋印譜》有漢印『叔得意印』回文印，余甚喜之，遂囑弟子陳巨來摹刻，改『印』爲『孺』字，配合至妥，宛然古製

續表

傳主	初版文字	修訂文字
陳巨來	五十年代，獲聘爲上海市文史館（後易名文史研究館）館員，始有其工作崗位	一九八〇年，獲聘爲上海市文史研究館館員
	宋元圓朱文，創自吾趙（吾丘衍、趙子昂），其篆法章法，上與古璽漢印、下及浙皖等派相較，當是另一番境界，學之者最爲不易……工則易板，猶如剞劂中之宋體書，生硬無韻	宋元圓朱文，創自吾趙（吾丘衍、趙子昂），其篆法章法，上與古璽漢印、下及浙皖等派相較，當是另一番境界，學之者亦最不易……工則易板，猶如剞劂中之宋體書，生梗無韻
羅福頤	一九〇五·五——一九八一·十一·八	一九〇五·五·十一——一九八一·十一·八
		增加『室名待時軒、郼庵等』
	十三歲還居天津	十五歲還居天津
	年廿六，編《三代秦漢金文著録表》成	年廿七，編《三代秦漢金文著録表》成
	《清大庫史料目録》	《清大庫史料彙目》

續表

傳主	初版文字	修訂文字
羅福頤	及解放，調文化部文物局	一九五一年，調文化部文物處
	《元八思巴文官印集》	《八思巴文印集》
	《近百年來古璽印在學術上之進展》	《近百年來對古璽印研究之發展》
	一九〇五・十・四——一九七六・三・二十三	一九〇五・十・四——一九七六・三・二十二
		增加『慮憲堂』、『四瓦齋』
韓登安	年十五，家貧不能繼續升學，進武林鑄造廠爲翻砂工學徒	年十五，家貧不能繼續升學，進武林鐵工廠爲翻砂工學徒
	一九三三年二十九歲時，經王福老推薦，加入了西泠印社，且先後擔任……龍淵印社常務監事等職，力倡風雅	一九三三年二十九歲時，經王福老推薦，加入了西泠印社，且先後擔任……龍淵印社監事等職，力倡風雅
金禹民	一九三九年，北京大学文學系聘爲篆刻導師	一九三九年，北京大学文學院聘爲篆刻導師

續表

傳主	初版文字	修訂文字
朱其石		增加『簣龕、翩翩老人』
葉潞淵	原名豐，字仲子，又字潞淵，**以字行**	原名**奕祥**，**又名**豐，字仲子，又字潞淵，**以此行**
	年十三進福泰錢莊習金融業，先後任記賬員、營業員	**年十四**進福泰錢莊習金融業，先後任記賬員、營業員
	十六歲從師趙叔孺先生	**二十歲**從師趙叔孺先生
		增加『《略論浙派的藝術風格》』
	一九〇七——一九七八・十・二十一	一九〇七・十一・三——一九七八・十・二十一
齊燕銘		增加『葉之餘』
	一九三〇年大學畢業後，**曾在中法大學**任教，一九三三年任**中國大學**講師，其後亦在東北大學、民國大學、大同中學擔任教職	一九三〇年大學畢業後，**留校**任教，一九三三年任講師，其後亦在**中法大學**、東北大學、民國大學、大同中學擔任教職
	五十年代末調任文化部副部長	**一九六〇年**調任文化部黨組書記、副部長

續表

傳主	初版文字	修訂文字
白蕉		增加『北山公、蘭人、不入不出翁』
	本名何治法，字旭如，字復生	原名何馥，字遠香，又名治法、復生，號旭如
	《中華民國與袁世凱》	《袁世凱與中華民國》
	年三十，在上海舉辦個人書畫展，頗獲時譽	年三十二，在上海舉辦個人書畫展，頗獲時譽
	霜毫刷取巖前春，仙境無塵深窅滌	霜毫刷取巖前春，仙境無塵深窅篠（窈窕）
余任天	一九〇八・十一・九——一九八四・三・二	一九〇八・十一・二十九——一九八四・三・二
	所居曰歸漢室	所居曰任自然室、歸漢室
	一九四〇年，潘天壽、吴茀之諸先生亦隨西湖藝專內遷至永康	潘天壽、吴茀之諸先生亦隨國立藝專內遷至永康
	五十年代初，先生於西子湖畔自設『金石書畫工作室』鬻藝	一九四九年十一月，先生於西子湖畔自設『余任天金石書畫工作室』鬻藝

續表

傳主	初版文字	修訂文字
余任天	畫家有潑墨惜墨，治印亦應潑朱惜朱，此印**甚**庶幾乎？	畫家有潑墨惜墨，治印亦應潑朱惜朱，此印**其**庶幾乎？
	余君**作畫之外**，復精篆刻，擅書法，工吟詠	余君**善畫**，復精篆刻，擅書法，工吟詠
余仲嘉	爲名士**余楚凡**先生幼子	爲名士**余楚帆**先生幼子
	《竹人續録**（續）**》	《竹人續録》
童雪鴻	及長，以性之所好，赴滬就讀於上海美術專科學校，後因北伐戰爭影響，停學一年，及復學，**原美專合併爲**新華藝術大學	及長，以性之所好，赴滬就讀於上海美術專科學校，後因北伐戰爭影響，停學一年，及復學，**入**新華藝術大學
陳夷同	曩年吴**振平**輯《現代篆刻第一集》	曩年吴**幼潛**輯《現代篆刻第一集》
張祥凝		增加『室號曲江池館』
柴子英	一九一二——一九八九・十一・二	一九一二・**一**——一九八九・十一・二
	《楊文驄遺印及作者**倪犀**考》	《楊文驄遺印及作者**倪長犀**考》

續表

傳主	初版文字	修訂文字
柴子英	爲《書譜》撰文**三**篇：《文彭『琴罷倚松玩鶴』印試論》、《鄧石如史事遺印掇存》、《周亮工與〈印人傳〉及其版本問題》	爲《書譜》撰文**四**篇：**《『⿰糹共中』考》**、《文彭『琴罷倚松玩鶴』印試論》、《鄧石如史事遺印掇存》、《周亮工與〈印人傳〉及其版本問題》
	而陳曼生之生、卒年爲**一七六七**、一八二二，曼生卒時鍾權僅五歲，謂爲師事，似難置信	而陳曼生之生、卒年爲**一七六八**、一八二二，曼生卒時鍾權僅五歲，謂爲師事，似難置信
劉博琴		增加『名秉璋，字少博』
	一九五六年，書法界前輩陳雲誥、葉恭綽、溥雪齋等籌組北京書法研究社	一九五六年，書法界前輩陳雲誥、葉恭綽、溥雪齋等籌組北京**中國**書法研究社
蕭友于	一九三六年，齊白石應邀游川，友于以余中英之介，獲謁白石老人，並呈印作求教，懇列門墻，時老人已**七十有五**	一九三六年，齊白石應邀游川，友于以余中英之介，獲謁白石老人，並呈印作求教，懇列門墻，時老人已**七十有三**
	卒以積勞成疾，醫治無效，得年僅**四十二歲**	卒以積勞成疾，醫治無效，得年僅**四十三歲**

續表

傳主	初版文字	修訂文字
秦康祥	浙江寧波人	浙江鄞縣人
孫龍父	孫龍父（一九一七——一九七九），以出生之年爲龍年，初名瓏	孫龍父（一九一七・十二・十五——一九七九・四・三十），以出生之年爲地龍（蛇）年，初名瓏
	游學滬濱，初入持志法學院習法律	游學滬濱，初入私立持志法學院習法律
	畢業後無法覓得工作，遂於鎮江、揚州一帶鬻書賣印	畢業後在中小學教書。二十九歲起於泰州、揚州、鎮江、南通一帶鬻書賣印
	一九四九年後，任教於揚州師範學院中文系	一九四九年後，任教於揚州中學，一九五六年調任揚州師範學院中文系
羅叔子	與人合作者，有與陳之佛先生合著之《中國工藝美術史簡編》……與于希寧先生合編之《北朝石窟浮雕拓片選》	與人合作者，有與陳之佛先生合著之《中國工藝美術史》……與于希寧先生合編之《北魏石窟浮雕拓片選》

續表

傳主	初版文字	修訂版文字
單曉天	一九二一·三——一九八七·八·二十八	一九二一·三·二十九——一九八七·八·二十八
	六十以後,恒以啓迪後學爲念,頗事撰作,有《秦漢印章特徵簡説》、《略談印章章法》等論文刊於《書法》雙月刊中	六十以後,恒以啓迪後學爲念,頗事撰作,有《秦漢印章特徵簡説》、《略談印章章法》等論文刊於《書法》、《書法研究》期刊中
	《神乎其技——鄧散木篆刻金玉印章》	《神乎其技——鄧散木先生篆刻金玉印章》
	已出字帖有《單孝天臨鍾王小楷八種》、小楷《唐詩廿八首》……	已出字帖有《單孝天臨鍾王書八種》、《小楷習字帖·選唐詩二十八首》……
	西泠印社恢復活動,余以爲必可把晤湖上,暢談印藝	西泠印社成立八十周年活動,余以爲必可把晤湖上,暢談印藝
吳樸	幼名得天,長易今名,字曰樸堂,號厚庵	乳名瑞林,幼名得天,又名中簠,長易今名,字曰樸堂,號厚庵,別署匡龕

續表

傳主	初版文字	修訂文字
吳樸	一九四六年底，以福庵先生之薦，赴南京任國民政府文官處印鑄局技正	一九四六年八月，以福庵先生之薦，赴南京任國民政府文官處印鑄局技正
	一九五九至一九六〇年間，先後與方去疾、單孝天合刻《瞿秋白筆名印譜》、《古巴諺語印譜》及《養豬印譜》，並已出版	一九五九至一九六四年間，先後與方去疾、單孝天合刻《瞿秋白筆名印譜》、《古巴諺語印譜》及《養豬印譜》，並已出版
徐無聞	一九三一——一九九三・六・二十	一九三一・十一・十四——一九九三・六・二十
	原名永年，字嘉齡……齋名歌商頌室	原名永年，一名年，字嘉齡、嘉令……齋名歌商頌室、守墨居、玉局邨舍，晚年別署燭明室
	《錦里篆刻精存》	《錦里篆刻徵存》
	至一九八四年參加西泠印社八十周年紀念活動，始獲叙於杭州劉莊	至一九八三年參加西泠印社八十周年紀念活動，始獲叙於杭州劉莊
	《〈顏真卿書竹山聯句〉辨僞》	《〈顏真卿書竹山連句〉辨僞》

查證校核　力求轉精
——《近代印人傳（修訂版）》後記

茅子良

《近代印人傳》一九九八年刊行以來，早已售罄。歲月飛馳，世事變遷。作者達堂馬國權先生在該書出版後，奮力賡續，一百二十五篇外又新篇迭出，仍首發於香港《大公報·藝林》週刊。一九九七年十一月十七日，先生來函言及『續寫得約十傳，手頭有資料亦近十位，如能在二十一世紀初得四五十位，有《近代印人傳續篇》之成，則於願足矣』。惜天不假人，英才遭病厄，二〇〇二年四月二十七日先生賫志仙逝於香港，享年七十有二。

不久，公子達爲兄涖滬，送來先生十五篇《印人傳》剪報，託我轉請社領導適時出版增補本，以告慰先生在天之靈。唯多種因素，至二〇一九年初始列入計劃，洵屬幸事。作爲責任編輯，我已退休多年，但仍持續在看書稿。承達爲兄過滬來社，與王立翔社長商定，委我以審訂重任。

達堂先生是我敬重的長輩，其編著創作，備受推重。梁羽生《名聯觀止》記有蘧常王老書贈先生對聯：『爲章草開疆，窮大地上下；有名著壽世，傳瀛海西東（近見手蹟影印作「東西」）。』『爲章草開疆』句，係贊揚先生撰集《章草字典》，經多方合力，終於二〇一九年末面世，讀者無不歡欣稱慶。先生『有名著壽世，傳瀛海東西』，多種著述蜚聲海內外，《近代印人傳》也是先生頗有影響的一部著作。作爲中國印學史上第四部印人傳著作，本書在印學研究領域有着特定時代獨具一格的文化價值。

遥想先生當年，編報刊、教學、撰著、書刻、社會活動，爲已故印人作傳，前後經營二十餘年，搜集史料殊爲不易；一九九二年遷居多倫多，四年後返港，奔波操勞，缺乏資料查核，或憑記憶，難免有所出入；加之手民誤植，編校失察，自不能苛求於作者。先生在初版《後記》中提及，撰傳『所涉甚廣』，『此中甘苦，恕不多贅』，期待後人『週詳審訂』。先生往矣，該做的工作，於我則責無旁貸。

《近代印人傳》是我案頭一本重要的工具書。此前使用時，見差誤處即記於書上，以備再版修訂時所用。二〇一六年，應邀以《〈近代印人傳〉的成書、意義與訂補》一文，赴廣州參加『嶺南印學國際學術研討會』。該文收入是年五月東方出版社《印學嶺南》，側重於從編校質量角度予以檢討，以期能起到亡羊補牢之效。

此次庚子新冠疫情『宅』家工作，學習《辭海》精神，『細核文獻資料』，包括利用手機互聯網參考互證。今距初版已二十餘年，既有充裕時間，又能查見新書舊刊，而且此次一併修訂刊行的還有先生的一九七四年香港版《廣東印人傳》，亦可相互參照比對。手頭缺乏的資料，則請其他印友提供原蹟、書影進行核實。達爲兄還建立了包括廣州梁曉莊先生和我在内的三人微信群，多能獲取有力證據。『孔夫子舊書網』和百度網站亦是重要資料的線索來源，原蹟、書影、相關信息等，也提供了不少的旁證。是真乃時之幸也！

在修訂過程中，胡適先生的警言，時常在腦際浮現：『做學問要在不疑處有疑』，『有幾分證據，説幾分話。有七分證據，不能説八分話。』傳記最重實事求是，應該尊重和還原歷史。此次修訂，多方蒐集材料，尋繹探究史實，凡衍奪誤必改，凡改必有據，一字之易，務求精準。

本次修訂的主要工作如下：（一）傳主生卒年月日盡可能查實以公曆計，并用虛歲表時序，記述相關事跡；全書篇目亦按傳主出生年月日重新編次；（二）全書篇名以傳主姓名字號習用影響大者列目，修訂者凡三人；

（三）核補傳主重要字號、室名、籍貫、職務和代表性著作；（四）紀年、書名、篇名、引文及作品之印文、款文，以原蹟或一手史料核準；（五）傳主之間相關内容力求查實互爲對應；（六）個別傳主篆刻作品略有增删替補；（七）本書以繁體字印行，間有簡化字，以不產生歧義爲限稍有處理。

順此説明兩點：其一，鑒於初版中傳主肖像圖照并不完備，而且有的照片欠清晰，有的係畫像；也爲與《廣東印人傳》保持整體風格的統一，故此次增訂不用肖像圖照；其二，本書圖文編排將近完成時，有幸拜讀達爲兄微信發來的沙孟海先生《近代印人傳序》鋼筆手蹟三頁，結句署款『一九八四年五月沙孟海序於浙江醫院』。

新版修訂，以資料真實、内容嚴謹、文字準確爲第一追求，以維護史料性工具書的權威性。於我而言，又是一次學習的機會，查證史實、校核史料、解疑釋惑，可補前不足，收穫新知舊識。年紀已大，加之又患帶狀疱疹，疼痛難禁，更深切體驗了達堂先生所言的『此中甘苦』。限於水平和所見，祈請讀者指正。

謹以此增訂本，紀念達堂先生遠行二十周年；兼以此份作業，紀念先生好友、我的業師去疾先生方老百年誕辰。

本書稿修訂過程中，先有香港許禮平、南京蔣遵矩、上海余鑑子和印曉峰先生，後有廣州梁曉莊、鄺以明、姚少麗，杭州余正、張鈺霖，嘉興沈慧興，湖州張建智，南京徐暢、杜志强、朱琪，宿遷劉雲鶴，北京羅隨祖，西安陳根遠，福州葛賢鑌，香港鄧昌成，上海李家淞、周建國、張煒羽、朱莘莘、柴敏、蔣炳昌、王運天、曾迎三、毛節民、王源康、雍琦、孫君輝等先生，通過微信熱忱提供了諸多圖文史料，正所謂『衆人拾柴火焰高』，藉此深表感謝。

二〇二〇年歲次庚子小滿，初稿於抱樸守真齋
二〇二二年歲次壬寅春分，補改於上海岳陽中西醫結合醫院
宅家編次圖文，立夏改畢

圖書在版編目（CIP）數據

近代印人傳/馬國權著；茅子良訂. --修訂版.
--上海：上海書畫出版社，2023.2
ISBN 978-7-5479-3035-9

Ⅰ. ①近… Ⅱ. ①馬… ②茅… Ⅲ. ①篆刻家－列傳
－中國－近代 Ⅳ. ①K825.72
中國國家版本館CIP數據核字（2023）第033712號

近代印人傳（修訂版）

馬國權 著　茅子良 訂

責任編輯　陳家紅
審　　讀　曹瑞鋒
封面設計　王　峥
技術編輯　包賽明

出版發行　上海世紀出版集團
　　　　　上海書畫出版社
地　　址　上海市閔行區號景路159弄A座4樓
郵政編碼　201101
網　　址　www.shshuhua.com
E-mail　shcpph@163.com
印　　刷　上海展強印刷有限公司
經　　銷　各地新華書店
開　　本　889×1194mm　1/32
印　　張　19
版　　次　2023年3月第1版
　　　　　2023年3月第1次印刷

書號　ISBN 978-7-5479-3035-9
定價　138.00元